WALTER LEISNER · KRISE DES GESETZES

Krise des Gesetzes

Die Auflösung des Normenstaates

Von

Walter Leisner

DUNCKER & HUMBLOT / BERLIN

Die Deutsche Bibliothek – CIP-Einheitsaufnahme

Leisner, Walter:
Krise des Gesetzes : die Auflösung des Normenstaates /
Walter Leisner. – Berlin : Duncker und Humblot, 2001
ISBN 3-428-10581-8

© 2001 Duncker & Humblot GmbH, Berlin
Fremddatenübernahme: Klaus-Dieter Voigt, Berlin
Druck: Werner Hildebrand, Berlin
Printed in Germany

ISBN 3-428-10581-8

Gedruckt auf alterungsbeständigem (säurefreiem) Papier
entsprechend ISO 9706 ⊖

Vorwort

Das Gesetz ist die zentrale Kategorie unseres rechtlichen Denkens. Seine geistigen Wurzeln kommen aus den Tiefenschichten des Religiösen und verbreitern sich heute in naturwissenschaftlichen und ökonomischen Gesetzmäßigkeiten. In der freiheitlichen Demokratie ist die Norm des Rechts Grundlage, wenn nicht Wesen des Staates: Nicht Menschen herrschen – Gesetze gelten.

Doch dieses Gesetz läuft in eine tiefe Krise; sie bedroht die Gewaltenteilung und den Rechtsstaat: Einerseits geht den staatlichen Gesetzen ihre alte Majestät der unverbrüchlichen Geltung verloren, in Normfluten, Überkomplikation, Experimentiernormierungen – zum anderen erscheinen sie dennoch immer weniger geeignet, eine rasch sich wandelnde Wirklichkeit abzubilden. Zwischen der Kritik schwächelnder Bestreitbarkeit und fortschrittshemmender Überstarre werden nicht die Gesetze, es wird „das Gesetz" zum Problem.

Die Untersuchung soll die Gründe dieser Entwicklung aufzeigen und ihre vielfachen Erscheinungsformen zusammenordnen. Sie reichen von der Grundsätzlichkeit einer Freiheit, die sich auch der Gesetzesbindung nicht unterwerfen will, bis zu einer „Normvervielfältigung" in immer weniger übersichtlicher Auslegung; mit ihr schieben sich Verwaltung und Gerichtsbarkeit als „Gesetzgebungs-Fortsetzer" zwischen Parlament und Bürger. Vor allem schwächt sich die Gesetzesunterworfenheit einer regierungsgebundenen Verwaltung ab, welche Parlamentsgesetze vorbereitet, sich mit den Verordnungen ihre eigenen Gesetze gibt und im Verwaltungsakt das oft so entscheidende „erste Wort" spricht; darin wandelt sich der Rechtsstaat.

Viele Gesetze sind eine Verfassungsnotwendigkeit in der Demokratie. Eine Chance hat diese, wenn sich ihre ausufernde Regelungsmacht zurücknimmt; nur dann kann das (übrig-)bleibende Gesetz seine Ordnungskraft bewahren. Andernfalls führt der Weg in ein neues Gewaltsystem von disparaten Einzelbefehlen in Gesetzesform – bis zum Ordre de Mufti.

Dem Verlag, und vor allem Herrn Professor Dr. h. c. Norbert Simon, danke ich herzlich für eine – wie immer – perfekte Betreuung dieser Arbeit.

Rom, am 25. 4. 2001

Walter Leisner

Inhaltsverzeichnis

A. Fragestellungen – Dimension des Problems: Bedeutung und Gefährdung des Gesetzes

I. Vom Recht zum Gesetz

1. Das Gesetz – Grundbegriff allen Rechts

a) Recht und Gesetz sind heute, und bereits seit langem, synonyme Begriffe. Seit dem Ende der Freirechtsbewegung, ihrer Kanalisation in die Bahnen des technischen Neo-Positivismus, findet der „Kampf des Rechts gegen die Gesetze" praktisch nicht mehr statt. Die Verfassung selbst scheint ihn ja positivrechtlich beendet zu haben, wenn sie ihre Vollziehende und Richterliche Gewalt an „Gesetz und Recht" bindet, während eine entsprechende Bindung für die Erste Gewalt nicht ausgesprochen wird – eben weil sie das Gesetz, damit aber das Recht setzt.

Mehr noch: Das Gesetz ist nicht nur ein Bereich des Rechts, es ist dessen primärer Ausdruck; ihm gegenüber hat das „Recht" nur eine ergänzende, ja geradezu sekundäre Bedeutung. Und die Formel selbst bereits deutet dies an: Nicht von „Recht und Gesetz" ist dort die Rede, zuerst wird das Gesetz, das „gesetzte Recht" erwähnt – dann erst das „Recht", wie im Sinne einer Vervollständigung. Den Kommentatoren des Artikels 1 des Grundgesetzes ist es denn auch bisher nie gelungen – und vertiefend kaum je versucht worden – zu definieren, was denn der Begriff des „Rechts" an selbständigem Inhalt gegenüber dem Begriff des Gesetzes dem Juristen biete. Nicht nur praktisch, geradezu rechtsgrundsätzlich ist das Gesetz an die Stelle des Rechts getreten.

b) Nur selten ist bewusst, mit dem Niedergang der Bedeutung des Römischen Rechts für die geltende Rechtsordnung geradezu aus dem Bewusstsein verdrängt worden, welche grundlegende Wendung sich damit, spätestens seit der Französischen Revolution, vollzogen hat. Am Eingang der Pandekten ist noch die Rede vom „Recht", vom ius, nicht vom Gesetz, von der lex. Vom Recht heißt es dort, es sei die ars boni ac aequi; hätte es nicht, aus heutiger Sicht, nahe gelegen, gerade das Gesetz mit jener Kunst in Verbindung zu bringen, die ja als „Gesetzgebungskunst" in neuerer Zeit, gerade nach dem Sieg des Gesetzes, immer wieder zum Problem geworden und eingehend diskutiert worden ist?

Der Grund der römischen Begriffsverwendung, welche hier vom Recht spricht, nicht vom Gesetz, liegt natürlich in der bekannten Entwicklung des Römischen Rechts als solchen. Gewiss kannte es die lex, die Zwölf-Tafel-Gesetze waren sein nicht nur mythischer Ausgangspunkt. Doch dann setzte etwas ein, was nicht so sehr eine Fortentwicklung dieser Gesetze werden sollte, also keine „Gesetzessprechung", sondern vielmehr eine – Rechtsprechung, welche ius entfaltete, nicht die lex. Das Ergebnis dieser Entwicklung haben die Digesten zusammengefasst. Gesetze kannte das Corpus iuris wohl auch, aber es waren dies eben die Kaisergesetze, welche in anderen Teilen des Gesamtwerks, im Codex insbesondere, aufgezeichnet waren. Sie aber haben unverhältnismäßig schwächer auf die entscheidende Entwicklung des modernen Rechts seit der Rezeption gewirkt als vielmehr jenes Recht „der Digesten", welches als solches zur ratio scripta werden konnte, während man dem verewigten Willen der goldschimmernden Majestät Justinians, seiner Vorgänger und Nachfolger, gewiss vergleichbare Bedeutung nie hätte zuerkennen wollen. So ist denn das große, unzählige Male als Gesetzbuch aufgeschlagene Werk des Corpus iuris gerade kein Buch von Gesetzen, sondern ein Buch des Rechts geworden und geblieben – doch nun ist es überholt worden, seit Jahrhunderten bereits, durch „Gesetzbücher". Sie tragen, wie in einer späten List der Vernunft, auch nicht mehr den Titel des Corpus, sie nennen sich nicht Digesten oder Pandekten, gerade über diesen Zustand des „gesammelten Rechts" wollen sie hinausführen: Nun heißen sie Codices, Fortsetzung der Gesetzessammlung der Römischen Imperialen Majestät.

So ist denn der Wandel vom Recht zu den Gesetzen geradezu formal vollzogen worden, doch dem heutigen Betrachter bleibt die Chance diese wahrhaft ungeheure Wende immer wieder nachzuvollziehen. Vor allem aber stellt sich die Aufgabe, der sich diese Blätter widmen wollen: zu untersuchen, ob nicht mit der hier darzustellenden Krise des Gesetzes auch eine wirkliche Krise jenes Rechts verbunden ist, an dessen Stelle das Gesetz treten wollte.

2. Der Niedergang des ungeschriebenen Rechts

Von allen bekannten historischen Anfängen an war der Begriff des Gesetzes – nicht der des Rechts – untrennbar verbunden mit der geschriebenen Form; und damit war auch eine gewisse Öffentlichkeit, eine Veröffentlichung notwendig verbunden. Geheimverträge mag das moderne Völkerrecht kennen, trotz aller Versuche nie voll eliminieren können, damit führt es sicher auch etwas wie ein „Geheim-Gesetz" in die Welt des Rechts ein, gilt doch der Vertrag als Form des internationalen Gesetzes, nicht nur des internationalen Rechts. Doch eine Arkan-Gesetzlichkeit als solche, im Sinne des

Gesetzesbegriffs des privaten oder des Öffentlichen Rechts, hat es nie wirklich geben können. Was die Priester verwalteten, mochte geheimnisvolles, ungeschriebenes Recht sein, ungeschriebenes Gesetz wendeten sie gewiss nicht an. Wenn sie Recht aus Orakeln schöpften, so waren dies, nach heutigem Verständnis, Einzelentscheidungen, nicht die Anwendung einer allgemeineren rechtlichen Ordnung, welche vielmehr in der Person des erleuchtenden, des offenbarenden Gottes lag – personalisiert, nicht legalisiert.

a) So ist denn die Historie der Gesetzesentwicklung die Geschichte des Vordringens des geschriebenen Gesetzes gegenüber dem ungeschriebenen Recht. Entscheidend zeigt sich die Wendung im mosaischen Gesetz der Zehn Gebote: Hier tritt der offenbarende Gott aus seinem transzendenten Reich der jeweiligen Einzelfallweisung an sein Volk hervor, er fasst seine Entscheidungen in bleibende, geschriebene Ordnungssätze. Die Worte der Propheten setzen nur diese groß eingeleitete Entwicklung fort. Mit der Säkularisierung dieses Gesetzesrechts vollzieht sich das Vordringen des Gesetzes immer mehr in einer Zurückdrängung des Gewohnheitsrechts. Dieser Kampf des Gesetzes als neuer Ordnungsform wird zunächst über Jahrhunderte geführt gegen Gebräuche unvordenklich entfalteten Inhalts; sie werden niedergelegt, kodifiziert, von den germanischen Volksgesetzen bis, historisch gesehen, hinunter in die Bereiche der Statuten von Stiftungen, Zünften, Universitäten; und in diesem letzteren Bereich ist die Entwicklung erst vor wenigen Jahrzehnten praktisch zu Ende gegangen.

Zwei größere Phänomene des letzten Entscheidungskampfes des Gesetzes gegen das Gewohnheitsrecht lassen sich vor allem in der zweiten Hälfte des neunzehnten und in der ersten Hälfte des zwanzigsten Jahrhunderts beobachten:

– Zum einen die große, zusammenfassende Kodifikationsbewegung in Deutschland; sie ist deshalb so wichtig im vorliegenden Zusammenhang, weil sie sich frontal und gezielt wendete gegen „das Recht", wie es mit den Pandekten noch immer in einem großen, hoch entwickelten Gebiet galt. Und in dieser Zeit finden sich denn auch noch vertiefende literarische Behandlungen des Themas jenes „Gewohnheitsrechts", das seither kaum mehr wesentliches Interesse der Rechtswissenschaft auf sich zieht – obwohl es doch noch vor wenigen Generationen geradezu ein dogmatisches Standardproblem dieser Wissenschaft war, welche sich eben in seiner Bewältigung als eine solche bewähren konnte.

– Eine teilweise parallele, insgesamt aber noch spätere Entwicklung hat sich seit dem Ausgang des neunzehnten Jahrhunderts im Verwaltungsrecht vollzogen: Hier war das Gesetzeswerk, trotz allen kodifizierten Polizei- und Gewerberechts, insgesamt Stückwerk geblieben; neben und über ihm hat sich ein allgemeines Verwaltungsrecht entwickelt, welches die wohl größte moderne Leistung der Schaffung von „Recht" als Gewohnheitsrecht im Wege der Verwaltungs- und Gerichtspraxis darstellt. Erstaunlicherweise war es gerade die bis zum äußersten legalistische Rechtswissenschaft Frankreichs, welche hier im Öffentlichen Recht etwas hervorgebracht hat, was ihr durch den Code Civil für ihr Privatrecht nurmehr in engen Grenzen gestattet blieb, doch umso intensiver und vertiefend betrieben wurde: die Entwicklung eines Rechts neben den Gesetzen und jenseits von ihnen. Diese neben der Entfaltung der deutschen und amerikanischen Verfassungsrechtsprechung wohl größte rechtsgrundsätzliche Leistung der neuesten Zeit hat jedoch den Siegeszug des Gesetzes nicht aufzuhalten vermocht: Zu Ende ging ihre Wirkung zuerst in Österreich, trotz oder vielleicht gerade wegen der langen administrativen Tradition dieses Staates, sodann aber spektakulär wiederum in Deutschland mit dem Erlass der gleichlautenden Verwaltungsverfahrensgesetze von Bund und Ländern, einem föderalen monstro simile. Nicht vollständig, mag man einwenden, bleiben doch in nicht wenigen Bereichen, etwa des Rechts der juristischen Personen oder des immer wichtigeren Prüfungsrechts, stets noch weitere Räume, in welchen Verwaltungspraxis und Verwaltungsrechtsprechung entscheiden können jenseits des Gesetzes. Doch insgesamt sind all dies Enklaven geworden, im flächendeckenden Territorialstaat – wenn dieser Vergleich hier erlaubt ist – der Gesetzesstaatlichkeit. Das Öffentliche Recht hat in dieser seiner zentralen Materie des allgemeinen Verwaltungsrechts das Privatrecht eingeholt: Recht ist nun Gesetz, seine Auslegung und Anwendung.

b) Eine Entwicklung allerdings hätte vielleicht den Siegeszug des Gesetzes, des gesetzten Rechts mit all seiner überzeugenden Technik aufhalten, einem davon unabhängigen „Recht" einen wirklichen und sogar höchstrangigen Entfaltungsraum sichern können: das Bekenntnis zu einem ungeschriebenen Recht, „das mit uns geboren", zu einem Naturrecht, wie immer es grundgelegt sein mag, in aufklärerischem Liberalismus oder religiöser, insbesondere katholischer Überzeugung. Doch auch dies ist – heute lässt es sich feststellen – nicht gelungen, die Entwicklung hat wahrhaft „dem Gesetz Recht gegeben", ihm das Recht anvertraut.

Eine große Chance eröffnete sich hier zunächst dem gesetzesgelösten Recht, die geschriebenen Normen aus der Monopolisierung zu verdrängen, in schwachen Ansätzen einer bereits im neunzehnten Jahrhundert angelegten, aber erst gegen Mitte des zwanzigsten Jahrhunderts voll aufbrechenden Entwicklung: Der Missbrauch der Normen, in deren Namen autoritäre oder gar totalitäre Regime sich gegen „elementare Rechtsgrundsätze" wendeten, rief mit und nach dem Ende des Zweiten Weltkriegs eine naturrechtliche Reaktion hervor. Diese seinerzeit als wahre Renaissance des Naturrechts bezeichnete und als solche weit überbewertete Entwicklung fiel zusammen mit einer kurzen Periode wiedergewonnenen kirchlichen, vor allem katholischen Einflusses in Kontinentaleuropa, insbesondere in Deutschland, aber auch in den Vereinigten Staaten.

Der „Unrechtsstaat", der hier nun im Namen eines höheren Rechts überwunden werden sollte, war im Grunde nur eine „Ordnung des Gesetzesunrechts". Auch die Normen, welche willige Legisten – wie von jeher – der Gewalt zur Verfügung gestellt, diese in sie gegossen hatten, mussten ja als solche, in ihrem Rechtsgehalt, in Frage gestellt werden, denn sonst hätten sich gesetzestreue Juristen wie brutale Schergen auf diese Gesetze berufen, in ihrem Namen jeder Verantwortung und Strafe entgehen können. In der Bewältigung dieser Vergangenheit, die wesentlich eine solche des Unrechtsgesetzes war, gelang dem Recht noch einmal ein Vorstoß gegen die Gesetze, nicht nur deren Relativierung, sondern, ganz legalistisch, ihre Außerkraftsetzung im Namen höheren – Rechts. Von den Wachen der Konzentrationslager bis zu den „furchtbaren Juristen" – die man eigentlich furchtbare Gesetzeswahrer hätte nennen müssen, obwohl ihr Regime sie Rechtswahrer nannte – allenthalben und geradezu systematisch wurde Gesetzesentschuldigung und Gesetzesentschuldung nicht mehr anerkannt. Dieser Einbruch in das Reich der Gesetze war an sich ein grundsätzlicher, ein totaler, und in ihm wurde sogar das Gesetz fortgedacht, wieder hinauf bis in die Höhen des Rechts, im Namen der legistischen Kategorien selbst, hatte doch die Rechtswissenschaft den Stufenbau des Rechts zunächst mit der Stufung der Gesetze begonnen, schien sie ihn nun im Namen der Stufung vom Gesetz zum Recht zu vollenden. Über die Gesetze konnte so eine Recht-Sprechung hinweggehen, bis hin zu schärfsten Strafen; selbst, ja gerade jener Nulla poena-Satz, in dem sich einst die Gesetze erstmals in den Mantel des höchsten Rechts hatten kleiden können, wurde weggerissen als eine Hülle des Unrechts: von der Nulla poena sine lege zur Lex nulla sine iure.

c) Doch dieser Sieg des Rechts über die Gesetze, im Namen eines höheren religiösen Naturrechts, oder ganz einfach im Namen höchster Prinzipien des Rechts, sollte von kurzer Dauer sein, ihm folgte, schon nach wenigen Jahren, die Wiederkunft der Gesetze, ihr totaler Sieg über selbst ein solches Recht.

Staatlichkeit formierte sich von neuem, Kirchlichkeit zog sich in moderne Zirkel, ja in Katakomben, in „Kirchen von unten" zurück. An die Stelle ihres Naturrechts setzte die Staatsgewalt erneut ihr Gesetz und sie dekretierte, dass es nun „Gesetze gegen das Recht" nicht mehr geben könne. War nicht die Demokratie zur Legitimation des Gesetzes geworden, mit ihrer zentralen Maxime der vox populi – vox Dei? Kein Prophet stieg mehr vom Berg zum Volk, zerschlug dessen Götzen mit seinen göttlichen Tafeln, das Volk erklomm den Berg oder – der Berg kam zu diesem neuen Propheten der Macht. Untaten früherer Vergangenheit wurden absolut gesetzt, unvergleichbar sollten sie sein mit allen möglichen Verbrechen – und

damit war endlich auch der naturrechtliche Sieg des Rechts über die Gesetze in die zeitliche Einmaligkeit weniger Jahre verdammt: Nach ihnen
sollte es nur wieder geben das Gesetz, den demokratischen Willen des
Volkes.

Dieses Volk entschuldete sich mit seinem Gesetz selbst, es gab sich in
seiner Verfassung höchste Normen eines Widerstandsrechts gegen die Gesetze – und band diese Résistance zugleich an Bedingungen, die auf ewig
unerfüllbar bleiben werden: Die Widerstandsklausel des Grundgesetzes ist
der legalistische Endsieg des Gesetzes über das Recht. Der Revolutionär
muss den Mut zum Galgen haben, heute wie in alter Zeit.

Die Folgerungen daraus wurden denn auch rasch und mit gesetzestreuem
Fleiß gezogen: Nach der Wiedervereinigung wanden sich die Richter
Deutschlands, wenn auch oft wenig überzeugend, aus der Verfolgung früherer Untaten, die begangen waren wie das Gesetz es befahl. Mag hier das
schlechte Gewissen früherer Rache geschlagen haben, in einer nun Jahrzehnte nach dem Kriege milderen Denkungsart – oder war es einfach die
neue Gewohnheit der vielen, wenn nicht guten, so doch nicht offen unrech-
ten Gesetze: Auch das kommunistische Gesetz, die „sozialistische Legalität" wurde im letzten geachtet, ja weiter vollstreckt, wie in der traurigen
Episode des „Eigentums-Ost", der Nichtrückgabe enteigneten Gutes geschehen.

Von einer moralischen Krise, vielleicht noch von einer Krise des Rechtsstaats mochten die Opfer dieser Zeit sprechen, von einer Krise des Gesetzes
konnte doch nicht ernstlich die Rede sein; das Recht, das mit uns geboren –
darf es nicht in dem Gesetz gesehen werden, das wir selbst gesetzt haben?

Aus der Renaissance des Naturrechts ist, so scheint es heute, der Endsieg
des Gesetzes geworden.

Heute mächtige Politik verbietet es, davon zu sprechen, ja sogar daran zu
denken: Verfolgungsopfer der Vergangenheit sähen darin eine Verhöhnung
der Einmaligkeit ihrer Leiden – alle Mächtigen der Gegenwart gefährlichen
Umsturz, alle Demokraten Missachtung des Volkes.

d) Noch einmal hatte gesetzesgelöstes Recht in den letzten Jahrzehnten
eine große politische Chance, diesmal aus weit größerer Macht als die ge-
schlagener Länder, die ihre Wunden pflegen: Die große Menschenrechtsbewegung, getragen von der eigentlichen Weltmacht, wendet sich erneut, in
letzter Konsequenz wie in zahllosen praktischen Forderungen, gegen eine
Allmacht des nationalen Gesetzes, welches Menschenrechtsverletzungen
bringen oder doch erlauben könnte. In einer erneuten, diesmal voll säkularisierten Renaissance aufklärerischer Naturrechtlichkeit scheint wieder „das
Gesetz", alle staatsgesetzten Normen, unter einen letzten, wirksam politisch
sanktionierten Vorbehalt höheren Rechts zu treten. Im Namen eines wesent-

lich Nicht-Gesetzesrechts, des Völkerrechts, könnte so in voller Grundsätzlichkeit das Gesetz seine letzte, unbedingte Verbindlichkeit verlieren, nun
nicht mehr Grundlage aller Staatlichkeit sein.

Doch auch diesen Angriff haben die Gesetze siegreich überstanden, aus
ihm eher noch mehr an Legitimation gewonnen. Es ist ja eine Macht, die
sich demokratisch nennt, welche zuallererst im Namen des Volkswillens
ihre Menschenrechte über die Erde tragen will, in später, oft primitivieren-
der Nachfolge, ja Wiederholung der Französischen Revolution. Dann aber
muss sie die alte Rousseausche These eben dieser Revolutionäre wiederholen: dass das Gesetz sich nie gegen die Menschenrechte wenden kann, solange es demokratischen Willen ausdrückt. Und in der Tat ist ja diese von
Amerika getragene Menschenrechtsbewegung verkommen zu einem politischen Kampfinstrument westlicher Demokratizität gegen außerwestliche
staatliche Gewaltsamkeit. Nur das „schlechte Gesetz" verstößt gegen die
Menschenrechte, das gute ist ihr notwendiges, unverzichtbares Instrument.
Das Recht aber, in dessen Namen nun zwischen gutem und schlechtem
Gesetz unterschieden werden könnte, ist nichts anderes mehr als Wahl und
Wille des Volkes – ein Verfahren offen für alle Manipulationen dieses Be-
griffes.

Selbstzufrieden richten sich also die Demokratien ein in ihren gesetzes-
getragenen, gesetzesbeschützten Menschenrechten. Das Recht drängt nicht
„das Gesetz" zurück, recht verstanden gibt es ihm nur neue, nunmehr un-
entrinnbare Kraft.

Also kein Staat ohne Norm, Staatlichkeit als Gesetz: Kelsen hat nicht nur
die Normen dogmatisiert, er hat die Souveränität des Gesetzes neu begründet. Dies aber zeigt die Dimension unserer Frage: Wenn dieses Gesetz in
Krise läuft, gibt es für den Juristen keinen Gegenstand mehr.

3. „Gesetz" – das regimeübergreifende „gute" Wort

a) Das Gesetz – ein „gutes Wort" für skeptische Juristen

Mit dem, wie es heute scheint und von vielen verkündet oder hingenommen wird, endgültigen Sieg des Positivismus ist das Gesetz nicht nur das
tägliche Brot des Juristen, es ist sein einziger Gegenstand geworden. Im
Grundsätzlichen wenigstens, in dem, was er offen aussprechen darf – als
Jurist und daher eben im Namen des Gesetzes. Das Gesetz studiert er an
allen hohen und höheren Schulen; und wenn er anderes noch in den Blick
nehmen will oder muss, Rechtsprechung oder gar Rechtslehre, Verwaltungspraxis oder gar Rechtsgefühl, so geschieht all dies fast mit etwas wie
einem schlechten Gewissen gegenüber einer „Irrationalität", welche sich

vom „klaren Gesetzeswortlaut" entfernen könnte. Und die Freude an diesem als einer geistigen Stütze ist ungebrochen und verstärkt sich laufend, mit der Abschwächung wissenschaftlicher Vertiefung des Rechtsstoffs und platter werdender Massenrechtsprechung. Das Gesetz stützt nicht nur, es beschützt in seinen hohen Hallen, in denen sich der Gesetzesbeflissene einrichten kann mit all seinen vielen, kleinen Freiheiten der Anwendung. Entscheidend scheint nun, dass es als solches hält, und sei es in all seiner Bestreitbarkeit – gerade darin verleiht es Anwendenden und Normunterworfenen die große Freiheit eines Achselzuckens, mit dem es durchgesetzt und befolgt werden kann, selbst wenn man es als ungerecht empfindet, als sinnlos oder doch bestreitbar. Der kritische Geist heutiger Gesellschaft findet darin, in diesem Gehorsam gegenüber Bestreitbarem und Bestrittenem, seine schönste Freiheit, seine menschliche Rechtfertigung.

An das Recht muss sein Vertreter glauben, er muss diesen Glauben bekennen; das Gesetz nimmt dem Juristen, der nie etwas glaubt, in seinem Herzen und seinem Geist stets alles offen lässt, diese Last des Bekennens endgültig ab und vollständig. Das Gesetz ist ein gutes Wort der Freiheit, ruht es doch auf der Skepsis all seiner Adressaten – und es erträgt diese, nicht zuletzt weil es stets ja geändert werden kann. Eine Welt, die Glaubensbekenntnisse sucht, braucht dieses Gesetz nicht; wo immer aber ihr Glaube nachlässt, ersetzt ihn das Gesetz und daher heute mit voller Kraft.

Der Jurist mag von Gerechtigkeit wenig sprechen und das „Recht" als solches überhaupt nicht kennen wollen – und er hat all dies auch nicht nötig. Seinem Gegenüber kann er stets sagen „Recht hast du, wenn du das Gesetz für dich hast", und mehr verlangt von ihm kein Staat, keine Gesellschaft.

b) Und ein „gutes Wort" für die Gesetzesunterworfenen

Nicht nur für Gesetzesanwender und Gesetzesadressaten ist „Gesetz" ein „gutes Wort"; dieser Begriff hat die Allgemeinheit für sich gewonnen, überall. Kaum irgend ein Begriff, mit einem auch nur entfernt vergleichbaren konkreten Inhalt, ist im rechtlichen Bereich derart allgemein konsensfähig wie das Gesetz. Die Staatsform, der Gesetzgeber, Parlament oder gar Volk, mögen in Zweifel gezogen werden – am Gesetz hängt das Volk, und keineswegs wie an einem Formelkompromiss. Denn die Norm ist ja, ihrem Wesen nach, gerade das Gegenteil einer kompromittierenden Einigung, sie ist und bleibt Befehl, wenn auch, als solcher, auf zahllose Fälle verteilt und damit allerdings gewissermaßen abgeschwächt. Vom Gesetzesbefehl fällt der persönliche Wille des Gesetzgebers ab, schon deshalb kann gerade eine Gleichheitsgesellschaft solchen Anordnungen folgen. Hier werden ja nicht Menschen von Menschen unter sich gebeugt. Auf beiden Seiten schafft die

Norm eine eigentümliche Anonymisierung, Verallgemeinerung: beim Gesetzgeber, der hinter seinem Willen zurücktritt, oft, ja meist als solcher gar
nicht mehr bekannt ist, oder einer fernen Vergangenheit angehört – auf der
Seite der Befehlsempfänger schon darin, dass die Norm eben, in vielen
Fällen bereits inhaltlich, jedenfalls aber in der Vollziehung, eines weiteren
Willens bedarf, so dass sie etwas wie einen „gestuften Willen" zum Einsatz
bringt. Der menschliche Befehlswille scheint darin gebrochen, dem Adressaten bleibt, selbst wenn er allgemein unter dem Gesetz steht, noch immer
die Hoffnung, dass dieses konkret an ihm vorbeilaufen werde.

Das Gesetz ist so wirklich „etwas für das Volk", nicht nur etwas, das von
diesem kommt. In seiner Allgemeinheit und Anonymität entspricht es jenen
Unzähligen, für die und über welchen es gelten will. Etwas vom Rousseau-
schen Allgemeinen Willen, vom „Willen Aller für Alle" liegt eben in
dieser Norm, die einfach zum Synonym der Ordnung hat werden können.
Selbst der Anarchist wird seinen Widerstand nicht primär gegen diese Herr-
schaftsform richten, diesen vielmehr erst deren konkreter Ausrichtung auf
ihn selbst, vor allem im polizeilichen Befehl, entgegensetzen.

Widerstand gegen ein Gesetz mag sich unter den Adressaten entwickeln
– Widerstand gegen „das Gesetz" als solches, gegen seinen Begriff, gegen
diese Kategorie der Herrschaftsformen, ist eigentlich unvorstellbar.

So ist denn „das Gesetz" weit mehr geworden als Grundlage oder gar
Wesen der Staatlichkeit; es ist Ausdruck des Ordnens schlechthin, einer Gesellschaft, die sich ja auch heute und zunehmend „ihre eigenen Gesetze"
geben will oder erwartet, dass die Staatsgewalt sie einfach übernehme.
Wenn Alternativlosigkeit Legitimationskraft verleiht, so gilt dies für das
Gesetz; für den Bürger wird es zum Kameraden, von dem er wirklich sagen
darf „einen Bessern find'st du nicht" – schon weil er, weil jeder es für sich
in Anspruch nehmen, mit ihm zusammen in den Kampf ziehen kann, vor
Gericht. Wer mag sich schon „auf die Staatsgewalt berufen" in voller
Breite, mit solchen Behauptungen seine Positionen verteidigen wollen – das
Gesetz gibt, bereits im allgemeinen Sprachgebrauch, diese Hoffnung, wenn
nicht Wirklichkeit: Zum Freund wird es für den, der nicht nur seinem
Anwalt, der dem Gesetz vertraut, sich darauf beruft.

In diesem Sinne sind die Gesetze des Staates, die Nomoi Athens, seinerzeit dem Sokrates im Traum erschienen, als ihm schien, er wolle seine
Stadt verlassen – als abstrakte Ordnungskräfte und doch höchst menschliche Wesenheiten, die ihm Gutes getan hatten, ihn erzogen, begleitet, be-
hütet.

So wird denn ein abstrakter, rationaler Begriff aufgeladen mit wahrhaft
moralischen Inhalten, er wird zu einem „guten" im ethischen Sinne des
Wortes. Der Konsens, der ihn trägt, ist also zwar lange Gewohnheit, was

noch zu vertiefen sein wird, doch er stützt sich auf weit mehr: auf eine wahre innere Akzeptanz, welche das Subjektive, der Bürger, dem Objektiven, der Norm, gerne entgegenbringt und willig, als ob das Subjekt Bürger Gutes nur finden könnte in jenem Objektiven, das ihm zur Ordnung wird, sie hält und vollendet.

c) Ein staatsformübergreifender Begriff

Der Konsens, welcher dergestalt das Gesetz trägt und dessen Begriff, hält nicht in vergleichbarer Form das politisch-rechtliche System, aus welchem das Gesetz in seiner konkreten Gestalt kommt, ja nicht einmal den Staat als solchen, in dessen Namen es ergeht. Die bereits erwähnte innere Diskutabilität des Gesetzes, mit welcher es aufgenommen, angewendet und befolgt wird, stärkt und schützt die Achtung vor der Norm, doch nicht notwendig diejenige, welche einem Staat entgegengebracht wird, von dem es kommt und der noch immer mit Staatsgewalt verbunden gesehen wird. Die Staatsform mag abgelehnt, ihre tragenden Organe mögen kritisiert werden, grundsätzlich in Zweifel gezogen – die Bevölkerung hängt am „Gesetz" gerade dann, wenn sie den Gesetzgeber ablehnt. Der anwendende Jurist findet hier, wie bereits ausgeführt, die Freiheit der persönlichen Skepsis. Das Volk aber, in dessen Namen doch das Gesetz ergeht und gelten soll, gibt dieser Form auch dann noch Kredit, wenn politische Mächte, welche es formulieren, diesen lange schon verspielt haben. Etwas von einem „Ordnung muss sein" bringt Gesetzestreue auch dann noch hervor, in einer eigenartigen, bisher wenig betrachteten Form des favor legis, wenn die Staatsform als überholt erscheint, als ungerecht. Denn auch der Unrechtsstaat wird immer zuallererst angegriffen werden in seinen einzelnen Befehlen, während seinen Gesetzen, jenem Ausdruck allgemeiner Ordnungsnotwendigkeit, noch immer wenn nicht gehorcht, so doch nicht widerstanden wird – und sie lassen sich ja auch, wie es der Sprachgebrauch will, „umgehen".

So stützt zwar die Gesetzlichkeit gewiss die Staatsform, eine jede, welche diesen Namen verdient. Und doch ist das Gesetz zugleich eine staatsformübergreifende Legitimationsgrundlage von Herrschaft, seine festigende Wirkung übt es in allen Regimen aus, nicht nur in der freiheitlichen Demokratie. So unrechtsträchtig kann eine Staatsform gar nicht sein, dass ihr „das Gesetz", wenn sie derartiges noch kennt, nicht doch etwas von moralischem und politischem Halt verliehe. Erst dann, wenn ein Führerwille an die Stelle des Gesetzes treten soll, ganz und gar, wenn die Ordnung entartet zu einer Vielzahl von ordres de Moufti, dann erst verliert der Gesetzesbegriff seine legitimierende Kraft für die Staatsform – aber eben in einem Augenblick, in dem von „Staat" kaum mehr die Rede sein kann, in welchem aus dem Unrechtsstaat einfach wird – das staatliche Unrecht.

So ist denn der Gesetzesbegriff aufgeladen, aber auch beladen mit vielen Hoffnungen, die ihn zugleich auch belasten und jegliche Staatlichkeit, welche er trägt: Wird diese Ordnungsform, wie es die Regel will in entwickelter Staatlichkeit, in notwendige Verbindung gebracht mit gewissen äußeren Formen der Gesetzgebung und ihren Ergebnissen, so läuft mit einer „Krise des Gesetzes" die gesamte Staatlichkeit, die ganze Ordnung in die Krise. Dies ist der tiefere Hintergrund aller folgenden Betrachtungen.

Heute lässt sich diese Dimension des Gesetzes und der Gefahren, welche aus seiner Krise drohen, noch näher ausleuchten: Tiefere Gründe müssen mit in den Blick genommen werden, welche aus diesem Begriff einen wirklichen Hoffnungsträger der Ordnung machen, gerade in einer Gegenwart, die von so vielen Anarchismen bedroht erscheint. Und wenn trotz all dieser tiefen Wurzeln der Baum des Gesetzes gegenwärtig zunehmende Ermüdung zeigt, im wahren Sinne des Wortes abfällt, so ist mehr bedroht und vielleicht schon verloren als eine gegenwärtige Gesetzesordnung, die ja leicht durch andere Formen ersetzt werden möchte. Dann muss sich doch die Frage stellen, ob sich eine derartig weite Dimension, wie sie eben skizziert wurde, ob sich derart tiefe Wurzeln, wie sie im folgenden darzustellen sind, überhaupt noch bei anderen staatlichen Ordnungsformen heute vorstellen lassen, und es könnte die Frage folgen, was denn zu tun sei, um diesen, so lange und oft selbstverständlich gewachsenen Baum zu erhalten, in seinen weiten Zweigen hinüberreichen zu lassen in eine weitere Epoche. Dazu mag gewiss auch verbesserte Technik gefordert sein – aber längst nicht mehr nur sie – um den rechtlich-politischen Nährboden geht es, aus dem der Baum des Gesetzes, der vielen Normen, entsteht, immer neu, immer weiter hinauf. Wenn er halten soll, auch wenn morgen die Welt der Staaten und ihrer Gewalt unterginge, so muss doch heute einiges an Pflanzung geleistet werden, im Staatsrecht und jenseits von ihm. Und dies ist vielleicht die drängendste Frage.

4. Die Wurzeln der „Güte des Gesetzes"

Der Gesetzesbegriff als Mittelpunkt gegenwärtiger Staatsform ist gesetzt worden durch politischen Willen, gerade heute mit bedeutsamer rechtlicher Intensität (vgl. unten 5.).Doch daraus allein ist das Gesetz nicht gewachsen und allein daraus wird es sich nicht weiter entfalten. Hier wirken teilweise unvordenklich lange Wurzeln historischer und religiöser Qualität, und hinzukommen, in neuerer Zeit immer stärker wirksam, wissenschaftlich-technische Entwicklungen eines geradezu neuartigen Gesetzmäßigkeitsbegriffes. Nur wer all diese verdämmernde, aber noch gegenwärtige oder gar heraufkommende Tradition zusammensieht, wird die ganze Dimension des Gesetzes, seiner Kräfte und Gefährdungen, wirklich erfassen.

a) Die historische Gewöhnung ans Gesetz

aa) In der bekannten Zeit einer Rechtsentwicklung mit Einfluss auf die heutigen Rechtsvorstellungen war etwas wie ein Gesetz stets Grundlage rechtlicher Ordnung. Dies gilt auch und gerade für das Römische Recht, dessen Kategorien die Rechtswissenschaft viele Jahrhunderte lang geprägt haben und noch heute allem rechtlichen Denken zugrunde liegen. Dieses Römische Recht geht von einem überaus stabilen, in gewissem Sinne ewigen, unwandelbaren Gesetzesbegriff aus, mit seinen gottgegebenen, jedenfalls transzendent grundgelegten Zwölf Tafeln. Zwar scheint Rom mit der Entwicklung des prätorischen Rechts diese Grundlage entscheidend erweitert, wenn nicht geradezu verlassen zu haben – doch im Grundsatz, als höchste Autorität blieb diese Gesetzgebung stehen, hoch über allen anderen Rechtsentwicklungen oder -verschlingungen, die sich gerade deshalb auf ihrer niederen Ebene mit erstaunlicher Freiheit und Vielfalt entfalten konnten. Überhaupt mag es ja eine typisch römische Rechts- und Staatstugend gewesen sein, höhere Kontinuität des Rechts auch über schwerste politische Brüche zu bewahren; so konnte später auch die res publica weiter von den traditionellen, immer wieder erneuerten Magistraten verwaltet werden, selbst wenn sich diese nun nicht mehr auf Beschlüsse des Senats und Volks von Rom, sondern auf die Schwerter der Legionäre stützten. Nicht nur die Zwölf Tafeln standen als höchstes Gesetz über diesem Rom, sondern auch die organisatorischen Grundgesetze einer Republik, die sich, ungeachtet aller Kritik des Tacitus und anderer zu spät geborener Republikaner, nahezu bruchlos in den härtesten Autoritarismus der imperialen Zeit hinein fortsetzten.

bb) Weit weniger bruchhaft als es manchem Romanisten erscheinen mochte, war denn auch die spätere Entwicklung des prätorischen Rechts hin zu den Responsa der Rechtsgelehrten, von diesen zur Zusammenfassung in den Digesten des Justinian. Dies ist nicht einfach zu erklären als eine Entwicklung vom Richterrecht zum Gesetzesrecht, wobei dann diese beiden Seelen in der Brust aller Juristen der Rezeptionszeit bis hin zur Pandektistik stets weiter geschlagen hätten. Eine große Entwicklung ist hier vielmehr, zwar aus dem Richter- und dem es entfaltenden Gelehrtenrecht heraus, am Ende aber doch zum Gesetz, das in diesen einzelnen Formen gilt – und diese Entwicklung war stets getragen von etwas, das man den fortwirkenden Gesetzesgedanken nennen könnte. Die Kategorie des Rechtssatzes, einmal in das Römische Recht über die Zwölf Tafeln und die Grundstrukturen der Republik siegreich, glücklich, feliciter auf immer eingedrungen, prägt all diese vielen Entfaltungen, die sie laufend orientiert, nicht hin auf ein formales Gesetz, sondern im Gedanken des Rechtssatzes, der einmal sich aber dann in einen Gesetzessatz wird gießen lassen.

Eine erste Stufe stellen bereits jene responsa der großen Juristen dar, in denen schon eine bedeutsame Abstraktionshöhe erreicht wird, jenseits des vom Prätor zu entscheidenden Einzelfalles, jenseits auch bereits der von diesem als tradiert dem iudex vorgegebenen und weitergegebenen Formeln. Der Weg von der Einzelfallentscheidung zum Gesetz, vom Prätor geebnet aus dem Einzelfall, von ihm bereits in der Formel und im Album generalisiert, wird von den noch fallferneren, der Dogmatik stärker verpflichteten großen Juristen, wenn auch immer noch mit Rückbindung auf einen Einzelfall, weitergegangen, in eine bedeutsame Gesetzesnähe, wie sie auch heute noch bedeutende Rechtswissenschaft als Bindeglied zwischen Richterrecht und Gesetzesrecht herzustellen vermag.

Doch bereits zu justinianischer Zeit ist die nächste Stufe der Gesetzesnähe erreicht, der Übergang gerade von diesem Zustand der bereits gesetzesnahen responsa zu ihrer Zusammenfassung in Form des nun schon ganz gesetzesnahen Werkes der Pandekten. Der letzte, gewissermaßen katalysatorische Schub geht nun aber aus von der kaiserlichen Autorität, und dies in einem doppelten Sinn: Zum einen senken sich nun die ewigen Gesetze des Römischen Staatsrechts mit ihrer ganzen Autorität, mit der Macht des Caesar, herab zu jenem privaten Römischen Recht, das sie bisher nur aus weiter Ferne mit jener Autorität begleitet hatte, welche die Staatsspitze jeweils dem Prätor verlieh; nun ist es der Kaiser selbst, der diese Ergebnisse der tagtäglichen richterlichen Macht und des römischen juristischen Geistes hinaufhebt in die Höhe der Lex. Und zum anderen wird dies begleitet von kaiserlichen Formalakten, in der Zusammenfassung dieses jurisprudentiellen Gesetzeswerks der Digesten mit den Kaisergesetzen zum großen, einen Corpus iuris. Der Kaiser, das wandelnde Gesetz von Rom, hat am Ende des Reiches das Römische Recht wieder zum Römischen Gesetz werden lassen.

cc) Diese Grundstimmung des frühbyzantinischen Kaiserrechts, das wesentlich Gesetzesrecht geworden ist, setzt sich nun fort, über das ganze Mittelalter hinweg, bis in die Rezeption hinein. Das Römische Recht wirkt nicht einfach nur mit geistiger Autorität, es ist das Recht jenes Kaisers, dessen Thron viele besteigen wollen – der Papst, der Deutsche Kaiser, westliche und östliche Fürsten. Sie alle möchten ihre Herrschaft auf seine Autorität gründen, daher nicht nur auf ein Ius Caesaris, sondern auf die Lex Caesaris, nur dies gibt ja der versuchten Dauer-Renaissance des Römischen Staatsrechts, bis hinein in die Rezeption, ihren eigentlichen, letzten Sinn: Jener Imperator, der im Namen des Römischen Rechts gekrönt wurde und spricht, muss auch weiter sprechen dürfen, als Nachfolger des Justinian, mit immer weiteren Kaiserkonstitutionen, mit Gesetzen der Apostolischen Majestät. Stünde also hinter diesem Römischen Recht für das Mittelalter und für die Rezeption nicht der Gesetzesbegriff der späten römischen res publica, die Rezeption des Römischen Rechts hätte ihren eigentlichen staatsrechtlichen Sinn nie gewinnen können.

So ist denn die Rezeption des Römischen Rechts auf all ihren vielen Stufen nichts anderes als eine weitere, jahrhundertelange Gesetzeswerdung des Römischen Rechts, eine Fortsetzung der ersten großen Vergesetzlichung des Justinian. Dies ist der letzte Sinn der Rezeption: nicht einfach nur gutes, klares altes, bewährtes Römisches Recht übernehmen, als das bessere gegenüber allen germanischen und anderen Volks- und Herrschaftsgebräuchen, sondern die Lex des Caesar. Die Rezeption ist Ausdruck und zugleich Legitimation der fortdauernden, der höchsten gesetzgeberischen Gewalt.

dd) Nicht als ob nun in all dieser Entwicklung die unbestrittene, einmalige Qualität des Römischen Rechts in seiner zugleich normativ offenen und geschlossenen Form, nicht entscheidend gewirkt hätte, jenseits von aller kaiserlichen Autorität, Legitimation, Gewalt, und außerhalb von deren Wirkungsräumen. Die Einmaligkeit der Rezeption liegt ja gerade darin, dass dieses übernommene Recht seine Legitimation gewinnt zugleich aus seiner inneren, geistigen Qualität und aus der äußeren Autorität, aus der manus militaris, welche es hält. Deshalb vor allem konnte sich diese Ordnungsform ziviler Bezüge halten über alle Schwächen der Kaisergewalt hinweg, jenseits der Grenzen der Macht von Kaiser und Papst noch immer entscheidend wirken.

Darin aber verlor der Gesetzesgedanke, der all dies trug, wie dargestellt, nicht etwa an Mächtigkeit, es wuchs ihm eine neue hinzu: die innere Überzeugungskraft der Klarheit, flächendeckenden Geschlossenheit und inhaltlichen Billigkeit, auf denen, allen zusammen, sich die Gerechtigkeit des Gesetzes wahrhaft aufbauen konnte.

In dieser langen Geschichte hat sich das Gesetz gerade in jener Epoche, in welcher sich endgültig die große, übergreifende Reichslegitimation abschwächte, ja im Grunde zerbrach, in jenem 17. Jahrhundert, das den Aufstieg der vielen Absolutismen erlebte, in Selbstgewichtigkeit befestigt – in dieser Zeit hat sich das Römische Recht als Gesetz emanzipiert, gewissermaßen gelöst von jenen Organträgern, die es bis dahin über die Jahrhunderte mit ihrer Autorität begleitet hatten. Neue Gesetzgeber konnten, im Frankreich des Sonnenkönigs wie im England des Parlaments, die höchste, einst imperiale Autorität der Entscheidung langsam, in historischer Kontinuität übernehmen, aus vielen Einzelentscheidungen geradezu neue Codices entstehen lassen – die Gesetzesidee des Römischen Rechts war stark genug, auch diesen sogleich höchste Ordnungskraft zu verleihen, ja eine Macht, welche ihnen derogatorische Kraft gegenüber dem alten Römischen Recht vermittelte. So konnten denn im Frankreich des 18. Jahrhunderts bereits, als Vorläufer der napoleonischen großen Kaisergesetzgebung, viele einzelne

„Codes" erscheinen, veröffentlicht werden im Namen der neuen Majestät, vom Code de la Chasse bis zum Code de la Police.

Mit der ungeheueren geistigen Macht einer Ratio scripta, einer höchsten, übermenschlichen rationalen Ordnungsautorität, trat das Gesetz geradezu die Nachfolge des kaiserlichen Gesetzgebers an; es wurde aus sich selbst heraus zum Synonym aller Ordnung schlechthin. Gerade eine sich in neue Freiheit hinein emanzipierende Ordnung vermochte diese Gesetze noch leichter anzunehmen, schienen sie doch wie vom Geiste selbst gegeben.

Eine ganz tiefe geistige Wurzel senkt sich also mit diesem Römischen Recht und seiner Jahrtausende währenden Gegenwart in die Europäische Geistigkeit. Da ist nicht mehr nur Macht und Politik, das Gesetz ist Geist geworden, und dieser Geist begleitet es noch heute.

ee) Doch damit sollten die tragenden Kräfte der Entwicklung des Gesetzesbegriffs noch längst nicht erschöpft sein. Gerade in jener Epoche, in welcher, wie eben dargestellt, das Gesetz sich von der Kaisergewalt zu emanzipieren vermag, im Namen perfekter Rationalität, erwächst ihm eben daraus in der Aufklärung etwas wie eine neue, geradezu eine Dritte Kraft, neben höchster staatlicher Autorität und höchster Rationalität: Es wird zum Ausdruck der neuen Freiheit, zum Gegenbegriff einer fürstlichen Macht, deren Abschwächung als tragende Kraft es daher erst recht zu überdauern vermag, im Namen und als Ausdruck eben jener Gegenkraft.

Wieder beginnt es mit einer staatsrechtlich-organisatorischen Entwicklung: Das Englische Parlament stellt sich dem König in den Weg, es wird zum Zentralorgan seiner Machtbeschränkung, bis herauf in die Mitte des zwanzigsten Jahrhunderts, immer mächtiger, am Ende allmächtig. Gewiss ist diese Volksvertretung nicht einfach entstanden als gesetzgebende Gewalt oder im Namen einer solchen, mochte sie auch in Anfangsphasen zentrale Bereiche von Einzelentscheidungen, den militärischen und administrativen Domaine réservé dem König überlassen und damit einen Mittelpunkt ihrer Arbeit gerade in der Setzung dessen finden, was heute modernes Gesetz bedeutet. Doch schon über die Haushalts-Gesetzgebung und auf manchen anderen Wegen entfaltete sich in England und später auch in Frankreich und in anderen Staaten des Kontinents diese Parlamentsmacht als Erste Gewalt – eben im Namen ihrer gesetzgeberischen Macht. Damit stieg entscheidend die Bedeutung ihrer legislativen Akte, das Gesetz wurde zum ersten Ausdruck der Macht schlechthin und zu deren bestem, weil rationalem, vom Willen des Volkes getragenem.

ff) Im Naturrecht gewann dies noch eine weitere Dimension: Nun war das Gesetz nicht mehr nur gut, als Werk einer „Gegenmachtgesetzgebung", es gewann neue, innere Legitimation, in Fortentwicklung seiner Kräfte als Ratio scripta, aus dem aufklärerischen Gesetzesbegriff der Freiheit.

Nicht nur dass so das Gesetz gegen die Macht sich wendete, als „Gesetz aus dem Willen des Gesetzgebers", eines „Gegenorgans" wider die fürstliche Allmacht – nun wirkte das Gesetz geradezu aus seinem Inhalt heraus, als Ausdruck der Bürgerfreiheit, gegen alle Macht, wer immer es im einzelnen geben oder veröffentlichen mochte. Selbst wenn an seiner Entstehung noch, wie im neunzehnten Jahrhundert weithin, der Monarch beteiligt war, allein schon die Tatsache, dass er nun in Gesetzesform sprechen musste, war eine Errungenschaft gegen die Macht. So erschienen denn selbst die octroyierten Verfassungen der Restaurationszeit als ein erster Sieg der Freiheit, im Namen des Gesetzes, nicht seines Gebers, sondern seines Inhalts; das Gesetz war als solches, nach Form wie nach Inhalt, legitimiert als Ausdruck der Freiheit. Der Konstitutionalismus des neunzehnten Jahrhunderts lässt sich nur verstehen aus diesem weiteren und vielleicht größten Sieg des Gesetzesbegriffs: Alles was die Macht erfasst, in dieser Form, wird unter ihren gesetzgeberischen Händen zu Freiheit.

gg) Hier werden die letzten politischen Grundlagen gelegt, welche gerade in der Gegenwart wirken, immer mächtiger noch: Das Gesetz ist gut, weil es stets der Gegenbegriff zur Macht ist, daher in jenem zwanzigsten Jahrhundert von besonderer Güte, welches sich überall gegen alle Formen der Macht wenden will.

Wie kaum an anderer Stelle lässt sich hier der unmittelbare Übergang einer tausendjährigen geschichtlichen Entwicklung in das Denken der Gegenwart feststellen, kein anderer Begriff schlägt vergleichbar, in seiner so vielfach begründeten, begründbaren Güte, die Brücke von einer heute verdämmernden antiken Welt in eine überhell beleuchtete Gegenwart: Immer richten sich die Lichter auf das Gesetz, immer geht von diesem das geistige Licht aus – aufklärende Klarheit.

b) Die religiösen Wurzeln des „Gesetzes als guter Begriff"

Als ob diese historisch so tiefen, so mächtigen Wurzeln nicht genügten, um den Gesetzesbegriff bis in die Gegenwart zu tragen, ihm sogar steigende Mächtigkeit zu verleihen – eine weitere, davon durchaus geistig zu isolierende, vielleicht noch tiefere Wurzel reicht in die religiösen Grundlagen des gegenwärtigen Denkens, nicht nur des Rechts der Gegenwart. Nichts hat das Recht, das Staatsrecht vor allem, in den vergangenen Jahrhunderten, stärker geprägt als religiöses Denken, Glaubensentwicklungen. Erst neuerdings tritt in manchen Bereichen eine Ökonomie an die Stelle solcher Einflüsse, die sie aber noch längst nicht voll zu verdrängen vermag, vielmehr als Ausdruck des nun sogenannten „Politischen" oder „Sozialen" stets achten muss, selbst wenn sie ihren eigenen Grundregeln widersprechen, wiederum: ihren Gesetzen.

Das religiöse Denken Europas ist durch die jüdisch-christliche Geistigkeit geprägt, neuerdings wird es beeinflusst aus der Welt des Islam. Diese religiösen Strömungen vereinigen sich zu einem großen Strom gerade im Verständnis des Gesetzes. Erst im Namen dieser religiösen Gemeinsamkeiten gewinnt das Gesetz im europäisch-amerikanischen Denken eine Dimension, welche in anderen Kulturen nicht vergleichbar sich öffnet, nunmehr aber dabei ist, weit über ihre schon so weiten Bereiche noch hinauszugreifen: Es ist die enge, untrennbare Verbindung des Begriffs des Gesetzes mit dem des „Wortes Gottes", wie es die semitischen Religionen trägt. Wenn sich das Gesetz heutiger Vorstellungswelt in naher Verbindung sieht zu jener Moral, welche das innere Verhalten der Menschen bestimmt, während das Gesetz das äußere Verhalten regelt, so sind diese Religionen nicht nur darin stets Gesetze gewesen, dass sie Moral regeln im weitesten Sinne des Wortes, das innere Verhalten der Menschen; hier wird sogar die Verbindung zur Dogmatik des Transzendenten, des Göttlichen hergestellt. Für die semitischen Glaubensrichtungen wächst daher Religion einerseits aus dem Gesetz, zum anderen ist das Gesetz höchster Ausdruck der Religion. Später mag es dann säkularisiert sich zeigen, etwas, Entscheidendes geradezu, trägt es weiter aus diesen seinen religiösen Ursprüngen, und diese wirken für das Gesetz in der zugleich tiefsten und höchsten Form, welche gegenwärtige Geistigkeit kennt und akzeptiert.

aa) Am deutlichsten zeigt sich dies in der Ursprungsreligion aller gegenwärtigen Religiosität in den verfassungsrechtlich höher entwickelten Ländern. Für die Juden waren Religion und Gesetz stets eine Einheit. So war ihre Religion grundgelegt in den mosaischen Zehn Geboten, jenem Wort Gottes, das von Anfang an in Form des Gesetzes über ihnen stand. Dieses Gesetz trat geradezu, als geschriebener, fassbarer Ausdruck des Allerhöchsten, an die Stelle jenes Gottes, dessen unaussprechlicher Name nicht schriftlich niedergelegt werden durfte. So sieht sich jüdische Religiosität durch die Jahrhunderte. Klar fassbar ist diese Vergesetzlichung der Religion zur Zeit der Erneuerung des Alten Testaments, eben in jenem Neuen, welches lediglich „das Gesetz erfüllen sollte". Und immer weiter wird diese gesetzgewordene Religion von Juden getragen und ausgelegt – immer mehr als Gesetz, über den Talmud bis hin zu zahllosen Gebräuchen und Überzeugungen, denen immer etwas Gesetzhaftes eigen ist. Daher schlägt diese Religion auch so tiefe Wurzeln in den jüdischen Gemeinschaften, weil sie zugleich etwas ist, was das Christentum in dieser Form nie erreichen konnte: voll ausformuliertes oder doch als etwas derartiges praktiziertes Lebensgesetz eben dieser Gemeinden, gesetzgewordene Gemeinschaftsmoral, die selbst dann und dort noch als Gesetz wirkt, wo der religiöse Hintergrund zu verdämmern beginnt, wie im neuen Staat Israel. Die Religion als solche mag gehen und vergehen, als Gesetz bleibt sie gegenwärtig.

bb) Mehr als das Christentum hat nach diesem der Islam diese Grundstimmung jüdischer Gesetzlichkeit aufgenommen, der Koran ist Gesetz gewordene Religion. Westliches Unverständnis mag die Versuche begleiten, in der Gegenwart die alten korangestützten oder korangeprägten Gesetzlichkeiten der Schariah neu zu beleben, eine Religion, die selbst dort mancher Säkularisierung unterliegt, auf solche Weise gesetzlich neu zu befestigen mit der Macht von Gottesstaaten; nicht begreifen kann westliches, vom Christentum geprägtes Denken, dass auch in der islamischen Welt diese gesetzgewordene Religion ein tiefer Kraftquell ist für eine Religiosität, welche allein durch Glauben nicht mehr weiter zu tragen wäre, welche der festgelegten Übung im Gesetz bedarf.

So mag denn der islamischen Welt das westliche Gesetz des Rechtsstaates in seinen säkularisierten Inhalten fremd erscheinen, begriffen, umgesetzt, und übersetzt aber wird es sicher eines Tages werden aus den tiefen Gesetzesvorstellungen heraus, welche dort seit so langer Zeit das bewirken, im vollsten Sinn, was jedes Gesetz im Grunde sich vornehmen muss: das Leben freier Menschen zu ordnen. So kann denn die islamische Welt sogar auf westliche Staatlichkeit immer wieder verzichten, findet sie doch ihr Gesetz und dessen gesetzgebende wie vollziehende Macht im unendlichen, unsichtbaren Gott. Das ältere Judentum wie der jüngere Islam zeigen also eine eigentümliche, geradezu transzendente Kraft des Gesetzes: Es kommt nicht nur von Gott, es tritt, in allen religiösen und außerreligiösen Wirkungen, an die Stelle Gottes.

cc) Das Christentum, die ursprüngliche geistige Grundlage heutiger westlicher Verfassungsstaatlichkeit, mag diese unmittelbar religiös wirkende Kraft des Gesetzes nicht kennen; doch da es aus denselben theistischen Wurzeln kommt, prägt auch seine Geistigkeit den Gesetzesbegriff weiter, auf christlichen religiösen Grundlagen.

Das Neue Testament ist die Erfüllung des Alten. Er ist ja nicht gekommen, um das Gesetz zu brechen, sondern um es zu erfüllen. In allem und jedem, Punkt für Punkt, so wie es Seine Mutter im Magnificat verkündet und Ihm mitgegeben hat.

„Testament" bedeutet ja letztlich auch nichts anderes als „Gesetz", schriftlich niedergelegten, bleibenden Willen jenes Testators, wie er zur gleichen Zeit im Römischen Recht zu etwas wie einer Privat-Lex des römischen Bürgers hatte werden können; in dieser Form ist es noch bis heute unverändert als ein Gesetz wirksam, mit dem die Bürger ihr eigenes kleines Leben, ihre begrenzte Umgebung als Gesetzgeber über ihren Tod hinaus regeln. Dieses Neue Testament ist überhaupt nur zu verstehen als eine weiterwirkende Ordnung, welche letztlich, nach der Himmelfahrt des Testators, unabänderlich geworden ist, wie das mosaische Gesetz – neben ihm ein zweites, höheres, ein absolutes Gesetz.

Da es nicht statische Ordnung bringen will, sondern Dynamik helfender Liebe, vermag es nicht die strenge, staatsähnliche Vergesetzlichung jüdischer oder moslemischer Gläubigkeit zu erreichen; es wird zu einem höheren, weicheren, oft verdämmernden Rahmen – aber es bleibt Gesetz, stellt sich als solches irdischem Machtwillen in den Weg. Diese irdische Schwäche der christlichen Religion will die universale Katholische Kirche auffüllen mit ihrer Verrechtlichung. Sie mag nur bereichsweise gelingen im Kanonischen Recht, welches aber doch, bis in Ehe und Erziehung hinein, weithin über Generationen in ihrer Wirkung jüdischer und moslemischer Legalisierung gleichkam. Zu dieser gewissermaßen vertikalen Gesetzeswirkung auf die Gläubigen kommen „horizontale" Vergesetzlichungsversuche in jenem Konkordatsrechts, welches die kirchliche Ordnung in die staatliche der katholischen Länder hineintragen soll. Zwischen kanonischem Recht und dem dieses übernehmenden und verfestigenden Konkordatsrecht entfaltet sich dergestalt eine weit gespannte „Legalisierung der christlichen Religion" in der Katholischen Welt. Organisatorisch verfestigt wird sie noch in der Apostolischen Amtskirche. Sie ist errichtet auf dem unerschütterlichen Fundament der gesetzgeberischen Autorität des Petrus, auf jenem Felsen, der gewissermaßen die Unabänderlichkeit der mosaischen steinernen Tafeln in der kirchlichen Gesetzgebungsgewalt über Dogma und Moral unabänderlich fortsetzt. Die Unfehlbarkeit ist nur letzter Ausdruck, höchste Stufe dieser Vergesetzlichung der Amtskirche, welche weit über diesen Begriff hinauswächst, hinein in die Dimension einer Gesetzeskirche, deren Grundregeln selbst die höchste Autorität des Papstes nur verkünden, niemals mehr ändern kann. Dieser katholische, weltumspannende Raum, wird so, in eigenartiger Form, eine weitere, höher vergeistigte, aber darin noch deutlicher unbedingte Form der Vergesetzlichung der Religion. Sie ist personalisiert auf allen Ebenen, unter Verkündigung des Dogmas des Pontifex Maximus – bis hinein in den Beichtstuhl, in welchem der Vertreter nicht nur Gottes, sondern des göttlichen Gesetzes der Zehn Gebote deren Beachtung mit Bußgewalt durchsetzt.

Gegen diese Personalisierung vor allem, die ganz natürlich verbunden ist, mit menschlichem, konkretem Machtwillen, wendet sich die staatliche Gewalt im Namen ihrer Ordnungen von Anfang an, und hier liegen die tiefsten Gründe der Auseinandersetzung von Kaiser und Papst, des Gallikanismus mit Rom, bis zu den Volksbewegungen moderner Demokratien gegen die Amts- und Gesetzeskirche Roms. Es ist dies nicht nur der „Kampf ums Reich", um eine Weltherrschaft, die seit langem nicht mehr zu erringen ist – hier läuft ab der Kampf um das Gesetz, um eine gesetzgebende Gewalt, welche nur ein anderes Wort ist für Macht und Ordnung.

Selbst innerhalb der christlichen Religion setzt sich dieser Kampf noch fort, deutlich ausbrechend mit einer Reformation, welche zwar den katholischen Gesetzesbegriff in vielem zu vergeistigen unternimmt, bis in die Höhen einer Lex Charitatis, gleichzeitig aber die geschriebenen Gesetzesgrundlagen der Religion erneut ins Bewusstsein hebt, mit der Befestigung der biblischen Grundlagen des Glaubens. Darin mag sich der Protestantismus von manchen Inhalten des Katholizismus entfernen, verwandt bleibt er ihm, ja nah in jener eigentümlichen Gesetzesgläubigkeit, welche das Christentum von seinen Anfängen an, in unterschiedlichen Formen, immer geprägt hat.

So ist denn der Gesetzesbegriff zutiefst religiös verwurzelt in der Geistigkeit der entwickelten Staaten, aus welcher der Rechtsstaat gekommen ist; und dieser Gesetzesbegriff ist es auch, nach aller Voraussicht, der in den nächsten Jahrzehnten wird übernommen werden in andere Länder und Staatlichkeiten, deren Denken mindestens in einem dem westlichen verwandt ist: im „Gesetz" als einem selbstverständlichen, einem indiskutabel „guten Wort".

Kann einem Begriff mehr noch bescheinigt werden, als dass er sogar noch Gegenstand des Glaubens sein kann oder werden?

c) Von den wissenschaftlichen Wurzeln
der Güte des Gesetzesbegriffs

Nur eine geistige Kraft, eine Strömung allein hätte wohl diese religiösen Wurzeln unterspülen oder gar brechen können – und so schien es zuzeiten: das Wissen, die Verwissenschaftlichung des Denkens. Doch sie hat das Gegenteil bewirkt: den Gesetzesbegriff hat sie verstärkt, geistig erweitert, unangreifbar werden lassen. Hineingetragen hat die Wissenschaft den Gesetzesbegriff in Bereiche, welche die Macht gerade nicht zu erfassen vermag: in den geistigen Raum, den wohl einzigen wirklich staatsautonomen Bereich der Gesellschaft.

aa) Wissenschaft sucht allenthalben, vor allem in ihren sogenannten oder wirklichen „exakten" Ausprägungen, zuallererst nach „Gesetzmäßigkeiten". „Gut" ist, ein Erfolg der Erkenntnis, was „gesetzmäßig" erfassbar ist. Gerade in neuester Zeit gehen von diesem Gesetzmäßigkeitsdenken der exakten Wissenschaften immer neue schubhafte Wirkungen aus auf die Geisteswissenschaften, welche einst, in akribischer Theologie, Jurisprudenz und Philologie, ihrerseits den exakten Wissenschaftsbegriff durch ihr Gesetzmäßigkeitsdenken befruchtet hatten. Überall wird nun, und gerade in der Gegenwart, jene Gesetzmäßigkeit gesucht, in deren Namen allein Vermittlung des Wissens, Kommunikation überhaupt, möglich ist; nur über immer neue derartige „Systeme", Gebilde, welche in innerer Gesetzmäßigkeit zusammenhängen, ist heute überhaupt noch moderne Kommunikation vorstellbar. Ohne dass also das Wort stets und allenthalten gebraucht würde – das „Gesetz" steht hinter all dieser Wissenschaft, mag es nun, wie Kant lehrte, aus den Menschen selbst kommen und ihren eingeborenen Kategorien, oder doch als etwas erkannt werden können, was außerhalb von uns liegt, „in der Natur selbst", erkennbar und entfaltbar durch menschlichen Geist.

So wie das Gesetz zu einem anderen Wort für Gott geworden ist, in den semitischen Religionen, so wird es in einem durch sie befruchteten Denken zu einem anderen Wort für Erkenntnis, für Wissenschaft, für menschlichen Geist. Wie könnte ein besserer, stärkerer Begriff überhaupt gedacht werden?

bb) Diese Wissenschaft der Moderne verstärkt die Gütequalität des Gesetzes selbst, ja gerade dort, wo sich die Wissenschaft gegen den religiös fundierten Gesetzesbegriff wendet. Sie tritt an, und nicht erst seit der Aufklärung, nicht gegen das Gesetz, sondern im Namen einer anderen, besseren, klareren Gesetzmäßigkeit – der wissenschaftlichen. Wie zwischen Macht und Religion ein jahrhundertelanger Kampf ausgetragen wird um die „Besetzungen" – im modernen Sinne des Wortes – des Gesetzesbegriffs, so läuft ein vergleichbarer Kampf ab, noch immer, zwischen der Religion und einer anderen säkularisierten Macht, der „Religion des Wissens", der Wissenschaft – und wieder um nichts anderes als um die „Besetzung des Gesetzesbegriffs". Wer ihn sich appropriiert, kann eben, so scheint es doch, jene höchste Macht ausüben, um die im Faust gerungen wird. Und was das Stärkste daran ist: Niemand wird ihm vorhalten können, es gehe um seine Interessen, um seinen Willen, seine Macht – immer geht es nur um jenes Gesetz, das über ihm steht, auch wenn er es, in höchster List der Vernunft, selbst über sich gestellt hat. „Wie fang' ich nach der Regel an?" „Du stellst sie selbst und folgst ihr dann" (Richard Wagner).

cc) Die Kraft dieser Wissenschaft zur Verfestigung des Gesetzesbegriffs bewährt sich in besonderer Weise in der Entdeckung und Verfolgung geschichtlicher Gesetzmäßigkeiten, über das Wirken einer Historia Magistra, die ewig geleugnet werden mag in den Geschichtswissenschaften, die aber doch immer wieder zurückkommt. So wie die Wissenschaftlichkeit den religiös-verwurzelten Gesetzesbegriff zuzeiten ersetzen und zugleich auch verstärken konnte, so gelingt es der Wissenschaft hier, das legitimierend zu verstärken, was als „lange Gewöhnung", zu einer der festesten Grundlagen des Gesetzes als eines „guten Wortes" werden konnte. Hier wird es nun vom historischen Befund, vom Gegenstand einer Wissenschaft zu deren Gesetzmäßigkeit – zum ordnenden Gesetz. Nicht umsonst ist der wissenschaftliche Historismus, vor allem in Deutschland, als eine der geistigen Grundlagen des gesamten heutigen Denkens stets erkannt und gefeiert worden. Er

hat, über die Werke der großen Historiker vielleicht nicht so sehr deren im
einzelnen stets bestreitbar bleibende Ergebnisse als vielmehr ihre weiteren,
größeren Kategorien in unser gegenwärtiges Denken hineingetragen – zu-
rückgebracht gewissermaßen in die Rechtswissenschaft; sie findet ihr
Gesetz nun in den geschichtlichen Gesetzmäßigkeiten wieder, welche eine
wahre, unbestrittene Wissenschaft, die Historie, ihr zurückgibt, nachdem
das Recht diese seine feste Grundlage im Römischen Recht verlassen hat,
im Namen kurzatmiger Macht.

So ist denn dieses Gesetz ein „guter“, übergreifender Begriff geworden
für – ganz einfach „die Ordnung“, und dies mit wahrhaft unvergleichlicher
Mächtigkeit: Dieses Gesetz ist so tief verwurzelt, geistig so hoch oben aufgehängt, dass es gerade jener Macht, jenes Gesetzgebers nicht mehr zu bedürfen scheint, aus dessen Wort es doch eigentlich kommen sollte. Hier hat
sich eine Macht begrifflichen Selbstlaufs entfaltet, welche der Weihe der
Gewalt – wie immer sie gesucht werden mag – wohl entraten kann. Höhere
Güte kann einem Begriff nicht zukommen.

5. „Gesetz“ – ein „guter Begriff“
aus politischer Entscheidung in der Demokratie

Doch nicht einmal die Weihe der Macht fehlt dem Gesetz, es ist Staatsgrundlage der Demokratie, gerade aus einer politischen Grundentscheidung
dieser Staatsform heraus, welche es trägt wie keine andere rechtliche Begrifflichkeit. Und hier gewinnen die Betrachtungen wieder den Anschluss
an jenes Staatsrecht im engeren Sinn, dessen tiefe Legitimationsgrundlagen,
in Religion, Wissenschaft, allgemeinem Konsens, vorstehend aufgezeigt
werden sollten. Dies alles findet sich, gewissermaßen rechtlich ratifiziert, in
einer Begrifflichkeit des Gesetzes, ohne welche heutige entwickelte Staatlichkeit nicht vorstellbar ist. Die deutsche Staatsordnung ist hier ein besonders deutliches, in ihren Ausprägungen und ihrer Entwicklung voll bewusst
geschaffenes Beispiel.

a) Die gesetzgebende Gewalt als die Erste im Staat

Dass das Parlament als Organ vor allen anderen Instanzen des Staates in
der Verfassung genannt wird, mag sich erklären aus seiner besonderen demokratischen Legitimation. Dass diese Priorität, ohne dass darüber viel vertieft nachgedacht würde, zugleich, und wie natürlich, der „gesetzgebenden
Gewalt“, dem Parlament als Gesetzgeber zukommen soll, ist keineswegs
selbstverständlich. Und doch ist es eine sprachliche Verfassungsrealität, eine
laufende Bürger- und Staatspraxis von jeher. Niemand wird behaupten, die
„Erste Gewalt“ verdiene diese Bezeichnung nur deshalb, weil sie andere

überwache – dies trifft keineswegs zu, man denke nur an die Dritte Gewalt oder an den immerhin weiten und selbständigen Bereich der Regierung, oder schließlich an das Staatsoberhaupt. Nicht die politische Überwachungsfunktion begründet ein solches Privileg, das sich sogar im Staatsprotokoll noch niederschlägt, wenngleich wenig rational durchdacht. Es ist vielmehr das Gesetzeswort, welches die Erste Gewalt zu einer solchen macht, die Möglichkeit des ersten und die Notwendigkeit des letzten Wortes, welches von diesem Organ ausgehen muss im Staat.

Einst hieß es, souverän sei, wer über den Ausnahmezustand entscheide. Bedeuten könnte dies, dass solche Souveränität gerade dem Organ zukommen solle, welches „außerhalb der Normalität der Gesetze", also außerhalb der Gesetze und über ihnen zur Entscheidung befugt sei – dann wäre dies der Versuch dogmatischer Grundlegung einer Souveränität über den Gesetzen. Doch dies gerade stünde in unauflöslichem Widerspruch zum Gesetzesdenken in der heutigen grundgesetzlichen, letztlich in jeder verfassungsrechtlichen Ordnung. Das letzte Wort ist immer das des Gesetzes, und es hat stets ein Gesetzgeber, nur dies kann der letzte Sinn der Notstandsverfassung des Grundgesetzes sein, welche selbst die Not-Macht der Exekutive in die Notwendigkeiten des Vorübergehenden einsperrt. Diktatur ist nicht ein gutes, es ist ein böses Wort heutiger politischer und Verfassungssprache; der Diktator ist kein Hoffnungsträger, alle Hoffnung liegt nur im Gesetz, bei der Ersten Gewalt der Verfassung, entscheidend ist, wer im Normalzustand entscheidet. Das Recht anerkennt nicht die Souveränität eines Not-Operateurs.

b) Alle Gewalt unter dem Gesetz

Das Gesetz, im weiten Sinne der Norm, steht über allen Gewalten im Staat. In einem doppelten Sinn ist dies im Verfassungsrecht selbst grundgelegt:

– Alle anderen Staatsorgane stehen unter dem Gesetz, als Zweite und Dritte Gewalt, in einer Reihenfolge, welche der Wertigkeit ihrer jeweiligen Macht entspricht und sie dennoch unter die Norm stellt, ausdrücklich, in einer Verfassungsentscheidung, die „eigentlich" als solche nicht erforderlich erscheint, aber doch, nicht zuletzt aus historischer Erfahrung heraus, als Grundentscheidung der Verfassung ausdrücklich gewollt ist.

– Die Verfassung selbst ist Gesetz, höchste Norm, und über ihr gibt es nichts im Staat, es seien denn andere Norminhalte, welche sie selbst in diese ihre Ordnung aufgenommen hat – also wieder Gesetze, noch höhere. Die letzte, volle Souveränität aber liegt nicht beim Gesetzgeber, sondern beim Gesetz, gibt es doch Normen, welche auch von der Ersten Gewalt nie

geändert werden können. Dies ist vielleicht die größte und deutlichste Entscheidung für die Souveränität des Gesetzes, für seinen Standort über allen
Instanzen, über allen Menschen und ihrer Macht. Selbst die Rechte des Gesetzgebers, ja des Verfassunggebers, kommen – wieder aus einem Gesetz;
in diesem Sinne setzt sich die Normpyramide Kelsens in die höchsten, unabänderlichen Normen hinein fort: Sie sind Gesetze, ohne dass irgend
jemand sie setzte, kraft demokratischer Grundentscheidung, nicht zuletzt im
Namen jener Demokratie, die eine, die wichtigste normative Grundlage
stets bleibt. Alle Gewalten sind also an das Gesetz gebunden, selbst die
Erste, der Gesetzgeber. Souverän ist, nach ausdrücklicher Verfassungsentscheidung, nur das Gesetz, und gerade dort, wo es unverbrüchlich ist, unabänderlich in den Staatsgrundnormen der Verfassung verkündet.

c) Gesetzgebung – durch höchstes Gesetz geregelt

Doch diese grundsätzliche Bedeutung des Gesetzes für die Staatsform
kommt nicht nur zum Ausdruck in ihren höchsten Normen, in deren Unabänderlichkeit. Sie findet sich ausgeprägt gerade auch auf der „normalen ver-
fassungsnormativen Stufe", im technischen Organisationsrecht des Grundgesetzes.

Keine der Gewalten ist bis in ihre Einzelheiten hinein vergleichbar verfassungsrechtlich geregelt, und dies gilt für alle entwickelte Verfassungsstaatlichkeit. Nirgends unternehmen es die Verfassungen, im einzelnen die
Gerichtsbarkeit zu regulieren – dies bleibt den einfachen Gesetzen überlassen und deren Gesetzgeber. Kaum irgendwo, oder nur in fernen Ansätzen,
finden sich Verfassungsnormen über Einzelorganisation im Bereich der Regierung, noch weniger über deren Kompetenz-Inhalte. Überlassen bleibt
dies, wenn nicht der Organisationsgewalt dieser Instanz selbst, so doch wiederum einer einfachen Gesetzgebung, die Einzelheiten bestimmen mag, je
nach politischem Gutdünken.

Ganz anders zeigt sich das Bild bei der Betrachtung der Gesetzgebung.
Schon der Gesetzgeber selbst, seine innere Organisation, wird bis in Einzelheiten hinein in nahezu allen Verfassungen normativ festgelegt, was bei anderen Gewalten, wie erwähnt, unbekannt ist. Das Gesetzgebungsverfahren
sodann erscheint geradezu als eine der unabdingbaren, der gewissermaßen
notwendigen Verfassungsmaterien. In der föderalen Ordnung, und nicht nur
in ihr, wie das französische Beispiel zeigt, wird sodann selbst der mögliche
Gegenstand des Gesetzes noch näher bestimmt, wiederum in klarem Abstand zu seltenen Ansätzen für Exekutive und Judikative in diesem Sinn.

Nicht selten scheint es so, als sei nicht so sehr das Gesetz als vielmehr
das Gesetzgebungsverfahren der eigentliche Mittelpunkt des Verfassungs-

rechts überhaupt. Darüber gibt es auch nicht allzu viel Diskussion und nur selten tiefer wandelnde Entwicklungen. Wenn eben festliegt, normativ, wie die Normen entstehen, gelten, sich wandeln, so ist dieser demokratische Staat entstanden, alles andere sind geradezu technische Einzelheiten der – Gesetzesdurchsetzung, Gesetzesanwendung; und durch sie, also wiederum letztlich definiert aus dem Gesetz heraus, werden auch die beiden anderen Gewalten bestimmt. Das Gesetz ist in diesem Sinne, kraft positiven Verfassungsrechts, zu etwas wie einem archimedischen Punkt des Gesamtsystems der Verfassung geworden: Ist es einmal festgelegt, in Organisation, Verfahren, Inhalten, so lässt sich mit ihm, aus ihm heraus, das System bewegen, alle anderen notwendigen Kräfte werden dieser Macht des Gesetzes – hinzugegeben.

d) Gesetz – Ausdruck der Mehrheit, Mittelpunkt der Demokratie

Demokratische Macht kommt aus der Mehrheit, aus ihrem Willen allein. Das Gesetz kann ihr Zentralbegriff nur sein, wenn es Ausdruck dieses Willens bleibt, und wenn es allein diesen höchsten politischen Rang einnimmt – und so ist es. Keine andere Gewalt, weder die Zweite und Dritte, noch irgend welche andere „unabhängige" Mächte im Staat, weisen eine auch nur irgendwie vergleichbare wesentliche Nähe auf zu dieser Bürgermehrheit und ihrer Entscheidungsmacht. Und alle Versuche der „demokratischen Legitimation" der anderen Gewalten sind immer gezwungen geblieben und letztlich zum Scheitern verurteilt. Die demokratische Legitimation der Exekutive kommt nur aus jenem Gesetz, das wiederum Wille der Mehrheit ist, aus dem Recht, es durchzusetzen; die demokratische Legitimation des Richters erwächst allein aus jenem Gesetz, das er im Namen des Volkes anwendet. Alle anderen Legitimationsversuche sind nicht nur gezwungen, sondern eindeutig irrational – schlechthin unhaltbar: Der Überwachte kann sich nicht auf die Legitimation der Überwachenden berufen – ganz im Gegenteil wird er überwacht, weil er diese Legitimation nicht besitzt; der unabhängig Entscheidende ist in dieser seiner Unabhängigkeit gerade nicht rück-angebunden an den Willen der Bürgermehrheit. Beide Instanzen, die Exekutive wie die Judikative, leben aus dem demokratischen Gesetz, aus ihm allein.

Dieses Gesetz aber „ist" letztlich die Mehrheit, sie besteht nur aus ihm, weil ihr gemeinsamer Wille das einzige ist, was sie zusammenhält, überhaupt erst konstituiert. Das Gesetz ist nicht Wille der Mehrheit, es ist diese Mehrheit selbst in rechtlich verfestigter Form. So lässt sich denn formulieren: Mehrheit ist nichts in der Demokratie, das Gesetz als Ausdruck der Mehrheit ist alles.

Der Gesetzgeber freilich „steht am nächsten bei der Mehrheit", am nächsten also auch bei der Staatsform, denn er ist nichts als der Herold, welcher sie, die Demokratie, im Gesetz täglich verkündet. Wenn die Verfassungsrechtsprechung erklären konnte, es komme darauf an, wie nahe eine Norm bei der Verfassung stehe, so lässt sich dies fortdenken: Entscheidend in der Demokratie ist es, wie nahe ein Organ bei der Staatsform steht, und sodann wiederum wie nahe seine wichtigste Ausdrucksform der Demokratie ist und ihrer Mehrheit: es ist das Gesetz.

e) Die Verfestigung des Gesetzes in der Staatsgrundnorm der Rechtsstaatlichkeit

Das Gesetz als Grundlage der gesamten Staatsform der freiheitlichen Demokratie, zugleich als ihr entscheidendes, wenn nicht einziges Instrument, lässt sich nicht nur ableiten aus allgemeinen Grundsätzen der Volksstaatlichkeit, es hat eben diese seine normative Verfestigung gefunden in einer speziellen Staatsgrundsatznorm, in der Rechtsstaatlichkeit. Historisch bemerkenswert daran ist, dass dieser normative Durchbruch zum Gesetz historisch weit früher, längst vor dem Sieg der Demokratie als Staatsform, gelungen ist, und dass er sich eindeutig rechtsgeschichtlich, nicht allgemeingeschichtlich vollziehen konnte, vom Recht aus die Politik gestaltend und nicht umgekehrt, wie es fast schon einer inneren Gesetzmäßigkeit der Staatsgrundsatznormen entsprechen mag: Weder Republik noch Demokratie, noch weniger die „Sozialstaatlichkeit" sind aus rechtlichem Denken entstanden, aus politischen Bereichen kommend haben sie das Staatsrecht erfasst und geprägt. Der Rechtsstaat dagegen ist wirklich etwas wie ein juristischer Vorläufer der Demokratie.

Für alle Ausprägungen dieses im einzelnen noch durchaus umstrittenen Grundsatzes gilt dies gleichermaßen und es kommt schon darin zum Ausdruck, dass die Übertragung des Begriffs ins Französische, Englische, ja in den früheren „sozialistischen" Sprachgebrauch, über jenes Wort der „Legalität" erfolgen konnte, welche sprachlich aus der Lex kommt. So ist es denn das Gesetz, welches der Rechtsstaatlichkeit seinen wichtigsten Inhalt gibt, den der Unterordnung der anderen Gewalten unter die der Gesetzgebung; die Gewaltenteilung lässt sich anders weder begründen noch auch nur definieren als vom Ausgangspunkt des Gesetzesbegriffs her. Vor allem aber sind es Klarheit, Vorhersehbarkeit, Verlässlichkeit des Rechts, bis hin zum Verfassungsgrundsatz des Vertrauensschutzes, also die praktisch bedeutsamsten Aspekte der Rechtsstaatlichkeit, welchen nur das Gesetz genüge tut, welche auch allein aus dem Gesetzesbegriff heraus überhaupt verständlich sind; denn all diesen Anforderungen an den Rechtsstaat kann diese Staatsform – um eine solche handelt es sich hier wirklich – nur gerecht werden in der Form eines Gesetzes, das sie als Grundlage aller rechtlichen Erscheinungen und zugleich zu deren Legitimation einsetzt.

Mehrfach bereits konnte darauf hingewiesen werden, dass das Gesetz eine derart zugleich allgemeine und grundlegende Bedeutung erlangt hat, dass es sich geradezu identifizieren lässt mit zentralen nicht nur staatsrechtlichen, sondern politischen Begriffen, bis hin zu dem des Staates selbst, ja des Rechts. Hier wird dies noch einmal, gewissermaßen auf einer konkreteren Stufe, ganz deutlich: der Rechtsstaat – das ist „das Gesetz".

Nicht zufällig – oder durch einen glücklichen, unbewussten Redaktions-Zufall – ist diese Rechtsstaatlichkeit denn schließlich auch hinaufgehoben worden in die normative Spitze der Unabänderlichkeit der Verfassung. Damit ist in Deutschland etwas geschehen, was gerade die deutsch-rechtliche Verfassungstradition dieses Begriffes fordert, worin sie aber zugleich auch ihren Gipfel erreicht: Der Rechtsstaat ist eine Leistung deutscher Verfassungsjurisprudenz, mit welcher nicht irgend eine Staatlichkeit unabänderlich geworden ist, sondern – das Gesetz als Staatsgrundlage. Aus der Staatlichkeit der verfassungsgestützten Demokratie kann es nicht mehr hinweggedacht werden, ohne dass deren Recht schlechthin entfiele. Hier findet sich nicht irgend eine instrumentale Ausdrucksform von Staat und Recht, welche auch durch eine andere ersetzt werden könnte, etwa jenen Vertrag, der am Ende gar noch in einen „privaten Staat" münden könnte. Der Gesetzesstaat ist unabänderlich zur Grundlage der Gemeinschaft geworden, als solcher soll er sich auch nie voll zu einem Richterstaat wandeln; vielmehr ist allenfalls der Richter vorzustellen als eine personalisierte Fortsetzung des Gesetzes – viva vox legis.

Schließlich ist die Rechtsstaatlichkeit auch, und eben im Namen dieses Gesetzes, die einzige Staatsformbestimmung, welche wirklich, historisch wie dogmatisch, regimeübergreifend gedacht werden kann – wie sie vor der Demokratie da war, so wird, so muss sie auch nach ihr noch immer wirken. Die Demokratie bedarf ihrer, anders kann der Allgemeine Wille des Volkes und der Mehrheit gar nicht wirken – der Rechtsstaat bedarf der Demokratie nicht, im Konstitutionalismus war er längst vor ihr verwirklicht.

Entscheidend aber ist, dass in dieser höchsten Verfassungsweihe eine politische Grundentscheidung eben dieser Demokratie zum Ausdruck kommt, dass der Begriff des Gesetzes wie kein anderer in gegenwärtigem Recht und Staat wahrhaft konsensgetragen ist in allem und jedem – vom täglichen Sprachgebrauch über lange historische Gewöhnung bis hin zur explosiv-revolutionären Staatsgründung und einer Verfassungsweihe, welche gerade sie diesem Begriff verleiht. Wenn irgendwo das Wort vom Konsens noch einen Sinn hat im Recht, so ist „das Gesetz" konsensgetragen, durch Tradition, Moral, politischen Willen. Seit der Französischen Revolution ist alles, was Ordnung bedeutet, im Grunde nichts anderes mehr als eines: das Gesetz.

II. Und gerade ein höchster Rechtsbegriff in der Krise

1. Die Problemdimension: Einheit des Gesetzesbegriffes – Bedrohung durch jede Gesetzeskrise

Die gesamten folgenden Betrachtungen kreisen um ein rechts- und staatsgeschichtliches Großphänomen: Krise des Gesetzes. Was sie als Dimension bedeuten könnte, allein schon aus dem Gesetzesbegriff heraus, ist in den vorstehenden Überlegungen deutlich geworden. Wenn eine Begrifflichkeit bedroht erscheint, welche derart nicht nur das gesamte Verfassungsrecht, das ganze Öffentliche Recht, sondern den Staats- und Ordnungsbegriff schlechthin prägt – woher auch immer diese Gefahren kommen mögen – so ist etwas wie eine höchste Alarmstufe des Ordnungsdenkens überhaupt erreicht. Nicht beruhigen kann sich ja nun der Betrachter damit, dass hier nur einzelne Ausgestaltungen, Funktionen, Legitimationen des Gesetzesbegriffs als solchen problematisch geworden sind – während der Begriff als solcher, „viel weiter oben aufgehängt", all solchen Gefahren, weit, endgültig entrückt wäre. Hier muss ja etwas bedacht werden, was im Recht immer und in zentraler Wirksamkeit anzutreffen ist: die induktive Kraft, welche Begriffsinhalte erfüllt „von unten nach oben", und damit auch die höchsten Begriffe durch niedrigst-rangige Entwicklungen verändern, bedrohen kann. Mit höchster normativer Wirksamkeit der Begriffe verbindet sich ja stets deren außerordentliche Sensibilität, ja Zerbrechlichkeit, eben aus jenen Kräften heraus, welche sie ständig neu erfüllen und tragen. Wenn also das geradezu abwertend so genannte „einfache Gesetz" in seinen Entwicklungen den Gesetzesbegriff, und sei es auch nur auf seiner Stufe, zum Problem werden lässt, so hat dies notwendige Folgen bis hinauf in die Gesetzlichkeit der Verfassung und deren Wirkungen. Wenn der „einfache Gesetzgeber" inflationiert, so führt das zur Abwertung der „Rechtswährung" des Gesetzes überhaupt. Wenn die Mechanik des Gesetzeserlasses in institutionelle oder verfahrensmäßige Krisen läuft, auf welcher Normhöhe immer, so muss dies bald auch fühlbar werden auf allen anderen Normstufen. Denn der Begriff des Gesetzes ist, im allgemeinen Bewusstsein, in der Geschichte wie in den politischen täglichen Entscheidungen, eben immer noch einer; die Staatsrechtswissenschaft verfiele einer gefährlichen Illusion, wollte sie annehmen, dass ihre feinen, oft künstlichen Unterscheidungen innerhalb des Gesetzesbegriffes, bis hin zu ihren Normstufen, nun ebenso fundamental konsensgetragen seien wie der Gesetzesbegriff selbst. Wie das Eigentum überall dort getroffen wird, wo man es an einer Stelle, etwa im Grundeigentum schlägt, so dass dies eben auch das industrielle Eigentum trifft, so ist die Krise des Gesetzes an einer Stelle die des Gesetzes überall, in all seinen Ausprägungen. Wer in einer Demokratie schon will, dass seine rechtliche Ordnung mitgetragen werde von allen Bürgern, gerade auch von jenen, welche komplizierte rechtliche Distinktionen nicht nachvollziehen können, der darf sich nicht wundern, wenn der Gesetzesbegriff überall gefährdet ist, wird er auch nur an einer Stelle zum Problem.

2. „Das Gesetz" – vielfach gefährdet

In den folgenden Hauptteilen dieser Untersuchung kann längst nicht alles dargestellt werden, was heute des Gesetzesbegriff bedroht – entwicklungsgeschichtlich, staatsethisch, wissenschaftlich und, vor allem, politisch, bis hinein in die Gesetzestechnik. Die wichtigsten Phänomene dessen, was hier verändernd, wirksamkeits-abschwächend oder verunklarend wirkt, vor allem aber was die Legitimation dieses zentralen Begriffes herabsetzt, soll im folgenden angedeutet, sodann aber zusammengesehen werden, damit ein größeres Bild entstehe: das einer wirklich großen „Krise des Gesetzes".

Dies muss gewiss zuallererst etwas sein wie eine „gesetzestechnische Effizienzbetrachtung" entsprechend jener geradezu schon Religion der Effektivität, welche heute alles beherrscht. Was nicht mehr zu wirken vermag, ein Gesetz, das sich entfernt von dem „Gesetz, nach dem es angetreten", verliert am Ende jeden heutigen Konsens. Von solchen unbestrittenen Phänomenen muss daher die Betrachtung ihren Ausgang nehmen. Und hier drängen sich zahlreiche, wenn nicht zahllose, immer wieder festgestellte, doch kaum je grundsätzlich vertiefte Phänomene auf: Da ist jene wahrhaft ungeheuere quantitative Ausweitung der Vorschriftenzahl und der Normdichte, die Normflut als solche; da wird die Gegenwart erschüttert durch einen stets erneuten Wechsel dieser ihrer Grundlagen, oder unterspült in einer ständig flutenden Veränderung, welche in all ihren Phasen schon kaum mehr wahrgenommen werden kann. Der Gesetzesbegriff wird verwässert durch die Regierungsgesetzlichkeit der Rechtsverordnungen, durch die nahezu grenzenlosen Erweiterungen der autonomen Satzungen, und er wird fortgedacht und unabsehbar verzweigt in normähnlicher Erlasspolitik, in Verwaltungsvorschriften und in Verwaltungsübungen, deren Gleichheitsgebundenheit nur beweist, dass hier eben doch Normen gesetzt werden, ohne dass deren gesetzliche Präzision und Unangreifbarkeit allenthalben erreicht würde.

Im Ergebnis steht der Betrachter vor einer wahrhaft erschreckenden Unübersichtlichkeit, in welcher das Gesetz jene Klarheit gerade verliert, in deren Namen es die Zustimmung der Bürgerschaft gewinnen konnte. Die Verfassung gibt dem Gesetz längst nicht mehr – weil selbst als gesetzliche Norm gedacht – den nötigen Selbstand; sie vermag das Gesetz nicht aufzuwerten, wertet es vielmehr ab, in der Gesetzeskritik der Verfassungsgerichtsbarkeit.

Weit gefährlicher noch ist aber eine typisch demokratische Gesetzes-Entwicklung: Dieser hohe Begriff erscheint immer mehr der Bürgerschaft als nichts anderes denn ein Etikettenschwindel für einen politischen Willen der jeweiligen Mehrheit, der nur zu oft negativ beurteilt und daher in seiner Entstehung schon abgewertet wird, nicht zuletzt aus der Qualität dieser „Gesetzgeber" heraus. So werden, in gefährlicher Entwicklung, Gesetz und Politik zur Einheit, und damit wird das Gesetz nur zu oft zum Synonym, gerade in seinem ständigen Wechsel, einer politischen Instabilität, eines Malgoverno, einer demokratischen Unfähigkeit zur Ordnung schlechthin – und dies im Zusammenhang mit einem zentralen Ordnungsbegriff.

In all dem ziehen Gefahren nicht nur für die Demokratie herauf, sondern, regimeübergreifend, für jegliche Staatlichkeit schlechthin, in ihrem Verständnis als Ordnungsmacht.

3. Gesetzeskrise – Majestätsverletzung

Doch noch jenseits und über all diesen Gefahren für Ordnung und Ordnungstechnik dämmert eine weit größere Gefahr: für das, was heute allein noch als Majestät betrachtet werden kann.

Das Gesetz konnte sich ja, in einer Entwicklung zweier Jahrhunderte, nun wirklich setzen – lassen – an die Stelle jener Majestät, in deren Namen noch immer im letzten legitime Gewalt ausgeübt werden durfte, worin ja auch das Wort von der Lex noch mitschwang. Diese Legitimität, welche das Gesetz dem Staat verlieh, ermöglichte den stillen Übergang in der Devise der beginnenden Französischen Revolution „La Loi et le Roi", in das Gesetz allein, nach der Ermordung oder dem Rückzug der Könige. Mit einer wirklichen Majestät stand fortan dieses Gesetz, gleich für alle, über der Bürgerschaft, verehrt gerade in seiner Majestät des Unpersönlichen. Hier war wirklich etwas gelungen wie eine transpersonale Begriffsentfaltung des Rechts, in der Ablösung eines ursprünglich doch so eindeutig personalbezogenen Begriffs – eben der Majestät – von seinem Träger. Vielleicht konnte man dies ja auch noch rechtfertigen darin, dass „die Majestät", im typischen lateinischen, verallgemeinernden Begriffsverständnis, eben nicht personal gedacht war, sodass sie gerade deshalb auch dem Gesetz zukommen konnte, jenseits der Menschen.

Doch bedroht geblieben ist diese Majestät stets von Attentaten, der Begriff der Majestätsbeleidigung: besser der Majestätsverletzung, des Lèse-Majesté, ist im Begriff dieser Legitimationsgrundlage der Majestät geradezu mitgedacht. Nun aber stellt sich die schwere Frage, ob das, was als die Krise des Gesetzes im Folgenden näher betrachtet wird, nicht gerade erscheint, in Einzelausprägungen wie in der Zusammenballung verschiedener Phänomene, als ein Attentat auf den neuen Träger der Majestät, auf das Gesetz – als eine Majestätsbeleidigung des heutigen Rechts.

Gedanklich und begrifflich ist dies keineswegs zu hoch gegriffen. Wenn ein derart hoher, geradezu allerhöchster Begriff der Ordnung auch nur an einem Punkt wirklich bedroht erscheint, so könnte das Gewölbe einstürzen, das ganze. Da sind aber viele Drohende und Bedrohte ...

B. Die inneren Schwächen des Gesetzes – dogmengeschichtliche Betrachtungen

I. Relativierende Entwicklungen im Bereich der Gesetzgebung selbst

Das Gesetz ist die geistige Grundlage nicht nur der Staatlichkeit, sondern aller Ordnung schlechthin, in diesem Sinne ein Zentralbegriff des Denkens entwickelter Gemeinschaften, seit Jahrtausenden – dies ist das Ergebnis der bisherigen Betrachtungen. Wenn diese Denkkategorie der Menschen, und nicht nur der Bürger – denn um eine solche handelt es sich, geradezu im kantischen Sinn – ihre grundlegende Kraft verliert, sich diese auch nur abschwächt, so bedeutet dies eine allgemeine geistige Krise, nicht nur eine solche des Rechts.

Diese Krise aber ist da. Sie ist seit langem angelegt in der Entfaltung eines Staatsrechts, welches begriffsentwicklungsmäßig von jeher den Mittelpunkt des Gesetzes darstellt; sie wächst nicht nur aus dessen allgemeinen Ausfaltungen, sie kommt aus der Gesetzesbegrifflichkeit selbst, welche in diesem Staatsrecht angelegt ist. Dies ist Gegenstand des folgenden Hauptteils; weitere Betrachtungen sollen dann die gegenwärtigen Erscheinungsformen dieser Entwicklung im einzelnen zeigen, ihre Gründe verdeutlichen und ihre Unausweichlichkeit – oder die Chancen einer Umkehr – belegen.

Die nun folgenden Kapitel, welche sich mit den immanenten Spannungen des Gesetzesbegriffs als solchen befassen, sind daher Dogmengeschichte im eigentlichen Sinne dieses allzu viel gebrauchten Wortes: Entwicklungsgeschichte der Dogmatik des Gesetzes, Geschichte juristischer Ordnungslehren, Geschichte am Leitfaden eines juristischen Dogmas – oder umgekehrt: begriffliche Ordnungen im Laufe von Entwicklungen.

Die Zentralthese des Folgenden ist: Die Krise des Gesetzes, wie sie heute als Krise der Gesetzgebung, des Parlaments, in aller Munde erscheint, ist nicht vom Himmel des 20. Jahrhunderts gefallen; sie kommt aus einer langen, inneren Entwicklung des Gesetzesbegriffs. Deutlich fassbar wird diese spätestens in jenen Jahrzehnten des 17. und 18. Jahrhunderts, welche mit dem Ordnungsbegriff der Gewaltenteilung erstmals Gesetz und gesetzgebende Gewalt in ihrer ganzen staatsrechtlichen Bedeutung – aber auch in ihrer vollen Problematik haben deutlich werden lassen. Und so nehmen die folgenden Betrachtungen denn ihren Ausgang gerade von jenen einzelnen

Pouvoirs, welche eben mit dem Blick auf das Gesetz definiert und unterschieden worden sind. Sehr deutlich hat dessen Krise gerade damit begonnen, wie vor allem zwei grundlegende Entwicklungen seit dieser Zeit belegen sollen: Die Entfaltung des höheren Gesetzes als Verfassung und die Bewusstwerdung eines Öffentlichen Rechts, dessen wesentlicher Ausdruck das Gesetz geworden ist.

1. Verfassung als Gesetz – Beginn der Gesetzeskrise

a) Diese These mag als paradox erscheinen. In den bisherigen Betrachtungen klang doch an, dass die grundlegende Denkform des Gesetzes in den hochentwickelten staatlichen Gemeinschaften gerade dadurch erhöhte Bedeutung erlangt hat, dass diese Ordnungsform zum „Grundgesetz des Staates überhaupt" emporwuchs, zu seiner Verfassung, dass der Gedanke des Verfassungsstaats also gewissermaßen „das Gesetz" in höherer Potenz zeigt, die Lex geradezu mathematisch in einer höheren, einer „ganz anderen" Dimension. Ist damit „das Gesetz" nicht erst recht, in einem neuen Sinn, Grundlage von Staat und Ordnung geworden, lässt es sich nicht gerade in seiner Erscheinungsform als Verfassungsnorm nunmehr identifizieren mit dem Staat als Ordnungsrahmen, als organisatorisches Ordnungsgerüst, nachdem all dies nur auf einem aufruht – auf der Verfassung?

Die Normwerdung des gesamten Staates wurde doch, am Ende des Konstitutionalismus und gewissermaßen als dessen Überhöhung, von Kelsen vollendet in einem Stufenbau der Normen, der im Grunde nichts anderes war, als eine Verstufung des Gesetzes als solchen, in einer, wie es scheint, letzten Differenzierung und Perfektionierung, in einer neuartigen Vertikalisierung des Gesetzesbegriffes. Dieses Gesetz gewinnt damit die ganze Fülle der menschlichen Denkkategorien im Sinne Kants: den Raum – außerhalb von ihm ist nichts mehr denkbar im Staat; die Zeit – die einmalige Setzung in der Verfassung wirkt über alle künftigen Gesetzgebungen normativ hinweg; die Kausalität – nichts in der staatlichen Ordnung kann sich bewegen, angestoßen werden oder enden, es sei denn im Namen eines Gesetzes, das sich auf das höchste Gesetz zurückführen lässt, auf die Verfassung. So scheint es geradezu, als steige in dieser Reinen Rechtslehre der für kantisches Denken noch unerkennbare transzendente Gott herab in die Sichtbarkeit der höchsten Normen, hinter denen er als postulierte Grundnorm „unerkennbar" in der Gesetzesdämmerung doch gegenwärtig bleibt; als habe sich damit in einem neuen Absteigen vom Berge Sinaï etwas wie eine Renaissance des ersten großen Gesetzes, jener Zehn Gebote vollzogen, welche, in der inhaltlichen Kürze wie in der formalen Höhe der Verfassung, erneut zu den Menschen gekommen seien – als das Gesetz im vollsten Sinne des Wortes.

Verfassung also doch als höchste Vollendung, als wahrhafte Begründung, als Legitimation der Lex?

b) Doch in eben dieser Entwicklung – „Gesetz wird Verfassung" – ist der Abstieg des Gesetzes angelegt, wie wenn es, nach dem biblischen Vorgang, in den Tälern des Volkes und dessen Tanz um das Goldene Kalb nurmehr – zerschlagen werden könnte. Aus der inneren Spannung des Gesetzesbegriffs, der Verfassung, die „einfaches Gesetz" überwölben wollte, ist es zu begrifflichen Rissen im Gesetzesbegriff selbst gekommen, zu einer Abwertung seiner Ordnungskraft:

Dies begann schon damit, dass die eigentliche Weihe, die wirkliche, alte Majestät des Gesetzes, nun nurmehr einem Werk zugeschrieben wurde – eben jener Verfassung, die unverbrüchlich sein sollte wie die alten Tafeln, für die allein, in naturrechtlich-aufklärerischem Denken, der alte große Titel des Suarez gelten konnte: De Legibus ac Deo Legislatore. Damit war die Abwertung eines „einfachen Gesetzes" unausweichlich geworden, welches die ganze Dynamik des neuen Fortschritts der modernen Zeit aufnehmen und widerspiegeln sollte – und doch „Gesetz" bleiben, von der Verfassung nur durch schwächere Parlamentsmehrheiten zu unterscheiden.

Mit dieser Unterscheidung zwischen Gesetz und Verfassung ist dann aber die Entwicklung des 19. und des 20. Jahrhunderts im Grunde nicht mehr fertiggeworden. Nirgends ist es ihr überzeugend gelungen, eine „heilige Verfassung" von einem diesseitig-dynamisierten einfachen Gesetz überzeugend zu unterscheiden. Vergeblich hat sich darum, nahezu zwei Jahrhunderte lang, die Dogmatik jenes französischen Verfassungsrechts bemüht, welche doch, wie kein anderes, das Gesetzesdenken befruchtet hat. Im Grunde blieb ihr immer nur – la Loi, der Zusatz „constitutionnelle" stand für nicht mehr als „einige Abgeordnete mehr". Und diese Verfassung konnte daher, trotz all ihrer verbalen Majestät, durchbrochen und gebrochen werden, wie es noch im Deutschland von Weimar, bis zum Erlass des Grundgesetzes, auch der deutschen Praxis entsprach. Der Verfassungsbegriff hatte das Gesetz erhöhen sollen, er hat es aber eher bestreitbarer, zufälliger werden lassen, es der parlamentarischen Gesetzgebungsdynamik ausgeliefert, für eine lange Zeit. Zugleich hat er damit das „einfache Gesetz" erst recht abgewertet, da es ja nun schien, als fänden sich alle Stabilitätswerte des Gesetzesbegriffes in jener höheren Normschicht der Verfassung, die aber letztlich doch kein wirklich höheres Gesetz sein konnte: formal nur schwer vom einfachen Gesetz zu unterscheiden, inhaltlich eher gehalt- und weithin wirkungslos. Die Verfassung ist mehr nicht geworden, für viele Jahrzehnte zumindest, als ein „Gesetz des als ob", eine Norm, in die man alle Hoffnungen werfen mochte, welche die Ordnungskraft des Gesetzes weckte – aber keine von ihnen wirklich erfüllen konnte. Die Verfassung ist für Generationen nichts anderes gewesen als eine Majestätsillusion, als die immer wieder enttäuschte Hoffnung, es könnten doch die alten, erzenen Tafeln wiederkehren.

c) Als nun die höhere Normschicht der Verfassung gegenüber dem Gesetz endlich wirksam zu werden schien, in der Verfassungsgerichtsbarkeit, eigentlich erst wirklich in der zweiten Hälfte des 20. Jahrhunderts, schienen sich darin alle diese Zweifel und Probleme aufzulösen – doch auch dieser Schein sollte trügen; die Abwertung des Gesetzes nahm erst recht zu.

Einerseits war damit nun die Relativierung des Gesetzesbegriffs als solchen auch juristisch, geradezu rechtskräftig besiegelt: Das Gesetz als solches war nichts mehr anderes als ein Staatsakt unter anderen, angreifbar wie ein Verwaltungshandeln, wie eine Rechtsprechungsentscheidung, vor demselben obersten Gericht, und gar noch, durch Verfassungsbeschwerde, in denselben prozessualen Formen. Wo also blieb die Weihe des Gesetzes, des Willens des Volkssouveräns, wenn er immer wieder scheitern konnte an einem noch höheren Willen eines – noch höheren Souveräns? Und ist ein solcher Begriff, aus der Dogmatik des Gesetzes heraus, als solcher überhaupt nachvollziehbar?

Gewiss wäre dies grundsätzlich vorstellbar gewesen, aber nur unter einer Voraussetzung, die eben nicht gegeben war: der vollen normativen Direktions- und nicht nur Orientierungskraft der Verfassung. Dieses „oberste Gesetz Verfassung" aber sollte nun, in längerer Entwicklung, nichts anderes mehr werden als das, was der Wille eines Areopags von obersten Richtern, in fast gewichtlos anmutenden Serien von Erwägungen, daraus machte. Darin wird die andere, gesetzesgefährdende Entwicklungslinie einer das Gesetz überhöhenden Verfassung deutlich: Sie führt nicht zum Sieg eines Gesetzes, des höheren, der Verfassung, über ein anderes, das „einfache" Gesetz, sie bringt das Letzte Wort der Dritten Gewalt, den Sieg des Richters über das Gesetz, des beamteten Juristen über den gewählten Volksvertreter.

So ist das Werk des Bundesverfassungsgerichts in den letzten Jahrzehnten verstanden worden, die Judikatur aller obersten Gerichte, welche sich über ein Gesetz hinwegsetzen durften: nicht als eine Bewährung von Verfassungen, die inhaltsarm, inhaltslos sind und bleiben, sondern als ein Sieg einer nicht-gesetzgeberischen Gewalt über die Gesetzgebung, damit als Sieg, sagen wir es heraus, des Moufti über das Gesetz. Politisch geradezu gewollt ist eben dies: Verfassungsgerichtsbarkeit als ein Gegengewicht, als eine Abschwächung der radikal-demokratischen Gesetzgebung – damit des Gesetzes.

Gewiss lässt sich dem entgegenhalten, auch diese obersten Verfassungsrichter seien ja gebunden an das normativ Gesetzte, außerhalb von dessen äußersten Rahmenziehungen könnten sie sich nicht bewegen. Doch die Realität ist eine andere: Den eigentlichen Rahmen dieser richterlichen Gesetzesentwicklung gibt nicht der Wortlaut vor, sondern dessen lange richterliche Entfaltung, also die Judikatur wiederum sich selbst. Und wäre es auch der Wortlaut der Verfassung, also eine Höchst-Wirkung doch eines Gesetzes, so wäre dies eben allenfalls letzter Rahmen, nicht ordnende inhaltliche Entscheidung; das Gesetz aber ist geworden und fällt mit diesem letzteren Begriff.

So hat denn die Verfassung, auch in ihrer Sanktion gegenüber dem „einfachen Gesetz", nicht nur dessen Abwertung gebracht, sondern den Gesetzesbegriff als solchen in die Krise geführt; hier nun trifft das harte Wort zu: vom Gesetzesstaat zum Richterstaat.

d) Eine wesentliche Unterscheidung der Verfassung vom einfachen Gesetz, damit aber doch etwas von der Weihe des Gesetzes auf höchster Stufe für die Verfassung des Staates, scheint sich gerade in letzter Zeit abzuzeichnen, ja anzubahnen am juristischen Horizont: die Volksgesetzgebung. Wenn es gelänge, Fundamentalentscheidungen der Bürgerschaft vorzubehalten, die „laufenden Geschäfte der Gesetzgebung" allein durch das Parlament in „einfachen Gesetzen" erledigen zu lassen – käme es dann nicht doch zu einer höheren Normschicht, welche sich, im Namen gesteigerter Legitimation, durch das Werk eines „ganz anderen Gesetzgebers" nicht nur gegenüber dem „einfachen Gesetz" überzeugend durchsetzen, sondern zugleich den Gesetzesbegriff in höherer Einmaligkeit wieder befestigen könnte?

Diese Chance ist bereits vertan, sie wird es immer mehr, gerade aus jenem Radikaldemokratismus heraus, der hier dem Gesetz eine neue Festigkeit hätte geben können.

Voraussetzung wäre zuallererst, dass sich diese Volksgesetzgebung wirklich und wirksam beschränken ließe auf die Verfassungsebene – gerade dies ist, in Deutschland jedenfalls, bereits gescheitert und wird sich nicht mehr rückgängig machen lassen. Seit der Weimarer Zeit ist es nie gelungen, das Volk nur zur Verfassungsänderung an die Urnen zu rufen, auch nicht in den Verfassungen jener deutschen Länder, welche gerade durch ihre Hypertrophie der Volksgesetzgebung nach der Wiedervereinigung dem Gesetz einen schweren, einen entscheidenden Schlag versetzt haben. Nachdem das Grunddogma lautete, dass alle Gewalt, vor allem auch die gesetzgebende, unmittelbar vom Volk ausgehen solle, musste, ganz natürlich, das Volk gerade dort in solche Rechte gesetzt werden, wo es um seine unmittelbaren Interessen ging, um Nachvollziehbares für Jedermann, um etwas vor allem, wofür man die wahlmüden Bürger jederzeit an die Urnen bringen konnte. So war es denn nur folgerichtig, dass der geradezu grotesk anmutende Zustand in Deutschland erreicht wurde, in welchem die fundamentalen, die Entscheidungen auf nationaler Ebene nur vom parlamentarischen Gesetzgeber getroffen werden, einschließlich der Verfassungsgesetzgebung, einfache Gesetze jedoch, jedenfalls auf Länderebene, bereits grundsätzlich auch von den Bürgern beschlossen werden können, Verwaltungsentscheidungen in normativer Form, bis hin zu Bebauungsplänen, erst recht im Wege der Volksgesetzgebung. Aus der Sicht eines Gesetzesbegriffs, der sich auf Verfassungsebene vom „einfachen Gesetz" unterscheiden lassen soll durch Volksgesetzgebung, ist dies ein Unding, hier wird die direkte Demokratie auf den Kopf gestellt. Doch die parteipolitische List der Vernunft – den Bürger für Bürgernahes jederzeit interessieren zu können – verdeckt nur eine tiefere dogmengeschichtliche Entwicklung eines sich in seiner Ordnungskraft abschwächenden Gesetzesbegriffs: Jenes Gesetz, welches das höchste sein, die Verfassung, welche darin geradezu den Gesetzesbegriff neu begründen sollte, ist eben letztlich die inhaltsentleerteste, die uninteressanteste Erscheinungsform des Gesetzes überhaupt – und deshalb braucht man sie letztlich dieser Bürgerschaft auch gar nicht mehr zur Entscheidung vorzulegen. Das Gesetz wird „interessant", politisch und auch rechtlich, für den Bürger, je weiter seine Äußerungen „normativ absteigen": der Bebauungsplan ist schon wesentlich wichtiger als eine allgemeine Baurechtsnorm des einfachen Gesetzes, die man durch jenen ja ohnehin noch umgehen, jedenfalls aber biegen kann.

Hier zeigt sich also eine äußerst gefährliche Entwicklung des Gesetzesbegriffs, die darin liegt, dass er durch die kelsensche Normstufung nicht nach oben gestärkt, sondern nach unten potenziert wird: Jene Verfassung, die „das eigentliche Gesetz" sein sollte, wird zur uninteressanten Norm, zur Loi inutile. Wiederum also: Mit der Verfassung geht das Gesetz vielleicht nicht unter, wohl aber nieder, im wahrsten Sinne des Wortes, in die Niederungen jenes Volkes, welches – und nun möchte man fast zu Ende sprechen: das goldene Kalb seiner täglichen Interessen umtanzt, seiner mobiliaren und immobiliaren Gewinne ...

e) Ein Letztes muss noch hinzugefügt werden über die gesetzesabschwächende Wirkung des Verfassungsrechts: Dort, wo es echte normative Wirksamkeit entfaltet, in der Organisation der Verfassungsgewalten, hat es zum wichtigsten Gegenstand die Organisation der Gesetzgebung. Der Gesetzgeber ist das erstgeborene Kind des Verfassungsrechts, an seiner Geburt aber scheint, wenn dieses Bild erlaubt ist, die Verfassung als Mutter normativ, gesetzesförmig betrachtet, auch zu sterben. Denn nun ist normativ, in Gesetzesform, ja entstanden, was die Personifizierung des Gesetzes bedeutet: der Gesetzgeber, vor allem die parlamentarische Mehrheit. Mit ihm aber ist jetzt, und dies im Namen der höchsten Norm, die eigentliche Weihe aus der Gesetzgebung und damit aus dem Gesetz verschwunden: Diese Norm wird zu nichts anderem mehr als zum laufenden und nur zu oft zufälligen Ausdruck des Willens einer von der Verfassung ein für allemal eingesetzten Instanz. An die Stelle des Gesetzes tritt, im Namen der Verfassung, der Gesetzgeber. Er aber hat nun eine Aufgabe vor allem:

Er muss seine Existenz in Aktivität beweisen, und welche andere könnte dies sein als die des ständig wechselnden Gesetzes? Mit dem von der Verfassung eingesetzten Gesetzgeber, dem personalisierten, organgewordenen Gesetz, ist das ständig, das grundsätzlich abänderbare, abänderungs-notwendige Gesetz entstanden, politische Realität geworden. Der Gesetzgeber ist mehr als das Gesetz, denn er ist die Lex in fieri; sie aber hat soviel an Majestät, an Weihe, wie im großen Halbrund der Parlamente vorhanden ist – gar keine. Dieser Gesetzgeber ist es auch, der die immer weitere Abwertung des Gesetzes in Verordnunggebung, „nach unten fortgesetzter Gesetzgebung", nicht nur zu verantworten hat, sondern legitimiert – und all dies deshalb, weil er anders seiner Grundaufgabe, die ständig floatende Realität darzustellen, gar nicht mehr gerecht werden kann. So wird aus der Weihe des Gesetzes die nahezu inhaltsleere Absegnung der Gesetzgebung durch weithin uninformierte, überlastete Gesetzgeber. Aus den erzenen Tafeln ist dieser überlastete Gesetzgeber geworden, nicht unter der Last der höchsten Verfassungsnormen, sondern gerade als deren Herr und Vollzieher.

Sieht man all dies zusammen, so ist eine Folgerung kaum übersteigert: Jene Verfassung gerade, welche das höchste Gesetz hatte werden, den Gesetzesbegriff im ältesten, mächtigsten Sinn wieder hatte erstehen lassen sollen, ist zur Abwertungsform des Gesetzes geworden.

2. Das Öffentliche Recht:
Hoheitsrecht als Verlust der Gesetzeshoheit

a) Nach heute herrschender Dogmatik ist der Gesetzeserlass als solcher Ausdruck der staatlichen Hoheitsgewalt und insoweit ein Akt Öffentlichen Rechts, Gesetzgebung ist Äußerung des Staatswillens in öffentlich-rechtlicher Form par excellence. In diesem Sinne mag es ein Öffentliches Recht, getrennt vom privaten, stets gegeben haben, ohne dass dieser Begriff allerdings als solcher bewusst und dem des Privatrechts eindeutig gegenübergestellt worden wäre.

Nach heutiger Dogmatik ist jedoch das öffentliche Gesetzesrecht vom privaten Gesetzesrecht eindeutig und wesensmäßig geschieden. Diese Differenzierung folgt dem Inhalt der Normen; sie mag im einzelnen umstritten sein, orientiert sich aber insgesamt doch daran, ob ein Gesetz die Ausübung öffentlicher Gewalt regelt oder Beziehungen zwischen gleichgestellten Bürgern, den Rechtsträgern des Privatrechts. In diesem Sinne ist die Unterscheidung mit der Französischen Revolution deutlich, seither durchgängig durchgeführt und ins allgemeine rechtliche Bewusstsein, jedenfalls der kontinentaleuropäischen Staaten, gehoben worden. Von diesem Zeitpunkt an ist dem Gesetzesbegriff eine Doppelgesichtigkeit eigen: Zum einen ordnet die Norm, im Namen des Staates, Beziehungen zwischen dessen Bürgern, zum anderen, als öffentlich-rechtliches Gesetz, ist sie nicht nur Grenze, sondern immer mehr notwendige Grundlage staatlicher hoheitlicher Tätigkeit, im Bereich der Zweiten und Dritten Gewalt.

Zu wenig ist bisher bewusst, dass sich damit eine tiefgreifende Mutation des Gesetzesbegriffs vollzogen hat, welche zur Entweihung des Gesetzes als solchen wesentlich beitragen sollte. Ursprünglich war das Gesetz ein öffentlich-rechtlicher, hoheitsrechtlich gesetzter Rahmen für privates Verhalten; er mochte dann, durch eine weitere staatliche Instanz – oder auch durch private Schiedsgerichtsbarkeit, wie zum Teil am Anfang des Römischen Rechts – um- und durchgesetzt werden: das Gesetz betraf im wesentlichen eben doch Beziehungen nur zwischen Dritten; die Staatsgewalt blieb über ihnen, im Namen der Gesetzeshoheit. Ihre Aufgabe bestand gerade darin, die allgemeine Entwicklungsdynamik, welche in dem ablief, was man heute den „gesellschaftlichen Bereich" nennen würde, zu ordnen, in einigermaßen stabilen Bahnen zu halten. Das bereits vorstehend beschriebene und vertiefte Wesen des Gesetzes als einer stabilen, bleibenden Ordnung erklärt sich gerade aus dieser ursprünglichen Funktion des Gesetzes, welche eben nicht als solche Dynamik in die Entwicklung bringen, sondern diese aus der gesellschaftlichen Entwicklung aufnehmen und kanalisieren sollte.

Damit war das Gesetz wesentlich die unabänderliche oder nur sehr schwer, in säkularen Entwicklungen, veränderbare Norm, die allenfalls besserer Einsicht, nicht aber wechselndem Willen zu gehorchen und zu weichen hatte. Diese Grundstimmung charakterisiert die „eigentliche" Gesetzgebung, die des herkömmlichen Zivilrechts, bis in die großen Kodifikationen des 18. und beginnenden 19. Jahrhunderts hinein, sie ist noch immer gegenwärtig in den Erlassvorgängen des Deutschen Bürgerlichen Gesetzbuchs. Unter diesen Voraussetzungen wird erst verständlich, dass in der ersten Hälfte des 19. Jahrhunderts über einen „Beruf unserer Zeit zur Gesetzgebung" ernsthaft gesprochen werden konnte – eine heute kaum mehr verständliche Terminologie, da doch das Parlament einen solchen Beruf, aus seiner Demokratizität heraus, tagtäglich ganz selbstverständlich in Anspruch nimmt.

Es war dies auch nicht nur die Vorstellung vom Gesetz als Kodifikation, unter dem es dann viele andere Gesetze hätte geben können oder sollen. Diese letzteren kamen vielmehr als etwas Neues: als Ausdruck zugreifender Staatsgewalt im Einzelfall; das „Öffentliche Recht Europas", das Droit public de l'Europe, wie es die Traktate des 17. und 18. Jahrhunderts vorstellen, war zwar eine Sammlung von weitreichenden Entscheidungen der Staatsgewalt, vom völkerrechtlichen Vertrag bis zur allgemeinen polizeilichen Anordnung, dieses Öffentliche Recht war aber nicht Ausdruck gerade von Gesetzen.

So hat sich denn der Gesetzesbegriff grundlegend verwandelt mit dem Heraufkommen eines Öffentlichen Rechts, mehr noch mit der zeitgleichen Anerkennung von Grundrechten, welche das Gesetz gegen die Exekutive, vielleicht gar gegen die Judikative, schützen sollte. Damit ist dem Gesetz eine ganz andere, weitere Funktion zugewachsen: Es ist ein wesentlicher Ausdruck des Staatswillens, eine Form der Machtäußerung der Staatlichkeit als solcher, zu bestimmten allgemeineren Zielen. Dadurch aber ändert sich etwas Wesentliches im Begriff des Gesetzes selbst: Da es zum Instrument der Staatsgewalt wird, nicht mehr nur die Ordnung zwischen Individuen gewährleisten soll, welche dieser gegenüberstehen, ist dieses öffentlich-rechtliche Gesetz nunmehr insoweit ein aliud gegenüber dem des Privatrechts, als es, aus seinem Wesen heraus, ständig abänderbar, verstärkungs-, verbesserungsbedürftig erscheint.

Dies gilt sogar für das strafrechtliche Gesetz, welches von Anfang an wohl als eine wirklich öffentlich-rechtliche Norm erscheinen konnte, war es doch Grundlage des Vorgehens der Hoheitsgewalt gegen den Bürger. Doch auch dieses Strafgesetz hatte, bis zum Heraufkommen des neueren Öffentlichen Rechts, des Gesetzesrechts für die Verwaltung, noch immer eine Funktion, welche der des privatrechtlichen Gesetzes nahe kam: Hier sollten, in möglichster Stabilität, die Beziehungen zwischen Bürgern geregelt werden; und so ist nur in jenem politischen Strafrecht, das allerdings tiefe Wurzeln über das Mittelalter hinaus schlagen konnte, etwas wie das heutige Öffentliche Recht bereits vorgezeichnet; und eben dieses Gesetzesrecht war es ja auch, welches jedenfalls in seinen Strafdrohungen nicht eigentlich dem unwandelbaren, weihevollen Gesetzesbegriff entsprochen hatte. Von Anfang ist dieses politische Straf-Gesetzesrecht im einzelnen ja verstanden worden als Ausdruck zufälliger politischer Gewalt.

Mit dem Heraufkommen des neuen „Öffentlichen Rechts für die Verwaltung" in der Französischen Revolution, mit dem Gesetz als Grundlage, als Instrument des staatlichen Handelns, wurde das Gesetz zum Ausdruck der jeweiligen Macht relativiert, damit hat es entscheidend an Majestät verloren. Das Öffentliche Recht war vielleicht, so wird man eines Tages sagen, der Anfang vom Ende des Gesetzesrechts – obwohl es doch dessen höchste Perfektionierung hatte werden sollen.

b) Ein Blick auf die angelsächsische, vor allem englisch-rechtliche Entwicklung bestätigt diesen Befund. In diesem Königreich war das Gesetz in besonderer Weise traditionsbegründet, traditionsgebunden – wenn auch in der eigentümlichen Form, dass es in seiner Anwendung im Einzelfall wie in seiner generellen Fortentwicklung der Richterlichen Gewalt anvertraut blieb. Diese genuine Fortsetzung römisch-rechtlichen Denkens hat die Majestät des Gesetzes nicht nur unangetastet gelassen, sondern in besonderer Weise noch gestärkt: Der englische Gesetzesunterworfene durfte ja davon ausgehen, dass die Grundgesetze des Königreiches im Grunde nie verändert würden, dass nur ihre notwendige Anwendung auf den Einzelfall durch einen Richter erfolge, der in seiner verkleideten Majestät gerade die Weihe dieser Gesetze sichtbar verkörpert.

So hat sich denn England ferngehalten von der Gesetzeseuphorie und der Gesetzesinflation des französisch-rechtlich beeinflussten Kontinents; und das Königreich hat bis in die zweite Hälfte des 20. Jahrhunderts gelebt als ein Staat ohne Öffentliches Recht, ohne jene Entweihung des Gesetzesbegriffs, den die Französische Revolution mit dem Gesetz als Ausdruck des jeweiligen staatlichen Willens vollzogen hatte. So war Public Law kein englischer juristischer Ausdruck; Law vielmehr ein höchster Begriff für die privat- und strafrechtliche Ordnung der Beziehungen zwischen den Bürgern Seiner oder Ihrer Majestät.

Erst in letzter Zeit in England und in den Vereinigten Staaten, mit dem Heraufkommen eines kontinental-europäisch beeinflussten Rechts der Statutes, mit immer deutlicher verwaltungsrechtlich akzentuierten Acts of Parliament, beginnt auch das angelsächsische Recht, die fatale Entwicklung des Gesetzesbegriffs nachzuvollziehen, die nur in seiner Abwertung in Gesetzsskepsis enden kann; doch dies erfolgt dort so langsam, in einer derart anderen Konstellation von Rechtsbegrifflichkeiten, dass das Recht und mit ihm das Gesetz wohl noch für lange Zeit eine viel höhere Würde sich wird bewahren können als auf dem geradezu gesetzeswütig erscheinenden Kontinent, und in jenen, vor allen von französischem Rechtsdenken beeinflussten Ländern, welche dem in noch weiterer Inflationierung nacheifern. Bemerkenswert ist, dass sich im angelsächsischen Rechtsdenken jene weithin verbale Profanierung des Gesetzes nicht vergleichbar vollzogen hat wie im kontinental-europäischen Raum: Das Gesetz, „Law", ist etwas selten Genanntes und vielleicht gerade deshalb weit höher Geachtetes geblieben, ein höchster Ausdruck des Rechts, das in ihm, unsichtbar „aufgehängt" erscheint. Wer wollte hier nicht Parallelen ziehen zu jenem Gott, dessen Namen die Juden nicht aussprechen durften, und dessen ständige Nennung im Christentum seiner Majestät auf Erden sicher nichts hinzugefügt hat.

c) Von einer fatalen Entwicklung der Entweihung des Gesetzesbegriffs durch die Entfaltung eines Öffentlichen Rechts war die Rede; sie zeigt sich in einem unglücklichen Phänomen gerade heute sehr deutlich: Jenes Recht, welches ursprünglich wahres Gesetzesrecht war – und sei es auch ohne ausdrücklich gesetztes Gesetz – das Privatrecht, jene unveränderliche, stabile

Ordnungsform von Bürgerbeziehungen, wird nun in zunehmendem Maße in die oft unsägliche Dynamik des Öffentlichen Rechts hineingedrängt, von ihr immer voller erfasst, welche das Öffentliche Recht der Verwaltung seit ihrer französisch-revolutionären Anfängen begleitet. Und dies geschieht auch noch unter demselben Vorwand und durch dasselbe Gesetzgebungsorgan: Da der parlamentarische Gesetzgeber nun einmal nicht nur entdeckt, sondern institutionalisiert worden ist, da er seinerseits entdeckt hat, dass politische Gewalt sich in ständig wechselnder Gesetzgebung am besten ausüben lässt, wird er nicht müde, diese Dynamik auch noch in den privaten Bereich hineinzutragen. Berufen darf er sich dabei auf mehr oder weniger vertiefte Theorien bis hin zum Marxismus, welche die Einheit von Staat und Gesellschaft fordern oder schon faktisch verwirklicht sehen: Dann kann es ja jene „andere Welt" des Gesetzes gewiss nicht mehr geben, in welcher die Norm in bleibender, unveränderter Form die Statik in der Gesellschaft bewahren sollte, dieser letzteren die Dynamik überlassend. Nun muss der Staat, so scheint es doch, auch für die gesellschaftliche Dynamik sorgen, und wo sie nur ungenügend entwickelt oder noch nicht durchbruchskräftig zu sein scheint, ihr zu eben diesem Durchbruch verhelfen, durch das stets sich wandelnde, immer „noch bessere" Gesetz. So kann sich der Gesetzgeber auch ständig selbst preisen in seinen Gesetzestiteln: „Gesetz zur Verbesserung …" „Gesetz zur Sicherung …" und wie diese nicht selten lächerlich anmutenden Ausdrucksformen gesetzgeberischen Selbstlobes lauten mögen. Die „soziale" Dynamik hat die Gesellschaft in den Staat geworfen, den Staat in die Gesellschaft getragen, dort wirkt er nun mit seinen ständig wechselnden Gesetzen, als wenn alles nur Verwaltung wäre – und am Ende ist ja dann alles wirklich nurmehr Administration, gefährdet als solche auch die Grundrechte und bedarf daher jener gesetzlichen Schranken, die sich noch immer sehr rasch zu gesetzlichen Grundlagen gewandelt haben und damit ihre eigene Unentbehrlichkeit beweisen.

In dieser wechselnden Vergesetzlichung der alten zivilrechtlichen Materien, die nicht mehr Halt macht vor der Weihe eines Bürgerlichen Gesetzbuchs oder anderer säkularer Gesetze, vollendet sich die Entweihung des Privatrechts durch das Öffentliche Recht im Namen des Gesetzes. Was im Folgenden an Krisenerscheinungen des Gesetzes darzustellen sein wird, ist so in einer wahrhaft dogmengeschichtlichen, säkularen Entwicklung vorgezeichnet.

3. Der Vorbehalt des Gesetzes: das Gesetz als kleine Münze

a) Die Freiheitsrechte sollten eine Renaissance des Gesetzes bringen, dies war das Credo der Aufklärung. Zwar wurde damals nicht vom Gesetz, sondern vom Recht gesprochen, das „mit uns geboren" sei, doch das Gesetz wurde aufgefasst als notwendige Folge der Freiheit, als ihre wesentliche Sanktion. So allein erklärt es sich, dass die noch voll durch die Aufklärung geprägte Universelle Menschenrechtserklärung der Französischen Revolution von 1789 in einem besonderen Artikel, nach der Aufzählung der natürlichen Menschen- und Bürgerrechte, das Gesetz in feierlicher Weise erwähnt. Darin lag nicht, wie es spätere Betrachtung, vor allem in Frankreich, immer wieder annahm, eine systemfremde Verfassungsenklave im Katalog der Grundrechte, eine Übernahme von letztlich grundrechtsfeindlichen Gedanken Rousseaus, welche so von Anfang an eine freiheitsgefährdende Spannung in alle Freiheitsrechtlichkeit getragen habe. Vielmehr erschien das Gesetz als die notwendige Folge der verfassungsrechtlich zu sichernden Freiheit, welche ohne dessen bewahrende und abgrenzende Funktion von vornherein nur als Utopie vorstellbar war. Das Gesetz wurde also nicht nur Garant der Freiheit, sondern deren dogmatische, ja geistige Voraussetzung. Keine Spannung sollte es geben zwischen der Norm und der durch sie geordneten Freiheit; der Gesetzesvorbehalt, auch in seiner ursprünglichen, allgemeinen Form „Das Gesetz bestimmt ...", war ursprünglich nichts anderes als einfach – immanenter Freiheitsinhalt; ein Spannungsverhältnis zu jenem politischen Gesetzgeber, zu dessen Disposition damit die Freiheit gestellt war, wurde erst Generationen später entdeckt. Diese Entwicklung lässt sich nicht nur aus dem vielbeschworenen, „naiven" Glauben der Französischen Revolutionäre an den „guten Gesetzgeber" erklären – sie dachten eben ursprünglich überhaupt nur „in Freiheit", einen freiheitsbeschränkenden Gesetzgeber gab es in ihrer Vorstellungswelt noch gar nicht, er wurde erst entdeckt, als sich im 19. Jahrhundert die demokratischen Gewalten formierten und dann in ihrer ganzen Problematik, ihrer politischen Bestreitbarkeit, voll erkannt wurden, was erst im 20. Jahrhundert sich vollenden sollte.

So war denn dieser Gesetzesvorbehalt nicht als Einschränkung der Freiheit gedacht, sondern als deren Sanktion, als ihre Bewährung.

b) Das erklärt denn auch die eigentümliche dogmengeschichtliche Entwicklung vom Gesetzesvorbehalt zum Vorbehalt des Gesetzes – oder umgekehrt. Nur selten ist ja heutiger staatsrechtlicher Dogmatik klar bewusst, dass jener Gesetzesvorbehalt, welcher die Freiheit dem Zugriff des Gesetzgebers öffnet, dogmatisch das schiere Gegenteil von dem bedeutet, was im 19. Jahrhundert, in einer den Ursprüngen der Französischen Revolution näheren Zeit, unter dem „Vorbehalt des Gesetzes" verstanden wurde und heute noch als dessen Inhalt gilt: dass nämlich Freiheit und Eigentum, letztlich alle Freiheit, eine Sperre gegen sämtliche Staatseingriffe bilden, welche nicht in Gesetzesform erfolgen. Dieser Vorbehalt des Gesetzes entsprach damit der ursprünglich revolutionär-aufklärerischen Vorstellung der Freiheit; und so ist er denn in die Dogmatik des Staatsrechts im Konstitutionalismus eingeführt worden, als Grundforderung des Liberalismus, längst bevor auch nur das Gesetz als – Eingriffsmöglichkeit in diese selben Freiheiten erkannt wurde. Im Grunde aber sind Vorbehalt des Gesetzes und Gesetzesvorbehalt doch nur zwei Seiten derselben „Medaille Gesetz": die Norm ist Garant – und zugleich Herrin der Freiheit. In diesem doppelten Verständnis ist das Gesetz, der Grundrechtseingriff nur in Gesetzesform, zur Grundforderung der Rechtsstaatlichkeit geworden.

Beide Begriflichkeiten laufen aber letztlich in eine Richtung: Sie stellen eben doch die so hoch aufgehängte, so feierlich proklamierte Freiheit zur Disposition des ordnenden Gesetzgebers – und dies allein ist dem Gesetz geblieben, aus der gesamten Dogmatik von Gesetzesvorbehalt und Vorbehalt des Gesetzes. Gewiss sollte damit, den feierlichen Verkündigungen der Universellen Menschenrechtserklärung entsprechend, zunächst eine Aufwertung des Gesetzes verbunden sein: Etwas von der höchsten Majestät der Freiheit sollte sich ihm mitteilen, jenem einzigen Instrument, welches diese Freiheit ausgestalten, einschränken, ja überhaupt auch nur berühren durfte. Fast schien es, in einer eigentümlichen Palingenese der Midas-Legende, als könne die Freiheit auch das Gesetz zu Gold werden lassen, wie alles, was ihre heiligen Werte berührten. Doch entwickelt hat sich daraus das gerade Gegenteil: das vom Volk umtanzte goldene Kalb der Freiheit ist, durch das Blei der Gesetzestafeln infiziert, selbst weithin zum minderwertigen Metall geworden: Der Gesetzesvorbehalt hat, wie keine dogmengeschichtliche Figur des neueren Staatsrechts, die Gesetzesinflation begünstigt, damit die Abwertung des Gesetzes zur kleinen Münze, in welcher die Heiligtümer der Freiheit in die Vorhöfe der schachernden und nur zu oft verschacherten täglichen Gesetzgebung gezogen wurden. Von der Freiheit blieb nurmehr das Wort, die Inhalte wurden durch das Gesetz – gesetzt, eingeschränkt, abgewertet. Der Gesetzesvorbehalt wie der Vorbehalt des Gesetzes schlossen sich zusammen zu einem großen Alibi der demokratischen Gewalt gegenüber der Bürgerfreiheit: Was wollt ihr noch an Freiheit, habt ihr nicht das Gesetz?

c) Diese Dogmengeschichte ist noch längst nicht zu Ende, ein weiterer Akt aus den letzten Jahrzehnten der Verfassungsrechtsprechung hat diese Abwertung der Freiheit durch das Gesetz, zumindest faktisch-politisch, noch gesteigert, die „Wesentlichkeitstheorie" der deutschen Verfassungsgerichtsbarkeit. Nun sollen alle „wesentlichen" Fragen der Grundrechtlichkeit, wesentlich also für den Freiheitsraum des Bürgers, beantwortet werden vom Gesetzgeber in Form des Parlamentsgesetzes, ohne dass er dies der Verordnunggebung der Exekutive überlassen dürfte. Die Absicht war gut, das Ergebnis ist eine neue, eine weitere Abwertung des Gesetzes, in einer Grundstimmung ständiger, übereifriger Gesetzgebung.

Hinter dieser Entwicklung liegen allerdings Grundprobleme der Grundrechtsdogmatik, der Anwendung dieser Freiheitsnormen in der Verfassungs-

gerichtsbarkeit. Den Richtern, welche sich mit einer Flut von Verfassungs-
beschwerden in die Sisyphusarbeit des Freiheitsschutzes gespült sahen,
wurde bald klar, dass ein unabdingbarer, möglichst fest zu gewährleistender
Bereichsschutz der Grundrechte auf Dauer nicht zu leisten war, in einer
technisierten Welt, gegenüber einem gesetzesgierigen demokratischen Gesetzgeber. Mit unzähligen kleinen Schritten rückte dieses Millionenheer der
gesetzlichen Bestimmungen täglich weiter vor gegen die große Freiheit,
wie immer kleinere Liliputaner schlugen sie den großen Gott in Fesseln.
Immer weniger war dagegen auszurichten mit festen materiellen Ausgren-
zungen von Freiheitsräumen, nicht nur gegen die Verwaltung, sondern vor
allem gegen einen Gesetzgeber, der doch für sich in Anspruch nahm, im
Namen der Demokratie freiheitsbewahrend, nicht freiheitseinschränkend
tätig zu sein. Das schöne, inhaltslose, allzu viel an gesetzgeberischer Freiheit belassende Wort von der „Ausgestaltung der Freiheitsrechte" durch Gesetzgebung, dem dann rasch noch das Beiwort des „Notwendigen" hinzugefügt werden konnte, brachte eine Verfassungsgerichtsbarkeit in begriffliche
Schwierigkeiten, welche sich als Garant eben dieser Freiheit fühlte, die
ohne Ausgestaltungen angeblich nicht gewährleistet werden konnte.

In dieser problematischen Lage bot sich der „Ausweg" an, gerade und
erst recht, und nun ganz grundsätzlich, hin zum Gesetzgeber, zu immer nur
noch mehr Gesetz. Wenn die Freiheit allein dem Gesetz weichen musste,
wenn vielleicht gar das Gesetz selbst Ausdruck der Freiheit sein sollte, wie
es einst die Universelle Menschenrechtserklärung gefordert hatte, dann
schien es doch nur folgerichtig zu sein, dass man den festen Bereichsschutz
der Freiheit, aus der Verfassung selbst heraus, zurücktreten ließ hinter eine
einzige große Forderung: dass jedenfalls alles Wesentliche an der Freiheit
und ihrer Garantie vom Gesetzgeber zu leisten sei. Damit schien diesem ja
noch längst nicht Tür und Tor geöffnet, die Verfassungsgerichtsbarkeit be-
hielt sich die Kontrolle der Gesetze grundsätzlich vor; aber sie zeigte sich
eben eher geneigt, eine Freiheitsverletzung hinzunehmen, wenn sie nur im
Namen des Gesetzes erfolgte.

Und hier nun wurde und wird immer weiter die Wesentlichkeitstheorie zu
einem Abwertungsmechanismus dieses selben Gesetzes, das sie hatte aufwerten sollen. Der Gesetzgeber soll nicht nur, er muss eingreifen, immer
häufiger, immer detaillierter, in immer noch kleinerer Münze dem Bürger
jene Freiheit zurückbezahlen, die er ihm im Großen eben doch entzieht.
Und Kompensation von Freiheit durch Gesetz – in einer Zeit immer unausweichlicher erscheinender Freiheitsbeschränkungen muss dies zur Grundlage einer unabsehbaren Gesetzesinflation werden, und zwar nicht nur einer
allgemeinen Norminflation, welche vielleicht den Begriff des parlamentsbeschlossenen Gesetzes in seiner hohen Majestät bestehen ließe, sondern in
Abwertung sogar noch und gerade des Parlamentsgesetzes. Ununterbrochen

muss nun diese Volksvertretung tätig sein – und sie beweist ja ihre Nütz-
lichkeit, ihre Existenznotwendigkeit mit politischem Eifer auf diesem Weg
– um Freiheitsverluste durch Parlamentsgesetze zu kompensieren. Für die
Verfassungsgerichtsbarkeit schließlich ist der Ausweg nun dogmatisch leicht
gangbar geworden: Sie braucht nicht mehr überall zu überlegen, ob die
Freiheitseinschränkung als solche nicht doch zu weit gehe; sie kann dies im
Zweifel verneinen, dem Staat in den „laufenden Geschäften des Freiheits-
entzugs" sein Recht lassen, wenn er sich nur berufen kann – auf das Parlamentsgesetz. Die Freiheit also ist in der Tagtäglichkeit des modernen
Lebens weithin verloren worden, die Majestät des Gesetzes, das dies ausgleichen sollte, muss notwendig denselben Weg beschreiten – aus der Majestät in die tagtägliche gesetzgeberische Geschäftigkeit hinein.

So ist denn das dogmengeschichtliche Ergebnis dieser Betrachtungen aus
der Sicht der Gesetzgebung selbst heraus eindeutig: die Krise des Gesetzes
ist angelegt in der Entfaltung der gesetzgebenden Gewalt im Staatsrecht der
neuesten Zeit, und dies seit deren Beginn vor mehr als zwei Jahrhunderten.
Verfassung, Öffentliches Recht und Vorbehalt des Gesetzes bis hin zur Wesentlichkeitstheorie – alle jene dogmatischen Konstruktionen, welche die
Majestät des Gesetzes verstärken, seine Bedeutung befestigen wollten – sie
alle wirken nur in einer Richtung: als Mechanismen einer Abwertung nicht
nur der Normen als solcher, sondern vor allem des Gesetzes in seiner ur-
eigensten, parlamentsbeschlossenen Form. Die Krise des Gesetzes beginnt
wahrhaft in der Gesetzgebung selbst.

II. Verwaltung: Vom Gesetz als Schranke zum Gesetz als Instrument

In einem Rechtsstaat definiert sich die Verwaltung als eine Staatsgewalt
von entscheidendem Gewicht, welche aber dem Gesetz unterworfen ist. Aus
dieser Gesetzesunterworfenheit, also aus Existenz und Tätigkeit der Verwaltung, kommt, so scheint es doch, dem Gesetz nicht nur Legitimation, sondern eine eigenartige Majestät, in welcher es nicht allein Ausdruck der
Staatsgewalt ist, sondern über dieser steht. Und doch ist es gerade die moderne administrative Staatstätigkeit, welche den Gesetzesbegriff nicht nur
relativiert, sondern im letzten entweiht, weil das Gesetz sich von einer
Schranke der Verwaltung immer mehr zu deren Instrument und Rechtfertigung entwickelt, mehr noch: weil weithin die Verwaltung sich bereits zur
Herrscherin über das Gesetz aufschwingt. Zu denken ist hier an mehrere
Entwicklungslinien, welche sich in einem solchen Ergebnis treffen.

1. Vom Gesetz als Einschränkung zum Gesetz als Grundlage der Verwaltungstätigkeit

a) Dieser bekannten und vieldiskutierten Entwicklung hat das Öffentliche Recht, insbesondere das Verwaltungsrecht, seine wohl beständigsten und stärksten Anstrengungen seit mehr als einem Jahrhundert gewidmet. Vom Domaine réservé der Exekutive sollte der Kompetenzbereich der Verwaltung zum Domaine légal werden – durch das rechtsstaatliche Gesetz, welches der Administration nicht nur Schranken zog, sondern ihre letztlich alleinige Grundlage wurde.

Dass sich dies nicht für jede Verwaltungstätigkeit durchsetzen lässt, dass der Zweiten Gewalt hier ein gewisser gesetzesfreier Gestaltungsraum bleiben muss, ja dass dieser sich im Zuge moderner Privatisierung eher noch erweitert – all dies ändert nichts daran, dass die grundsätzliche Entwicklung hin zum Gesetz als Grundlage des Verwaltungshandelns heute weitestgehend abgeschlossen ist. Bei der Staatsförderung mögen sich noch Bereiche erhalten, in denen eine gesetzliche Grundlage im materiellen Sinn nicht erforderlich erscheint; kommt aber nicht gerade daraus dem Gesetz, selbst im lediglich formellen Sinn, dem Haushaltsgesetz, doch noch etwas von der staatsgewaltbeschränkenden Majestät? Und da immer mehr die Notwendigkeit gesetzlicher Grundlage nicht mehr (nur) auf die Rechtsstaatlichkeit gestützt wird, sondern zugleich oder gar allein auf die Grundrechte, wird auch hier nur noch deutlicher die Notwendigkeit gesetzlicher Grundlagen des fördernden Verwaltungshandelns; anders lässt sich ja kaum die mit Förderung nahezu immer verbundene Verschiebung der Konkurrenzlage aus der Sicht der Grundrechte rechtfertigen, als wenn eben dafür eine gesetzliche Grundlage vorhanden ist.

b) Gefeiert wird all dies nun seit langem als der entscheidende Sieg, ja als ein wahrer Triumph der Rechtsstaatlichkeit, damit aber als eine unerhörte Steigerung von Wirkungskraft, ja Majestät des Gesetzes. In der Tat macht es einen wesentlichen Unterschied, ob eine Administration frei sich entfalten kann, solange sie nicht an gesetzliche Grenzen stößt – oder ob sie bei jeder ihrer Veranstaltungen zuallererst eine gesetzliche Grundlage aufsuchen, deren Umfang bestimmen und sich in diesem halten muss. Das Gesetz als Schranke ist eben doch schon deshalb von weit geringerer staatsbeschränkender Wirksamkeit, weil es der Verwaltung einen grundsätzlichen „Außenraum" zu eröffnen scheint, dessen Beschränkung durch Normen erst einmal zu beweisen ist. Damit aber erhält der normativ erfasste Regelungsraum etwas von einem Ausnahmecharakter, und das Gesetz wird dann, als eine Ausnahme von solcher Verwaltungsfreiheit, mit Sicherheit – um ein Modewort zu gebrauchen: „jedenfalls tendenziell" – als Schranke der Verwaltung seinerseits einschränkend interpretiert und angewendet werden. Da ferner von rechtsstaatlicher Gesetzgebung Klarheit und Regelungspräzision erwartet wird, kann das Gesetz als Schranke niemals vergleichbar die Verwaltung behindern, wie wenn es Grundlage von deren Handeln sein muss: dann werden seine präzisen Normierungen zugleich zu begrifflich-normativer Einschränkung des Regelungsraums, mit Notwendigkeit. Schließlich, und entscheidend, wird sich eine „Verwaltungspsychologie" grundlegend ändern, wenn Verwaltungstätigkeit sich ihre Grundlagen selbst suchen und im Streitfall stets nachweisen muss. Auch wenn sich hieraus keine eigentliche Beweislastumkehr ergibt, in dem Sinne, dass die Verwaltung nun ihre Berechtigung dem Bürger gegenüber nachzuweisen hätte, andernfalls mit gerichtlicher Zensur rechnen müsste – eine derartige zivilprozessuale Beweislast ist dem Öffentlichen Recht ja fremd – so wird doch Initiativ- und Handlungsfreudigkeit der Verwaltung sicher entscheidend abgeschwächt, Verwaltungsmacht daher verwaltungspsychologisch zurückgedrängt, wenn die Staatsorgane der Exekutive stets zuallererst die gesetzlichen Grundlagen suchen müssen, sich nicht auf dem breiten Königsweg gesetzesfreier Gestaltung bewegen können. Übervorsicht und Schwerfälligkeit der Verwaltung werden so doch, das lässt sich gewiss belegen, zum Schutz der Bürgerfreiheit, und wenn der Gesetzgeber der Administration noch so viel normativ gestattet. Selbst die oft kritisierte Bürokratie, in vielem zweifellos eine Ausgeburt von Gesetzesgrundlagesuche und Gesetzesgläubigkeit, ist in ihren freiheitsbewahrenden Effekten bisher noch kaum hinreichend gewürdigt worden. Ein Triumph der Rechtsstaatlichkeit im Namen des Gesetzes als Grundlage des Verwaltungshandelns lässt sich hier also sicher feiern, wenn man von einer rechtstechnischen Betrachtung ausgeht, denn dann ist das Gesetz als Verwaltungsgrundlage mit Sicherheit eine wesentliche Potenzierung der Schrankenwirkung der Normen.

Doch ein entscheidender, typisch normlogischer Rechenfehler liegt solcher Betrachtung zugrunde: Sie geht aus von einer voll verwaltungsunabhängig funktionierenden Gesetzgebung, von einer klaren und scharfen Gewaltenteilung, welche ihrerseits ja, wenn auch meist ohne nähere Begründung, als eines der Zentren der Rechtsstaatlichkeit erscheint. Nur dann nämlich ist für die Wirkkraft des Gesetzes wirklich etwas gewonnen, der verwaltenden Staatsgewalt etwas genommen im Namen des Gesetzes, wenn dieses nicht aus diesem selben Grund – weil es eben nun Grundlage des Verwaltungshandelns sein soll – dem Einfluss der Zweiten Gewalt immer weiter geöffnet wird. Wenn es aber dazu kommt, dass gerade um der Verwaltung die nötigen Grundlagen zu schaffen, das Gesetz zum Verwaltungsinstrument, für die Verwaltung zu „ihrem Instrument" wird, auf das sie zunehmend Einfluss gewinnt – dann verkehrt sich eine gesetzesfreundliche, freiheitsfreundlich-verwaltungsfeindliche Tendenz in ihr Gegenteil: Weil die Verwaltung das Gesetz nun als ihr Instrument braucht, wird ihr das Gesetz zunehmend überantwortet, es wird als Verwaltungsinstrument zur Verwaltungsnorm. So verstärkt sich aber immer mehr, und dies gerade noch im Namen der Rechtsstaatlichkeit, eine Entwicklung, welche nicht so sehr Gesetzesunterworfenheit der Verwaltung bedeutet, sondern vielmehr führt zur

2. Herrschaft der Verwaltung über das Gesetz

a) Wäre ein grundsätzlicher Freiraum der Verwaltung gegenüber dem Gesetz anerkannt, das lediglich als ihre punktuelle Begrenzung erschiene, so gäbe es mit Sicherheit weit weniger Gesetze. Der Gesetzgeber, wer immer als solcher aufträte, sähe sich dann nicht gezwungen, ständig, bei jedem „Gesetzesbedürfnis der Verwaltung" einzugreifen. Der Bundesrat etwa, ursprünglich vor allem konzipiert als Verwaltungsorganisations-Instanz der Länder, hat sich doch immer mehr zur Zweiten Kammer, zum Gesetzgebungsorgan entwickelt – eben weil er mit-reagieren musste auf die laufenden Verwaltungsbedürfnisse, auf deren ständige dynamische Änderungsnotwendigkeiten. Nun aber wird der Gesetzgeber zunehmend „in die Dynamik der Verwaltung geworfen", weil diese immer neue, ständig wechselnde Normen und Normlagen „braucht". Die moderne Gesetzgebung ist weithin nichts anderes mehr als ein Ratifikationsorgan von Verwaltungsbedürfnissen. Sie, die wie keine andere Staatsgewalt initiativ agieren sollte, wird zur „verwaltungsreaktiven Instanz". Nicht der Gesetzgeber selbst weiß, was er zu tun hat – die Verwaltung sagt es ihm, aus ihren laufenden bürokratischen Notwendigkeiten heraus. Gedacht war das Parlament als ein Organ, welches von Bürgern in Gang gesetzt wird, deren Bedürfnisse und Notwendigkeiten aufnimmt und sie sodann den anderen Staatsgewalten, vor allem der Verwaltung, entgegenträgt, entgegenhält. Die Entwicklung hat sich hier längst weithin umgekehrt: Aus der Verwaltung kommen die weitaus meisten und gerade die gesetzestypischen Gesetzesinitiativen. Die Administration ist es, welche die allgemeinen Regeln formuliert, sie ist gerade, aus eigensüchtigen Vereinfachungsinteressen heraus, an der generellen, der typischen Gesetzesformulierung interessiert. Auch sie mag zwar immer wieder, aus eigenem Interesse, Ausnahmeregelungen vorschlagen und politisch durchsetzen; doch das große Bild ist das einer Gesetzeslage, die gerade in ihrer typisch normativen Allgemeinheit von der Verwaltung gestaltet wird. Was das Gesetz heute noch an „Allgemeinheit" sich bewahren kann, geht in den meisten Fällen auf die Arbeit der Gesetzgebungsabteilungen der Ministerien zurück.

Der selbständige parlamentarische Beitrag zum Gesetzgebungsverfahren dagegen wird immer mehr sichtbar – wenn er sich darauf nicht geradezu beschränkt – in der Formulierung von Ausnahmeregelungen, von Sondergestaltungen für gewisse Bürgergruppen, zugunsten bestimmter Verbände und ihrer Mitglieder. Über das „Parlament als Ausnahmegesetzgeber" muss vertieft demnächst nachgedacht werden; die Ausnahmegewalt ist ins Parlament abgewandert, die allgemeinnormierende Gewalt liegt zunehmend bei der Verwaltung. Da aber das Gesetz denn doch letztlich, will es vor der Verfassung und ihrer Allgemeinheitsforderung bestehen, generelle Norm bleiben muss, gerät es gerade in diesem seinem legitimierenden Namen in die Hände, in die Macht der gesetzesformulierenden Verwaltung. Diese aber wird dann mit Notwendigkeit ihre ständig wechselnden Bedürfnisse in allgemeiner Gesetzesform einbringen, sich deren Erfüllungsmöglichkeiten vom Parlament nurmehr bestätigen lassen. Das Gesetz wird von der Verwaltungsschranke zum Verwaltungsinstrument, vom Verwaltungsinstrument zur Verwaltungsdomäne.

b) Aufgrund dieser Entwicklung verliert die Gesetzesnorm weithin jene grundlegende zusätzliche Legitimation, welche ihr der Rechtsstaat wollte zuteil werden lassen: dass das Gesetz den freiheitsgefährdenden Staat in immer engere Schranken einsperre. Genau das Gegenteil trifft zu: Weil diese Schranken zur Grundlagen geworden sind, müssen sie zunehmend erweitert werden, und dies auch noch, das ist nun wirklich entscheidend, aus der jeweiligen Bedürfnislage jener Verwaltung heraus, der gegenüber sie doch die Freiheit schützen sollten.

Dass Gesetze bestimmten Bedürfnislagen Rechnung tragen sollen, diesen entsprechend gestaltet werden, mag eine allgemeine gesetzgeberische Notwendigkeit sein. Doch hier ist grundsätzlich der Gesetzgeber aufgerufen, zwischen den verschiedenen Bedürfnislagen der einzelnen Bürgergruppen eine befriedend-ausgleichende Lösung zu finden. Davon entfernt sich jedoch seit einem Jahrhundert, gerade im Namen der Rechtsstaatlichkeit und der Herrschaft der Gesetze, die Volksvertretung immer mehr und rascher; vor allem einem Bedürfnis trägt sie zunehmend Rechnung – dem der Verwaltung. Damit wird das Parlament als gesetzgebende Gewalt vom beschränkenden Verwaltungskontrolleur, als welcher es einst gedacht war, zunehmend zum Verwaltungshelfer in normativer Form, die Gesetzgebung zur Fortsetzung der Verwaltung mit normativen Mitteln.

Diese verwaltungsbestimmte Gesetzgebung verändert auf die Dauer vollständig das ursprüngliche Bild nicht nur der gesetzgebenden Gewalt, sondern der Gewaltenteilung. Diese beruhte, im 18. Jahrhundert und noch weit in das 19. Jahrhundert hinein, auf der Grundlage französisch-revolutionärer Ideen, auf etwas wie einem streng „verwaltungsunabhängigen Gesetzesbegriff", einer verwaltungsunabhängigen Gesetzgebung. Gewiss mochten die großen Gesetzgebungswerke dieser beiden Jahrhunderte weithin von Persönlichkeiten formuliert worden sein, welche den feudalen Höfen und deren „Justizabteilungen" nahestanden; doch dieses Erlassverfahren der großen Kodifizierungen war keineswegs ein weithin verwaltungsbestimmter, jedenfalls von der Administration angestoßener Vorgang, was heute jedoch die

Regel ist. Vielmehr waren es bedeutende Wissenschaftler, welche hier entscheidende Worte mitsprachen; und mochten sie auch zugleich Legisten der Krone und damit der Staatsmacht sein, sie waren doch nicht im heutigen Sinn deren Verwaltungsinstanzen. Eine verwaltungsunabhängige und damit weit beständigere Gesetzessicht konnte ihnen also eigen sein, und sie hat in den großen Kodifikationen denn auch ihren Niederschlag gefunden. Wissenschaftsgestützte gesetzgebende Gewalt war so wirklich im Sinne der Gewaltenteilung von der Vollzugsgewalt des Staates getrennt. Wissenschaftliche und parlamentarisch-politische Unabhängigkeit verbanden sich zu echter Distanz gegenüber der Administration und ihren wechselnden Bedürfnissen. Von diesem traditionellen Bild, dies bedarf hier keines Beleges, ist kaum mehr etwas heute sichtbar. Gesetzgebungsrealität und der durch sie geprägte Gesetzesbegriff – sie zeigen eine völlig andere Gestalt.

c) Der Einbruch der Verwaltung in die gesetzgebende Gewalt erfolgt nicht nur darin, dass diese die wechselnden Verwaltungsbedürfnisse ständig aufzunehmen und umzusetzen hat; der Rechtsstaat selbst hat jene verfeinernde Gesetzgebungstechnik entstehen lassen, sich darin gerade zu vollenden versucht, welche nun der Gesetzesinitiative in den meisten Fällen entscheidendes Gewicht zukommen lässt. Damit aber gerät die Gesetzgebung erst recht und laufend in die Hände der gesetzesinitiativen Verwaltung.

Das Wort vom Parlament als gesetzgebender Gewalt ist im Grunde längst überholt. Regierungsinitiativen – und zu ihnen zählen ja auch, als mittelbare Regierungsanstöße, viele Bundesratsinitiativen – nehmen schon rein quantitativ einen größeren Raum ein als Gesetzgebungsvorhaben, welche aus der Mitte des Bundestages kommen. Von diesen letzteren muss überdies noch abgerechnet werden, was sich als „indirekte Regierungsinitiative" darstellt, Fälle nämlich, in denen die jeweilige Regierung alles „technisch vorbereitet hat", die Initiative aber ihren Abgeordneten in der gesetzgebenden Körperschaft aus politischen, oft auch nur optischen Gründen überlässt. Eine völlig regierungsunabhängige Gesetzesinitiative ist zwar noch immer möglich, und es mögen dafür Beispiele zitiert werden, welche sogar von politischem Gewicht sind, bringen sie doch oft die Regierung in arge politische Bedrängnis. Doch dies ist weit von einer Regel entfernt, meist sind es nur punktuelle Gegenreaktionen wider eine Normlage, welche als solche bereits auf Anstöße der Regierung zurückgeht. Im Grunde liegt dies auf der Ebene der Initiativen in Parlamentskommissionen; sie aber bedeuten eben ein parlamentarisches Ausfeilen von Verwaltungsvorlagen und im übrigen die bereits erwähnte Erfüllung der Funktion des Parlaments als Ausnahmegesetzgeber. Nichts ändern sie daran, dass das Gesetz in aller Regel aus Anstößen der Verwaltung entsteht.

Nun wird dem in der öffentlich-rechtlichen Dogmatik traditionell die Lehre vom „letzten Wort" entgegengehalten, das eben doch beim Parlament

liege, damit aber dieses als die eigentlich gesetzgebende Gewalt legitimiere. Doch diese Lehre vom „letzten Wort" sollte, für die Gesetzgebung
jedenfalls, überdacht und korrigiert werden. Für sie gilt etwas ganz anderes:
In aller Regel ist hier das erste Wort zugleich auch schon das letzte. Abgesehen von den zahllosen Fällen, in denen sich die Regierung einen „Ge-
sichtsverlust" im Parlament eben nicht leisten kann und daher auf ihrem
Entwurf besteht, abgesehen auch davon, dass viele angeblich parlamentarische Initiativen nur Räume der Diskussion oder Räume mit Diskussion aus-
füllen, welche die Regierung in ihrem Entwurf, ausdrücklich oder stillschweigend, bereits offen gelassen hat, wie eine Art von „Parlamentsluft"
in der im übrigen geschlossenen Regierungsvorlage – eine wirklich verwal-
tungsfeindliche, der Exekutive konträre Gesetzgebung, ein Umkippen des
von der Regierung eingebrachten Gesetzes in entscheidenden Punkten ist
seltene Ausnahme und wird immer seltener werden. So ist also meist das
Erste Wort, das in aller Regel von der Regierung ausgeht und ihrer Verwaltung, zugleich bereits das Letzte Wort, und zwar vollinhaltlich, nicht nur
darin, dass es – was ja ohnehin schon von größter Bedeutung ist – den
eigentlichen „Gesetzgebungsraum" absteckt, Gesetzgebungsdiskussionen außerhalb desselben in den meisten Fällen von vorneherein verhindert. Das
Erste Wort als Letztes Wort breitet sich auch, als Grundsatz, zunehmend in
einer geistigen Landschaft aus, welche geprägt ist von Hochachtung, ja
Verehrung für einen Begriff, dem Gegenwart wie Zukunft schlechthin zu
gehören scheinen: der Initiative. Initiativ aber ist eben – die Verwaltung
und zwar gerade im Namen des Gesetzes, durch dieses; mit dieser Gesetzesinitiative beherrscht sie die gesetzgebende Gewalt.

d) Selbst wenn dem aber nicht so wäre, sich also die Gewaltenteilung
noch in ihrer ursprünglichen Form, in einer wirklichen Selbständigkeit des
Parlaments gegenüber der Zweiten Gewalt bewährte, hat doch seit dem
Ende des Konstitutionalismus, mit dem Heraufkommen der vollständigen
Parlamentarisierung der Gesetzgebung, die Verwaltung den entscheidenden
Zugriff auf das Gesetz sich gesichert, damit aber die Norm als Schranke
der Exekutive entwertet und die Normgebung in die Fluten der Verwal-
tungsbedürfnisse geworfen – in massiver, grundsätzlicher Abwertung des
Gesetzes.

Grundgelegt ist dies ja durch jene parlamentarische Parteiendemokratie,
deren Regierung von der Mehrheit des Parlaments getragen wird. Sie hat
die Führungsrolle inne, auch in der Gesetzgebung, sie geht in echter Füh-
rung mit der Fahne der gewollten Normen voran, die Parlamentarier folgen
mehr oder weniger willig – doch sie folgen eben in aller Regel, in Partei-
und Fraktionsdisziplin. Dies ist die Grundstruktur der heutigen parlamentarischen Demokratie, eine Verfassungsstruktur normativer Art, und nicht nur
Ergebnis tatsächlicher politischer Übung. Von dem Zeitpunkt an, in wel-

chem nicht mehr ein parlamentsunabhängiger Fürst Herr der Verwaltung war, sondern eine parlamentsgestützte Regierung diese beherrschte, hat die Gewaltenteilung ihren grundsätzlich-politischen Sinn verloren, daran führt kein Weg vorbei; sie ist zum rechtstechnischen Staatsmechanismus abgestuft worden, welcher Verfahrensabläufe beobachtet und ordnet, nicht aber Willensentscheidungen in politischer Grundsätzlichkeit zu beeinflussen vermag. In diesem nicht nur politischen, sondern verfassungsrechtlichen Ende der alten, klassischen Gewaltenteilung des Konstitutionalismus ist erst recht das Gesetz zum Instrument, zur Herrschaftsdomäne einer Regierung geworden, welche mit seiner Hilfe den Staat beherrscht und die Bürgerschaft. Und diese Regierung wird einen Mechanismus zunehmender Vergesetzlichung, und damit einen Aspekt der Rechtsstaatlichkeit nur begrüßen, sichert er ihr doch politischen Einfluss, spannt er doch recht eigentlich erst das Parlament ständig vor den Wagen der wirklichen Staatslenker, der Chefs und Mitglieder der Regierungen.

Dass das Gesetz damit nicht nur Verwaltungs-, sondern Regierungsinstrument geworden ist, ändert aber nichts daran, dass es sich weithin zu einer Domäne der Verwaltung entwickelt hat. Jahrhundertelang wollte man den Monarchen diese Macht entreißen, sie in die Hände der Vertreter des Volkes legen. Nun da dies gelungen scheint, fällt diese entscheidende Staatsmacht erst recht wieder in die Hände einer Exekutive zurück, die sich ihre Entscheidungen in Gesetzesform vom Parlament eben letztlich doch nur bestätigen lässt.

So war es denn gerade jener Übergang vom Gesetz als Einschränkung zum Gesetz als Grundlage der Verwaltung, welcher das Gesetz abgestuft hat von einem bleibenden Ordnungsrahmen zu einem politischen Machtinstrument. Gerade deshalb sollte sich niemand wundern, wenn der Bürger einer freiheitlichen Gesellschaftsordnung dem Gesetz nicht mehr jenen Gehorsam entgegenbringt, das Gesetz nicht mehr als das verehrt, was einst die Tafeln waren: Mit sicherem Instinkt für Macht hat selbst der Einfachste erkannt, dass ihm hier nur wieder Staatsgewalt in besonders perfektionierter, komplizierter, schwer verständlicher Form entgegentritt – am Ende sogar noch in einer neuen Form von Arkanstaatlichkeit. Je mehr Gesetz – desto mehr Verwaltung – desto mehr Staat, nicht desto weniger: Das ist das ernüchternde Fazit dieses Kapitels.

3. Verordnung gegen Gesetz

Die neuere Rechtsfigur der Verordnung hat den Gesetzesbegriff erweitert; sie hat aber damit das Gesetz nicht entlastet und erhöht in den Augen der Bürger, sondern entwertet.

a) Die Entwicklung eines besonderen, regierungseigenen Pouvoir régle-
mentaire mochte zwar ursprünglich als ein eigenständiger Bereich der Regierung aufgefasst werden, als Domaine réservé aus deren eigenem Recht;
bald jedoch wandelte er sich, im Vordrängen des Parlamentarismus, zu
einem Restbestand exekutivischer Gesetzgebungskompetenz. Diese wurde
sodann dem Gesetz zu- und untergeordnet, und damit war, grundsätzlich
bereits in Weimarer Zeit, der heutige Zustand erreicht: Verordnunggebung
als Fortsetzung parlamentarischer Legislative, die Verordnungsgewalt als
verlängerter Arm des Parlaments. Die Regierungsgesetzgebung des Nationalsozialismus erscheint, in diesem Zusammenhang, nurmehr als ein zeitlich begrenzter Rückschritt innerhalb dieser Entwicklung, und auch die
französische Verordnunggebung durch die Regierung in der V. Republik
stellt den Gesetzgebungsprimat des Parlaments nicht grundsätzlich in Frage
und wird das Vordringen des parteipolitisch getragenen Parlamentarismus
auf die Dauer nicht aufhalten. In dieser Wandlung der Regierungsformen,
in der Unterordnung all dessen, was überhaupt als normative Regelung erscheinen kann – eben als règlement im ursprünglichen französischen Wort-
sinn – unter die Lex scheint sich also ein weiterer Siegeszug des Gesetzes
zu vollziehen, ein Triumph der Rechtsstaatlichkeit.

Die deutsche Dogmatik des Öffentlichen Rechts insbesondere hat dies
denn auch sogleich in die Kategorienform des Gesetzes gegossen: Verordnung wird als „Gesetz im materiellen Sinn" aufgefasst. Auch darin mochte
man einen Sieg der Rechtsstaatlichkeit sehen: Damit wurde ja die allgemeinere Anweisung durch Verordnung vom Einzelakt der Verwaltung abge-
grenzt, der damit besonderer, vor allem gerichtlicher Kontrolle unterworfen
werden konnte – wobei übrigens diese verwaltungsgerichtliche Überprüfung
alsbald auch auf die Verordnunggebung ausgedehnt wurde.

Hier wird nun aber der innere Widerspruch deutlich, welchen die eingän-
gige Formel von der „Verordnung als Gesetz im materiellen Sinn" überdecken soll: Das Gesetz, die große Waffe des Bürgers gegen die Verwaltung,
wird in der Verordnunggebung in die Hände dieser selben Administration
gelegt. Mehr noch: Die Verordnung, als „Gesetz" eben doch bezeichnet,
wird dadurch auf die Höhe der Lex gehoben, dass auch sie als eine solche
erscheint. Die komplizierten Konstruktionen der Normstufenlehre vermögen daran in der rechtlichen Praxis wenig zu ändern: Für den normanwendenden Juristen und den normunterworfenen Bürger ist eben die Verordnung ein Gesetz, ebenso wie der parlamentsbeschlossene normative Akt.
Als „gesetzliche Grundlage" genügt auch die Verordnung, in den weitaus
meisten Fällen wird, in Verwaltungsentscheidungen wie Gerichtsurteilen,
einheitlich vom „Gesetz" gesprochen, auch in den Fällen der Anwendung
von Verordnungsnormen. Damit aber bricht die Legitimation des „Gesetzes" zusammen, da es als solches nicht mehr aufgefasst werden kann als

„Ausdruck des Allgemeinen Willens", als welchen es die Universelle Menschenrechtserklärung der Französischen Revolution doch gefeiert hatte. Statt eines Sieges jener Rechtsstaatlichkeit, welche die strenge Gesetzesbindung der Verwaltung immer mehr hatte durchsetzen wollen, zeigt die ausufernde neuere Verordnunggebung dazu einen unauflöslichen Widerspruch: das Gesetz (wenn auch im materiellen Sinne) als Willensäußerung jener selben gesetzesgebundenen Verwaltung. Kann ein logischer Widerspruch deutlicher verbal in Erscheinung treten?

Es vollzieht sich damit in der Verordnunggebung gewissermaßen „von unten" -- normstufenmäßig gedacht – derselbe Vorgang, der „von oben", aus dem Verfassungsbereich, bereits als eine Relativierung, als eine Entweihung des Gesetzes erkannt wurde: In dessen Begriff werden Inhalte geschoben, welche mit der Majestät des Gesetzes unvereinbar sind; im Verfassungsbereich beginnt der Begriff zu verdämmern und nutzlos zu werden, aus dem Verordnungsbereich heraus wird die ständig ändernde Verwaltungsfluktuation in die Gesetzgebung getragen. Die Wirkung ist am Ende stets eine und dieselbe: „Das eigentliche Gesetz", der Parlamentsakt, verliert immer mehr seine eigenständige Einmaligkeit, er bleibt eingeklemmt zwischen einer abwertenden Auffassung als „Ausführung der Verfassung" auf der einen Seite und generalklauselähnlicher Gestattung der Regierungsgesetzgebung auf der anderen. Nicht nur tatsächlich, sondern auch rechtslogisch wirkt die Verordnunggebung als Ausdruck eines immer globaleren Vorbehalts der Legalität, als großflächige Durchlöcherung der Rechtsstaatlichkeit – des Gesetzes.

b) Praktisch-politisch vollzieht sich diese Entwertung des Gesetzes durch die Verordnung vor den Augen, im Geist der gesetzesunterworfenen Bürger. Ihnen wird zwar das „Gesetz" als etwas Besonderes, Hoheitsvolles vorgestellt, als ein „Reich der Normen", die nun anstelle von Menschen gelten, ja geradezu regieren sollen – und dann wird diesen selben Gewaltunterworfenen die tägliche Wirklichkeit bewusst: ihre Unterworfenheit, „doch im wesentlichen", unter zahllose, kleinflächige, immer noch enger spezialisierende Normen jener Verordnungen, die als „Gesetze" von einer Gewalt kommen, welche ihnen die Verfassungsjuristen hochtrabend als „den geborenen Feind ihrer Freiheit" vorstellen.

Jener Beamte, der doch für den Bürger zuallererst, und meist auch zuallerletzt, die Macht des Staates repräsentiert, wird dann, wenn er sich nicht einfach nur an Anweisungen seiner Vorgesetzten hält, was seine erste Pflicht ist, wenn er also darüber hinaus noch „das Gesetz erreicht" in seinem Denken – er wird dann zuerst nicht an das Parlamentsgesetz denken, sondern jene Verordnungen aufschlagen, welche dieses konkretisieren. Ihm wird ja auch durch hier wiederum streng gewaltenteilende öffentlich-rechtliche Dogmatik untersagt, die Verordnung am Gesetz selbst zu messen; hierfür verweist sie den Bürger auf ein aufwendiges und kompliziertes Gerichtsverfahren. So setzt sich denn in aller Regel die Verordnung mit Hilfe des normanwendenden Beamten durch, auch gegen das Gesetz, mit dem Vorrang der lex specialis gegenüber der lex generalis des Parlamentsgesetzes. Wenn Macht eine Frage der Fühlbarkeit ist – fühlbar ist in den meisten Fällen zuallererst die Verordnung – damit ist sie für den Bürger „sein Gesetz" schlechthin.

c) Vom Bürger wird Verfassungstreue erwartet, ja Verfassungsbegeisterung. Er soll an jene normativen Grundstrukturen glauben, nach denen seine souveränen Volksvertreter das Gesetz aufbauen als Barriere gegen die böse, freiheitsgefährdende Macht der Exekutive – und nun muss er sehen, dass gerade diese die für ihn so oft entscheidenden Normen erlässt, dass ihm die allgemeinen Formeln eines parlamentsbeschlossenen Gesetzes wenig helfen, das der Exekutive Freiräume zur Verfügung stellt. Das gesamte parlamentarische Regime baut auf, in einem letzten Credo, auf einem Nein zum „Regierungsgesetz" – doch wo bleibt dieser große, geradezu staatsformbegründende Gegensatz zum Parlamentsgesetz beim Blick auf eine Verordnunggebung, die nichts anderes ist als ständig vordrängende Regierungsgesetzgebung? Lassen sich so wirklich Grundstrukturen einer ganzen Staatsordnung – überspielen?

Nur eine Rechtfertigung trägt dorthin: Gewiss nicht die der „sachnäheren Verwaltung", die eben besser normieren könne als der fallfremde Gesetzgeber: Wer davon ausgeht, akzeptiert gerade eine Verwaltung als „Richter-Normsetzer in eigener Sache" und verkehrt damit Gewaltenteilung und Rechtsstaatlichkeit in ihr Gegenteil. Legitimiert werden kann die Normsetzungsgewalt der Exekutive letztlich nur aus Notwendigkeiten spezialisierender Konkretisierung, welche eben das Parlament überforderten und damit den klassischen Begriff des parlamentsbeschlossenen Gesetzes überfrachteten. Doch wer auf solche Weise den erwähnten Grundwiderspruch in der Staatsform auflösen will, entwertet wiederum, und diesmal schwerstwiegend, die Bedeutung „des Gesetzes": In seiner „eigentlichen" verwaltungsfern-parlamentsbeschlossenen Form erscheint es dann eben als ein Regelungsinstrument, welches dieser seiner Regelungsfunktion in den meisten Fällen selbst nicht mehr gerecht werden kann, daher nicht nur der Durchführung durch die Verwaltung, sondern bereits der Fortführung durch diese in weiteren, neuen Normen bedarf. Hinter dieser Konzeption der Verordnunggebung steht also etwas wie die Vorstellung von einer Arbeitsteilung innerhalb der Gesetzgebung, welche der Malerei der Alten Meister entsprechen könnte: Die großen Linien und die wichtigen Einzelheiten werden vom Parlament gezeichnet, das Ausmalen besorgen talentierte Schüler in der Administration. Das Parlament könnte dann auf Stich oder Gemälde sein „Invenit" schreiben, das „Pinxit" bliebe Werk- oder gar Meisterzeichen der ausführenden, verordnunggebenden Verwaltung. Doch gerade dieses Bild zeigt die Unvergleichbarkeit und damit die Problematik der Verordnunggebung: Die Verwaltung ist eben doch, organisatorisch, eine selbständige Staatsgewalt, sie ist nicht Schülerin des Parlaments; und bei der Verordnunggebung wird sie nicht durch dieses als Meister überwacht, die Volksvertretung übernimmt dafür auch nicht nach außen, dem Auftraggeber gegenüber, die volle Verantwortung. Wer also die Verordnunggebung als eine von der Realität und ihrer Vielfalt erzwungene Groß-Ausnahme von der Regelungsmacht des „eigentlichen", des parlamentsbeschlossenen Gesetzes legitimieren will, kommt nicht an dem höchst bedenklichen Ergebnis vorbei, dass er damit die Regelungsmacht eben dieses eigentlichen Gesetzes grundsätzlich in Frage stellt, dass er die „Eignung des Gesetzes als normative Regelung" als solche hinterfragen muss. Was aber könnte dem Gesetz gefährlicher werden als ein derartiger Zweifel?

d) Nur dann könnte sich das Gesetz seine Majestät bewahren, wenn es gelänge, die Verordnungsermächtigung derart spezialisierend auszugestalten, dass die Sekundärnormen nun wirklich erschienen als ein „Fortdenken der Gedanken des Gesetzgebers". Doch gerade dies ist bereits grundsätzlich problematisch und lässt sich, in der neueren Praxis, immer weniger verwirklichen:

Der Kategorie des „Fortdenkens" war dogmatische Fortune beschieden, weil das Wort auf jenen Richter angewendet wurde, der nicht normativ spezialisierte, sondern die Konkretisierung im Sprung von der Norm zum Einzelfall zu leisten hatte. Trotz aller kelsenianischen Versuche, Normregelung und Einzelfallregelung unter einen übergeordneten Normbegriff zu bringen – auf dieser großen Unterscheidung des Allgemeinen und Konkreten baut eben die gesamte Dogmatik des rechtsstaatlichen Öffentlichen Rechts auf. Dies aber schließt es dann umgekehrt aus, eine „abgeleitete Normsetzung", wie die der Verordnunggebung, als ein Fortdenken des Gesetzes zu begreifen. Hier ist vielmehr spezialisierendes Gesetzgebungsdenken angesagt, es läuft nach denselben Grundstrukturen ab, welche auch die Gesetzgebung beherrschen.

Und es ist auch noch, in aller Regel, dasselbe Organ, welches die „höhere", „allgemeinere" Norm wenn nicht erlassen, so doch wesentlich vorbereitet hat – und welches nun deren Ausführung in die Hand nimmt. Diese erfolgt sehr häufig bereits nach Überlegungen, wenn nicht sogar Schubladenentwürfen, welche die Verwaltung bereits beim Normerlass vorbereitet hatte. In der Praxis ist ja sie es meist, welche entscheidet, ob „eine Regelung noch in das Gesetz aufgenommen", oder gleich, über eine Verordnungsermächtigung, vollständig der Verwaltung vorbehalten werden soll. Wie aber lässt sich dann sagen, dass Verordnunggebung etwas so „generell Andersartiges" sei als Gesetzgebung im formellen Sinn, dass also in der

Verordnung das Gesetz derart „generell anders fortgedacht" werde, als wenn es der Richter auf den Einzelfall anwendet? Eine Fortsetzung der Gesetzgebung findet hier statt, nicht ein Fortdenken von Gedanken des Gesetzgebers durch eine andere Gewalt.

Grundsätzlich problematisch erscheint ja auch eine meist allzu selbstverständlich hier nicht selten angewendete Kategorie: die der „Rahmen-Norm". Wenn es etwas derartiges wirklich und wirksam geben könnte, so möchte dies auch zur Bewältigung des Phänomens der Verordnunggebung eingesetzt und es könnte versucht werden, dem rahmensetzenden Gesetz damit seine höhere legislative Weihe zu erhalten. Doch hier erheben sich prinzipielle Bedenken aus bisheriger Verfassungsentwicklung: Wenn das Verhältnis Verordnung–Gesetz irgendwie doch vergleichbar sein soll, in seiner Normstufigkeit, dem Verhältnis Gesetz–Verfassung – und davon geht ja die kelsenianische Stufenpyramide und mit ihr die heutige Verfassungsrechtsprechung aus – so müsste folgerichtig die Verfassung als eine Ermächtigung zur „einfachen Gesetzgebung" verstanden werden. Gerade an diesem Punkt aber hat sich die Verfassungsdogmatik mehr als vorsichtig stets zurückgehalten. Herrschender Auffassung entspricht es jedenfalls, dass das Verhältnis Verfassung – Gesetzgebung in seiner Rahmenwirkung dem Verhältnis Gesetz – Verordnung nicht vergleichbar ist. Dies wird leichthin aus Verfassungsnormen abgeleitet, welche die Verordnung eben in besonderer Weise dem Gesetz unterordnen und die Ermächtigung zu ihrem Erlass an bestimmte Kategorien binden wollten. Doch es fragt sich immerhin, ob derartiges nicht, auch ohne ausdrückliche Verfassungsregelung, im Verhältnis Verfassung–Gesetz gelten und judiziert werden müsste, allein schon aus der Normstufungsdogmatik heraus; gerade dies aber geschieht nicht. Folgt man also der herrschenden Lehre, so gilt eben die Rahmenkategorie innerhalb eines Gesetzesbegriffs nicht, der Gesetz und Verfassung umfasst.

An einem weiteren Punkt ist der Begriff der „Rahmen-Norm" im Verfassungsrecht eingesetzt worden: in der Rahmengesetzgebungszuständigkeit des Oberstaates gegenüber der rahmenausfüllenden Gesetzgebungskompetenz der Länder. Doch dieser Gesetzgebungs-Rahmen ist mit dem normativen Rahmen nicht vergleichbar, in dem sich der Verordnunggeber halten muss: Bei der Rahmengesetzgebung zieht ein Gesetzgeber dem anderen gewisse Schranken, diese aber sind nicht identisch mit der „Inhalt-Zweck-Ausmaß-Formel", welche die Verordnungs-Ermächtigung beherrscht. In jenem Fall werden immerhin zwei parlamentarisch legitimierte Gesetzgeber tätig, feststellbar ist eine gesetzgeberische, föderale Kompetenzteilung, es wird nicht auf der konkretisierenden Stufe gerade jene Gewalt eingesetzt, welche das Gesetz doch beschränken sollte, die Verwaltung. Man mag aus dieser Entwicklung allgemein schließen, dass es etwas wie eine Kategorie von „Rahmengesetzen für andere Gesetze" geben könne, dass eine derartige normative Rahmenziehung grundsätzlich möglich sei und den Gesetzesbegriff als solchen weder überstrapaziere noch abwerte. Doch es muss dann auf beiden Ebenen ein parlamentarisch legitimierter Gesetzgeber tätig werden, mit der allenthalben behaupteten Unterordnung der Verordnungen unter die Gesetzgebung ist das nicht vergleichbar.

Die Verfassungsrechtsprechung zur Rahmengesetzgebung zeigt denn auch keine brauchbaren Ansätze für eine Dogmatik der Normkonkretisierung: Mehr ist ihr kaum zu entnehmen als die Feststellung, dass „der eingeschränkten Instanz eben noch ein Regelungsraum verbleiben" müsse – doch welcher? Ist die Kategorie des „es muss etwas übrig bleiben" überhaupt mehr als eine rein formale Floskel, hat sie nicht in der Wesensgehaltslehre bereits entscheidend versagt?

e) Das Fazit der Ermächtigungsregelung zur Verordnunggebung ist daher auch, betrachtet man die Praxis, insbesondere die Verfassungsrechtsprechung, enttäuschend. Mit der „Inhalt-Zweck-Ausmaß"-Formel lassen sich dem Gesetzgeber nur schwer wirksame Verpflichtungen auferlegen. Der gesetzgeberischen Freiheit bleibt es weitestgehend überlassen, was „noch im Gesetz steht". Hier öffnet sich weit das Reich der Allgemeinformeln, bis hin nicht nur zur nahezu, sondern schlechthin vollständigen Inhaltslosigkeit. Die Ermächtigungsnorm in der Verfassung hat bisher machtverteilungsmäßig gerade das nicht bewirkt, was sie hervorbringen sollte: eine Beschränkung der Zweiten Gewalt durch die Erste; sie hat vielmehr im wesentlichen nur die Dritte Gewalt, die Verfassungsgerichtsbarkeit, gegenüber der Legislative stärker werden lassen: Die Verfassungsgerichte haben hier eine Allgemeinformel gefunden, welche ihnen die Kontrolle über die gesamte Normsetzung immer wieder, nach richterlichem Ermessen wenn nicht Belieben, ermöglicht.

Die Rechtsprechung zur erwähnten Formel zeigt so ein Bild, das sich auch sonst nicht selten dem Betrachter der Verfassungsjudikatur bietet: Die Judikative will auf ihr grundsätzliches Prüfungsrecht nicht verzichten, gerade deshalb aber übt sie es zurückhaltend aus, damit es ihr nicht eines Tages überhaupt beschnitten oder gar genommen werde. Sie diszipliniert also den Gesetzgeber nicht so sehr inhaltlich als vielmehr in formaler Hinsicht. Dem vor allem dient auch die Rechtsprechung zu „Inhalt, Zweck, Ausmaß": dass der parlamentarische Gesetzgeber „sorgfältig" sein „Gesetzgebungsprogramm" überdenke, vor allem formuliere. Und in der Praxis allerdings hat dies nur selten zu vertieftem Nachdenken, wohl aber häufig zu rechtsstaatlich perfektioniertem Formulieren geführt – wobei wiederum die ermächtigte Verwaltung wertvolle Hilfe leistet.

Eine Einzelbetrachtung der Ermächtigungspraxis zeigt denn auch weitgehende Wirkungslosigkeit der Inhalt-Zweck-Ausmaß-Kontrolle durch das

Parlament: Für die Zwecksetzung genügen derart allgemeine Floskeln, dass aus ihnen der Verordnunggeber nahezu alles ableiten kann. Inhalt und Ausmaß sind schon in ihrer dogmatischen Unterscheidung höchst problematisch; die Problematik der wenig erhellenden Ausführungen zur Parallelformel „Inhalts- und Schrankenbestimmung" beim Eigentumsgrundrecht wiederholt sich hier in noch größerer Dimension. Schranken können eben, schon nach allgemeiner öffentlich-rechtlicher Dogmatik, auch die „nur äußersten" Schranken sein, der allgemeine Wortgebrauch bereits scheint dies nahezulegen. Der Begriff des Ausmaßes schließlich lässt sich in ganz unterschiedlicher Weise interpretieren und anwenden, weist er doch keinen deutlich feststellbaren traditionellen Inhalt im Öffentlichen Recht auf. Was also am Ende aus all dem entsteht, ist das Werk eines formal immer sorgfältigeren, eines parlamentsgestützten Verordnunggebers, nicht einer inhaltlich souverän entscheidenden Volksvertretung.

Hinzu nehme man nun noch die an sich schon nicht unproblematische Rechtsprechung zu den Generalklauseln des Zivilrechts. Sie haben eine gänzlich andere Struktur, geschichtliche Tradition und Funktion als die Generalklauseln des Öffentlichen Rechts – und doch werden sie, weithin kritiklos, ins Öffentliche Recht übertragen, wo sie dann nicht im Verhältnis zu gleichgestellten Rechtsträgern, sondern in den Beziehungen zu einer überaus mächtigen, gerade deshalb aber zu beschränkenden Staatsmacht eingesetzt werden. Abgesehen von dieser grundsätzlichen Problematik der Übertragung von Denkkategorien der Generalklauseln in das Öffentliche Recht – die eigentliche Gefahr bei diesem Vorgang liegt darin, dass sich nun bei der Verordnunggebung andere, typisch publizistische Generalklauseln einsetzen lassen, unter dem Vorwand, dass es derartige Rechtsfiguren eben allgemein gebe. Man denke hier nur an die allerallgemeinste Generalklausel des „öffentlichen Interesses". Solange sie als Ermächtigungsgrundlage für den Verordnunggeber genügt, ist ihm die eigentliche gesetzgeberische Entscheidung vorbehalten. Hier geht es eben längst nicht mehr nur um „unbestimmte Rechtsbegriffe aus dem Tatsachenbereich", die nun vielleicht wirklich im Einzelfall die Verwaltung besser mag beurteilen können – obwohl sie dies auch bereits in Verordnungsform festlegt. Im öffentlichen Interesse und nach ähnlichen Generalklauseln, auch wenn diese sektoral begrenzt werden, wird schlechthin Gesetzgebungsmacht auf die Verwaltung übertragen. Dass der Richter hier immer wieder Schranken zu ziehen versucht, kann das Gesetz als ihre eigentliche Schranke doch wohl nicht entscheidend aufwerten. Entwertet wird es durch jene Generalklauseln, welche die Ermächtigungspraxis dem Gesetzgeber in zunehmendem Maße gestattet.

Die bekannten innerparlamentarischen Strukturen, Parteien- und Parteiströmungsvielfalt, begünstigen diese Entwicklung, in einem raschen Ausschleifen der Ermächtigungsnormen. Über derartige „Verordnungsrahmen"

– denn mehr wird heute vom Parlament nicht mehr geboten – einigt sich eben die Volksvertretung umso leichter, als dies geradezu ein dogmatischer Prototyp für Formelkompromisse in der Volksvertretung zu werden verspricht. Jede parteipolitische Corrente kann sich dann unter der Zielsetzung das von ihr Gewünschte vorstellen, oder sich doch in der Sicherheit wiegen, dass ihre Vorstellungen spätestens als äußerste Schranken wirken werden. Zumindest innerhalb einer Regierungskoalition ist dies unschwer zu verwirklichen, welche doch die eigentlichen Entscheidungen nicht ungern der von ihr getragenen, gebildeten Regierung überlassen wird. So wird das Ermächtigungsverfahren zu einem Katalysator des Koalitionsfriedens: Gesetzgeberische Differenzen brauchen nicht vor der Opposition, in Ausschüssen oder Plenum, ausgetragen zu werden, die mehrheitsgetragene Regierung wird dies schon in einer Verordnungsform erledigen, zu deren Verfahren die parlamentarische Opposition keinen Zugang mehr hat. So wird denn die „abgeleitete Gesetzgebung" nicht nur zu einer Ableitung der Gesetzgebungshoheit, sondern zu einer Ableitung der Oppositionsmacht – in die Niederungen einer Zweiten Gewalt, wo dann aber erst „eigentlich" gesetzgeberisch entschieden wird.

Denn nirgends deutlicher als im Verhältnis Gesetz-Verordnung zeigt sich die alte Wahrheit, dass gerade bei allgemeinen Regelungen der Teufel im Detail steckt. Wenig nützt es da, einzelne Pflöcke einzurammen im Parlament, mit schweren Hämmern des Gesetzgebungsverfahrens, wenn jene sodann durch die flutende Verordnungsgesetzgebung gelockert und unterspülend verschoben werden können. Das Gesetz zieht seine alte Majestät nicht aus Gestattungen, sondern aus Verboten; und wo es gestattet, muss doch sein Adressat die Bürgerfreiheit sein, nicht die Macht jenes Staates, der sich an das Gesetz gebunden halten soll. Gesetzesverbiegung durch Verordnunggebung – darüber könnten bedeutende Untersuchungen verfasst werden.

Das Gesetz „funktioniert" heute nurmehr, weil die Verordnung es fortsetzt. Sollte dies nicht ein entscheidender Hoheitsverlust der Lex sein?

4. Das Privileg der Verwaltungsakte: vorläufige Selbstbefreiung von der Gesetzesbindung

Alles Verwaltungshandeln unterliegt der Gesetzesbindung, insbesondere die hoheitlichen Verwaltungsakte. Doch dem Gewaltunterworfenen gegenüber, der hier geschützt werden soll, wirkt dies nur mit einer Zeitverzögerung und unter erschwerenden Voraussetzungen, welche solche Bindungen nicht nur lockern, sondern in vielen Fällen praktisch unwirksam werden lassen.

Der eigentliche, kaum je vertiefend behandelte Unterschied zwischen öf-
fentlich-hoheitlichen und privaten Rechtsakten findet sich nicht so sehr in
der einseitig angeordneten Rechtswirkung der ersteren – „einseitig angeordnet" wird grundsätzlich auch jede Willenserklärung im privatrechtlichen
Bereich. Der wesentliche Unterschied liegt vielmehr darin, dass die private
Willenserklärung allein in aller Regel die Rechtslage des Partners als
solche noch nicht verändert, dass hierfür vielmehr nur eine Voraussetzung
geschaffen wird, etwa durch die Erhebung einer Forderung, welche es
jedoch dann erst durchzusetzen gilt. Der Verwaltungsakt ist aber mit Selbst-
durchsetzungskraft begabt; er verändert die Rechtslage, wenn der Gewaltunterworfene dagegen nichts unternimmt, und schon bevor dies ihm die
Wirksamkeit nimmt, kann diese letztere durch vorläufige Vollziehbarkeit
angeordnet werden; in vielen wichtigen Fällen, vor allem von Geldleis-
tungsverpflichtungen, ist dies die gesetzlich angeordnete Regel.

Alle diese Rechtswirkungen treten, vorläufig oder endgültig, allein aufgrund einer Willensäußerung der Verwaltung ein, ohne Rücksicht darauf, ob
diese dem Gesetz entspricht oder nicht. Damit greift die Gesetzesbindung,
wenn überhaupt, erst mit einer zeitlichen Verschiebung ein, und auch nur
dann, wenn der Gewaltunterworfene sich auf das Gesetz beruft. Er ist es
also mit seinen Rechtsbehelfen, der dem Gesetz überhaupt erst Wirksamkeit
gegenüber der Verwaltung verleiht. Insoweit ist er das „Organ", dessen Verhalten erstmals die Gesetzeswirkung eintreten lässt.

In der anderen Kategorie von Fällen, in denen das Gesetz dem Verwaltungsakt gegenüber Bindungswirkungen früher hervorbringt, geschieht auch
dies erst aufgrund eines Willensaktes einer übergeordneten Verwaltungsbe-
hörde, welche im Wege der Rechtsaufsicht das Gesetz zum Tragen bringt.
Da jene insoweit mit der nachgeordneten Verwaltungsinstanz eine „Einheit
Verwaltung" bildet, lässt sich sagen: Das Gesetz wirkt gegenüber den Ho-
heitsakten der Verwaltung entweder nur wenn und insoweit es der Gewaltunterworfene „zur Anwendung bringt", oder nach dem Willen der Verwaltung selbst. In beiden Fallgruppen muss der Begriff der „Gesetzesbindung
der Verwaltung" jedenfalls korrigiert, relativiert werden: Die hoheitlich han-
delnde Verwaltung, der gegenüber doch Gesetzesbindung gerade im Rechtsstaat grundsätzlich gelten soll, ist an das Gesetz nur gebunden, wenn es
andere Instanzen so wollen. Das Gesetz als solches entfaltet der Verwaltung
gegenüber keine Wirkung. Die Verwaltung kann das Gesetz brechen, wie
immer sie will – „Recht" setzt, zunächst einmal sie selbst, solange dagegen
niemand vorgeht; und dies ist weit mehr als lediglich eine „Tatbestands-
wirkung von Verwaltungsakten". Das Verwaltungshandeln hat zunächst
einmal die Vermutung der Gesetzmäßigkeit für sich. Das aber bedeutet: Das
Gesetz wirkt als solches gegenüber der Verwaltung rechtlich überhaupt
nicht, sondern lediglich in Verbindung mit Willensakten gewaltunterworfe-

ner Bürger oder – der Verwaltung selbst, mithin als „Gesetz nach Bürger-
oder Verwaltungswillen".

Es würde sich wohl lohnen, einmal darüber nachzudenken, was dies für
die Bindungswirkung, für die Majestät des Gesetzes rechtsgrundsätzlich bedeutet, eines Aktes also, den die politisch Mächtigen – denn sie stellen die
Exekutive – in seiner Wirksamkeit jedenfalls zunächst einmal auf einige
Zeit in vollem Umfang suspendieren können. Und es wäre wohl vertiefen-
der Betrachtung wert, ob die oft geradezu triumphalistische Feier der Gesetzesbindung der Verwaltung als Sieg des Rechtsstaates in der Wirklichkeit
viel mehr bedeutet als sonntagsrednerisches Lob für ein Gesetz, das auch
hier wieder weithin einfach nur zur Disposition der Verwaltung steht, für
eine Norm, welche gar nicht in die Krise zu laufen braucht, weil sie, seit
den Anfängen von Rechtsstaatlichkeit und Verwaltungsgerichtsbarkeit,
schon in einer immanenten Geltungskrise steht, aus dem Wesen der jedenfalls vorläufigen einseitigen Durchsetzbarkeit der Hoheitsakte heraus.

b) Die einzige Fallgruppe, in welcher die soeben dargestellte grundsätzliche Relativierung der Gesetzesbindung der Verwaltung nicht eintritt, ist
die der nichtigen Hoheitsakte: ihnen gegenüber darf sich der Gewaltunterworfene verhalten als gäbe es sie nicht, er darf sie genauso ignorieren wie
die Forderung eines anderen Privaten, welche er für unberechtigt hält. Er
läuft dann kein anderes Restrisiko als das des normalen Privatrechtsver-
kehrs: dass nämlich ein Gericht seinem Gegner Recht gibt, im Namen des
Gesetzes. Dies ist die allgemeine Ordnungsfunktion der Normen, nicht aber
jene besondere Normbindung der Verwaltung, welche als Errungenschaft
des Rechtsstaates ständig gepriesen wird. Dann aber wird eben die Verwaltung so behandelt, als sei sie keine solche, als unterscheide sie sich nicht
von Privaten; also kann auch diese Fallgruppe der nichtigen Hoheitsakte
nicht als Beweis dafür gelten, dass das Gesetz der Verwaltung gegenüber
doch sogleich Wirkungen entfalte, welche nicht durch vorläufige oder endgültige Unbeachtlichkeit der Gesetzesbindung relativiert würden. Abgesehen davon ferner, dass die nichtigen Hoheitsakte nicht nur eine sehr enge,
sondern auch höchst problematische Kategorie darstellen, die sich nie überzeugend von der der anfechtbaren Hoheitsakte hat abgrenzen lassen und
praktisch kaum ins Gewicht fällt – hier handelt es sich wiederum meist
um Fälle, in denen man von einem eigentlichen „Handeln der Verwaltung"
nicht sprechen darf. Diese wird dabei derart außerhalb jeder gesetzlichen
Regelung tätig, dass man ihr dies eben als „Verwaltungsakt" nicht mehr
zurechnen kann; die weitere Unterscheidung zwischen nichtigen Verwaltungsakten und Nicht-Akten der Verwaltung ist schlechthin künstlich und
praktisch so gut wie gar nicht von Bedeutung. Normal ist es auch, dass ein
Verwaltungsprivileg – nämlich das Gesetz durch anfechtbare Akte verletzen
zu dürfen – dann nicht mehr gilt, wenn gar nicht etwas wie ein eigentliches

Verwaltungshandeln vorliegt. Die Rechtsfigur des nichtigen Gesetzes ändert also nichts an dem Verwaltungsprivileg der anfechtbaren Verwaltungsakte, welche gewissermaßen den Normalfall der Gesetzesverletzung durch die Verwaltung darstellen, in dem, wie dargelegt, die Verwaltung jedoch gegenüber dem Gesetz privilegiert, von dessen Geltungskraft jedenfalls vorläufig, möglicherweise endgültig, ausgenommen wird.

c) Gewiss relativiert sich die vorstehend dargelegte Privilegierungswirkung der „einseitigen Hoheitsakte" heute zunehmend durch Privatisierungen: Wo die Verwaltung nicht mit hoheitlichen Entscheidungen vorgeht, steht ihr auch die besondere Rechtsmacht der Einseitigkeit ihrer Akte nicht mehr zur Verfügung. Insoweit mögen die Privatisierungen zur Aufhebung von Verwaltungsprivilegien gegenüber dem Gesetz führen, damit aber zu einer Verstärkung von dessen allgemeiner Geltungskraft. Nur sollte man dann die Majestät des Gesetzes nicht mehr damit begründen, dass es im Rechtsstaat eine besondere Verwaltungsbindung bewirke – die privatisierte Verwaltung unterliegt eben keiner solchen mehr; von ihrem Verwaltungscharakter bleibt nurmehr die bürokratische Organisation übrig, sie aber findet sich zunehmend auch in der Privatwirtschaft. Nichts ändert all dies an der Feststellung, dass die Verwaltung als solche, solange sie diesen Namen noch verdient, also mit einseitiger Hoheitsgewalt vorgeht, im Rechtsstaat, ihrem verwaltungsrechtlichen Wesen entsprechend, entscheidende Privilegien gegenüber der doch so allgemein angenommenen Gesetzesbindung genießt.

d) Die Verwaltung kann sich also, solange sie noch als Administration tätig wird, um das Gesetz wenig oder gar nicht kümmern und abwarten, ob der Gewaltunterworfene gegen ihr gesetzwidriges, gesetzesfreies Handeln etwas unternimmt – wenn nicht, so wird dieses, infolge der Bestandskraft der Hoheitsakte, zu geltendem Recht, auch wenn ihm jede gesetzliche Grundlage fehlt. Zum Rechtssetzer wird dann, allein und aus eigenem Recht, die Verwaltung.

Die Verwaltungsmacht verstärkt sich noch darin, dass die Administration nicht einmal die Reaktion der Gegenseite abwarten muss, sondern den sofortigen Vollzug anordnen oder sich auf das Gesetz berufen kann, welches jene Vorwegnahme allgemein für wichtige Kategorien von Akten vorsieht. Wird der sofortige Vollzug angeordnet, so verstärkt dies rechtlich noch das Verwaltungsprivileg, welches die Nichtbeachtung des Gesetzes „einstweilig" ermöglicht: Nun liegt wieder der Ball beim Gewaltunterworfenen, die Verwaltung kann ruhig abwarten, ob er gegen diese Anordnung des sofortigen Vollzugs etwas unternimmt; die Wirkungen der Relativierung der Gesetzesbindung werden gewissermaßen vorverlegt. Jenes Gesetz, über das sich ein rechtswidriger Verwaltungsakt hinwegsetzt, dessen vorläufige Vollziehung aber angeordnet ist, wird im Ergebnis zur „nachhinkenden Norm", zwischenzeitlich zur lex inoperans. Dahinter steht die der Verwaltung allgemein verliehene Macht, vollendete Tatsache auch gegen das Gesetz zu schaffen – wiederum solange der Gewaltunterworfene dagegen nichts vor einem Gericht unternimmt. Ihm wird also damit das gesamte Risiko der Rechtsverfolgung aufgebürdet. Er befindet sich nicht nur in der unsicheren Lage eines jeden Privatrechtssubjekts, dem gegenüber irgendwelche, vielleicht durchaus unberechtigte Forderungen erhoben werden: Hier muss nicht die andere Seite die Forderungen durchsetzen, vor einer unabhängigen gerichtlichen Instanz, sondern der Bürger selbst muss erst „das Gesetz anwendbar machen", indem er den sofortigen Vollzug des Hoheitsaktes verhindert. Wenn ihm dies nicht gelingt, sich dann aber doch die Gesetzwidrigkeit des Verwaltungsaktes herausstellt, so vollzieht sich eine weitere, durchaus gravierende Abschwächung der Gesetzesbindung gegenüber der Verwaltung: Diese hat den Bürger „zunächst einmal" schädigen dürfen, er mag ihr gegenüber Amtshaftungsansprüche geltend machen, dies aber setzt wiederum ein meist schwer nachweisbares Verschulden voraus und verlangt eben weit mehr als den Nachweis der Rechtswidrigkeit. Das Gesetz allein mit seiner Bindungswirkung hilft also dem Bürger dann nicht, er hat, wenigstens zeitweise, zu dulden und kann doch nicht liquidieren. Die Gesetzesbindung der Verwaltung läuft erneut leer, in einer eigentümlich nachhinkenden Wirkung.

e) Aus dem dogmatischen Wesen des Hoheitsakts, des acte d'autorité, wie er sich als hauptsächliche Handlungsform der Verwaltung seit der Französischen Revolution entfaltet hat, ergibt sich also eindeutig ein Privileg des Gesetzesbruchs, wenn niemand der erstmals handelnden Verwaltung in den Arm fällt. Das Prozess- und damit letztlich das Gesetzesrisiko, das der immer unsicheren Normauslegung, trägt in vollem Umfang der Bürger. Was aber weit schwerer noch wirkt in der Gegenwart, ist die Überbürdung des Finanzrisikos des Angriffs gegen den angeblich gesetzwidrigen Verwaltungsakt auf ihn: Lässt sich die Gesetzwidrigkeit nicht nachweisen, so hat er alle finanziellen, insbesondere die Finanzierungsfolgen zu tragen, welche sich aus derartigen Zeitverlusten notwendig und gravierend geben; ist die Gesetzwidrigkeit nachweisbar, so bleibt das Gesetz hier insoweit doch eine lex imperfecta, als der Verwaltung eben nur bei Verschulden das Finanzrisiko überbürdet werden kann – in aller Regel nicht vollständig, überdies mit weiteren Prozessrisiken belastet.

Dies bedeutet nun nicht, dass das Gesetz der Verwaltung gegenüber überhaupt keine Wirkung entfaltet, oder nur dann, wenn ein Gewaltunterworfener sich gegen illegales Handeln zur Wehr setzt. In den meisten Fällen aber nützt das Gesetz der Verwaltung, seine „Bindungswirkung" erleichtert orientierend und ordnend die Verwaltungstätigkeit und wird damit zum wertvollen Instrument der Verwaltungspolitik. Hier ist jedoch wie-

derum die Norm ein Instrument der Verwaltung, nicht deren Bindung und
Schranke. Vorläufig, meist rechtlich, weithin aber auch endgültig-faktisch,
bleibt die Administration Herrin des Gesetzes, das sie anwenden oder
biegen kann nach ihrem Willen. Und wie häufig wagt es der Gewaltunterworfene gar nicht, Prozesse gegen mächtige Verwaltungsträger zu führen,
auf deren wohlwollende Entscheidung er in anderen Bereichen angewiesen
ist, oder mit denen er, in kleineren Verhältnissen, laufend eng zusammen-
arbeiten muss. In all diesen und damit der weit überwiegenden Zahl von
Fällen wird das Verwaltungsprivileg der vorläufigen hoheitlichen Einseitigkeit faktisch zur endgültigen Gesetzesbefreiung der Verwaltung. Der Normwirkung mag es allgemein eigen sein, dass das Opfer eines Rechtsbruchs
„hinter dem Gesetz herlaufen", dessen Wirkungen erst herbeiholen muss.
Doch dies gilt im allgemeinen Rechtsverkehr nur für faktisches Handeln,
gegen welches dann eben der Betroffene die Hilfe des Gesetzes suchen
muss, oder wenn sich eine Seite vertraglich sofortiger Vollstreckung unterwirft. Im hoheitlichen Verwaltungsbereich aber kann das Gesetz ganz offen
gebrochen, in seinem Namen auch noch gesetzwidrig gehandelt werden –
und dennoch wird dies zum Recht, wenn der Bürger das Gesetz nicht zur
Anwendung bringt, an welches doch angeblich „die Verwaltung gebunden
ist".

Hoheitsgewalt ist rechtlich nichts anderes als ein Wort für politische
Macht. Und diese zeigt sich hier als Ausnahme vom Gesetz, als dessen
weiträumige Relativierung. Nur ein „voll privater, privatisierter Staat"
könnte der Administration diese Einwirkung auf die Gesetzeswirkung
nehmen.

5. Das Gesetz als Verwaltungsinstrument:
Notwendige Relativierung durch Planungsgesetze

a) Eine dogmengeschichtliche Betrachtung der Entwicklung des Rechtsstaates zeigt klar ein ständiges Vordringen des Programmgesetzes unter dem
Deckmantel des Planungsgesetzes. Nicht als ob früher, im 19. Jahrhundert
vor allem, von Regierung und Verwaltung nicht in längeren Zeitdimensio-
nen gedacht worden wäre; doch dies geschah gewissermaßen in einer anderen Zeitvorstellung als heute: statisch, nicht dynamisch, eher rückwärts ge-
wandt als in die Zukunft gewendet. Die eigentliche Planung früherer Zeiten
hieß – Kontinuität, Fortsetzung der Tradition. Das Neue brach revolutions-
förmig ein in eine solche Dauer-Welt, gewiss mit Zukunftsanspruch, aber,
dem Wesen des Umsturzes entsprechend, ohne jede eigentliche Planung, ja
als Widerstand gegen alle Formen einer solchen, die eben doch nur als
Kontinuitätsbewahrung erschienen.

In einer solchen Konstellation konnte Planung nicht wirklich einen Platz finden. Erst dort wurde sie entdeckt, im eigentlichen Sinne, wo kontinuitäts-feindliche Revolutionen sich als endgültig erklärten, in Mexiko, Russland und auch in Faschismus und Nationalsozialismus. Nun erst war wirklich der Weg frei für eine geordnete, geplante Entwicklung des neu in die staat-liche Welt Eingebrochenen.

Darin lag aber nun eine grundsätzliche Wende auch im Verständnis der Rechtsstaatlichkeit, mochte dies auch in seiner Bedeutung nicht annähernd erkannt worden sein: Diesem Rechtsstaatsprinzip kam nun nicht mehr nur die Bedeutung zu, in Bewahrung statischer gesellschaftlicher und politi-scher Situationen jeden Eingriff misstrauisch betrachten und, wenn irgend möglich, begrenzen zu lassen; nun sollte das Gesetz des Rechtsstaates zur Entwicklungsform der planenden Staatlichkeit, vor allem ihrer planenden Administration werden. Dogmengeschichtlich vollzog sich hier nur eine weitere Entwicklung in dem bereits dargelegten Sinn: Das Gesetz sollte auch hier, in seiner „Dimension in die Zukunft" hinein, zum Instrument der Verwaltung werden, zur Ordnung ihrer Aktivitäten, nicht mehr primär zu deren Bindung und Beschränkung.

Doch dies bedeutete eben eine Mutation der Rechtsstaatlichkeit: Zu-kunftsgerichtete Ordnungswirkung des Gesetzes statt statischer Begren-zungseffekte gegenüber der Verwaltung; Vorhersehbarkeit des Ablaufs von deren Aktionen, nicht mehr ihre zu jeder Zeit wirkende, und damit letztlich zeit- und entwicklungslose Begrenzung. Damit aber geschah mehr als nur eine Erweiterung oder auch Richtungsänderung der Gesetzeswirkung: Es bedeutete dies das Ende der klassischen Legalitätsbindung. Künftiges Han-deln lässt sich nun ordnend voraussehen, und darin mag auch stets eine gewisse Begrenzung liegen – doch sie ist Selbstbeschränkung, nicht, wie es aber der Rechtsstaat will, Fremdbegrenzung durch den Gesetzgeber und im Namen seiner Normen. Die klassische rechtsstaatliche Bindung, welcher der Konstitutionalismus die Verwaltung unterwerfen wollte, ist nicht „staf-felbar" in die Zukunft hinein; sie setzt stets einen festen Zustand, ein ge-wisses Maß von Verwaltungsaktivitäten voraus und zieht dem sodann Schranken. Nicht vollziehbar wäre die Vorstellung einer „Bindungspla-nung" in die Zukunft hinein; geplant werden Aktivitäten, Beschleunigun-gen, nicht Bremswirkungen. In der Norm liegt ein Wesen von Zeitlosigkeit, aus ihrer gleichen Geltung heraus: Sie wirkt heute, morgen – nicht zeitlich unbegrenzt, sondern zu jedem Zeitpunkt gleich, also zeitlos. Die Zeitdi-mension aber ist nun der Planung wesentlich. Weil sie damit das Planungs-gesetz zum Programm werden lässt, hat die staatsrechtliche Dogmatik der ersten Hälfte des 20. Jahrhunderts mit sicherem Gespür diesem Programm-satz, und damit weithin auch der Verfassung, zunächst die eigentliche Normwirkung überhaupt abgesprochen. Diese Erkenntnis gilt auch heute

noch: Je mehr Planung in Gesetzesform – desto weniger eigentlicher Gesetzesinhalt, desto schwächere Rechtsstaatlichkeit. Die Verwaltungsplanung
zerstört nicht das Gesetz, sie läuft an ihm vorbei, in einer Bewegung und
in eine Dimension hinein, die der Norm als solcher wesentlich und vollständig fremd ist.

b) Die Normen sind im Rechtsstaat, ihrem Wesen nach, Aussagen, die
eindeutige, die klarste Form solcher schlechthin. Für den Gesetzgeber in
erster Linie gilt das Bibelwort. „Deine Rede sei Ja ja, Nein nein" – nicht:
„Wenn dies – dann jenes". In letzterem aber liegt gerade das Wesen des
planenden Gesetzes als Instrument einer Verwaltung, welche sich damit
überall Entscheidungen offenlässt, Ziele festlegt, nicht aber Zustände ein-
grenzend ordnet. Vorbereitet mochte diese Entwicklung, hin zur planenden
Norm, bereits durch die teleologische Dogmatik des Gesetzesverständnisses
am Ende des 19. Jahrhunderts sein: Zielorientierte Normauslegung bringt in
das Gesetzesverständnis eine Zeitdimension, die diesem „eigentlich", im be-
griffsjurisprudentiellen Verständnis der Normen nämlich, gar nicht eigen ist.
Darin hat sich denn auch schon früh eine entscheidende Abschwächung der
Rechtsstaatlichkeit, völlig unbemerkt, vollzogen: Die klassische Legalität,
von Gneist und Bähr zur Zeit der unbedingten Herrschaft der Begriffsjuris-
prudenz entwickelt, setzte auf die hart abgrenzende und eingrenzende Wirkung des Gesetzes. Spätere Interessenjurisprudenz, schon bei Jhering, will
diese Bindungseffekte aus der Zielvorstellung ableiten, auf welche das
Gesetz gerichtet ist. Doch es war noch immer schwer, wenn nicht schlechthin unmöglich, aus einem solchen Telos eindeutige, praktisch handhabbare
Abgrenzungen zu entfalten; die Problematik der inneren Ermessensgrenzen
zeigt es eindrucksvoll. Im Ziel liegt eben etwas von Planung, von geordnet
anzustrebender Erreichbarkeit – noch kein „Es ist erreicht!", wie es aber
dem Gesetz eigen ist, und daher auch zur Zeit des Erlasses des größten
deutschen Gesetzes nicht ohne Stolz gesprochen werden konnte.

Das Planungsgesetz, ganz Zielvorgabe, wird, in seiner gewollten Stufen-
wirkung, auf all diesen Stufen teilweise immer wieder zur lex inoperans.
Dies ist hier nicht mehr marginale Ausnahme von der Gesetzeswirkung,
sondern deren zentraler Ausdruck. Das Gesetz kann wohl Bedingungen für
seine Wirksamkeit setzen; doch sie müssen außerrechtlich verwirklicht
werden, nicht wiederum und gerade durch das Gesetz, in Verfolgung seiner
Zielvorstellungen. Eine Verwaltungsbindung „unter der Bedingung", dass
diese Administration so oder anders gestaltet, ist schon begrifflich schwer
vorstellbar, jedenfalls aber so weitgehend vom Willen der rechtsstaatlich zu
bindenden Verwaltung abhängig, dass die Wirkung dieser Rechtsstaatlichkeit mit Fug bezweifelt werden kann.

Die Verwaltung hat man immer gerade darin von anderen Staatsgewalten
abzugrenzen versucht, dass sie „gestaltend" tätig werden solle – also doch

und wesentlich in einem gewissen gesetzesfreien Raum. Wenn nun gerade dieser gesetzlich erfasst werden soll, durch das planende Programmgesetz – wird damit wirklich eine Vergesetzlichkeit dieses freien Gestaltungsbereichs eingreifen, wie es die Dogmatik des Rechtsstaats wünscht, wird das Planungsgesetz in der Tat zu einer Perfektionierung des Rechtsstaats werden – oder tritt nicht das genaue Gegenteil ein: Das Gesetz wird durch die Gestaltungsfreiheit der Verwaltung, deren Aktionsinstrument es geworden ist, infiziert, es vermag seine eigentlich verwaltungsbegrenzende Funktion gar nicht mehr zu erfüllen? Wiederum: Das Gesetz steht zur Disposition einer Verwaltung, welche es erst, in all ihren planend-zukunftsgerichteten Schritten, mit normativem Sinn erfüllt. Das Planungsgesetz ist nicht Verwaltungsbeschränkung, sondern Verwaltungsmittel.

Der Verfassungsdogmatik des Parlamentarismus ist es jedoch inzwischen gelungen, den Eindruck zu erwecken, als sei das Planungsgesetz, unter Einschaltung des Parlaments entstanden – wenn auch gerade hier ganz wesentlich und nahezu ausschließlich stets von der Exekutive als Entwurf vorgelegt – die Krönung der Rechtsstaatlichkeit, eine Steigerung der Einflussmöglichkeiten der Volksvertretung. Das Gegenteil ist der Fall: Diese Programmnormen – denn sie sind nichts anderes, wie bereits dargelegt – bedeuten ein Alibi gesetzgeberischer Ohnmacht, die sich hier in nur zu oft vollständige Wirkungslosigkeit zurückgedrängt sieht.

c) Planungsgesetze sind, in aller Regel, eine Ansammlung, eine Anhäufung von Gemeinplätzen, welche in Gesetzesform nur hinter- und übereinander geschaltet werden, eine eigentliche Begrenzungswirkung der Verwaltung gegenüber aber nicht entfalten können. Die Volksvertretung soll so zwar beruhigt, es soll ihr gezeigt werden, dass sie „doch dabei sei", eingeschaltet in Verwaltungsaktivitäten, und so konnte gar die Sorge entstehen, der Bereich der Regierung werde hier allzu weit eingeschränkt. In Wahrheit aber wurde hier die Norm als solche denaturiert, die Parlamentsaktivität in Formen abgedrängt, welche nicht mehr Beschränkung der Zweiten durch die Erste Gewalt bedeuteten, sondern ein, insgesamt recht unklares, Kooperieren der beiden Gewalten hervorgebracht haben. Im Grunde sind diese Planungsgesetze etwas wie parlamentarische Verwaltungskontrolle in normativer Form, nicht aber Rechtssetzungsformen klassischer Art. Wenn dies letztere gewollt wäre, so müsste dem Planungsgesetz eine Außenwirkung zukommen, welche dann von der Dritten Gewalt überwacht und durchgesetzt würde. Gerade daran aber fehlt es: Die Planungsgesetze bedeuten nichts anderes als parlamentarische Appelle an die Verwaltung, sich in einer bestimmten Weise in einem gewissen Zeitraum zu verhalten; in vielen Fällen könnten sie auch in außergesetzliche Form, als parlamentarische Aufforderung an die verwaltende Regierung, gefasst werden.

In der Praxis führt dies zu einer mühevollen Verständnis- und Ausle-
gungsaktivität, welche stets der Frage nach dieser Außenwirkung zuallererst
sich stellen muss und dadurch bereits die eigentliche Gesetzeswirkung, die
Außenwirkung, relativiert – die Bedeutung des Gesetzes für den gewaltunterworfenen Bürger im Rechtsstaat. Was soll ihm auch ein Planungsrecht
bedeuten, wenn er sich darauf vor keinem Richter berufen kann, wenn all
diese Normen immer nur staatsinterne, meist sogar verwaltungsinterne Bindungswirkungen erzeugen? Gewiss werden ihm damit staatliche Handlungs-
horizonte aufgezeigt, auf welche er sich in seinen künftigen Dispositionen
einzustellen vermag; und weil dies in einer schnell sich entwickelnden, wesentlich unsicheren Welt bereits ein Sicherheits-, ein Vorhersehbarkeitsda-
tum ist, wird es auch noch freudig begrüßt und in seiner Problematik für
den Gesetzesbegriff heruntergespielt oder schlechthin ignoriert. Doch das
Problem der Planungsgesetze, ihrer mangelnden Bindungswirkung gegenüber der Verwaltung, welche doch hier gerade ihren rechtsstaatlichen Meister finden sollte, wird damit nur verdrängt.

d) Hinter diesen Fragen zeigt sich eine tiefere Problematik in der dogmengeschichtlichen Entwicklung des Gesetzesbegriffs: Die Entfaltung eines
„rein organisationsrechtlich wirkenden Gesetzes", von lediglich inner-staats-
organisatorischer Wirksamkeit, die überdies noch weitestgehend sanktions-
los bleibt, den Willen des Gesetzgebers also nicht eigentlich durchsetzbar
werden lässt.

Organisation in Gesetzesform – ist dies wirklich Ausdruck einer Bindung
der Verwaltung oder nicht vielmehr nur einer letzten gesetzgeberischen
Weihe dessen, was die Verwaltung ohnehin unternähme? Wenn sich auf
diese organisationsrechtlichen Wirkungen kein Bürger berufen kann, was
bewirken sie an Bindung überhaupt gegenüber einer Administration, die
doch praktisch kaum je mit rechtlichen Argumenten vom Gesetzgeber als
solchem in gesetzliche Schranken gewiesen oder auch nur politisch angesprochen wird?

Begonnen hat diese gesetzesrelativierende Entwicklung allerdings schon
vor langer Zeit, ja längst bevor das Gesetz zur Schranke oder gar zur
Grundlage des Verwaltungshandelns werden konnte: in der Haushaltsgesetzgebung. Dieser vielgepriesene Ausgangspunkt des Parlamentarismus, ja die
erste, politisch wirksame Form der Gesetzesbindung der Verwaltung – war
und ist eben gar kein Gesetz, im eigentlichen, rechtsstaatlichen Sinne. Ermächtigungen werden hier der Verwaltung gegeben, werden sie von ihr
überschritten, so tritt keine Wirkung der Gesetzeswidrigkeit, keine Unwirk-
samkeit oder auch nur Anfechtbarkeit ein; allein das Parlament selbst kann
die Exekutive zur politischen Verantwortung ziehen, die Verletzung gesetzgeberischer Haushaltsentscheidungen durch weitere, noch stärker restriktive
Budgetgestaltungen im Ergebnis sanktionieren. Ob es dazu kommt, hängt

weithin von einer Rechnungsprüfung ab, welche eben auch nur dem Parlament gegenüber erfolgt und dort durchaus nicht immer oder gar automatisch die sanktionierenden Wirkungen parlamentarischer Regierungskontrolle auslöst. Das Haushaltsgesetz ist der Prototyp des im Ergebnis rein innerverwaltungsmäßig wirkenden Gesetzes; es handelt sich um eine echt verwaltungsmäßig bedingte Degeneration des Gesetzesbegriffs – weil jene Außenwirkung fehlt, in der sich der durch den mittelverteilenden Staat betroffene Bürger gegen eben diese zentrale Verwaltungstätigkeit wenden könnte. Chancen hat er nur dort, wo damit Wettbewerbslagen schwerwiegend verändert werden – und wann wird dies eine verwaltungsfreundliche Judikative schon annehmen? Keinesfalls darf sie, auf solche Weise, die „Beachtung des innerstaatlich wirkenden Gesetzes durch die Verwaltung" durchsetzen. Der föderalistisch-kommunale Staatsaufbau mag hier, wenn auch sehr in Grenzen, ein Gegengewicht aufbauen: Verwaltungsträger können gegeneinander antreten, um Leistungen streiten, und damit innerstaatlich wirksame Gesetze vor die Gerichte bringen. Doch all dies ist im Netz der zahllosen gegenseitigen Abhängigkeiten von Kommunen, Ländern und Oberstaat verfangen und wird gewiss nicht mit dem Ziel durchgehender rechtsstaatlicher Anwendung von Gesetzen verfolgt, sondern nur aus eigensüchtigen Finanzmotiven.

So bleibt es im Ergebnis eben doch dabei: Die gestaltende Verwaltung ruft sich ihr Planungsgesetz, welches in seiner Programmwirkung eine Degeneration des Gesetzesbegriffs darstellt; sie entfaltet sich auf der Grundlage rein innerstaatlich wirkender Organisationsgesetze, denen ebenfalls die eigentliche, das Gesetz konstituierende Außenwirkung fehlt. Dogmengeschichtlich betrachtet entwickelt die Administration hier nur weiter – gerade jene Gesetzesform, aus welcher das moderne rechtsstaatliche Gesetz hervorgehen konnte: das Haushaltsgesetz; sie relativiert aber durch derartige Praktiken den eigentlichen Gesetzesbegriff entscheidend. Der Volksvertretung und den Bürgern wird damit der Eindruck vermittelt, sie seien in das Verwaltungsgeschehen laufend eingebunden – obwohl dies doch nicht über eine Gesetzeswirkung im eigentlichen Sinn geschieht, sondern allenfalls durch Formen einer parlamentarischen Verwaltungsorientierung, die ebenso gut auch nicht in der Form eines Gesetzes hätte erfolgen können, dem die eigentliche Sanktion seiner Übertretung fehlt. Die Verwaltung hat sich damit ihre eigene Gesetzeswelt geschaffen, deren Begrifflichkeit gibt sie dem Parlament vor, sie kann damit ebenso gut leben wie eine Volksvertretung, deren Gesetzgebungsrecht hier aber eigentlich diesen Namen nicht mehr verdient.

6. Gesetz nach Verwaltungsinterpretation

Der Rechtsstaat lebt von der Überzeugung, dass das Gesetz die Verwaltung binde, dass also nicht ihr Gesetzesverständnis letztlich entscheide, sondern das des Gesetzgebers, welches endgültig durch die Gerichte festgestellt wird. Die Rechtsentwicklung jedoch ist über derartige Vorstellungen, wenn nicht oft schon nurmehr fromme Wünsche, längst und entscheidend hinweggegangen. Gewiss beklagt jede Verwaltung ständig ihre Einengung durch Gerichtsentscheidungen, doch hier muss nun auch einmal die Gegenentwicklung betrachtet werden: die Relativierung des Gesetzes durch dessen Verwaltungsverständnis.

a) Die Wirkung einer bestimmten Gesetzesauslegung seitens der Verwaltung geht wesentlich über die der Interpretation einer Norm durch einen Streitteil, einen Partner eines Rechtsverhältnisses hinaus. Dies ergibt sich zunächst schon daraus, dass sich das Verwaltungsverständnis, über das bereits behandelte Privileg der einseitigen Durchsetzung von Verwaltungsentscheidungen, zunächst einmal stets gegenüber dem Bürger durchsetzt. Die Verwaltung bestimmt insoweit den Streitgegenstand durch ihr Gesetzesverständnis.

Weit bedeutsamer jedoch ist die in den meisten Fällen geradezu übermächtige, jedenfalls überlegene Tatsachen- und Rechtskenntnis der Verwaltung, welche sie nicht nur faktisch, sondern weithin auch rechtlich zum Herrn einer Gesetzesauslegung macht, die damit geradezu durch die Administration bestimmt wird. Die gesetzesanwendende Verwaltung allein verfügt über eine meist flächendeckende Gesamtschau der möglichen Anwendungsfälle des Gesetzes und damit von dessen eigentlicher Normwirkung. Sie zuallererst, nicht der Richter, kann jene Kasuistik ins Spiel bringen und weiterentwickeln, welche auch die Judikative zugrunde legen muss. Sie schließlich verfügt über ein geschultes Personal, welches ihr vielfache und kostspielige Mechanismen der Beamtenausbildung und -fortbildung laufend zur Verfügung stellen, wie es vergleichbar selbst der höchst spezialisierte Anwalt kaum einsetzen kann. Damit wird das Gesetz, dessen Auslegung die Verwaltung dem Bürger gegenüber und sodann vor Gericht vertritt, geradezu eine Form des „Verständnisses ihres Gesetzes"; vor ihrer höheren Sachkunde kapitulieren Bürger, Gerichte und in vielen Fällen das Recht. Moderne Informations- und Kommunikationstechniken steigern diese Überlegenheit, durch laufende Vernetzungen, immer noch weiter.

Mit Recht gehen also die Gerichte von der „überlegenen Sachkenntnis" der Verwaltung aus, welche der betroffene Bürger in aller Regel auch nicht entfernt erreichen kann, oder nur um den Preis einer Anrufung höchst spezialisierter Berater, die wenige nur zu bezahlen vermögen. Die Gerichte selbst verlassen sich in zahllosen Fällen auf die hohe Sachkunde dieser Administration, deren Ergebnisse, vor allem aber tatsächliche Feststellungen, sie oft sogar völlig ungeprüft zugrunde legen. All dies aber sind nur Erscheinungsformen des modernen „Gesetzes nach Verwaltungswillen". Wo das Gesetz nicht hergibt, was die Verwaltung von ihm erwartet, wird es nach Verwaltungsverständnis in diesem Sinne unschwer gebogen – in zahllosen Fällen.

Zwar hat sich die Verwaltungspraxis noch nicht als eigentliche Rechtsquelle durchsetzen lassen; gerade ein derartiges Verständnis steht aber schon hinter nicht wenigen Gerichtsurteilen, welche, kaum mehr verschleiert, auf Verwaltungsbedürfnisse bei der Handhabung komplizierter Normwerke Rücksicht nehmen.

b) Mit der Steigerung der Normierungsintensität, im Zuge der Gesetzesflut der letzten Jahrzehnte, hat nicht so sehr die Bindungswirkung der Normen gegenüber der Verwaltung zugenommen, als deren Möglichkeit, die Gesetzeswirkungen in der Auslegung von Einzelbestimmungen zu steigern und in ihrem Sinne zu biegen. Mit dieser zunehmenden Technizität des Gesetzesrechts nimmt die Bedeutung des Verständnisses jener „Techniker" zu, welche sich finden – wo denn? Im wesentlichen in der Verwaltung und bei jenen, welche diese heranzieht. Ein grundlegender Irrtum der Rechtsstaatlichkeit liegt darin, dass Normspezialisierung notwendig im Ergebnis stärkere Bindungswirkungen gegenüber der Verwaltung, und auch darüber hinaus, zeitigen werde – nur zu oft ist das schiere Gegenteil der Fall: Je mehr Einzelheiten geregelt werden, hier nicht zuletzt nach dem Willen der Verwaltung, desto mehr Interpretationsräume öffnen sich, und zwar in erster Linie für die besonders kompetente Verwaltung, desto leichter kann sie auch die Gesetzesanwendung aufgrund von Tatbestandsfeststellungen steuern. Die Abnahme der Überschaubarkeit eines Gesetzgebungszustands wirkt stets zuallererst gegen den Bürger, zugunsten der Verwaltung. Diese schließt sich zwar verbal der heute besonders beweglichen Bürgerklage über die unübersehbaren Gesetze an; doch in aller Regel kann es ihr damit nicht ernst sein, ist sie es doch, welche noch immer davon mehr versteht und diesen Zustand besser auslegungsmäßig in ihrem Sinne bewältigen kann als der einzelne Gewaltunterworfene. In diesem Sinn ist die steigende Gesetzgebungsspezialisierung zu einem Motor geworden für die Entwicklung „Gesetz nach Verwaltungswillen".

Gewiss wird der Richter immer wieder versuchen, auf einem letzten Selbststand gegenüber dieser so übermächtig gesetzesauslegenden Verwaltung zu bestehen und sich letztlich, manchmal nicht ohne judikativen Trotz, über administrative Versuche hinwegsetzen, das Gesetz durch eigenes Verständnis endgültig zu vereinnahmen. Doch die große, im Ergebnis entnormativierende Entwicklung der Gesetzestechnizität hält er damit nicht auf; zuallererst wird er immer ergründen müssen, wie denn nun jene Verwaltung das Gesetz sieht, die sich überdies noch in der Rolle der Beklagten zunächst einmal vornehm auf ihre Auslegung – zurücklehnen kann.

c) In der Auslegungsmacht der Verwaltung über das Gesetz setzen sich überdies alle Einflussmöglichkeiten der Administration gegenüber den Normen fort, von denen bereits die Rede war. Schließlich ist es ja die Verwaltung selbst, welche in den weitaus meisten Fällen jenes Gesetz zur Entstehung gebracht hat, welches sie nun anwendet und dabei auslegt. Gewiss gibt ihr dies kein Recht zu einer authentischen Interpretation im strengen Sinne, doch ihre faktische Authentik kommt selbst den kontrollierenden Gerichten nur allzu oft gelegen. Die Verwaltung steht eben, von Anfang an „näher bei der Norm" als der gewaltunterworfene Bürger, sie weiß von deren Entstehung und ihrer Vorgeschichte mehr als jener. Darin mag zwar eine Zurückhaltung der Gerichte gegenüber „subjektiver Gesetzesinterpretation" einen letzten Grund finden; doch in der Praxis ist eine solche dennoch weiter verbreitet als es eigentlich der Dogmatik der Gesetzesauslegung seit langem entspräche.

Gesetzesauslegung wird im übrigen weithin gelenkt, und auch in einer den Richter bindenden Form, durch weitere Willensäußerungen der Verwaltung: durch eben jene Verordnungen, welche von der Verwaltung kommen, in deren Licht aber auch diejenigen Gesetze nur zu oft verstanden werden, welche zum Verordnungserlass ermächtigen. Hier liegt ein grundsätzlich bedenkliches Phänomen der „Interpretation von unten nach oben", welches sich längst nicht auf die schon vor langer Zeit erkannte bedenkliche Erscheinung einer „Verfassung nach Gesetz" beschränken lässt: Auf diesen unteren Normstufen ist sie noch weit gefährlicher, weil nur selten eindeutig feststellbar. Immer wieder aber zeigt sich, dass auch richterliche Gesetzesauslegung eben dem Verordnungsverständnis des Gesetzes folgt, welches aber von der Verwaltung kommt. Dafür kann sich die Judikative, seit langer Zeit, sogar auf den favor legis berufen: Ist nicht auch die Verordnung ein Gesetz (im materiellen Sinn), und gilt dieser favor nur formell, nicht auch inhaltlich, ist also nicht im Zweifel davon auszugehen, dass die Ermächtigungsgrundlage nicht verlassen worden ist? Dann aber wirkt die Verordnung faktisch als authentische Interpretation „von unten nach oben" – wiederum: Gesetz nach Verwaltungswillen.

So gilt denn für den Bürger nicht „wie das Gesetz es befahl", sondern „wie die Verwaltung das Gesetz verstand". Praktisch muss der Bürger nicht nur die Vermutung höherer Kompetenz der Verwaltung entkräften, er hat auch die Vermutung für einen Gesetzesinhalt zu widerlegen, welche durch das Gesetzesverständnis der Verwaltung faktisch aufgerichtet ist. Diesem Verwaltungsverständnis mag er, nach Interessenjurisprudenz, seine eigenen, individuellen Belange entgegenhalten; doch auf der anderen Seite wird sich die Administration ihm gegenüber stets auf jene öffentlichen Interessen berufen, in deren Namen sie eben dem Gesetz eine gewisse Auslegung zuteil werden lassen müsse. Herrin der Feststellung öffentlicher Interessen ist also – und mag es sich auch um einen unbestimmten Rechtsbegriff handeln – zuallererst doch die Verwaltung; und da sie allein es ist, welche ein Gesetz im Lichte dieser öffentlichen Interessen zu werten vermag, greift hier, jedenfalls de facto, etwas ein wie ein kaum überprüfbarer Beurteilungsspielraum der Verwaltung.

d) Die Verwaltungspraxis mag keine Rechtsquelle sein, als solche nicht unmittelbar die Gesetzesauslegung bestimmen; mit dem Großphänomen der Typisierung in all ihren längst erkannten Formen hat sich etwas wie eine wahre Vergesetzlichung der Verwaltungsübung vollzogen. Sie wirkt zwar auf einer niederen Normebene, im Ergebnis meist noch unter jenem normativen Verordnungsniveau, welches von der Verwaltung ohnehin bestimmt wird, aber sie verfeinert dieses immer mehr. Wenn da die Finanzverwaltung darüber entscheidet, in typisierender Normanwendung, was und wie viel jeder Bürger für seine Berufsausübung noch brauchen darf, wann er sich dabei steuerunschädlich verhält oder steuerschädlich, so ist all dies im Ergebnis nur eines: eine Form normativer Gesetzesauslegung ohne jede normative Ermächtigung, allein durch die Verwaltung. Für den Bürger bleibt es aber im Ergebnis weithin gleich, was der Gesetzgeber ihm unter dem Begriff „Abzugsfähigkeit" bestimmter Aufwendungen noch gestattet; er wird allein auf das sehen, was die Verwaltungsübung im Namen dieser Norm zulässt. Das tägliche Brot des Steuerberaters ist längst nicht mehr die Gesetzeslektüre, sondern das Studium der Verwaltungsauslegungen dazu, vor allem deren jeweiliger, und durchaus auch zeitlich und örtlich variierender Typologisierung durch die Verwaltungen. Ob und inwieweit diese durch ein Parlamentsgesetz noch gedeckt ist, wird in verhältnismäßig wenigen Fällen nur von Belang sein; ihnen steht eine erdrückende Überzahl anderer gegenüber, in denen allein die Verwaltung das letzte auslegende Wort hat, und welche von einem vernünftigen Bürger schon deshalb nicht vor Gerichte gebracht werden, weil dies nur mit dem Sieg der typisierend gesetzesauslegenden Verwaltung enden könnte.

Diese Typisierung wird gemeinhin damit gerechtfertigt, dass es anders als auf solchen Verwaltungswegen ja gar nicht möglich wäre, Gesetze und Gesetzlichkeit des Rechtsstaates durchzusetzen. Doch in Wahrheit ist es eben nicht das Gesetz, sondern der Verwaltungswille im „angeblichen" Namen des Gesetzes, der über Gesetzesauslegung und Gesetzesverständnis entscheidet.

Sieht man all diese vorstehend aufgelisteten Einwirkungsmöglichkeiten der Verwaltung auf das Gesetz zusammen – weitere ließen sich gewiss noch hinzufügen – so rundet all dies sich zu einem Bild: Nicht das Gesetz ist für den Bürger wirklich wichtig, es beschränkt nur in Extremfällen die Administration. Die Gesetze sind etwas wie eine höhere Wolkenschicht über dem Bürger, doch herab regnet es auf ihn nicht aus ihr, sondern aus den niederhängenden Wolken, welche der Wille der Verwaltung bildet. Diese Zweite Gewalt hat, in zahlreichen, vielleicht zahllosen Formen bereits ihren Frieden mit jenem Gesetz gemacht, das längst nicht mehr ihre Schranke oder gar Grundlage, sondern weithin bereits nurmehr geordneter Ausdruck ihres eigenen Willens ist. Und an dieser Ordnungsfunktion des eigenen Willens muss eine Großorganisation wie die der heutigen Administration ein eigenes, durchaus verständliches Interesse haben, ohne dass dies mit dem Interesse des Bürgers an „weniger Macht" zusammenfallen müsste – im Gegenteil: Das Gesetz als ordnendes Instrument des Machtwillens der Verwaltung lässt diese eher stärker werden, auch machtmäßig, indem es die rationale Nachprüfbarkeit ihrer Entscheidungen sicherstellt oder doch zu garantieren vorgibt, eine Beteiligung der Volksvertretung zu gewährleisten scheint, wenn oft auch nurmehr vortäuscht, und schließlich in der Gleichmäßigkeit der Machtausübung die Argumente der Verwaltung bis ins Unwiderstehliche verstärkt. So ist das Gesetz nicht mehr Grenze, sondern verklärende Grundlage der Verwaltungsmacht. Die Rechtsstaatlichkeit wird auf den Kopf gestellt.

III. Die Richter gegen das Gesetz

Dieses Kapitel will die dogmengeschichtlichen Wurzeln der heutigen Krise des Gesetzes aufdecken. Nachgewiesen werden soll, dass im Bereich aller drei klassischen Gewalten seit langem das Gesetz, das eben diese Gewalten binden soll, von ihnen selbst unterminiert, okkupiert, appropriiert wird, dass es damit seine eigentliche, seine übermenschliche, übermächtige Gewalt verliert, in deren Namen von der „Herrschaft der Gesetze" seit Jahrhunderten die Rede ist.

Im folgenden soll dies nun am Beispiel der Gewalt jener Richter betrachtet werden, die wie keine andere Macht im Staate heute, von Verfassungswegen und geradezu begrifflich, in engste Verbindung gebracht werden zu einem Gesetz, das sie nicht nur bindet, in dessen Namen allein sie tätig werden dürfen. Und die These der folgenden Ausführungen ist: Dogmengeschichtliche Betrachtung zeigt die Richter nicht einfach nur als Vollstrecker, als Instrumente des Gesetzes, sondern als dessen Gegenpol: Die Richter mögen bei vielen, tagtäglichen Gelegenheiten das Gesetz fortdenken, in entscheidenden Fällen denken sie über das Gesetz hinaus und an dem Gesetz vorbei. Diese Problematik ist seit langem grundsätzlich erkannt, und deshalb war das Thema „Vom Gesetzesstaat zum Richterstaat" ein bedeutender Gegenstand neuerer dogmengeschichtlicher Betrachtung; doch es gilt dies nun fortzudenken vom Gesetz aus, in die Richtung seines ständigen, unaufhaltsamen Niedergangs.

1. Der Richter – von jeher Gegenpol des Gesetzes

Herkömmliche Dogmatik hängt an dem Verfassungswort von der Bindung des Richters an das Gesetz; leichthin und meist in oberflächlicher Wiederholung sieht sie die Judikative als Vollstreckerin des gesetzgeberischen Willens. Die Geschichte aber weiß es anders: Der Richter als Gesetzgeber, Gerichtsbarkeit am Gesetz vorbei – dies ist die eigentliche Tiefenströmung der Rechtsentwicklung, mehr noch: der Verfassungs- und Machtentwicklung der letzten Jahrhunderte und nicht erst der letzten Zeit.

a) Ein entscheidendes Ausgangsphänomen des gegenwärtig hochentwickelten Rechtszustands muss dabei endlich in seiner eigentlichen, aus heutiger Sicht verfassungsrechtlichen Bedeutung erkannt und insoweit neu bewertet werden: Die römisch-rechtliche Entfaltung des Richterrechts. In jenem mächtigen Militärstaat, der zu einem Weltreich emporwuchs, geschah dies nicht „im Namen des Gesetzes"; die Legionen marschierten gewissermaßen unter den Gesetzen der Zwölf Tafeln hindurch und eroberten die Welt. Nicht nur sie aber schufen Ordnung „am Gesetz vorbei", die Prätoren und nach ihnen die Jurisconsulten jener Republik, die zum Imperium wurde, taten es ihnen gleich: Sie dachten keine Gesetze fort, weder die der Zwölf Tafeln noch die einer kaiserlichen Majestät, sondern sie schufen selbst Recht, nicht im Namen des Gesetzes, sondern im Namen der Römischen Macht. Dass das Römische Recht seinen späteren Siegeszug angetreten hat nicht primär im Namen einer idealen Gesetzgebung, sondern im Namen einer unübertroffenen Rechtsprechung – das ist heute eine historische Banalität. Doch daraus müssen dogmengeschichtliche Folgerungen zur Bedeutung des Gesetzes gezogen werden, zu der These „Richter am Gesetz vorbei": So haben sie ja begonnen, so das heutige Recht in seinen Grundstrukturen, seinen Kategorien entfaltet.

b) Der Richter als wesentlicher Einzelfallentscheider, nicht als Normanwender, nicht einmal als Anwendungsinstanz ungeschriebener Normen – dies ist die Entwicklung der ganzen folgenden Jahrhunderte nach dem Niedergang des Römischen Reiches und seiner Rechts-, besser: Gerichtsgeltung gewesen. Immer weiter war es zwar das große Wort des Gesetzes, das über alles geschrieben wurde, in der Realität aber war es der Richter, der es nicht anwendete, sondern hervorbrachte.

Eine große Kontinuität verbindet hier die germanische Rechtsentwicklung, insbesondere in ihren Ausprägungen des späteren englischen Richtertums, mit dem Recht der römischen Prätoren, und auch dies ist seit langem erkannt: Die Ergebnisse wurden zwar nicht selten bald in Gesetzesformen gehüllt und damit legitimiert, auch unter ihnen aber verbarg sich der Richter als Gesetzgeber, damit aber die Judikative als eine Macht „unter dem Gesetz hindurch" und damit „über das Gesetz hinaus", auch dort, wo es solche geschriebenen, anzuwendenden Normen gab. Entstanden waren sie ja ohnehin, wie die germanischen Volksrechte zeigen, in den meisten Fällen, wenn nicht geradezu wesentlich, ihrerseits wieder aus Richterrecht; die Richter blieben weiterhin ihre eigentlichen Herren, die sie fortentwickeln- den – Gesetz-Geber. In dieser gesamten Entwicklung mag man keinen Ge- gensatz sehen zwischen Richter und Gesetzgeber – doch nur deshalb kam es dazu so selten, weil der Richter als solcher eben Herr eines Gesetzes war, gegen das er sich gar nicht zu wenden brauchte. Und weil etwas wie eine richterliche Macht überdies gerade denen zuerkannt war, welche die eigentlichen Machtträger darstellten, da sie eben das letzte und höchste Recht sprachen: Die Könige als Richter strahlten aus auf das Richterkönig- tum. So waren die Richter Herrscher über das Gesetz, in jedem Sinne des Wortes, sie brauchten sich gegen dieses nicht zu wenden, und wo dies ge- schah, entstand auf solche Weise, ganz natürlich, sogleich neues Recht.

c) Eine wenig bemerkte Gegenentwicklung kam dann jedoch in Gang mit der Entfaltung eines selbständigen, von der Gerichtsbarkeit sich ablö- senden Gesetzesbegriffs, wie er in der Aufklärung, aus früh-konstitionel- len Anstößen, voll bewusst wurde. Die Geschichte der französischen Parle- ments gegen Ende des Ancien Régime bietet hierfür das historische Parade- beispiel. Hier stellten sich höchste Richter, welche die Steigerung der königlichen Gewalt ihrer legislativen und gesetzesfortsetzenden Rechte immer mehr beraubt hatte, gegen eben diese königliche Macht, sie wollten wieder das Gesetz besetzen, die Grundgesetze des Königreiches weiterspre- chen. Weiterhin sollte damit jenes ungeschriebene Recht entwickelt werden, welches von jeher in den Händen der Richter lag, nicht sollten dagegen nur die königlichen Gesetze angewendet werden, die dahinter zurückzutreten hätten.

Das erste Mal wendeten sich so, in einer großen politischen Bewegung, die Richter gegen einen Gesetzgeber, den königlichen, damit aber gegen das Gesetz. Weil dieses hier erstmals in voller, richtergelöster Majestät her- vortrat, sich den Richtern aufzwingen wollte und allem und jedem, begann nun die Spannung zwischen Judikative und Legislative. Geradezu prophe- tisch hatte Montesquieu diesen nunmehr nicht mehr Gesetzes-, sondern Ver- fassungszustand bereits auch für Frankreich vorhergesagt, vorweggenom- men, in seinem berühmten Wort von der Gerichtsbarkeit als einer gewisser- maßen gewichtslosen Gewalt – en quelque façon nul. Dieses Wort konnte nicht ohne weiteres für die englische Gewaltenteilung gelten, war dort doch der Lordrichter nach wie vor eine bedeutende Gewalt-Instanz; doch als solche wurde er eben in der zentralen Auseinandersetzung des 17. Jahr- hunderts in England gar nicht wahrgenommen, lief sie doch ab zwischen dem Parlament und dem König, zwischen Erster und Zweiter Gewalt. Im Frankreich des 18. Jahrhunderts, mit seinen Aufständen der Parlements gegen die königliche Gesetzgebung zeigt sich erstmals, dass die Gerichtsbarkeit sich gegen das Gesetz wendet, wenn sie dieses nicht mehr fortentwickelnd – beherrschen kann.

Die Parlements haben diesen Kampf spektakulär politisch verloren. Überwunden wurde ihr Wille durch den des königlichen Gesetzgebers. Und als sie dabei waren, hier doch noch einen späten Sieg zu erringen, riefen sie eine ganz andere, neue Macht auf den Plan, die nun aber endgültig ihre gesetzgeberische Gewalt vernichten sollte: das Volk und seine gewählten Vertreter. Sie traten an als der neue Gesetzgeber, als der Erbe der königlichen legislativen Macht. Das republikanische und später das kaiserliche Gesetz überrollte die Richter, denen es nun bei schwerster Strafe verboten wurde, sich in die Administration einzumischen, die nichts mehr anderes sein sollten als der Mund des Gesetzes, la bouche de la Loi. Die erste große Schlacht hatten die Richter damit verloren, doch nicht gegen das Gesetz, sondern gegen eine neue politische Macht, die sich nur als die eines Gesetzgebers etablieren konnte. Deutlich aber wurde gerade darin der nunmehr wahrhaft immanente Gegensatz von Gesetz und Richtertum, von Normbefehl und Richterentscheidung; seither gibt es etwas wie ein Phänomen „Richter gegen Gesetz", und es sollte aus der Entwicklung bis auf den heutigen Tag nicht mehr verschwinden, sich in Kryptoströmungen, in Unabhängigkeitsbewusstsein und schließlich in offener Gesetzesablehnung immer weiter fortsetzen. Davon sei nun die Rede.

2. Konstitutionalismus:
„Richterliche Unabhängigkeit gegen Gesetz"

Die Verfassungsentwicklung seit der Französischen Revolution ist geprägt durch eine ernst genommene Gewaltenteilung, das große Erbe dieser Revolution, in allen ihren Ausformungen. Diese Gewaltentrennung – denn um diesen Aspekt geht es hier – sichert nicht nur das Parlament gegen die Regierung, sondern auch, selbst wenn dies weniger spektakulär erfolgt, die Richter gegen die beiden anderen Gewalten. Dies allein sollte bereits zu denken geben: Die Gerichtsbarkeit wird nicht nur geschützt gegen Übergriffe der Regierung, einer Verwaltung, welche sie kontrollieren soll. So mag die Gewaltenteilung aus der Sicht der Judikative stets in erster Linie betrachtet werden, es liegt in ihr aber auch noch etwas anderes: Nun werden die Richter geschützt, ganz grundsätzlich, auch gegen den Gesetzgeber, selbst gegen das Gesetz. Erkannt muss endlich werden, dass die Gewaltenteilung damit in entscheidender, prinzipieller Weise den Gesetzesbegriff und die Bindung des Gesetzes relativiert – zugunsten der Richter, welche in Distanz zu diesem treten, im Namen ihrer Unabhängigkeit. Diese

Entwicklung erfolgt auf verschlungenen Wegen, denen nachzugehen sich lohnt.

a) Mit dem Sturz des Ancien Régime erleidet die Gerichtsbarkeit, so scheint es doch, zunächst einmal entscheidenden Machtverlust. Die königlichen Richter – und sie blieben dies ja, auch wenn sie sich gegen die königliche Macht auflehnten, in eben deren Namen – büßten mit dem Sturz der fürstlichen Majestät auch viel von ihrer eigenen Majestät ein, in den Augen jener Bürger, denen gegenüber sie das Gesetz anwenden sollten, das bisher so weithin „ihr eigenes" war, ihre Judikatur. Nun verfielen sie der parlamentarischen Fremdbestimmung, welche das Gesetz ihnen vorgab. Dieses Gesetz hatte im Volkswillen eine eigenständige, von der Judikative völlig unabhängige Legitimation gefunden, ein Aufstand gegen sie war von vorneherein politisch zum Scheitern verurteilt, und so mussten sich diese letztlich doch entmachteten Richter einrichten im Reich dieser neuen Gesetze, aus ihnen das Beste für sich selbst, ihre Tätigkeit und ihre daraus kommende Macht gewinnen. Gelungen ist ihnen dies im Konstitutionalismus des 19. Jahrhunderts, im Namen von dessen Gewaltenteilung, welche die Monarchie zugunsten des Volkswillens zurückdrängte. Als die Fürsten in der Restauration siegreich zurückkehrten, mussten sie ihren Frieden machen nicht nur mit einem Parlament, das sich als Volksgesetzgeber einzurichten begann und immer stärker wurde; auch jene richterliche Gewalt, die früher im Grunde nur eine Verlängerung der fürstlichen war, konnte nun dieser selben monarchischen Gewalt das Gesetz entgegenhalten, sich als Dritte Gewalt auf die Legitimation der Ersten, des Parlaments, berufen. So wurde das „Im Namen des Gesetzes" zur Machtbasis einer Gewalt, die in diesem Namen eben nicht mehr gewichtslos war, weder gegenüber dem Monarchen, noch gegenüber den Bürgern. So mochte es in diesem Konstitutionalismus scheinen, als würden die Richter gerade dadurch wieder zu einer „Gewalt", im Namen eben des Gesetzes, selbst wenn dieses nun nicht mehr so oft von ihnen selbst in Rechtsprechungsentwicklung letztlich gesetzt, sondern „nurmehr angewendet" wurde.

b) Doch gegen eine Unterwerfung der Judikative unter das Gesetz haben sich diese Richter von Anfang an und mit Erfolg zur Wehr gesetzt. Subsumtionsautomaten wollten sie nicht sein, bereits vom Anfang dieser Entwicklung an machten sie dagegen Front, wenn nötig noch die Reste ihrer fürstlich begründeten Autorität wiederum gegen Parlament und Gesetz ausspielend. Vor allem aber gelang ihnen hier alsbald im Konstitutionalismus des 19. Jahrhunderts die Gewinnung eines Selbstandes in einer eigenartigen historischen List der Vernunft: im Rückgriff auf das Römische Recht, im rechtsbeherrschenden Pandektismus.

Die Renaissance des Römischen Rechts im 19. Jahrhunderts ist bisher wohl allzu sehr nur als ein Ergebnis rechtswissenschaftlicher Erkenntnisse verstanden worden, welche in die Praxis umgesetzt wurden. Dahinter steht auch eine geduldige, ständig fortgesetzte Arbeit jener Richter, welche das Römische Recht nicht nur anwendeten als das bessere, klarere, weil rationale. Zugleich, wenn auch vielleicht unbewusst, gewannen sie darin einen neuen Selbstand, nun nicht mehr nur gegen den Monarchen, sondern vor allem auch gegen einen parlamentarischen Gesetzgeber, dem sie die höhere Gesetzgebungsmacht einer Vergangenheit entgegenhielten – die eine judikative, eine richterrechtliche war. Diese Art von Gesetzen konnten die Richter des Konstitutionalismus so besetzen und fortsetzen, wie dies ihre prätorischen Vorgänger in alter Zeit begonnen hatten; nun stand wieder der Richter, und dies im Namen eines „höheren Rechts", höherer richterlicher Normen, gegen das „tagtägliche parlamentarische Gesetz". Die Richter hatten damit eine tatsächliche Unabhängigkeit aus ihren Rechtsquellen geschöpft, welche sie auch dort sicherte, wo sie vollständige Unabhängigkeit noch nicht erreichen konnten. Im Namen der Gewaltenteilung war die Judikative wieder zu einer Gewalt erstarkt; mit dem Pandektenrecht gewann sie nun einen von anderen Gewalten inhaltlich unabhängigen Gegenstand, eine Grundlage, ein Instrument ihres Wirkens. Damit war die Judikative als Gewalt perfekt, und diese war weithin von dem gelöst, was das Parlament als Gesetz wollen und als Bindung den Richtern auferlegen konnte. Pandektismus als richterliche Unabhängigkeit im Konstitutionalismus – darüber sollte noch vertiefend nachgedacht werden.

c) Doch nicht nur darin konnten sich die Richter des 19. Jahrhunderts erfolgreich wenden gegen all das, was sie nun als Gesetz binden sollte, oder jedenfalls an diesem vorbei und über dieses hinaus judizieren. Ein grundsätzlicher Schutz, ein wirklicher, auch machtpolitischer Selbstand wurde ihnen gerade durch diesen Konstitutionalismus geschaffen, paradoxerweise im Namen eines Gesetzes, über das sie dadurch wieder Herren wurden: in der richterlichen Unabhängigkeit.

Die Bedeutung der richterlichen Unabhängigkeit ist bisher vor allem einseitig darin gesehen worden, dass die Vertreter der Judikative nicht dem Willen oder gar der Willkür der Exekutive ausgeliefert werden dürften, damit sie ihren Auftrag als deren Kontrolleure und als Schützer der Bürger wirksam erfüllen könnten. Doch daneben hat die Unabhängigkeit noch eine andere, letztlich nicht weniger wichtige Bedeutung: Unabhängig wird damit der Richter auch im Verhältnis zur Ersten Gewalt, einem Gesetzgeber gegenüber, dessen Willen er nur nach eigenem Willen und im Rahmen dieses letzteren vollzieht. Hier lassen sich Ergebnisse wieder aufnehmen, die schon in den Bereichen der anderen Gewalten erkannt wurden: Das Gesetz als solches, die Verkörperung des gesetzgeberischen Willens des Parlaments, wird ganz grundsätzlich dadurch relativiert, dass die Norm unabhängigen Anwendern überantwortet wird, durch ihren Willen überhaupt erst zum vollen Gesetz wird. Wenn es zutrifft, dass das Parlamentsgesetz nicht durch den Willen des volksgewählten Parlaments allein, sondern erst nach Zustimmung durch eine Zweite, wie immer bestimmte Kammer in Kraft treten kann, so setzt sich dies, allerdings in veränderter Form, fort, bis zu dem Zeitpunkt, in dem das Gesetz „wirklich wirkt", und nicht nur auf dem Papier gilt: Es muss die Zustimmung einer weiteren Gewalt hinzutreten, eines Obersten Gerichtshofs etwa, wie die einer dritten Kammer. In diesem Sinne ist es nicht nur mit Blick auf eine Verfassungsgerichtsbarkeit, sondern ganz allgemein auf jede Gerichtsbarkeit richtig, hier geradezu von einem gesetzgeberischen Dreikammersystem zu sprechen: die Dritte Kammer ist eben jene Gerichtsbarkeit, ohne die es kein Gesetz gibt, das wirklich gelten könnte. Denn selbst die Fernwirkungen des noch nicht angewendeten Gesetzes bestimmen sich nach dem bereits bekannten Willen der gesetzesanwendenden Judikative.

Diese Unabhängigkeit macht den Richter zum Herrn über die Auslegung und Anwendung der Normen, sie überantwortet sie ihm im Grunde vollständig. Dass er von ihrem Wortlaut ausgehen wird – und selbst dies geschieht ja längst nicht immer – mag für ihn nur Ausdruck wohlbegründeten Machtgespürs sein: damit macht er sich die parlamentarische, demokratische Legitimation des Gesetzes zu eigen. Doch sodann kommt sein eigener, gesetzesinterpretatorischer, gesetzesanwendender, meist entscheidender Beitrag zum Gesetz: es gilt eben nur, wie er es versteht und will. Darin kann ihn niemand kontrollieren, daran ihn keine Macht des Staates hindern. Der Richter wendet damit, im Namen seiner Unabhängigkeit, ganz natürlich und laufend ein Gesetz gegen das andere: die höhere Norm der Verfassung, welche ihm diese Unabhängigkeit garantiert, gegen den Willen des „einfachen Gesetzgebers", der ihm Anwendungsbefehle geben möchte. Unterworfen ist also der Richter sicher einer Norm, jener Verfassung, deren Grundgedanken im 19. Jahrhundert bereits seine Unabhängigkeit garantierte. Doch diese Gesetzesunterworfenheit beschränkt sich auf ein höchstes, im einzelnen kaum fassbares Grundgesetz und dies auch nur in einem Sinn, welcher der Judikative Macht über die Gesetze verleiht. Gesetzesgeltung als Ausdruck gesetzgeberischen Willens wird damit entscheidend abgeschwächt.

Die verfassungsrechtliche Unabhängigkeit der Gerichtsbarkeit lässt den Richter nicht in allem und jedem zum Feind des Gesetzgebers und seines Gesetzes werden; doch sie verleiht ihm eine starke Stellung: einen Selbststand, aus dem heraus er zum Herrn der Gesetze wird – ob sie bestätigt, abändert oder abschafft, indem er eben ihren Willen nicht zum Tragen bringt. Zu einer politischen Macht wird der Richter damit nicht im eigentlichen Sinne, diese Unabhängigkeit ist ihm nicht verliehen, damit er eigene Vorstellungen durchsetze; doch sie ist ihm gegeben, damit er seine Distanz gegenüber einer anderen Gewalt, der des Gesetzgebers, bewahre, vielleicht laufend verstärke, und damit er die Macht der Gesetze auch, wo immer er es – und dies meist unvorhersehbar – für unumgänglich hält, ständig und auch weitgehend abschwäche. Aus der Unabhängigkeit der Richter heraus liegt also in dem so entwickelten Gesetzesbegriff eine tiefe innere Schwäche: „Das Gesetz" gilt letztlich nur als ein Verfassungsgesetz, welches jedes einfache Gesetz dem unabhängigen Richter überantwortet, damit wirkt normativ im letzten nur die Verfassung, und auch sie wieder nur in einer Formalität: in der Kompetenzverteilung der staatlichen Gewalt.

Die Frage ist, selbst aus dieser Sicht allein gestellt, schon berechtigt: Was bedeutet eigentlich eine „Herrschaft der Gesetze", eine „gesetzgeberische Souveränität des Parlaments", wenn dieser herrscherliche Wille derart unter einen Anwendungsvorbehalt gestellt wird, der nicht nur ganz allgemein ist, sondern in eben dieser Generalität völlig unvorhersehbar sich auswirken kann? Gibt es nicht eine schwer erträgliche Spannung zwischen einem Majestätsanspruch des Gesetzes auf der einen Seite – und einer Geltungsrealität des Gesetzes auf der anderen, welche dieses zu einer schwer vorhersehbaren Willensäußerung kaum näher bestimmbarer Staatsorgane herabstuft?

3. Die Entwicklung der Aktionsformen von „Judikative gegen Gesetz"

a) Die strikte Gesetzesbindung der Richter wird von keiner Seite in Zweifel gezogen, am wenigsten von diesen selbst. Doch bei näherem Zusehen zeigt sich, dass sie von der Judikative insbesondere dort betont wird, wo diese im Gesetz einen Halt zu finden glaubt gegen politische oder gesellschaftliche Pressionen. Der Wille des Gesetzgebers wird dann gewissermaßen zum machtmäßigen Alibi einer demokratisch nicht legitimierten Instanz, welcher dennoch faktisch die Macht des letzten Wortes überlassen ist. Abwegig sind ja Versuche, demokratische Legitimation der Gerichtsbarkeit über Ernennungsvorgänge zu konstruieren, sie könnten allenfalls über Richterwahl nach Schweizer Vorbild geschaffen werden. Solange dies nicht geschieht, bleibt nur eine, allerdings bisher wenig betonte, demokratische Rückbindung der Judikative an den Volkswillen, sieht man von der rein verbalen und inhaltlich unzutreffenden Behauptung ab, der Richter judiziere „Im Namen des Volkes": Dies kann nur dann demokratisch legitimiert werden, wenn es im Grunde bedeutet „Im Namen des Gesetzes", indem eben dieses Gesetz gleichgesetzt wird mit dem Volkswillen, den der parlamentarische Gesetzgeber oder die von ihm ermächtigte Instanz der Exekutive ausdrückt.

Gesetzesbindung wird also von den Richtern nicht eigentlich als Machteinschränkung, als Bindung ihres Willens gesehen, sondern eher begrüßt,

erscheinen sie so doch als „demokratisch abgedeckt", und dies ist das
Wichtigste in einer Volksherrschaft. Für eine Instanz gilt dies zumal,
welche keinen „Vorgesetzten" kennen darf, der sie seinerseits abschirmt,
der sie „politisch deckt", wie das im Bereich der Verwaltung zumindest geschehen sollte, wenn auch immer seltener erfolgt. Gesetzesbindung des
Richters bedeutet also demokratisches Schutzschild für die Gerichtsbarkeit,
nicht Manipulation ihres eigenen Machtwillens. Nur zu gern zieht sich der
Richter, zumal unter der Volksherrschaft, hinter das Gesetz zurück. Wer mit
solchen Organen des Staates zu tun hat, weiß eines: Sie folgen noch immer
viel lieber dem im Gesetz niedergelegten Willen des Volkes als dem ad-hoc-
Willen von dessen aufgeregter Vertretung; für die Richter ist das Gesetz
besser als das Volk als Gesetzgeber.

Historische Betrachtung bestätigt diesen Befund. Zunächst, im Gefolge
der Französischen Revolution, sahen sie sich „abgedeckt" gegen andere Gewalten durch das neue Verfassungsprinzip der richterlichen Unabhängigkeit;
sie bedurften also des Gesetzes als Schutzschild gegen andere, politisch
Mächtige insoweit nicht, welche überdies gerade durch dieses selbe Gesetz
in ihre Schranken gewiesen wurden. Sodann konnte der Richter diese „Deckung gegen die Macht" finden in einer Pandektistik, unter der er das Römische Recht dem stärker hervortretenden politischen Machtwillen demokratischer Prägung entgegenhalten durfte. Noch in der letzten Zeit des fürstlichen Konstitutionalismus, zu Beginn des 20. Jahrhunderts, konnten die
Richter, gestützt durch die Wissenschaft, sich vorsichtig distanzieren von
einem Gesetz, hinter dessen Bindung sie sich vor einem machtbewussten
Volkssouverän noch nicht zurückziehen mussten, sahen sie sich doch noch
gehalten von einer anderen Macht, als „königliche Richter".

Erst von der Weimarer Zeit an bedurfte die Judikative der „Deckung
durch die Gesetzesbindung" gegen den virulent hervortretenden Volkssouverän und seine Vertreter, und da traf es sich gut – oder es war nur
Ausdruck dieser Entwicklung – dass zugleich die Gesetzesbindung des
Richters in neuer Form ins Bewusstsein trat, diesem die Entpolitisierung
seiner Tätigkeit ermöglichte und insoweit das Gesetz zu seinem Freund
werden ließ.

So entstand denn in der Rechtswissenschaft wie in der Allgemeinheit der
Eindruck, die Macht der Richter sei durch das Gesetz gebändigt; dieser Eindruck hat sich bis heute erhalten, und er ist besonders wichtig in einer Periode, in der mehr und mehr die Macht der Judikative erkannt wird, die
Gewalt ihres „Letzten Wortes". So ist es entwicklungsgeschichtlich dabei
geblieben: die Gesetzesbindung wirkt vor allem als gesetzlicher Schutz für
den unabhängigen, politisch neutralen oder nach persönlicher Überzeugung
geschickt politisierenden Richter.

b) So hat sich denn ein schweigender Konsens um die Gesetzesbindung des Richters entwickelt: Nicht er sei es, sondern das Gesetz, welches seinen Spruch trage. Dahinter konnte immer mehr zurücktreten die außerordentliche Macht, welche die Aufgabe der Gesetzesauslegung dem Richter, allen Judizierenden ständig und praktisch unbeschränkbar verleiht.

Gesetz ist nicht, was der Gesetzgeber will, sondern wie der Richter dies versteht. Selbst authentische Auslegung, Verdeutlichung des gesetzgeberischen Willens durch das Parlament, kann den Richter nicht endgültig unter dessen Willen beugen, er bleibt Interpret auch dieser Auslegung.

Ein wenig bemerktes Phänomen gilt es hier in den Blick zu nehmen: Die Macht der Auslegung nimmt in dem Maße zu, in dem sich die Qualität der auszulegenden Normen verschlechtert. Was der Gesetzgeber, überlastet oder unter schwerem Zeitdruck, nicht zu leisten vermochte, muss nun nachgeholt werden im Beratungszimmer der Richter. Damit hat sich, im Laufe des 20. Jahrhunderts, die Auslegungsgewalt – denn von einer solchen muss nun gesprochen werden – in kaum mehr übersehbarer Weise gesteigert. Hinzu kommt noch ein weiteres Phänomen: Große Kodifikationen mögen dem rechtsanwendenden Organ besondere Aufgaben der Auslegung stellen: Es geht um die Anwendung der schwierigsten aller Interpretationsmethoden, der systematischen, welche ihr Augenmerk auf ganz unterschiedliche Normierungen gleichzeitig richten muss. Zugleich aber wirkt die Kodifikation, gerade darin, als eine großangelegte Form authentischer Auslegung, den Willen des Gesetzgebers vermag der Richter aus vielen, auch heterogenen Elementen zu erschließen. In dem Maße jedoch, in welchem es zur isolierenden Spezialgesetzgebung kommt, fallen diese Verständnisstützen weg – verstärkt sich umgekehrt und mit Notwendigkeit die „konstruktiv auslegende" Macht der Gerichtsbarkeit, welche nun erstmals das vom Gesetzgeber nicht geschaffene „Norm-System im Kleinen" hervorbringen muss. In all dem gewinnt der Richter eine Freiheit, die ihn nicht unter, sondern über das Gesetz stellt. Dies gilt übrigens nicht nur für die eindeutige Spezialregelung, die in keinen größeren Zusammenhang mehr eingebunden ist, es trifft auch bei dem zu, was man „Pseudo-Kodifikationen" nennen könnte, insbesondere im Bereich des Sozialrechts, wo Spezialregelungen mehr oder weniger beziehungslos nebeneinander gestellt, aneinander gereiht werden. Was einem solchen Vorwurf unterliegt, zeigt sich in aller Regel bei einem größeren Gesetzgebungswerk darin, dass es keinen wirklichen „allgemeinen Teil" mehr enthält, der das gesamte Gesetzgebungswerk prägen könnte, oder dass dieser sich auf allerallgemeinste Selbstverständlichkeiten oder Unverbindlichkeiten beschränkt; und in dieser Gefahr stehen Kodifikationen des Sozial- und des Umweltrechts.

Die Schwäche des Gesetzgebers wird zur Macht des Richters über das Gesetz; relativiert findet sich damit nicht nur die politische Gewalt der Le-

gislative, sondern die Bedeutung des Gesetzes als solche; dies ist nur eine
Facette der Wirkungen gegenwärtiger Krise der Gesetzgebung. Selbst wenn
sich der Richter gar nicht gegen das Gesetz wenden wollte – er muss es,
geradezu im Namen des Gesetzes, soweit ihn ein schwacher Gesetzgeber
dazu zwingt, sich nicht unter, sondern über das Gesetz zu stellen. In zahllosen mehr oder weniger verdeckten Formen hat er zu leisten, was vor einem
Jahrhundert das Schweizer ZGB als eine fast schon theoretische Reserve-
Aufgabe formulierte: Er muss überall seine Entscheidung nach der Regel
treffen, welche er als Gesetzgeber aufstellen würde. Die Lückenproblematik
wird immer weniger diskutiert, scheint sie doch durch gesetzgeberischen
Eifer und legislative Pedanterie überwunden; diese Erscheinungen haben sie
aber lediglich abgedrängt in einen judikativen Untergrund, wo unter dem
Schutz angeblicher Mauern der Gesetzesbindung eifrig weitergegraben
wird, mit normativer Wirkung: vom Richter.

c) Die Krise des Gesetzes, aus jener der Gesetzgebung erwachsend, hat
eigentlich ganz offen schon weit früher begonnen, als nämlich die Ausle-
gungslehre von der subjektiven Interpretation immer mehr zur objektiven
Auslegung überging. Auch dieses in seiner Bedeutung für den Gesetzesbegriff noch kaum erkannte Phänomen ist freilich eine Folge abnehmender
Gesetzgebungsqualität: Könnte man die Überlegungen, den Willen des Gesetzgebers so genau feststellen wie den vertragsschließender Parteien, dazu
überzeugende Beweise erheben, so ließe sich auch das Gesetz subjektiv-his-
torisch auslegen und fortentwickeln. Doch dies mochte noch mit Hilfe der
Materialien des Bürgerlichen Gesetzbuches einige Zeit, gelegentlich mag es
noch heute gelingen; die abnehmende Qualität legislativer Tätigkeit lässt
es im Bereich der Spezialgesetzgebung immer weniger zu. So weit ist es
schon seit längerem gekommen, dass der generelle Umschlag in die objektive Normauslegung herrschend werden konnte, spätestens verfestigt
in einer Grundsatzentscheidung der Verfassungsgerichtsbarkeit vor einem
halben Jahrhundert. Nicht umsonst war es dieses höchste Gericht, welches
sogleich zu Beginn seiner Tätigkeit sich selbst und der gesamten Judikative
diese grundsätzliche Machtposition unverrückbar gesichert hat, denn es ist
eine solche.

Objektive oder subjektive Auslegung – das ist nicht nur eine rechtstheo-
retische oder rechtstechnische Unterscheidungsfrage, dahinter stehen elementare Machtentscheidungen im Staat. Ein Richter, welcher objektiv auslegt, setzt seinen Willen, er unterschiebt ihn dem des Gesetzgebers, das
Gesetz wird zu „seiner Norm". Diese Feststellung ist keine Übersteigerung,
sie gibt nur, endlich einmal, die tatsächliche Situation wieder.

Unrealistisch ist es daher, letztlich sogar unehrlich, diese Feststellung dadurch relativieren zu wollen, dass man die Tätigkeit der Gerichtsbarkeit als
eine Rezeption allgemeiner Anschauungen, etwa gar eines „Volksgeistes"

oder eines „gesunden Volksempfindens" romantisiert. Was Inhalt des Gesetzes wird, durch diese objektive Auslegung, ist nichts als der Kollektivwille der Richterschaft, vielleicht gar, wie es jedenfalls sozialistische Kritik lange Zeit behauptet hat, einer bestimmten Richterkaste. Konservative werden nun bald beklagen, dass dieser Gesetzesinhalt, insbesondere im Mietrecht und im Arbeitsrecht, von einer „sozialistischen" Richterschaft geprägt werde. Über all diese objektiven Willensbildungen, diese Einbeziehung angeblicher oder wirklicher allgemeiner Überzeugungen, mag die wohlbekannte judikative Vorsicht stets ausgegossen werden; sie bringt aber nicht mehr als eine, allerdings beachtliche, Entdramatisierung des gesetzgeberischen Befehls, den der Richter bildet, richterlicher Wille bleibt dies dennoch; und dieser Richterwille entfaltet sich nicht erst an der judikativen „Oberfläche", sichtbar in Grundsatzentscheidungen der letzten Instanz, er kommt mit tiefen Strömungen von unten, personell und sachlich aus den Bereichen des „ersten Richters", der das erste Auslegungswort spricht – das auch hier, wieder einmal, nur zu oft, auch das letzte ist.

Objektive Interpretation bedeutet also das Gesetz nach Richterwillen; dies aber ist eine andere Norm als diejenige, welche auf die alten erzenen Tafeln, für alle zugleich verständlich und geltend, geschrieben wurde. Es wächst aus Einzelfällen heraus, die damit geradezu Ausdruck einer sich selbst ordnenden Realität werden, nicht einer Wirklichkeit, welche gesetzgeberischer Wille von außen bestimmt und gestaltet. Dass auch dies zu einer Ordnung letztlich führt, sei unbestritten, nur wirkt hier eben nicht die besondere Form des Gesetzes, das einst den Begriff der Ordnung für sich und seine Gesetzgebungsorgane geradezu monopolisieren wollte. Wenn diese Verschiebung der Gesetzgebungsgewalt zum objektiv auslegenden Richter nicht eine Krise des Gesetzes bedeutet, hier nun wirklich vom „Gesetzesstaat zum Richterstaat", so hat es nie einen Inhalt jenes Begriffes gegeben.

d) These dieses Abschnitts ist es, dass sich die Richter hinter das Gesetz nur stellen, wo es sie schützt, dass sie sich im übrigen aber gegen das Gesetz wenden, ja sich über dieses erheben, und dass dies letztere eben nur die Vollendung einer Bewegung ist, die eines zeigt: den „Richter gegen das Gesetz", so weit, dass er sich gesetzgeberische Macht aneignet. Dass dies übrigens nicht in denselben Formen, in der gleichen Offenheit geschieht, wie es aus der parlamentarischen Gesetzgebung geläufig ist, ändert nichts am Ergebnis der Relativierung des Gesetzes; sie liegt gerade darin, dass dieses nun in ganz anderer Weise gilt, als es ursprünglich gewollt war, in einer solchen, die gerade nicht dem „klassischen" Normbegriff entspricht.

Hier nun mag sich die Betrachtung zu beruhigen versuchen unter Hinweis auf das Richterrecht, welches so entstehe, allgemein von Konsens getragen sei, aber doch im Ergebnis die Gewaltenteilung nicht wirklich verschoben habe. Doch dabei wird eines übersehen: Es geht nicht nur darum, dass die gesetzgebende Gewalt von einem Organ auf ein anderes übergeht, von einem näher beim souveränen Volk stehenden auf ein diesem Souverän ferneres. Diese allein auf Demokratizität blickende Betrachtung zeigt nur eine Seite des Problems. Die andere und letztlich sogar viel bedeutendere liegt darin, dass auf diese Weise der Gesetzesbegriff selbst alteriert, wenn nicht aufgelöst wird, unabhängig davon, wem nun die eigentliche Gesetzgebungsgewalt zuerkannt wird: Der Einzelfall, der doch unter dem Gesetz stehen sollte, wird zum Gesetz, doch dieses hat nichts von der Festigkeit der einmal offen gegebenen Norm; sie muss gewissermaßen aus dem floatenden Meer judikativer Willensäußerungen jeweils gefischt werden. Hier ist der Rechtssuchende daher wirklich – auf hoher See. Die Einzelfallentscheidung, als Gesetzgebung, oder doch als ein eigentümlicher erster Akt einer solchen, darin liegt die eigentliche judikative Krise des Gesetzes, und sie setzt, dogmengeschichtlich betrachtet, schon sehr früh ein, wird zwar immer wieder durch ausdrücklich-vollständige Normsetzung zurückgedrängt, hat jedoch in letzter Zeit, über die objektive Auslegung, zentrale, sich ständig steigernde Bedeutung erlangt. Rechnet man dies hoch bis zu einem wahren Richterrecht, anerkennt man offen die normgleiche Wirkung dieser Judikaturen und des Gesetzes, so mag dies zunächst zur beruhigenden Feststellung führen, dass damit ja nur ein weiteres Gesetzgebungsverfahren anerkannt, Bedeutung und Wirkung „des Gesetzes" aber nicht verändert worden seien; der Normenstrauß sei damit nur bunter und reicher geworden. Doch die zentrale Gesetzesproblematik, die einer judikativen Gesetzgebungskrise, ist damit in keiner Weise entschärft.

Bedeutung und Sinn der Gesetzgebung als einmaliger Akt mit späterer Anwendung, welche den Normwillen lediglich verdeutlicht, lag doch darin, dass die Stabilität dieses Zustandes eindeutig, absehbar, für jeden Gewaltunterworfenen erkennbar festgelegt sein sollte. Von Gesetz zu sprechen hat nur einen Sinn, wenn man gerade dies vom Gesetz verlangt, die Norm eben dies leistet. Gerade davon aber kann bei einem Richterrecht auch nicht annähernd die Rede sein. Es steht ständig unter einem unvorhersehbaren, in keiner Weise vorher zu diskutierenden oder sonst abzusehenden Änderungsvorbehalt zugunsten der Gerichte selbst; die ganze Publizität des Gesetzgebungsverfahrens, auf welcher die moderne Demokratie, seit der Französischen Revolution, ihre Verfassungen errichtet und diese fortgedacht hat, fehlt hier vollständig. Es gibt keine Gesetzesankündigung, keine Gesetzesdiskussion, ja nicht einmal einen klaren Zeitpunkt, von dem an nun von einem solchen „Richterrecht" gesprochen werden könnte. Das Wort ist in aller Munde, offenbar bezeichnet es eine Realität, insbesondere in Bereichen wie dem Arbeits- oder dem Familienrecht, aber zunehmend auch in nahezu allen anderen Rechtsmaterien. Und doch gibt es keinerlei wirkliche

Dogmatik des Richterrechts; Unklarheit herrscht über seine Wirkung und Rückwirkung, ja sogar schon über seine Voraussetzungen, über Anforderungen, die an eine „ständige" oder „gefestigte" Judikatur zu stellen sind. Mit anderen Worten: Die Richter schaffen eben gerade kein neues Gesetzesrecht, sie lösen mit ihrem Richterrecht das Gesetzesrecht nur auf. Damit stellen sie sich, gerade dort, wo sich ihre Sprüche verfestigen, gegen das Gesetz, nicht hinter dieses. So sicher die Obersten Gerichte geltendes Recht hervorbringen, so eindeutig der Rechtsunterricht sich zunehmend an der gerichtlichen Praxis orientiert, nicht am Gesetzeswortlaut, so unbestritten der Kommentar schon weit wichtiger ist als das Gesetzbuch – so wenig wird es wirklich je ein dogmatisch fassbares Richterrecht geben, solange noch die demokratisch legitimierte gesetzgebende Gewalt existiert, ihre Willensäußerungen in Gesetzesform abgibt – und mögen sie auch nur vorläufige Gesetze sein, bis der Richter sie in sein Richterrecht transformiert; dort werden sie aber nie „wieder zum wirklichen Gesetz".

Die Auslegung war immer, in allen Bereichen, am Ende stärker als das Gesetz, sie hat dieses ersetzt, vom päpstlichen Lehramt gegenüber der Bibel, über die Sunna gegenüber dem Koran, bis eben hin zu einer Verfassungsrechtsprechung, welche „die Verfassung" ist: Überall ist der Richter nicht nur Herr des Gesetzes, er löst diesen Begriff auf, sein Richterrecht aber wird nie zum Gesetz werden.

4. Der Richter – „wesentlich Verfassungsrichter" – gegen das Gesetz im Namen höheren Rechts

a) Die Entstehung der Verfassungsgerichtsbarkeit ist Ergebnis eines langen, vielschichtigen Prozesses, der nicht nur irgendwelche Areopage als Herren über das Gesetz zeigt, sondern jeden unabhängigen Urteiler als etwas wie einen Verfassungsrichter in nuce. Gefeiert wurde und wird noch immer die Verfassungsgerichtsbarkeit als eine rechtshistorische Wende, welche ein „anderes Verfassungsrecht" gebracht habe – eine höhere Normschicht, über welche nun die Verfassung das Gesetz in Schranken halte, das Gesetz sich gewissermaßen selbst kontrolliere. Gewiss hat das Verfassungsrecht damit eine neue Wendung genommen, in den Vereinigten Staaten, der Schweiz, Österreich und sodann auch in Deutschland, überall unter dem Einfluss eines neu formierten, verfassungsrechtlich verankerten Föderalismus. Doch es gibt historische Vorläufer dieser Verfassungsgerichtsbarkeit, welche zeigen, dass sich von der Staatsgewalt unabhängige Richter stets als Verfassungsrichter gefühlt haben, dass im unabhängigen Richter als solchem etwas wirksam wird wie eine „Krypto-Verfassungsgerichtsbarkeit", dass er damit, aus seinem Wesen heraus, im letzten nicht in Bindung dem Gesetz gegenüber steht, sondern sich am Ende gegen dieses zu wenden

bereit ist. Sobald geschichtlich irgendwo faktische oder rechtliche Unabhängigkeit der Gerichtsbarkeit sich durchsetzen konnte, ist es sogleich zu derartigen Erscheinungen gekommen, und dies sogar in historisch bedeutsamer
Dimension; nur einiges sei hier beispielhaft kurz erwähnt:

– Die geistliche Gerichtsbarkeit des Mittelalters und der beginnenden
Neuzeit stellte sich den weltlichen Rechtsversuchen in den Weg, vor allem
im Bereich des Ehe- und Familienrechts, im Namen eines höheren, göttlichen Rechts, unter das sich jede staatliche Norm zu beugen hatte. Was lag
darin letztlich anderes als eine Vorläufer-Form von Verfassungsgerichtsbarkeit, Gesetz gegen Gesetz, oder besser: der Richter im Namen eines von
ihm angewendeten, im Grunde geradezu aufgefundenen, letztlich von ihm
allein gewollten Gesetzes gegen das Gesetz? Und diese Relativierung des
staatlichen, des fürstlichen Gesetzgebungswillens erwuchs aus dem richterlichen Willen, war cr cs doch, welcher die souverän sich gebärdende Macht
der weltlichen Gesetzgebung zurückdrängte. Dass dies im Namen eines
„göttlichen Gesetzes" geschah, mochte die geistlichen Richter gegen die
weltliche Macht abschirmen – im Grunde wusste jedermann, dass hier ein
Machtphänomen wirkte – die Richter gegen das Gesetz, zwar im Namen
einer anderen lex, die aber verdämmerte und letztlich nur in ihrer Person,
in ihrem Willen sichtbar wurde.

– Im Ancien Régime setzten sich solche Versuche fort, nun aber innerhalb
der staatlichen Rechtsordnung. Ansätze finden sich bei jenem Reichskam-
mergericht, dessen Ordnung schon im 16. Jahrhundert vorsah, dass sich seine
Richter im Namen des Reichsrechts auch gegen Territorialrecht wenden
konnten. Der Sieg der Territorialfürsten hat dies immer mehr zur Theorie abgestuft, doch im Wesen damaliger Gerichtsbarkeit lag es eben offensichtlich,
und es blieb unwirksam nur deshalb, weil diese Gerichtsbarkeit nicht von
hinreichend effektiver Macht getragen war. Diese Macht fehlte letztlich auch
den französischen Parlements, im 17. und 18. Jahrhundert vor allem, welche
sich vergeblich, aber immer deutlicher auflehnten gegen königliches Gesetzesrecht; davon war bereits, in allgemeinerem Zusammenhang, die Rede.
Es geschah dies einerseits im Namen regionaler Rechtsüberzeugungen, in
einer Vorwegnahme späterer föderal begründeter Verfassungsgerichtsbarkeit; vor allem aber wollten diese Richter die „Grundgesetze des König-
reichs" gegen den gesetzgeberischen Willen des absoluten Monarchen zum
Tragen bringen. Diesen Rechtssätzen war jedoch eine verdämmernde Höhe
und Allgemeinheit, bis zur Unklarheit, gemeinsam, welche judikativen
Widerstand gegen das Gesetz eben letztlich in ihrem Namen doch nur erscheinen ließ als einen Versuch von dessen Relativierung durch richterlichen
Willen, nicht nur im Namen von oder durch höheres Gesetzesrecht.

Gescheitert sind alle diese Versuche nur deshalb, weil diesen Instanzen,
anders als den geistlichen Richtern, nicht eine machtgetragene Unabhängig-

keit eigen war, ohne welche in der Tat die Gerichtsbarkeit diese Relativierungs-Krise des Gesetzes weder einleiten noch zu irgend einem judikativen Erfolg führen kann.

– Die deutschen Richter des 19. Jahrhunderts – und bereits ihre historischen Vorgänger in vielfältiger Form – relativierten die territorialfürstlichen Gesetze, später sogar die des Volkssouveräns, unter Berufung auf das Römische Recht. Dieses sollte zwar nur subsidiär gelten, doch in der Praxis, und auch aus dogmatischen Gründen, wandelte sich diese Subsidiarität in ihr Gegenteil, in Höherrangigkeit: Das Römische Recht war eben gewissermaßen „überall", mit seiner alles durchdringenden Dogmatik relativierte es den konkreten Machtwillen eines Fürsten, einer Volksvertretung. Im 19. Jahrhundert hatten ja auch diese Richter schon eine Unabhängigkeit gewonnen, in deren Namen sie dem geschriebenen staatlichen Recht machtmäßig gesehen bereits ihren Willen entgegensetzen konnten, mochte dies auch noch im Namen eines anderen Rechts geschehen, das aber immer mehr zum normativen Alibi ihrer Entscheidungen wurde.

– Einbezogen werden muss in diese Entwicklung auch ein Verständnis und eine Wirkung des Instanzenzuges innerhalb der Gerichtsbarkeit, welcher unter diesem Gesichtspunkt bisher kaum Beachtung gefunden hat: Der Richter der höheren Instanz ist nicht nur der „bessere Sachverhaltsermittler" und der „bessere Gesetzesversteher", sondern er erscheint, irgendwie eben doch, als Organ eines „höheren Rechts" ganz allgemein, welches er den strenger gesetzesgebundenen, den wortauslegenden niederen Instanzen vorgibt, letztlich aufzwingt. In der von der Gesetzesbegrifflichkeit beherrschten Dogmatik läuft dies unter dem Begriff der „Rechtseinheit", wobei übrigens der Begriff des Gesetzes und die Bindung an dasselbe bereits stillschweigend zurücktreten. Im Grunde aber ist diese „Rechtseinheit" stets ein Vehikel gewesen, mit dessen Hilfe die höheren Gerichte vor allem eines bewirken konnten: Sie setzten sich über das einzelne Gesetz und seinen Wortlaut hinweg, im Namen eines Rechtszustands – nicht: „Gesetzeszustands" – den sie selbst bestimmten, aus der richterlichen Macht, aus der force tranquille der Obersten Richter heraus: gegen das Gesetz.

Innerhalb des Instanzenzuges mögen erst- und zweitinstanzliche Richter der Gesetzesbindung in weit stärkerem Maße unterliegen als die letzte Instanz – obwohl auch bei ihnen die Gesetzesbindung durch die „Sachverhaltsbindung" im Ergebnis wieder abgeschwächt wird – diese letzte Instanz aber hat sich von jeher, im Namen der Rechtseinheit, als etwas betätigt, was man eine „induktive Verfassungsgerichtsbarkeit" nennen könnte: Sie baute die Gesetze gewissermaßen zusammen zur Rechtsordnung; sie deduzierte zwar nicht aus einer höheren Normschicht, das Ergebnis aber war immer das gleiche: Der Wille des Gesetzes ging auf im Willen der Richter;

die Judikative war, ihrem Wesen nach und von Anfang an, die personifizierte Krise des mit Souveränitätsanspruch auftretenden Gesetzes.

Einen Anspruch haben die Richter, wenn auch meist schweigend, erhoben: dass sie etwas wie eine ratio zur Ordnung menschlicher Bezüge einsetzten, und dies galt nicht nur für ihre Anwendung des Römischen Rechts als Ratio scripta. Abgesehen davon aber, dass es im Recht praktisch eben nur eine Vernunft gibt – die des Richters – im Rückgriff auf diesen Legitimationsbegriff zeigt sich bereits eine entscheidende Distanz zum Gesetz als dem Ausdruck des Willens einer anderen Instanz: Der Richter behält sich letztlich vor, in den Beziehungen der Bürger untereinander nur das anzuwenden, was der ratio entspricht; damit aber tritt er, als deren letztlich alleiniger Träger, an die Stelle des Gesetzgebers; er misst das staatliche Gesetz nicht nur an einer anderen, älteren ratio scripta, wie dem Römischen Recht, sondern an der ratio schlechthin – an seiner eigenen Vernunft.

b) So konnte heutige Verfassungsgerichtsbarkeit sich entfalten auf vielfach historisch gesicherten Fundamenten, anvertraut werden Richtern, die sich im Grunde immer als Verfassungsrichter gefühlt haben. Erkannt worden ist von Anfang an ihre Spannung zur gesetzgebenden Gewalt, gegenüber dem parlamentarischen Gesetzgeber. Doch sie wurde im wesentlichen stets nur organmäßig definiert – Verfassungsgericht gegen Parlament; weit weniger deutlich wurde eine andere Spannung gesehen, die aber die tiefere ist und dem allem zugrunde liegt: Richter gegen Gesetz. Nun tritt die Gesetzesdistanz der Judikative ganz deutlich, in neuer Form institutionalisiert, an dieser Spitze der richterlichen Pyramide hervor – denn Verfassungsgerichtsbarkeit bleibt eben Tätigkeit von Richtern, nicht die eines irgendwie außerhalb aller anderer Gerichtsbarkeit schwebenden Areopags.

Diese Relativierungswirkung der Verfassung auf das Gesetz ist offenkundig und wird vielfach beklagt: Im Grunde ist jedes erlassene Parlamentsgesetz nur eine vorläufige Regelung, und immer weniger häufig kommt es zu Gesetzgebungen, denen nicht von Anfang an von irgend jemandem der Verfassungsprozess angedroht wird. Zwar verbirgt sich nun auch hier, wie so oft in der Geschichte, die ruhige Gewalt der Richter hinter einer „höheren Norm". Doch letztlich ist ein Grundgesetz, mit vergleichsweise so wenigen Artikeln, in seiner Allgemeinheit und Unbestimmtheit nicht „mehr bindende Norm" als es die verdämmernden Lois fondamentales du Royaume früher waren. Die Verfassung ist das, was der Wille der Verfassungsrichter daraus macht, sonst nichts, nicht das geringste. In jeder verfassungsgerichtlichen Entscheidung wird nicht nur der Sieg des Rechts über die Gesetze gefeiert, sondern der Sieg der Richter über das Gesetz; und diese Richter haben es nicht einmal mehr nötig, sich auf ein irgendwie doch stets bestreitbares „höheres Gesetz" zu berufen, das sie selbst „zu erkennen" hätten: Da es nun endlich diese wenigen Verfassungsworte gibt, mögen die

Bürger glauben, deren längst verstorbene Väter sprächen zu ihnen, nicht die Roten Roben.

Die Relativierungswirkung, welche von dieser Institution auf das Gesetz ausgeht, kann praktisch kaum überbewertet werden. Im Begriff eines „Verfassungsrisikos" wird dies besonders deutlich, das nunmehr ein jedes Gesetz notwendig läuft, das ihm keine Mehrheit vollständig abnehmen kann, nicht einmal eine verfassungsändernde, wie sich beim Streit um das Eigentum-Ost gezeigt hat. Was aber ist ein Gesetz, welches so von Anfang an mit einer eigentümlichen Form von Vorläufigkeit seiner Geltung belastet ist, welche diese letztere sogar noch für die Vergangenheit aufheben kann – wenn nicht andere Gewalten schon gehandelt haben? In der Praxis mag es nicht allzu viele Gesetze geben, welche einem Verfassungsspruch zum Opfer fallen; die Fernwirkung, die Verfassungsangst aber geht weit über naheliegende auch nur irgendwie vergleichbare Fälle hinaus. Und mehr noch: Das Gesetz ist damit grundsätzlich für den Bürger zu einem Gegner geworden, gegen welchen er sich mit Erfolg wenden kann, was ihm doch bisher die Majestät der lex und der favor legis nie gestattet hatten. Vorläufigkeit aber ist wohl das absolute Gegenwort zum Gesetz überhaupt, welches eben zeitlos und nicht mit solchen Bedenken belastet zu gelten hat, aus seinem Wesen, aus seiner ganzen Funktion heraus.

Diese Problematik des Verfassungsrisikos der Gesetze lässt sich auch nicht durch den Hinweis entschärfen, es gehe in der Verfassungsgerichtsbarkeit doch letztlich nicht um Willenskräfte, von denen eine die Geltung des Gesetzes trage, sondern um Erkenntnisprobleme, die Verfassungsrichter hätten eben das Monopol der höheren juristischen Erkenntnis. Abgesehen davon, dass es für die Volksherrschaft deprimierend ist, dass Hunderte ihrer gewählten Vertreter diese Erkenntnis nicht rechtzeitig haben gewinnen können – auch diese Erkenntnis-Konstruktion der Verfassungsgerichtsbarkeit ändert eben nichts an der Abschwächung der Geltungskraft des Gesetzes durch ein zu erwartendes verfassungsgerichtliches Urteil. Dies trifft das Gesetz in seinem innersten Wesen; denn was wäre dieses denn anderes als – Geltungskraft, und zwar unbedingte, nicht unter dem Vorbehalt der Ratifizierung durch eine judikative Instanz.

Diese Relativierung des Gesetzes, die seinen Kern betrifft, lässt sich auch durch eine richterliche Vorsicht nicht abschwächen, welche laufend die Gestaltungsfreiheit des Gesetzgebers betont und erweitert, nur um sich nicht in machtmäßige Auseinandersetzungen mit dem Parlament zu verwickeln, in welchen das Gericht unterliegen müsste. Diese verfassungsrichterliche Zurückhaltung salviert das Gesicht des Gesetzgebers, nicht das Gesicht des Gesetzes, das mit unbedingter Geltungskraft dem Bürger zugewandt ist. Noch so oft mag, in sich nicht nur wiederholenden, sondern überholenden Formulierungen, die weite gesetzgeberische Gestaltungsfreiheit betont werden – was ist das für ein Gesetz-Ausdruck des Allgemeinen Willens des Volkes, welches durch eine Entscheidung weniger Richter aufgehoben werden könnte, und dies auch noch mit rückwirkender Kraft? Kann ernstlich von der Majestät des Gesetzes die Rede sein, wenn sich dieses der Majestät der Richterroben beugen muss? Geht es wirklich zu weit, die Verfassungsgerichtsbarkeit als einen wahrhaft tödlichen Schlag gegen das Gesetz zu bezeichnen?

c) Dogmatisch lässt sich nun wohl ein Ausweg konstruieren, auf dem die Geltungskraft des Gesetzes sich wieder festigen ließe, auch gegenüber der Verfassungsgerichtsbarkeit und gerade durch sie: Wenn diese Instanz geradezu als etwas wie eine Dritte gesetzgebende Kammer mit verspätetem Votum begriffen würde, wie dies ja auch immer häufiger anklingt. Dann könnte ihre judikative Tätigkeit nicht als ein Attentat auf das Gesetz gesehen werden, sondern als dessen judikative Bestätigung, im übrigen lediglich als Frontstellung gegen ein anderes Staatsorgan, ein Parlament, das sich auf solche Weise immer wieder in seine Schranken gewiesen sähe. Rein organrechtliche Betrachtung könnte in diese Richtung weisen. Die Verfassungsgerichtsbarkeit möchte dann erscheinen lediglich als ein – weiteres – Phänomen der Befriedigung eines Demokratieüberdrusses der Bürgerschaft, welche sich dem Radikaldemokratismus wechselnder parlamentarischer Mehrheiten durch die Flucht zu den wenigen, großen Unabhängigen entziehen will. Derartige Erscheinungen – mit gefährlicher Grundtendenz gegen die parlamentarische Demokratie – gewinnen immer mehr an Gewicht, von vielen Räten „unabhängiger Sachverständiger" bis hin zu gleichfalls regierungsunabhängigen Rechnungshöfen und staatsunabhängigen Notenbankdirektorien. Dann ginge es nicht in erster Linie um „Verfassungsgerichtsbarkeit gegen Gesetz", sondern um „Organ gegen Organ", um eine Fortsetzung und Verfeinerung der Gewaltenteilung, unter Einbeziehung höchst gewichtiger unabhängiger Instanzen außerhalb der klassischen Gewaltentrennung.

Doch dies alles löst das Problem einer Krise des Gesetzes nicht, welche sich durch die Verfassungsgerichtsbarkeit und in dieser laufend verschärft, einer wahren Vertrauenskrise in das Gesetz. Diese Norm ist es doch, und nicht der sie wollende Gesetzgeber, der am Pranger der Verfassungsgerichtsbarkeit steht; gerade wenn der Gesetzgeber, wie es laufend geschieht, immer mehr geschützt, salviert, gerechtfertigt werden soll – immerhin ist er der Vertreter des Volkssouveräns – eben dann schlagen die relativierenden Wirkungen erst recht durch auf den Akt, um den es vor den Gerichtsschranken geht: das Gesetz selbst. Mit dem Gesetzgeber mögen sich die wenigen Richter arrangieren, er mag sie auch pardonnieren und nicht, in gereizter Reaktion, limitieren. Die Zeche der gesamten Judikatur zahlt das Gesetz. Der Gesetzgeber mag sich immerhin klüger und besser vorkommen, als das Gesetz, in eigentümlicher Umkehr des viel zitierten Wortes; bei seinen vielen legislativen Aktivitäten kann ihm ein gelegentlicher Fehler nicht schaden. In grundsätzlicher Sicht der Gesetzesadressaten, der Öffentlichkeit, des Volkes aber erleidet das Gesetz einen entscheidenden Geltungs- und damit Glaubwürdigkeitsverlust. Es ist eben doch nicht viel mehr als irgendeiner der vielen Staatsakte, es steht insoweit auf der Stufe von Verordnungen und Verwaltungsakten, welche ja durch dieselbe Instanz, und gar noch in einem vergleichbaren Verfahren, aufgehoben werden können. Das Gesetz ist also nicht mehr etwas wirklich Besonderes in der Ausdrucksvielfalt des staatlichen Willens, es ist eine von dessen Äußerungen. Und da soll dem Gesetz diese unvergleichliche Bedeutung zukommen, im Geist von Bürgern, welche sich nach seinem Erlass sogleich überlegen, wie sie sich von ihm befreien können – gegen den Willen des Gesetzgebers?

Die Judikative, und auch die Verfassungsgerichtsbarkeit, sind eben doch keine Ratifikationsorgane des Gesetzes, mag dieses auch erst nach ihrem Spruch endgültig gelten; sie sind höchste, unabhängige Staatsorgane, und als solche stehen sie, wenn es sein muss, gegen das Gesetz. Und es muss immer häufiger sein ...

IV. Die Freiheit – Ursprung und Verstärkung der Gesetzeskrise

Die Krise des Gesetzes manifestiert sich seit langer Zeit, vielleicht von Anfang an, in Funktion und Aktivität der zentralen Staatsorgane; diese dogmengeschichtliche Ausgangslage tritt in der Entwicklung des Verfassungsstaates in neuerer Zeit noch deutlicher hervor. Und gerade in dieser Periode, in Aufklärung und Französischer Revolution, wird dies noch entscheidend gesteigert, weit über das Staatsorganisationsrecht hinaus, durch den verfassungsrechtlichen Grundbegriff der Neuzeit: die Freiheit des Menschen und Bürgers. Mit der Betrachtung seines Verhältnisses zum Gesetz soll daher diese dogmengeschichtliche Betrachtung schließen.

1. Das Gesetz – „freiheitsimmanent"?

Das Gesetz ist, seinem Wesen nach, Ordnungsbemühen; darin findet es seine Legitimation, und am Ende fällt sein Begriff, wie dargestellt, geradezu mit dem der Ordnung zusammen. Wie liberal immer diese Ordnung gestaltet sein mag – in ihrem Namen muss Freiheit begrenzt werden und damit beschränkt. Der Gegensatz von Gesetz und Freiheit ist also notwendig, wesensmäßig vorgegeben.

a) „Freiheit nur durch Gesetz"?

Die deutsche klassische Philosophie, der gesamte Deutsche Idealismus, hatte ein Zentralthema: die Vermählung von Freiheit und Gesetz. Kants rechtsphilosophische Grundthese, dass Freiheit nur im Gesetz und durch dieses Wirklichkeit werde, war die deutsche Antwort, in deren Namen der Anarchismus der Französischen Revolution überwunden werden sollte. Bis in die Gegenwart hinein hat dies die gesamte deutsche Geistigkeit zutiefst geprägt, vor allem das Recht und seine Wissenschaft. Da niemand die Freiheit genießen könne, ohne dass sie vom Gesetz definiert, garantiert, ja geradezu gewährt werde, setze alle Freiheit geradezu begrifflich das Gesetz voraus. So entstand die Lehre von der Freiheits-Immanenz des Gesetzes, am deutlichsten wohl, und dies seit langem, fassbar in der Lehre von den immanenten, gesetzlich nur näher auszuformenden Schranken des Eigentums. Darin glaubten bereits die Väter des Bürgerlichen Gesetzbuches ihren Frieden zu machen mit sozialistischen, eigentumsverteilenden Tendenzen ihrer Zeit. Eine größere Neuauflage erfuhr diese Lehre in der Doktrin von den immanenten, ungeschriebenen Gesetzesvorbehalten der vorbehaltlos gewährleisteten Grundrechte, insbesondere der Gewissens- und der Religionsfreiheit. Darin meinte man geradezu eine freiheitskonforme Dogmatik der Freiheitsbeschränkung entwickeln zu können: Deutlich wurden die Freiheiten anderer, in ihrer grundrechtlichen Verbürgung, zu Freiheitsschranken – allerdings im Namen einer so weiten Formel („Verfassungswerte"), dass dies über die Garantie fremder Freiheit weit hinausgeht und auch deutliche und originäre „Staatswerte" zu Freiheitsbeschränkungen werden lässt.

Bei aller geistiger Achtung, ja Ehrfurcht, welche der Deutsche Idealismus gerade in dieser seiner Lehre von der Gesetzesimmanenz der Freiheit verdient, ist sie doch zugleich von hohem menschlichen Ethos getragen – hier muss sie sich einer Kritik stellen: Sie bringt eine Harmonisierungsformel der coincidentia oppositorum, damit eine Vorwegnahme der Synthese über Antithesen, welche nicht ernst genug genommen, ja verzeichnet werden.

Freiheit bezeichnet einen Zustand der Ungebundenheit, sie schielt nicht nach Zäunen; ihrem Wesen entspricht es nicht, dass sie beschränkt werden könne oder gar müsse, in Schranken überhaupt nur gedeihen könne. Die größte Freiheit, die es gibt, die auf der hohen See, wird nicht vorgestellt als ein Navigieren in völkerrechtlich oder gar nationalrechtlich bestimmten Fahrtrinnen, sie definiert sich nicht aus der Beobachtung von Leuchttürmen. Längst hat es sie gegeben, sie ist als solche gefühlt worden, bevor an ihre, gegenwärtig sich immer weiter verengenden Schranken auch nur gedacht wurde. Der Beduine, der auch heute noch durch die Sahara schweift, ohne sich viel um staatliche Grenzen zu kümmern, ist wirklich der Prototyp des freien Menschen, ausstiegsbereite Bürger der westlichen Welt beneiden ihn, eifern ihm nach, bis zur Selbstzerstörung in einem Bettlerdasein.

Diese große, die eigentliche Freiheit, und sei sie auch mit Bedürfnislosigkeit erkauft, hat ihre geistige, stets eben doch bewunderte Grundlegung in der kynischen Philosophie gefunden: der freie Diogenes steht über dem großen König, mit dem er nicht tauschen möchte. Das Wesen der Freiheit liegt in der Absolutheit der Herrschaft des eigenen Willens, nicht in dessen Bindungslosigkeit, welche nur eine Folge davon ist; sie ist etwas Positives, nicht eine wesentliche Negation übermäßiger staatlicher Bindungen, auf welche sie die insoweit problematische Lehre der Freiheit als Status negativus beschränken möchte. Sie kann nicht auf das Gesetz reduziert werden, weil es sie auch ohne dieses gibt, auch wenn kein Gesetz sie mehr garantiert: Die Freiheit des Glaubens an ihren Gott behielten auch jene Juden, welche kein Gesetz mehr schützte. Unvollziehbar ist es im letzten, etwas zum höchsten Staatsgrundsatz erheben zu wollen, auf etwas einen Staat zu bauen, was im Grunde eben doch nur – ein Negativum wäre, die Freiheit. Sie ist ein Positivum, das Reich des eigenen Willens. Wenn dieser, recht verstanden und befolgt, seinen eigenen Gesetzen gehorcht, kommt darin ein völlig anderer Gesetzesbegriff zum Tragen, und er ist es, von dem auch die hier vorbehaltlos zu bejahende Lehre des Deutschen Idealismus ihren Ausgang nimmt. Doch dies hat nichts zu tun mit einer immanenten Rechtfertigung des fremdbestimmenden, des staatlichen Gesetzes; nur von ihm aber ist in diesen Betrachtungen die Rede. Daher kann sich dieses Gesetz nicht auf Kant berufen, um sich vor die Bürgerschaft als ein freiheitsimmanentes Ordnungsinstrument hinzustellen. Denn wer dies akzeptiert, kann keine Grenze mehr ziehen zum Gesetz des Tyrannen, das gerade in neuester Zeit immer wieder erlebt wird.

Freiheit ohne Gesetz mag Gefahren bringen, unvorstellbar ist sie nicht. Den Fluss gibt es auch ohne schützende Dämme, mag er dann auch gefährden. Das Gesetz kann sicher dieselbe Freiheit, welche es einengt, verbessern, durch seinen Schutz – den Gegensatz von Gesetz und Freiheit hebt dies nicht auf.

Den notwendigen Zusammenhang von Gesetz und Freiheit versucht neuere Dogmatik, in Rechtsphilosophie wie vor allem im Öffentlichem Recht, dadurch eng, ja notwendig zu setzen, dass das Gesetz nicht wesentlich als Eingriff in die Freiheit gesehen wird. Im Verfassungsrecht sind kunstvolle Konstruktionen entwickelt worden, welche neben das Gesetz als Eingriff und Grundrechtsschranke das Gesetz als Ausgestaltung der Freiheit und damit geradezu als deren Konstituierung begreifen wollen. Was ist eine Studienfreiheit wert, wird ihre Ausübung nicht erst durch Studienplatzvergabe an den staatlichen Hochschulen ermöglicht? Doch gerade hier wird der Kurzschluss offenbar: Die Ausbildungsfreiheit ist eben bereits dadurch beschränkt, dass die Hochschullandschaft durch die Abzäunungen der staatlichen Monopoleinrichtungen durchzogen wird, welche der Student meist schon rechtlich nicht mehr ohne weiteres überspringen kann, faktisch noch weniger. Bereits vor der Studienplatzregelung ist also seine Freiheit rechtlich und tatsächlich vom Staat eingeschränkt, und zwar so weit, dass dies nun geordnet, gelockert werden muss durch ein Gesetz, welches insoweit in der Tat Freiheiten wieder gewährt, die bereits verloren schienen. Dies aber ändert nichts daran, dass auch dieses gesetzliche Verschieben von Zäunen nichts anderes ist als – eine andere, liberalere Form der Freiheitsbeschränkung. Der Freiheit allein wirklich entsprechend wären so viele Hochschulen, dass es Zugangsschranken weder rechtlich noch faktisch zu geben bräuchte. Dass dies tatsächlich und wirtschaftlich nicht möglich sei, ist eine völlig andere Frage; dass das Gesetz regeln muss, weil durch zahllose andere Gesetze und tatsächliche Entwicklungen freiheitsbeschränkende Lagen entstanden sind, sei unbestritten. Dass es das liberalisierende, mehr Freiheit als bisher gewährende Gesetz gibt, ist selbstverständlich. Dies alles aber ändert nichts an der immer doch freiheitsbeschränkenden Wirkung eines jeden Gesetzes. Ausgestaltung der Freiheit durch Gesetz – das ist ein geschicktes „gutes" Wort; doch es verdeckt nur einen rechtlichen Grundtatbestand: Das Gesetz ist immer Eingriff in die Freiheit, mit logischer Notwendigkeit, ihre Ausgestaltung durch das Gesetz ist und bleibt eine Eingriffsform.

Hier zeigt sich eben, dass es ein „rein freiheitsförderndes" Gesetz, welches dann in der Tat den Namen eines „Gesetzes der Freiheit" verdienen könnte, nicht geben kann. Mit einem solchen Begriff würde die wesentlich vorgegebene Antithese zwischen Gesetz und Freiheit unzulässig übersprungen, im Namen einer vorschnellen Synthese. Vor ihr muss sich gerade die vorliegende Darstellung hüten, fühlt sie sich doch einer in anderem Zusammenhang entwickelten allgemeineren Antithesen-Theorie verpflichtet. Diese verlangt, alles Recht in einem Spannungsverhältnis von These und Antithese zu sehen, vor allem das Verfassungsrecht, diese Antithesen ernst zu nehmen, bis in ihre letzten, auch leidvollen Konsequenzen hinein; erst dann kann versucht werden, eine Synthese über den Antithesen herzustellen, in welcher diese letzteren, soweit es möglich ist, noch weiter gelten, sich entfalten, und damit die Synthese fortlaufend prägen, sie auch verschieben können. Einfacher ausgedrückt: Dies ist eine Kampfansage an leichte, rasche Harmonisierungsformeln, mit denen der Jurist nur allzu gern leben möchte, in deren Namen er sich über Vertiefungs- und Sorgfaltspflichten hinwegsetzt.

Gerade dieses Kapitel über den Gegensatz von Freiheit und Gesetz liefert dem einen zentralen Anwendungsfall: Freiheit und Gesetz stehen in einem antithetischen Verhältnis zueinander, wesentlich und letztlich nicht voll aufzulösen. Je mehr Freiheit gefordert wird, desto weniger kann es Gesetz geben, nicht nur muss sich dieses dann wandeln. Entscheidend ist nun dies: Im Gesetz selbst ist eine freiheitsbeschränkende Tendenz angelegt, welche aller Freiheit stets verdächtig sein muss, darf sie sich doch nicht damit beruhigen, dass das Gesetz schon „freiheitskonform" ausgestaltet werde. Für die wirkliche Freiheit gilt eben: „Das Beste ist doch kein Gesetz". Gegen den Gesetzesbegriff als solchen musste sich also das Misstrauen aller modernen libertären Richtungen wenden. Im Gesetz als solchem konnte nichts Freiheitskonformes erblickt werden, der Gesetzgeber hatte erst einmal zu beweisen, dass er mit einem neuen Gesetz einen bisherigen Zustand näher hin zur Freiheit verschieben werde, in welchem die Freiheit unerträglich eingeschränkt wurde. Nicht „das Gesetz" also ist für den Vertreter der Freiheit gut, es ist sogar an sich bedenklich, liegt in ihm doch eine allgemeine Möglichkeit, die Freiheit zurückzudrängen. Erst wenn das Gesetz die Probe des „Näher bei der Freiheit-Stehens" besteht, verringert sich eine Spannung zwischen Gesetz und Freiheit, die im Grundsätzlichen aber bestehen bleibt und zu immer neuen Überprüfungen drängt, damit dieser Freiheitsbezug des Gesetzes dasselbe überhaupt noch legitimieren könne; an sich ist es mit Misstrauen belastet.

Und diese Probe der Freiheitlichkeit unterwirft das Gesetz als solches, nicht die Freiheit, einem Generalvorbehalt, der gewiss nicht leicht aufzuheben ist: Die Freiheit ist eben an sich intolerant gegenüber dem Gesetz, nach ihrer Geschichte und ihrem Wesen, und davon sei nun, in gebotener Kursorik, die Rede.

2. Freiheitsdynamik sprengt Gesetzesbindung

Freiheit, wie immer im einzelnen verstanden, ist der Gegenpol des Gesetzes, die Negation seiner Bindung und damit der Norm an sich, die eben wesentlich binden soll. Die Freiheit ist essentiell gesetzesintolerant. Dies beweist ihre Geschichte wie ihre Rechtsdogmatik.

a) Die Geschichte der Freiheit – eine Historie von Dynamik

Freiheit war in der bekannten Geschichte nie ein dauernder Zustand, weil sie eben wesentlich nie ein Zustand war. Immer war sie unterwegs zu noch mehr Bindungslosigkeit, nie mit dem Erreichten zufrieden, in ihr liegt das Grenzen- und darin eben das Bindungslose.

Historischer Oberflächen-Betrachtung mag scheinen, ihre Dynamik komme aus Repression, Freiheit entfalte sich immer erst dann mit Macht, wenn sie „ungerecht" und insbesondere gewaltsam verfolgt werde. Diese

Lehre hat die liberal-konservative Geschichtswissenschaft des 19. Jahrhunderts geradezu in die Höhe eines geistigen Konsenses geführt, vor allem in Deutschland: Nach dem in ihren Augen fürchterlichen Freiheits-Ausbruch der Französischen Revolution bedurften deren Terreur und Königsmord doch der historischen Begründung – man fand sie in der Verfolgung der Freiheit, in deren Aufstau über Generationen, in jenem leichthin kritisierten Absolutismus, der sich überdies protestantischen Geschichtsschreibern seit der Aufhebung des Edikts von Nantes als etwas wie eine goldschimmernde Gewaltherrschaft darstellte. So ließ sich denn auch die Geschichte bis ins Mittelalter rückwärts lesen, stets am Leitfaden der verfolgten und darin erst erwachenden Freiheit, von den Pilgervätern über Martin Luther und die grausamen Religionsverfolgungen des eben darin finsteren Mittelalters. Erstaunlicherweise blieb damit von der Freiheit eigentlich nur – Reaktion, Gegenkraft wider die Verfolgung, und dies scheint sich gar noch bruchlos fortzusetzen durch das ganze 20. Jahrhundert.

Und doch stellt sich die Geschichte der Freiheit anders dar, gerade dort, wo sie sich durchsetzte, eine Gemeinschaft politisch, ja geistig besetzen konnte. Die libertäre Entwicklung in England, Frankreich und in den Vereinigten Staaten musste im 17. und 18. Jahrhundert durch antifreiheitliche Repression angestoßen werden, doch kaum war ihr der Durchbruch gelungen, so entfaltete sie Eigendynamik, aus sich heraus, nicht zur Bekämpfung und weiteren Verdrängung von Gegengewalten. Überall wollte sie sein, alles wurde in ihrem Namen gefordert, sie steigerte sich mit diesem Anspruch zur philosophischen Omnipräsenz und Omnipotenz zugleich. Als die Gegenkräfte nahezu widerstandslos zusammenbrachen, in den Anfängen der Großen Revolution, mochten es zunächst noch die bedrohlichen Fürstenheere sein, welche das Volk aufstehen ließen, doch die eigentliche Legitimation der Freiheit kam aus ihr selbst heraus, aus ihren historischen Mythen vom ursprünglich frei geborenen Menschen – und aus den wirtschaftlichen und beruflichen Hoffnungen, welche sie weckte. Verlangsamte sich ihr Fortschritt, wie es zunächst im 19. Jahrhundert schien, so lag der Grund gewiss nicht so sehr in den an sich bereits gebrochenen reaktionären Kräften, sondern vielmehr in den Verwirklichungsproblemen einer Grundkonzeption von Ungebundenheit, welche selbst diejenigen besorgt werden ließ, welche sie vertraten. Insgesamt aber war gerade das 19. Jahrhundert geprägt von der Überzeugung, wo etwas von Freiheit sei, müsse noch mehr Freiheit kommen, aus dieser selbst heraus.

Die Probe aufs Exempel dieser eigenständigen Freiheitsdogmatik wurde spätestens in der Weimarer Zeit in Deutschland gemacht. Von autoritären oder gar reaktionären Gegenkräften konnte, zunächst jedenfalls, rechtlich nicht mehr die Rede sein – und so durfte sich die Freiheitsdynamik ungestört entfalten, es entwickelte sich nicht etwa eine Gesetzesdogmatik; sie war bereits in der Französischen Revolution abgeschüttelt worden, die bald nicht mehr „Freiheit und Gesetz" kennen wollte, sondern eben nurmehr die Freiheit. Und für Weimar wird man gewiss nicht von einer bedeutsamen Renaissance des Gesetzesbegriffes ausgehen können, er wurde nun schon im Namen der neu „errungenen" parlamentarischen Demokratie, einer institutionalisierten Form der Freiheit, von dieser überrollt. Die auf Grundrechte gegründete Republik schrieb sich etwas ganz anderes auf ihre Fahnen der Freiheit: die Devise von der „möglichst vollständigen Verwirklichung der Grundfreiheiten". Den heute weithin skeptisch betrachteten Grundsatz „In dubio pro Libertate" mag man lediglich als ein schwächliches Relikt dieser Bewegung sehen, welche sich in den Schlingen der allgegenwärtigen Normativität verfängt. Doch hinter ihr und damit der gesamten verfassungsgesteuerten Rechtsentwicklung wird die allgemeine Tendenz zu einer Minimierung der Macht immer deutlicher, in der sich die seit dem 19. Jahrhundert grundsätzlich entbundene Freiheit stets noch weiter fortpflanzt, in ungebrochener Dynamik: Minimierung der Macht, Minimierung der Staatlichkeit geradezu sind ihre Ziele, und letztlich liegen sie – im Unendlichen.

b) Freiheit – eine Dogmatik verschiebbarer Grenzen

Die Rechtsdogmatik der Freiheit, wenn es denn eine solche gibt, spiegelt dies wider, seit ihren Anfängen in der Französischen Revolution. Noch nie ist es auch nur annähernd gelungen, Freiheit als solche rechtlich zu definieren. Sollte sie praktikabel werden, so musste sogleich mit ihrer kataloghaften Aufspaltung in Einzelfreiheiten begonnen werden, und es konnten dann diese wiederum gesteigert, geradezu aufgeblasen werden zu „mehr Freiheit", womit sich deren Dynamik letztlich nur vervielfältigte.

Doch es blieb stets eine letzte Überzeugung von der Einheit der Freiheit, so wie das Eigentum, über einem Bündel von Property Rights, eben doch, in seiner geistig-politischen Wirkkraft, stets eines ist. Der Freiheit ist immer ein Zug zu jener „Allgemeinen Handlungsfreiheit" eigen, also ganz natürlich „in infinitum", in die undefinierte Unendlichkeit menschlicher Verhaltensformen. Nicht umsonst ist diese allgemeine Handlungsfreiheit auch in neuester Zeit stets als Mutterrecht der Freiheit gesehen und beschworen worden. Nicht dass diese Generalfreiheit als solche rechtlich bedeutende Wirkmächtigkeit erreichen könnte – grundsätzliche Wirkkraft verleiht sie jedoch dem gesamten Freiheitssystem der Verfassung, einfließend in jede von dessen unzähligen Abwägungen im Grundrechtsbereich.

Diese Freiheit hat sich stets stärker erwiesen als alle Versuche, Bürgerpflichten zu dogmatisieren, ihr damit Schranken zu setzen. In allen Verfassungsordnungen des Kontinents ist die Dogmatik der Grundpflichten letztlich gescheitert – ganz selbstverständlich: Pflichten setzt das Gesetz, das allein jene einzelnen und stets wechselnden Räume umgrenzen kann, in welche die Freiheit nicht vordringen darf. Dieses Gesetz aber bleibt eben darin stets prekär, bestreitbar, mit Misstrauen betrachtet – und über ihm steht der große Verfassungsgrundsatz der Freiheit. Sie ist, anders als das Gesetz, ein wirkliches Prinzip, der Optimierung, Steigerung, fähig, in die Unendlichkeit einer endgültigen Perfektionierung. Pflichten können all dies für sich nicht in Anspruch nehmen, oder sollte eine Pflicht, eine Bürgerbindung, „optimiert" werden können? Aus dem also, was man vielleicht doch letztlich eine Verfassungsdogmatik der Freiheit nennen könnte, ist das Gesetz erst recht, und nicht nur als „einfaches Parlamentsgesetz", der Freiheit als einem Verfassungsprinzip untergeordnet, welches in unabsehbarer Dynamik stets das Gesetz zurückdrängen will, immer weiter.

Freiheit bedeutet, ihrem Wesen nach, ein Reich der Möglichkeiten, des nicht Realisierbaren, Definierbaren, immerhin aber Denkbaren. Vielleicht konnte Freiheit gerade deshalb so leicht gedacht werden, mit jenem allgemeinen gedanklichen Schwung immer wieder bezaubern, in dem sich das Reich des Möglichen als Reich der Gedanken öffnet. Hier gewinnt die Freiheit den Anschluss an eine technologische Zeit des Fortschritts mit all ihrer Faszination: Was bis vor kurzem noch unmöglich schien, wird realisierbar – und damit sogleich von jener Freiheit erfasst und geschützt, welche bereits die Hoffnung auf solche Möglichkeiten geweckt und die Vorbereitung ihrer Verwirklichung begleitet hatte. Gedanken sind nicht nur zollfrei, sie sind frei schlechthin. Damit erscheint wiederum die Freiheit als das Höhere, jenes Gesetz aber, welches immer Möglichkeiten mehr einschränkt als eröffnet, als das Vorübergehende, gerade noch zu Duldende, nie zu Erhoffende. Wer hätte auch je das Gesetz als ein „Reich des Möglichen" zu erfassen versucht; gerade darin, dass es wesentlich „gilt", damit „existiert", in der härtesten aller bekannten Formen, hat es auch bereits seine Beschränkung gefunden, so wie es immer nur irgend jemanden – beschränkt. Wesentlich ermöglicht es nicht, es verbietet. Ermöglichungen laufen an ihm vorbei, wenn nicht unter ihm hindurch, durch seine Löcher und Schlupflöcher. Freiheit ist ein Phantasiebegriff, im Gesetz liegt etwas von harter Realität – und wann hätte man die je lieben können?

Phantasie regt an, sie bewegt, und so ist Freiheit ihrem Wesen nach in rechtliche Worte – nicht Formen – gefasste Bewegung. In scholastischer Begriffsprache ist diese Freiheit eine potentia, welche aber nicht in diesem Zustand verharren soll, sondern zu einem „in actu esse" drängt, zu einer Verwirklichung, in der aber Bewegung weiterläuft, agiert – eben noch nicht volle Wirklichkeit ist, sondern sich weiter verwirklicht. Nicht nur in philosophischer Begriffshöhe wird dies einsichtig, sondern in politischer Tagtäglichkeit der Freiheit: Sie ist ein Prinzip für aktive Bürger, im letzten stets eine Freiheit des Tuns, nicht des Nichttuns. Im Nichttun liegt der Gefesselte – in den Gesetzen, irgendwie ist das Gesetz letztlich eine Rechts- und Verhaltensform des Nichtstuns, weil Nichtdürfens; sein Menschenbild ist das eines Wesens, das sich zurückhält, nicht sich verwirklicht. Sein Fleisch gewordener Prototyp ist der Hüter des Gesetzes, das Staatsorgan, der Beamte. Jeder wird in ihm die Inkarnation des Gesetzes sehen, nicht die Fleischwerdung der Freiheit; denn sie ist Bewegung, nicht beamtliche Statik.

Von der einen Freiheit und den vielen, in welche sie alsbald zerfällt, damit sie eben normativ definierbar werde, war bereits die Rede. Doch gerade in jenem Begriff der Einheit der Freiheit kommt auch ihr Zug zum Höheren, Größeren zum Ausdruck. Hier ist in Analogien zu entwickeln, Analogiedenken ist seinem Wesen nach weit mehr freiheits- als beschränkungsgeneigt, oder jedenfalls: Freiheit verstärkt sich vor allem in Rechtsanalogie, Bindung in einer Gesetzesanalogie, welcher heutige Dogmatik mit immer größerem Misstrauen begegnet.

Freiheit will sich immer „von etwas befreien", auch dort, wo es gar keine Schranken, keine Bindungen mehr gibt, oder wo sie, wie historische Betrachtung es bereits nahelegte, längst überwunden sind. Fast scheint es, als müsse sich Freiheitsdogmatik die Bindung erst selbst herbeireden, um sie dann aufzulösen. Jedenfalls aber erscheint sie in all dem stets und unendlich, oft wahrhaft ziellos „in Bewegung". Darin liegt ihr Stärkstes, ihre begeisternde Kraft, dass sie in Bewegung zu setzen vermag, weil sie selbst in Bewegung ist. Und dann mag selbst offenbleiben, ob dies auf ein Ziel hin gerichtet ist, oder ob es allein dem Fluten des Meeres vergleichbar sich bewegt. Wie sollte je ein Gesetz, in ein solches Meer von Freiheit gebaut, deren begeisternden Kräften standhalten, da es doch selbst, in all seinem Ernst, seiner Strenge, so gar nichts aufweist, was je begeistern könnte?

c) Die Unmöglichkeit „gesetzesförmiger Freiheit"

Die alte, hehre These, dass Freiheit nur unter dem Gesetz möglich sei, wird durch all diese Erkenntnisse widerlegt. Gesetzesförmige Freiheit kann es nicht geben, ebenso wenig nach dem Wesen des Gesetzes wie dem der Freiheit. Das Gesetz will wesentlich gerade das ordnen und begrenzen, worüber die Freiheit ebenso wesentlich hinweggeht. Das Gesetz will definieren – Freiheit lässt sich nicht bestimmen, also kann sie nicht im Gesetz, sie kann nur gegen das Gesetz stehen. Der Freiheit ist der Zug eigen zu immer weiteren Anwendungs- und Entfaltungsräumen, ganz natürlich bis in infinitum. Verfassungsfreiheit zerstört auf Dauer alle Ansätze einer Dogmatik von Verfassungspflichten – Gesetz und Pflicht sind im Grunde eher Synonyma. Freiheit ist das Reich des Möglichen – das Gesetz ist ständig damit beschäftigt, Zugänge zu solchen Möglichkeiten zu versperren, nur Formen

einer normativen Normalität zu eröffnen. Freiheit gilt vor allem für die Gedanken. Sie sind ihr eigentliches Reich – das Gesetz kennt keine anderen
Gedanken als die des Gesetzgebers, als seine eigenen, es lässt nur zu, was
in seinen rechtlichen Kategorien realisierbar ist – ob es denkbar ist, oder
was darüber hinaus denkbar erscheint, ist für das Gesetz ohne Belang.

Freiheit ist wesentlich Bewegung – Gesetz bedeutet wesentlich Statik.
Sobald es im Namen der Freiheit oder auch der Unfreiheit in die Bewegung ständiger Änderung geworfen wird, wird es als solches problematisch,
wie noch näher zu zeigen sein wird, jedenfalls verliert es jene grundsätzliche Legitimation der Geltung, welche die Zeit normativ stillstehen lässt.
Freiheit ist Raum und Ansporn der Tätigkeit und eben darin Bewegung –
der Ursprung des Gesetzes liegt in jener Strafnorm, die verbietet; das
Gesetz an sich erlaubt nichts, allenfalls hebt es Verbote wieder auf. Die
Freiheit findet am Ende stets, und sei es auch nur in Gedanken, zu einer
höheren Einheit ihres Begriffes, von welchem alle Beschränkungen abfal-
len, welche einzelne Freiheiten dem auferlegen möchten, auch wenn sie
sich mit dem Namen der Libertät schmücken. Das eine, große Gesetz aber
kann es nicht geben, denkbar ist es als solches überhaupt nur als Negation
der einen – Freiheit. Was aber stets nur in Mehrzahl gedacht werden kann,
ist an sich schon geistig schwächer als das, was in Einzahl konzentriert
alles Denken stets fasziniert. Ein großes Gesetz – das wäre nichts als die
volle Unterdrückung, das Ende jeder Kultur. Selbst ein Fanatismus der Ordnung kann dies nicht wollen, nicht einmal denken; gerade deshalb weicht er
ja auf den anderen, den weicheren, gewissermaßen freiheitsgeöffneten Begriff der Ordnung aus. Die „Rechtsordnung", welche die Gesetze zusammenschließen soll, hat jedoch nie auch nur annähernd eine Einheit, geschweige denn jene eine höhere Einheit erreichen können, wie sie dem
Freiheitsbegriff ganz natürlich eigen ist; und nicht zuletzt deshalb ist die
„Einheit der Rechtsordnung" stets Konstrukt geblieben – wenn nicht Chi-
märe. Einheitliche Begrifflichkeiten, ein Zusammenschließen unzähliger
Gebote und Verbote zu einer höheren Einheit – eine „Ordnung in Freiheit"
schließt eben dies geradezu begrifflich aus; die Vielfalt der Gesetze ist zugleich eine Garantie der Freiheit, welche sich durch deren Zwischenräume
hindurch immer wieder frei bewegt.

Freiheit darf gedacht werden als „Befreiung" – gerade weil es immer Gesetze geben wird, welche sie in Ketten schlagen. Kraft und Begeisterungs-
kraft der Freiheit aber kann eben diesen Gesetzen weder insgesamt noch im
einheitlichen Begriff des Gesetzes eigen sein; „das Gesetz befreit" ist nichts
anderes als ein elegantes Paradox.

Freiheit hat immer begeistert, für sie sind Unzählige zu jeder Zeit gestorben. Wann je hätte das Gesetz solche Kraft auszustrahlen vermocht? Tod
für ein Gesetz, für das Gesetz – ein unvollziehbarer Gedanke; nicht einmal

für den Rechtsstaat, als höhere Form der Gesetzlichkeit, möchte einer sein Leben lassen. Der Begriff des Gesetzes ist seinem ganzen Wesen nach geradezu der Prototyp des Unbegeisternden, des Finsteren, ja Bedrückenden. Oder hätte je vom „Licht des Gesetzes" die Rede sein können? Nur einen Augenblick vielleicht, im deutschen Idealismus, ist ein solches Licht sichtbar geworden, in der Stunde des Übergangs von der bedrückenden Herrschaft in die neue, ganz selbstverständliche, allgemeine Freiheit. Und als sie gewonnen war, verlosch dieses Licht des begeisternden Gesetzes.

So ist denn die Dynamik der ins Unendliche, im Unendlichen flutenden Freiheit nicht nur ein aliud gegenüber dem Gesetz, sie ist dessen eindeutige Antithese; und da mag es schon ein Glück der Ordnung sein, wenn sie sich als Synthese über beidem wölben kann. Doch die große Antithese der Norm, die Freiheit, wird jene stets bedrohen – bis zum Ende von Macht und Staat, auf den alle Freiheit zuläuft, bis eben die Krise des Gesetzes ins Ende des Gesetzes mündet.

3. Freiheit: immer mehr bis zum „Ende der Gesetze"

a) Gesetz: Tendenz nach Null

In einer Ordnung der Freiheit tritt die Macht, welche durch ihr Gesetz binden kann, grundsätzlich zurück, sie wird sekundär, ja prinzipiell aufhebbar. „So viel Freiheit wie möglich, soviel Staat wie nötig"; in dieser Formel, welche nicht nur den Liberalismus charakterisiert, sondern jede freiheitliche Ordnung, ist ein Doppeltes angelegt, aus der bereits beschriebenen Dynamik der Freiheit heraus: eine Tendenz der Freiheit gegen Unendlich – der Bindung und damit des Gesetzes gegen Null. In einer wesentlich entwicklungsgeöffneten Welt, welche sich aus der gleichbleibenden Zyklus-Statik früherer Agrikultur geworfen sieht, bedeutet solche Öffnung für die Freiheit „virtuell alles", für das Gesetz, das sie binden soll, den Weg vom Begründungszwang zum Untergang. Dies mag Anarchieängste wecken, doch sie werden aufgelöst in der Sicherheit, dass es über dem Niedergang des Gesetzes etwas gibt wie eine höhere Ordnung, an deren Eingang geschrieben steht: „Hier beginnt das Reich der Freiheit"; dass dieses geordnet sei durch Gesetze, steht dort aber nicht zu lesen. So erscheint denn das Gesetz als etwas, das überwunden werden muss, als ein notwendiges – Übel.

b) Gesetze: notwendiges Übel ohne Legitimationskraft

Viel wird geklagt und zunehmend über den Rückgang des Gesetzesgehorsams der Bürger, jedenfalls gibt es etwas wie eine zunehmende Haltung des

„Am Gesetz vorbei!". Doch dies sollte nicht verwundern, im Grunde nicht einmal beklagt werden. Welche Moral wird anregen oder gar zwingen zur Beachtung eines „notwendigen Übels"? Ihm kann allenfalls eine Kraft von Zweckmäßigkeit zukommen, auf einer Ebene, die weit unterhalb all jener grundsätzlichen Qualität liegt, mit deren Überzeugungskraft das Ethische wirkt. Diese Gesetze, welche beachtet werden sollen, bezeugen nichts, und daher vermögen sie nicht zu überzeugen, denn dass etwas ratsam sei, günstiger wirke als ein anderes, dass man besser unter solcher Ordnung lebe als in Freiheit – dies alles mag diskutabel sein und sogar richtig, durch lange Erfahrung bewiesen. Doch daraus erwächst noch längst nicht jene Überzeugung vom „Guten", welche von jeher Moral genannt wird. Wie könnte denn auch ein notwendiges Übel mit der Kraft des Guten wirken? Es gehört ins Diesseits, mit all seinem Bösen, von dem der Protestantismus so viel weiß, mit all seinen Gesetzen über die früher gebetet wurde, der Herr möge uns von diesem „Übel" befreien – nun wissen die Gläubigen gar, dass es ein Böses ist. Und die Notwendigkeit legitimiert es ebenso wenig, wie sie den Tod für den Menschen zum Glück werden lässt, zum Guten; auch er ist eisernes Gesetz, notwendiges Übel – aber er soll eben überwunden werden in der Auferstehung des Herrn und der Menschen, in der neuen Freiheit eines Christenmenschen. Das Gesetz mag erfüllt werden, wie es das Neue Testament schon weiß, doch Weg, Wahrheit und Leben führen über dieses Gesetz hinaus, in die große, göttliche Freiheit.

Diesen grundsätzlichen Legitimationsverlust des Gesetzes in einer Ordnung der Freiheit sollte wahrlich auch der mehr und tiefer bedenken, welcher sein Grundprinzip nicht ohne Bindung realisierbar sieht. Die große Freiheit der Verfassung erlegt dem Gesetz einen ständigen Begründungszwang auf, nicht nur bei seinem Erlass, sondern in jedem Augenblick seiner Anwendung, ja Befolgung, und er steigert sich rasch zur Beweislast, ja zum Zwang einer probatio diabolica. Und in all dem bewegt sich das Gesetz vielleicht noch innerhalb der Wahrheit, doch es entfernt sich vom Guten, das letztlich allein überzeugt, wahrhaft legitimiert.

c) Vom nicht-notwendigen Gesetz

Dem Begriff des Dogmas, wie immer im einzelnen verstanden, ist es jedenfalls wesentlich, dass es eine notwendige Setzung beinhaltet; ablehnen mag man es, doch dann stellt man sich extra muros, innerhalb der Mauern der Gemeinschaft ist es eine unverbrüchliche Grundlage des Zusammenlebens – eben eine „notwendige".

Hat man aber bereits vertiefend darüber nachgedacht, ob in einer Ordnung der Freiheit das Gesetz wirklich „notwendig" ist, als solches? Und wenn „das Gesetz" so noch zu bezeichnen wäre – gilt dies auch für „die

Gesetze" in all ihrer Vielfalt? Niemand wird dies leichthin bejahen können. Darin liegt dann aber eine tiefe Schwäche aller Gesetze, die bis zu „dem Gesetz" als solchem hinaufreicht: Immer geht es ja um eine bestimmte Norm – ist aber gerade sie wirklich und endgültig „notwendig"?

So könnte man denn versucht sein, nun von einer „Dogmatik der Nichtnotwendigkeit der Gesetze" zu sprechen, die bis zum Begriff „des Gesetzes" als solchen trägt. Damit aber endet man in einem Widerspruch zu dem Begriff des Dogmas. Wenn nun der Begriff der Dogmatik im Recht noch einen Sinn behalten soll, lässt er sich auch dort noch halten, wo das Instrument der begrifflichen, dogmatischen Ordnung, das Gesetz, aller grundsätzlichen Notwendigkeit entbehrt, wo es nur mehr legitimiert werden kann aus vagen Hinweisen auf menschliches Zusammenleben? Steht hinter ihm nicht immer nur die in einer Freiheitsordnung prinzipiell entlegitimierende Feststellung, dass es doch nur menschlicher Herrschaftswille ist, der diese dogmatisch so kunstvoll ausgefalteten Gebilde hervorgebracht hat? Eine Dogmatik der Notwendigkeit des Gesetzes kann es begrifflich nicht geben, mit diesem hohen Wort jedenfalls darf sich die unübersehbare Vielfalt mehr oder weniger befolgter Regeln nicht schmücken. Was unter diesem Namen der Gesetzesdogmatik heute versucht wird, ist denn auch letztlich kaum etwas anderes als die Aufstellung eines formalen Mechanismus der Rechtsregelerzeugung, ohne Blick auf den inneren Geltungsgrund der Normen; ihn aber gibt es im Grunde nicht, denn die Freiheit hat ihnen diesen – grundsätzlich bereits entzogen. Eine Dogmatik der Freiheit existiert grundsätzlich eben doch, wer immer von ihr spricht, will einen Beitrag zu ihrer Legitimation leisten, damit zu ihren Inhalten; im Fall des Gesetzes stellen sich all diese Fragen nicht, es sei denn wieder mit Blick auf jene Freiheit, welche durch das Gesetz erhalten werden soll oder ihm ihrerseits Schranken setzt. Was also an Gesetzesdogmatik allenfalls sich noch halten lässt, kann nichts anderes sein als ein Rest von Freiheitsdogmatik, Schrankenziehung vor allem aus der Freiheit. Welche konstruktive Kraft kann jedoch einer Begrifflichkeit zukommen, welche dergestalt ganz prinzipiell lebt allein aus ihrem Gegenbild, aus jener Freiheit, welche sie zurückdrängen soll?

d) Die lex imperfecta – eine Auflösungserscheinung
des Gesetzes – Zusammenleben in Selbstbindung

Wenn Begründungen der Notwendigkeit des Gesetzes heute versagen, mit welchen einst der Deutsche Idealismus zu überzeugen versuchte, so sehen sich die Normen zurückgeworfen auf die Begründungslinie einer Art von „praktischer Vernunft", der „Notwendigkeiten des menschlichen Zusammenlebens". Diese kann nur gehalten werden, wenn eines immerhin unbezweifelt bleibt: dass die Menschen anders als unter solchen Normen sich eben nicht in organisierten Gemeinschaften auf Dauer zusammenfinden. Von dort aber ist es nur ein Schritt zu einer weiteren, und diesmal wahrhaft grundsätzlichen möglichen Legitimation des Gesetzes: dass seine Befolgung eben erzwungen wird, jedenfalls werden kann. Ohne diesen virtuellen Zwang würde ja für das Gesetz alsbald gelten, was man mit dem Wort von der liberté inutile der Freiheit vorgeworfen hat – es würde zur loi inutile werden. Dann würden die Bürger aus ihrer wohlverstandenen Freiheit vorsichtig und vernünftig zusammenleben auch ohne nicht nur zwingende Normen, sondern ohne Gesetz überhaupt; es gäbe tatsächliche Verhaltensweisen, die jedoch eine gänzlich andere Strukturenflexibilität aufwiesen als sie dem von der Macht gesetzten Gesetz eigen ist. Gewiss muss das Gesetz nicht immer durchgesetzt werden, in den weitaus meisten Fällen wird es unter dem Druck des virtuellen Zwangs befolgt. Doch da gibt es nicht wenige, wenn auch umfangmäßig eher abnehmende Bereiche, in denen der Gesetzgeber geradezu auf Sanktionen verzichten kann, weil er den Befolgungswillen seiner vernunftbegabten Bürger unterstellen darf: Die lex imperfecta ist ein unbestreitbares Phänomen aller Rechtsordnungen und irgendwo wird es sie stets und überall geben. Abzuziehen sind allerdings von der Zahl solcher Fälle diejenigen, in welchen die Rechtsordnung an die Befolgung – welche sie als solche nicht sanktioniert – eben doch normative Folgen, etwa solche der Haftung knüpft; die Nichterzwingbarkeit von Diensten ist ein Beispiel.

Was bedeutet nun diese Erscheinung des nicht bewehrten Gesetzes für eine Betrachtung der Krise des Gesetzes? Sie ist ein deutliches Phänomen derselben. Zwar lässt sich wohl allenthalben ein Rückgang der leges imperfectae feststellen; so weit ist immerhin die Gesetzesperfektionierung vorgedrungen, dass sie sich auf den Zwangscharakter der Normen zunehmend besinnt. Doch darin zeigen Lehre und Praxis der Gesetze eher Schwäche als neue Stärke: Die lex imperfecta ist ein Vertrauensvotum für eine Freiheit, aus der heraus die Bürger sich selbst ordnen, ohne aufgezwungene Verhaltensregeln, die lex perfecta, das heute zunehmende sanktionsbewehrte Gesetz, kann dann nur als ein Misstrauensvotum verstanden werden gegen diese selbe, gegen die höhere Rechtsebene der Freiheit.

Bleiben muss für eine Kritik des Gesetzes die Feststellung, dass das nichtbewehrte Gesetz bereits ein Schritt ist zur Leugnung der Notwendigkeit des Gesetzes überhaupt; heute aber werden solche Wege nicht so sehr gegangen in offen sanktionsloser Gesetzlichkeit, als vielmehr im immer weiter verbreiteten Verzicht auf zwangsweise Durchsetzung gesetzter Normen. Der Anwendungsbereich solcher Praktiken nimmt ständig und weithin unbemerkt zu, er reicht von faktisch oder sogar rechtlich nichtverfolgten Straftaten über ebenso ignorierte Steuerdelikte und Baupraktiken, welche nurmehr durch nachbarliche Denunziation in letzten Grenzen gehalten werden, bis in Wettbewerbs- und Vertragsgestaltungen des Zivilrechts, in welchen der Staat nicht so sehr eigene Normen durchsetzt, als reagiert auf Gegenwehr anderer Bürger. Ohne dass diese gesamte Bewegung ausdrücklich oder auch nur bewusst sich vollzöge im Namen immer größerer Freiheit zwischen den Gliedern der Gemeinschaft – sie führt jedenfalls zu einem laufenden Abbau der Zwangsgewalt eines Staates, der sich eben nicht in alles einmischen soll – im Namen der Freiheit. Darin liegt jedoch ein heimlicher, aber massiver Rückzug der Gesetze, der sich immer dort noch beschleunigt, wo nicht mehr das Gesetz es ist, das bindet, sondern „nurmehr" der eigene vertragliche Wille. Dahinter aber steht die größere Freiheitshoffnung, dass Menschen sich eben auch ohne Gesetz in Selbstbindungen einfügen werden in ein nicht von Normen, sondern vom eigenen Willen ad hoc bestimmtes Gemeinschaftsleben. Ein weiterer Schritt kann dann auch rechtsdogmatisch versucht werden: Man schreibt die Ordnungskraft, die Bindungswirkung nicht mehr jenem Gesetz zu, welches den vertraglich geäußerten Willen erst zur rechtlichen Geltung emporhebt – diese wird unmittelbar aus der Willensäußerung der Bürger selbst abgeleitet.

Damit wird deutlich, dass nicht nur das Gesetz dort, wo es zur lex imperfecta wird, die Notwendigkeit seiner eigenen Existenz bereits zunehmend in Frage stellt, sondern dass, noch darüber hinaus, das Gesetz durch den unmittelbaren Bindungswillen der Bürger umgangen und damit – erst recht unnötig wird. All diese Phänomene vollziehen sich ja auf der breiten Straße jenes Gewaltabbaus im Namen der Freiheit, der hier als einer der wesentlichen Gründe der Krise des Gesetzes erkannt wurde. Nach Meinung ihrer Vertreter zeigen diese Erscheinungen eben, dass die Menschen ohne Zwang, in reiner Selbstbindung oder gar in bindungslos geübtem Verhalten zusammenleben können, weit feiner und flexibler geordnet auf solche Weise als in den groben Normrastern der Gesetze. Mit all dem verliert also die unausgesprochene aber noch immer „dem Gesetz" letztlich zugrundeliegende Legitimation von der „notwendigen Organisation des Zusammenlebens der Bürger" ständig an Überzeugungskraft. Ist es dann nicht letztlich ganz einfach die Freiheit, deren Kategorien das Zusammenleben tragen, ohne dass „das Gesetz gefragt wäre", müssen nicht Versuche künstlich wirken, all dies eben doch noch irgendwie auf Normwillen zurückzuführen, so wie bereits die Legitimation des Vertragsbindungswillens durch den Gesetzeswillen im liberalen 19. Jahrhundert nicht wenigen als ein Kunstgriff erschienen sein mochte? Vertragsfreiheit statt Gesetz – ist dies nicht geradezu ein Königsweg der Ordnung durch Freiheit, ohne das Gesetz und seine Bindung, und steht dann, mit zunehmender Höherentwicklung menschlichen Bewusstseins, das Gesetz nicht endgültig auf dem Absterbeetat, da es eben – unnötig geworden ist, in all seiner Normwirkung?

e) Anarchie – vom unnötigen zum bösen Gesetz

Hinter all diesen Erscheinungen steht eine Grundhaltung von Freiheitlichkeit, welche sich in Richtung auf gemilderte, zivilisierte Formen moderner Anarchie bewegt, wie sie in früheren Untersuchungen als ein Wesenszug moderner Demokratie geschildert worden sind. Im vorliegenden Zusammenhang bedeuten sie den Beginn einer Öffnung zum „Nichtgesetz", nicht nur im Sinne einer Realität, sondern geradezu eines „Nichtgesetzes als Ideal". Anarchie, sonst stets mit dem Stigma der Utopie belastet, wandelt sich zur geradezu paradiesischen Idealvorstellung von etwas, was doch eigentlich sein könnte, durch die Bosheit der Menschen gebrochen wurde, und nun, nach langer Mühsal, nachdem diese selbe Menschheit ihr Brot über Jahrtausende im Schweiß ihres Angesichts gegessen hat, wieder zurückkehren könnte, aus der eigenen Kraft der Menschen und ihrer Freiheit. Die Paradiesvorstellung, jener ewige Menschheitstraum, fällt er nicht weithin zusammen mit Vorstellungen von einer totalen Gesetzlosigkeit? Gesetze sind Tafeln, nicht Wegweiser, Verbotsschilder, nicht Horizonte. Die moderne Welt der Ökonomie und Technologie aber ist aufgebrochen, sie will nicht stehen bleiben bei ihren Tafeln; und es fehlt ihr die inzwischen schon weithin als uralt belächelte Angst vor einer Herrschaftslosigkeit, welche sie durch ihre neue, dynamische Freiheit ersetzen zu können glaubt.

Schwarze Fahnen der Anarchie schrecken nicht mehr, nur wenige kennen überhaupt noch ihren Sinn. Dies aber bedeutet nicht, dass nun das Gesetz gefeit wäre gegen anarchistische Attentate, sondern nur dass es solche immer seltener geben wird, im Grunde nicht mehr zu geben braucht, weil die Gesetze an sich schon sterben werden, aus sich selbst heraus.

So bleibt vielleicht – und man mag dies eine Vision nennen, aber es lässt sich dies eben schon schauen – das Gesetz nurmehr als etwas wie eine triste Notwendigkeit des Erdenlebens auf dem Durchgang zu einem Paradies der Freiheit, welches die siegreiche westliche Welt an die Stelle des verdämmernden kommunistischen Paradieses des Endzustands überzeugend zu setzen sich bemüht. Dem Gesetz fehlt die Notwendigkeit und aus der Kraft der Freiheit heraus muss es sogar zum Feind werden. Gefängnisse werden geschlossen, jede Gesetzesübertretung wird zum Kavaliersdelikt, Bindung schafft nurmehr der eigene Wille, und stets nur auf Zeit – der moderne Bürger darf sich scheiden lassen jederzeit und von allem, was ihn binden könnte.

Das Gesetz und eine auf die Lex gestützte Dogmatik gehen vorüber, sie werden immer mehr zu dem ganz wesentlich und an sich Negativen. Wenn Dogmengeschichte noch einen Sinn haben soll im Recht, so beweist sie mit Betrachtungen wie den hier abzuschließenden vor allem eines: sie wird an sich überflüssig. Gesetze wuchern allenthalben wie Unkraut, davon sei nun die Rede; doch „das Gesetz" stirbt ab.

C. Die Unbeständigkeit des Gesetzes

Geltung, rechtliche Festlegung eines Zustandes auf immerhin einige Zeit macht das innerste Wesen des Gesetzes aus, jeder Norm; beständig muss das Gesetz sein, stehen vor dem Bürger wie die alten Tafeln. Nur darin kann es jene Majestät entfalten, welche immer auf Thronen gedacht wird, sitzend auf längere, wenn nicht unbegrenzte, so doch unabsehbare Zeit. Nur Geltungsformen, welche im letzten eine solche Majestät stützen, überzeugen den Bürger von seinem Gesetz. Diesem muss damit wesentlich etwas von Statik eigen sein, Dynamik bedeutet für den Gesetzesbegriff Herausforderung, ja Gefahr. Die Geschichte der Gewalten unter dem Gesetz und des Gesetzes unter der Freiheit haben jedoch, weit über die der Historie an sich schon eigene Dynamik hinaus, Auflösungserscheinungen gezeigt, laufende Verluste der dem Gesetz doch wesentlichen Statik. Hier ist nun einzusetzen mit einer Betrachtung gegenwärtiger Gesetzesentwicklung, dies aber heißt vor allem – darüber besteht Konsens – gegenwärtiger Gesetzesinflation, Gesetzesverunklarung. Ihre Gründe sind, dies wird sich nun zeigen, ebenso vielfältig wie letztlich unaufhebbar. Das Gesetz ist nicht nur seit Jahrhunderten in permanenter Krise, diese akzentuiert sich nun zu einem dramatischen Höhepunkt, gerade zu Beginn des neuen Jahrtausends. Jene Anker, an denen sich die Bürger halten sollen, da ihre gemeinsamen Überzeugungen sich auflösen in den Fluten der Meinungen, sie fassen keinen Grund mehr.

I. Die Gesetzesinflation

1. Die Normenmasse: Abwertung des Gesetzes

a) „Das Gesetz" – relativiert durch „Die Gesetze"

Die entscheidende Entwicklung der Gesetze liegt in ihrer Multiplikation. Nicht nur, dass hier mit steigendem Zivilisationszustand eine unbrechbare Tendenz zu immer größeren Zahlen herrscht – das Gesetz ist wesentlich zum Plural geworden, an die Stelle des ursprünglichen „Das Gesetz" treten nun, und dies ganz wesentlich, „Die Gesetze". Gewiss hat man sie auch in dieser Mehrzahlform von jeher gekannt, von den Nomoi des Platon bis zum „Esprit des lois" Montesquieus. Doch dieser plurale Begriff wurde, wie eben dieser berühmte Titel zeigt, durchwirkt vorgestellt von dem einen Geist, welcher dieser Vielzahl die eine Majestät verlieh. In der französisch-revolutionären Majestätsformel „La loi et le Roi" und in der idealistisch-deutschen Übersetzung des griechischen Plurals im „Wie das Gesetz es befahl" wurde nochmals die ganze Bedeutung dessen bewusst, worin „das Gesetz" über „die Gesetze" eben hinausgeht.

Heute ist „das Gesetz" vergangen, es steht nurmehr für eine Vielzahl von Normen, für einen Gesetzgebungszustand von kaum übersehbarer Vielfalt. Doch die vielen Gesetze werden eben nie „Das Gesetz" sein. Je mehr es von ihnen gibt, desto weniger gibt es „das Gesetz". In seiner Vervielfältigung bereits liegt seine Auflösung: Sie macht den Gesetzesbegriff unübersichtlich, in sich widersprüchlich, ständig änderungsbedürftig – einfach aus der Vielzahl der Normen heraus.

b) Unendliche Normflut

Die Unzähligkeit der Gesetze ist – ebenso unendlich oft beklagt, ihre flutende Bewegung beweglich kritisiert worden. Doch kaum je wurde auch nur entfernt bewusst, dass sich hier ein Übergang in etwas ganz Neues vollzog, dass hier Quantität in Qualität umgeschlagen ist.

Die Zunahme des „Normenbestandes" – denn so muss man dies nun schon, angemessen prosaisch, nennen – ist derart ungeheuer und von solcher steigender Tendenz, dass all dies hier im einzelnen weder der Darstellung noch näherer Analyse bedarf. Ein Vergleich der Gesetzblätter von Reich und Bund im Abstand eines Jahrhunderts spricht weit mehr als jene Bände, die sich nun aufhäufen. Hinzu kommt die föderalistische Gesetzgebungsflut und die kommunale, Verordnungen und Satzungen ohne Zahl. Dies aber ist längst nicht alles. Hinzutreten Erlasse, Rundschreiben, Bekanntmachungen, denen eine rechtsstaatlich wache Gerichtsbarkeit weithin schon Normcharakter zumisst, die ihn jedenfalls darin gewinnen, dass sie das Ermessen der Verwaltungen verengen oder aufheben.

Und all dies schöpft noch längst den Bestand der „Normlagen" nicht aus. Weiter ufert er hier aus in unzähligen „privaten Normwerken", von ausdrücklich in Bezug genommen DIN-Normen bis zu Selbstbindungsstandards der Unternehmen, der Verbände, der Wirtschaft. Dies alles aber ist noch wenig gegenüber der täglichen Normflut eines ‚Richterrechts', in welchem geradezu eine Multiplikation von Unendlich mal Unendlich stattzufinden scheint – denn praktisch jedenfalls sind dies eben auch Normen, nur zu oft die einzig bedeutsamen. Wenn dann 50 Jahre Verfassungsrechtsprechung 100 Bände Verfassungs-Richterrecht hervorbringen, in der Entfaltung weniger Gesetzeskapitel, wenn sich darin bändeweise Aussprüche und Feststellungen finden, welche nach dem Willen des Gesetzgebers alle Behörden und Gerichte binden, also eindeutig Normcharakter tragen, so mag sich die

Rechtswissenschaft weiter um das unlösbare Problem der Definition eines Richterrechts kümmern – in der Wirklichkeit existiert es, und in sein Meer münden die ohnehin schon seengleichen Flüsse der Gesetze.

Von Normenflut kann heute nicht eigentlich mehr die Rede sein, die Normgesetze sind zu einer hohen See geworden, auf welcher der Bürger angstvoll navigiert, allein mit sich selbst, seinem Gegner – und dem Gericht, das ihm letztlich das Gesetz nicht weist, sondern sein Normgeber ist.

c) Majestätsverlust – Majestätssturz in der lex posterior

Das Gesetz hat eine Polykoiranie, eine Vielherrschaft eingerichtet, in welcher jede Majestät sich verliert. Inflation wertet an sich ab; das eherne Marktgesetz der Rarität gilt selbstverständlich auch für das Gesetz. Wozu soll der Bürger „aufschauen" – der gestirnte Himmel der Normen will ihm nicht einen Anfang von Unendlichkeit zeigen, da ist nurmehr Gefangenheit in Unfassbarem, hinter dem auch nicht mehr der Schatten einer einenden Majestät sichtbar wird.

Majestät bezeichnet etwas, soll das Wort auch nur irgend einen Sinn haben, was über anderem thront, es überblickt, wie im Aufschauen zu ihr Verehrung bewiesen wird. In seiner Allgemeinheit eben sollte das Gesetz einst in diesem Sinne majestätisch darüberstehen, zusammenfassen, einen. Nun geht es in die Details, verliert sich mehr und mehr in ihnen. Was gerade vom König niemand erwartet und seiner Majestät, dass er sich um jede Kleinigkeit kümmere, das muten sich nun die Normen zu: Sie vertiefen immer mehr und finden doch nirgends Grund. Immer neue Länder erobern sie zwar, in Vergesetzlichung, und dann muss überall tief gegraben, immer feiner ausgesiebt werden; doch niemand wird sagen wollen, dass da noch irgend etwas majestätisch sei. Verbesserung ist angesagt, immer neue Gesetze streben nach ihr – hat je wahre Majestät der Verbesserung bedurft, ist sie nicht das an sich Optimale, bereits von Anfang an Optimierte?

Die Lex-posterior-Formel gehört zum Gesetzesbegriff selbst, gerade sie bezeichnet das Ende seiner Majestät. Eine derartige Hoheit kennt nicht Späteres, da ihre eigentliche Geltungskraft mit jener Unzeitlichkeit verbunden bleibt, die auch dem Gesetz wesentlich ist. Auf spätere, gerade darin stärkere Hoheit blicken – das gehört nicht zum Sinn der Majestät; sie ist und wirkt nicht auf Abruf, der Nachfolger setzt wesentlich fort, er löst nicht primär ab, er „derogiert" nicht seinem Vorgänger. Generationenkampf mag stattfinden zwischen König und Kronprinz, doch er liegt nicht im Wesen der Majestät, wird durch diese vielmehr überdeckt. Irgendwie ruft aber das spätere Gesetz zu etwas auf wie einem Königsmord, jedenfalls kennt es nicht den Begriff der Majestätsbeleidigung, wenn es Vorhergehendes abschafft, verneint, in sein Gegenteil verkehrt. Wo aber wäre je eine Gegenläufigkeit im Majestätsbegriff vorstellbar gewesen? Majestät kennt keinen Fortschritt. Sie ist ganz da oder gar nicht, so wie das Gesetz eigentlich auch herrschen – will, in seinem Geltungsanspruch, es dann aber doch nicht vermag, unter dem Damokles-Schwert der ständig drohenden Lex posterior.

Majestät und Inflation – deutlichere Gegenbegriffe gibt es nicht. In der Gesetzesflut geht die Majestät des Gesetzes unter.

2. Die Un(er)kennbarkeit der Normen – der Gesetzesstaat als Arkanstaat

a) Unübersichtlichkeit – Verlust der Zentralfunktion des Gesetzes

Gesetze mochten in frühen Zeiten von Priestern gehütet werden, in Heiligtümern verborgen. Doch nach ihrem neueren, noch heute entscheidenden Begriffsverständnis sollte dies allenthalben und immer mehr verschwinden, der Gesetzesstaat den Arkanstaat ablösen. Nach einem langsamen Fortschritt über gewohnte und gelehrte Rechte schien dies endlich in einer Aufklärung erreicht, die mit ihrer Französischen Revolution jedem Bürger seine Gesetze lesbar, verständlich, gegenwärtig machen wollte. In der Übersichtlichkeit und vollen Klarheit der Gesetze sollte der Rest einer finsteren Vergangenheit verdämmern.

Bei all den vielen Klagen über die Gesetzesflut ist eines nahezu vergessen worden: Hier findet eine historische Umkehr statt, zurück in eine alte Finsternis, in einen Obskurantismus, der längst vergangen scheint und daher niemanden schreckt. Doch nun ist es, als würden die Augen der gesetzesunterworfenen Bürger blind vor allzu viel Licht, das sie aus Tausenden von Scheinwerfern blendet, aus den zahllosen Gesetzen. Bewusst muss werden, dass hier nicht nur die Geschichte sich umkehrt, dass darin, dass in dieser Krise der Übersichtlichkeit der Gesetze, ein unabsehbarer Forschrittsverlust liegt, vielleicht ein Kulturverlust.

b) „Das Gesetz" in den Händen neuer Priester:
Juristen, Spezialisten

Dass die vielen Klagen über die Normeninflation diese Saite nicht anschlagen, mag verständlich erscheinen; sie kommen ja von jenen Juristen, welche diese Entwicklung gerade legitimiert, unverzichtbar werden lässt. Dabei sollte doch die Geschichte gezeigt haben: Juristenrecht war stets nur eine andere Form für Arkanstaatlichkeit, in ihm endet die Majestät des Gesetzes. Solange die Rechtskundigen Legisten anderer Majestäten waren, der

Fürsten, überstrahlte deren Hoheit auch ihre Auslegung, verlieh dem Gesetz etwas von Majestät. Sie kam ja nicht aus ihm selbst, sondern aus anderer, politischer Hoheit. Nun jedoch wird das Gesetz in die Hände der Rechtskundigen gelegt, mehr noch: Es verlässt insgesamt den Machtbereich des Bürgers, fällt in die Hände der Spezialisten. Sie sind es im Grunde nun, welche das Recht setzen – Juristen und ihre spezialisierten Helfer gegen das Gesetz. Ist dies nicht eine wahrhaft furchtbare Krise des Gesetzes, welche gerade jene proklamieren und beklagen sollten, welche daraus ihre Legitimation ziehen?

Wenn es nun „nur Juristen" wären, so möchte man sie vielleicht noch als Vertreter einer geistig führenden Schicht verstehen, ohne die eben eine Gesellschaft nicht leben kann, welche sich in hoher Technik und Wissenschaft entwickelt. Doch eine weitere Tendenz wendet sich hier erst recht gegen „das Gesetz", welche vielleicht notwendig ist, jedenfalls aber vergleichbar entlegitimierend wirkt: Gesetzes(er)kenntnis als Gegenstand der Spezialisierung. Nicht nur, dass sich diese rechtsgelehrten Anwender zunehmend auf andere Spezialisten verlassen müssen, denen sie meist schon kritiklos ausgeliefert sind – selbst innerhalb des gesetzessetzenden Juristenmonopols verschiebt sich die Kompetenz immer mehr, und einfach schon in einer Art von „faktischer Entwicklung", hin zu Spezialisten einzelner Gesetzgebungsmaterien. Sie läuft weg von jenen „Generalisten", welche noch am ehesten die vielen Gesetze ordnen, sie zu etwas wie einer „Einheit des Gesetzes" hätten zurückführen können, durch eine Einbettung und Überhöhung von Spezialnormen in höhere Grundsätzen. Die vielen Gesetze sind auf Dauer stärker als die wenigen Generalisten des Rechts, und ihrer wird es ohnehin immer nur wenige geben. Die zahllosen Normen rufen sich ihre unzähligen Spezialisierer, die sie immer noch weiter vertiefen, immer weiter weg von dem einen überhöhenden, majestätsmächtigen Gesetzesbegriff. Damit ist mehr verloren als Bürgernähe, worüber so häufig geklagt wird. Die Gesetze sind nicht mehr Brückenpfeiler von Rechtsanalogien, welche sie wieder dem einen großen Gesetz annähern könnten. Sie sind zu disparaten Technikermaterien geworden, zu einem „neuen Überbau" über der Wirklichkeit, und sie fluten mit ihr hin und her, mit immer weniger eigener Gestaltungskraft.

c) Bürgernähe? – Von der Kenntnisfiktion zur „Gesetzeserkundung"

Einst waren die Gesetze ganz wesentlich „das Lesbare" an der Ordnung, in ihnen wurde sie für die Normunterworfenen wahrnehmbar. Heute liest kein Bürger mehr Gesetze, und nur wenige Spezialisten; sie suchen mühsam nach Auslegungslektüre. Das völlig unübersichtlich Gewordene, in seiner Einheit ebenso wenig Sichtbare wie in seinen zahllosen Vertiefungen, lässt sich als solches nicht mehr wahrnehmen, man kann es nurmehr ignorieren – allenfalls noch „in Worten erfassen".

Veröffentlichung war den Gesetzen schon vom Anfang des modernen Gesetzesbegriffs an wesentlich; doch es ging nur darum, sie lesbar werden zu lassen, wahrnehmbar, und damit lag Publikation wie selbstverständlich in ihrem Begriff. Heute ist sie zu etwas gänzlich anderem geworden: zu einem Legitimationsträger für die Geltung der Gesetze selbst, über die erstaunliche, ja unglaubliche Fiktion, dass jedermann eine irgendwo veröffentlichte Norm zu kennen habe. Kein menschliches Wesen ist dazu aktuell in der Lage, und reiche sein Gedächtnis noch so weit; kaum jemand außer engen Spezialisten bringt es noch so weit, dass er auch nur wüsste, wo er sich ganz kurzfristig informieren kann über die Gesetzeslage. Die Kenntnisfiktion der Gesetze hat alle Grenzen überschritten, welche je Fiktionen des Rechts gezogen worden sind: Sie postuliert nichts als das absolut Unmögliche. Gerade die moderne Informationstechnik lässt dies alles, in verwirrender Vielfalt, noch unübersichtlicher werden, lenkt sie doch ab, mit dem was man alles wissen kann, von dem, was man „eigentlich wissen müsste" – wie die Gesetzeslage denn sei.

Unerfindlich bleibt, wie man sich in einer Zeit ständig beschworener Bürgernähe über derartige Irrationalismen hinwegzutäuschen getraut, wo doch jedem Bürger, vor allem jedem Richter klar ist, dass hier nichts ist als ein völlig leeres Wort.

Oder ist da nicht doch etwas von einer Wirklichkeit, aber einer ganz neuen? Nicht mehr der Gesetzgeber kommt zum Bürger, um ihm zu sagen, was Recht sei und Unrecht; er setzt voraus, dass der Bürger ständig zu ihm laufe, um zu erfahren, was ihm noch gestattet sei. Die Gesetzeshüter von heute zwingen den Bürger, jeden Normadressaten, in eine eigentümliche Spezialisierung hinein, die er selbst zu leisten hat: Er muss sich all das Normwissen verschaffen, das er eben in seiner konkreten Lage braucht, wie aber? Die Antwort ist einfach: „Dass sieh' Du zu!".

So wird denn der Normadressat in eine neue Form eigenartiger Rechtsarchäologie getrieben, in welcher ironische Betrachtung sogar Spielarten früherer Pandektistik entdecken könnte: Jedermann muss nun „nach Normen graben", auf Gesetzeserkundung ausziehen, sich Rat holen bei denen, die es besser wissen – könnten, alle Risiken kostspieliger archäologischer Fehlgrabung dabei geduldig auf sich nehmen. Schwer trifft dies auch den Beamten und den Richter; soweit ihn nicht seine Routine schützt, muss er sich auf einem Laufenden halten, das immer mehr zum Fortrennenden wird, in einem Wettlauf in die normative Zukunft hinein, den in der Regel der Gesetzgeber gewinnt.

Und dieses ständige Nachlaufen hinter dem letzten Gesetzeszustand soll dem Bürger nun sogar noch heilig sein im Namen der Rechtsstaatlichkeit, und er soll diesen Staat der Gesetze mit seinem Leben gegen andere schützen, welche andere Wettläufe organisieren – oder gar keine, da sie von vorneherein nur gegenwärtige Macht mehr akzeptieren. Ist diese Krisenerscheinung des Gesetzes ein Kapitel moderner Bürgernähe?

d) Das unfassbare Gesetz – Entlegitimierung der Demokratie

Alle Gewalt geht vom Volke aus, also auch die gesetzgebende. Dem Verfassungswort steht die Wirklichkeit gegenüber: Das Gesetz mag noch, in zahllosen Brechungen, vom Bürger ausgehen, bei ihm kommt es aber nicht mehr an.

Die vielbeschworene Machttransparenz, der Stolz der Demokratie im Bürgerstaat, müsste zuallererst Gesetzestransparenz bedeuten, wenn denn schon dies Ausdruck der Ersten Gewalt des Staates sein soll. In Wahrheit kann der Bürger hier wenig und immer weniger nur erkennen; wie soll er den Gesetzen vertrauen, da er sie kaum mehr zu erkennen vermag, und wie sollte sich diese Haltung nicht auf Dauer in das Misstrauen eines Bürgers wandeln, dem letztlich kaum mehr bleibt als das Ignorieren der Regeln, vielleicht noch die Hoffnung, dass es sie nicht gibt? Für die Demokratie ist das Gesetz im Grunde die einzige legitime Machtäußerung, das einzige, in dem sie mehr ist als Demos, in welcher etwas liegt wie „Kratie" – Herrschaft. Unübersichtliche nicht mehr zu übersehende Herrschaft kann aber nur in einem mit der Freiheit überhaupt noch in Verbindung gebracht werden: in der Hoffnung, dass da eben doch entweder nichts sei oder nicht so viel, wie es den Anschein habe – nicht soviel Gesetz. Der Gesetzesstaat als Hoffnung auf seine Inexistenz? Welcher Bürger in einem freien Land lebt denn nicht vor allem daraus – Ordnung als Hoffnung auf Nicht-Ordnung?

Diese Unfassbarkeit des Gesetzes lässt sich durch Volksgesetzgebung nicht heilen, welche sie vielmehr verstärkt: Die Zahl der Normen nimmt noch weiter zu, vor allem auf niederer Ebene der kommunalen Satzungen und Bauplanungen. Diese „Gesetze" mögen, für kurze Zeit, einen höheren, ja spektakulären Bekanntheitsgrad erreichen, doch andererseits wird die Unübersichtlichkeit des Normzustands gesteigert durch die damit einhergehende Partikularisierung, in der Durchsetzung höchst begrenzter, oft nurmehr eng lokaler Interessen. Komplikationen nehmen nicht nur beim Gesetzeserlass zu, sondern auch in der Umsetzung dieser so konkreten Bürgerwünsche in Gesetzesform.

So führt insgesamt die Gesetzesinflation zu einer „Abwertung des Gesetzes", die noch weit über den Gefahrenkern dieser an sich schon kritischen

Entwicklung hinausreicht: den entscheidenden Majestätsverlust, der mit solcher Ausuferung notwendig verbunden ist.

3. Die Gesetzesvervielfältigung –
Ende des für alle geltenden Gesetzes

Die zentrale Legitimation des Gesetzes, sein „Wert für alle", der die gesamte Bürgerschaft zur Gemeinschaft integrieren soll, liegt in erster Linie darin, dass diese Normen gleichermaßen gelten sollen „für alle". Und in dieser verfassungsrechtlich verbürgten allgemeinen Geltung der Gesetze sollen diese zu einer Währung werden, in der alle bezahlen – in ihrer sich verspezialisierenden Vielfalt droht dies verloren zu gehen.

a) Keine Bedeutung mehr für „alle Bürger"

Nach wie vor wollen zwar diese Gesetze gelten „für alle Adressaten" – in der Wirklichkeit aber haben sie längst nicht mehr Bedeutung für „alle Bürger". In ihrer zunehmenden Spezialisierung betreffen und damit interessieren sie am Ende jeweils nur eng begrenzte Gruppen, diejenigen eben, welche irgendwann und irgendwie einmal diese so restriktiv definierten Tatbestände erfüllen können. Die gängige Auslegung des Begriffs der „für alle geltenden Gesetze" übersieht herkömmlich, ja geflissentlich, dass es eben nicht nur darauf ankommt, formale Anwendbarkeit durch Gesetzesformulierungen zu garantieren – wenn diese derart und immer weiter verengt werden, dass die Gesetze materiell für den allergrößten Teil der Bürgerschaft völlig bedeutungslos erscheinen. Die notwendige Beziehung von Anwendungsmöglichkeit und Anwendungswahrscheinlichkeit der Normen wird dabei einfach übersehen.

Der Begriff des „allgemeinen Gesetzes" verlangt einen Befehl, der „omnes tangit", damit dann in der Demokratie ab omnibus decidetur. Davon kann heute in weitestem Ausmaß nicht mehr die Rede sein, und daraus entsteht Gesetzesindifferenz, Gesetzesmüdigkeit, bis hin zum vollen Gesetzesdesinteresse – ja zu etwas noch weit Gefahrvollerem: zu der daraus fast notwendig sich entwickelnden Grundüberzeugung, dass dieses Gesetz, welches einen „so gar nichts eigentlich angeht", eben doch von Bedeutung sein könnte, aber negativ: erlassen und angewendet von und für andere.

So löst denn der Verlust der Allgemeinheit des Gesetzes eine in ihren Auswirkungen kaum abzusehende psychologische Gesetzeskrise bei jenen „Adressaten" aus, welche sich als solche schlechthin nicht mehr fühlen können.

b) *Vom „gleichen Gesetz" zum „Gesetz als realitätsnahem Ausnahmenkatalog"*

Die Gleichheit hat das Gesetz hervorgebracht, aber das Gesetz ist ihr nicht treu geblieben. Verwirklichen sollte es sie mit seinen generellen Imperativen, ausgleichen und gleichschalten die immer neu auftretenden undemokratischen Ungleichheiten. Diesen Kampf mit der Hydra der Differenzen hatte der Gesetzgeber weithin in sozialer Einebnung gewonnen – nun beginnt er ihn auch dort noch zu verlieren, weil er ihn an der anderen Front, der Spezialisierung, schon seit langem nicht mehr gewinnen kann.

Die Norminflation mit ihrer Gesetzesspezialisierung hat die Gesetze weitgehend in Ausnahmenkataloge verwandelt; und wo sie nicht auf der Gesetzesebene durchbrochen und relativiert werden, geschieht dies, nun schlechthin unabsehbar, durch Verordnungen, Erlasse und duldende Praxis; denn Strenge hat der Gesetzesstaat seit langem verlernt.

Dafür sorgt schon der vielköpfige Volksgesetzgeber, der darin vor allem sich vor Arbeitslosigkeit schützt, dass er Ausnahmen und Unterschiede aus der Gesellschaft in die Allgemeinheit des Gesetzes transformiert; und ist er nicht gerade dazu in der Demokratie berufen? So entwickelt sich denn das Parlament immer mehr zum Ausnahmegesetzgeber, die Exekutive, die doch die Macht des Einzelbefehls sein sollte, wird zum Hort der Allgemeinheit jener Gesetze, welche sie in solchen Formen vorbereiten mag, um sie dann aber in Ausschüssen durchlöchert zu sehen. Und wo das Parlament dies nicht vollendet, greift jene Gerichtsbarkeit ein, welche den Willen des Gesetzgebers keineswegs nur fortdenkt, ihn vielmehr, in ununterbrochener, kaum im einzelnen feststellbarer Erosion, „in Ausnahmen" in sein Gegenteil verkehrt – ihn durchlöchert.

Überhaupt wird das Gesetz mehr und mehr zur Festlegung von Unterschieden, nicht mehr zur Herstellung von Gleichheiten. Dabei ist die Wirkung des Gesetzes als Differenzierungsinstrument direkte Funktion der Normenzahl. Denn die „Konkretisierung" lohnt sich ja nur dann, wenn in ihr überall verschleierte Gegenprinzipien wirksam werden. Auch dieses weit überstrapazierte Wort der „Konkretisierung" überdeckt nur immer neue, kleine und kleinste Gesetzeskrisen. Abgesehen davon, dass die Abbildungslehre „Gesetz nach Realität und zugleich in Gleichheit" an sich schon in Spannung steht zur Wirklichkeit mit ihren zahllosen Ungleichheiten – in einen erstaunlichen Widerspruch verfallen hier die Vertreter jener Abbildungslehre, welche vom Gesetz Wirklichkeitsnähe verlangen, bis zur photographischen Abbildung der Realität; und sie fordern gar Kontradiktorisches, wenn sie zugleich jene Normen entkomplizieren wollen, die doch eine Realität abbilden sollen, welche mit steigender Erkenntnis nur immer noch komplexer wird. Längst hat in der Tat das Gesetz den Anspruch zu verwirken begonnen, diese Wirklichkeit zu gestalten; kaum dass es sie noch zu bewältigen vermag – es will sie schlechthin nurmehr rezipieren, und zerbricht dabei an ihrer immanenten Unordnung. Nur dort, wo die Normen zurückfinden zur Einfachheit eines Befehles, bis in dessen militärische Ungeistigkeiten hinein, wagen sie wieder der Wirklichkeit jene Gewalt anzutun, ohne die es ein Gesetz nicht geben kann. Auftrag des Gesetzes war es, sich die Welt untertan zu machen, nicht sie in seine nur zu oft uralten Schläuche zu füllen. Diesem geistigen Gestaltungsauftrag, der längst vor dem Beginn demokratischen Denkens schon erteilt wurde, wird das „Gesetz als realitätsspiegelnde Ausnahmenliste" untreu, auch und gerade im Namen einer Demokratie, die ihm doch neuen Legitimationsantrieb hatte verleihen sollen.

Kritik an einer die Gesetze in realitätsnahen Ausnahmenregelungen auflösenden Demokratie ist ebenso sinnlos wie die Kritik an der Wirklichkeit, oder gar noch an den immer weiter verfeinerten Mechanismen, diese zu erkennen und sich ihr anzupassen. Hier sind allenfalls Bilderstürmer am Werk oder Maschinenzertrümmerer, sie werden enden wie ihre Vorgänger: nach vielen Zerstörungen im Namen „eiserner Gesetze" oder Gesetzmäßigkeiten – im Sowjetreich wurde dies bereits erlebt – in immer neuen Öffnungen zur stärkeren Realität, damit zu immer noch schwächeren Gesetzen.

II. Beständigkeitsverlust – das Gesetz als Opfer der Zeit

1. Änderungsnotwendigkeit: Folge der Norminflation

Inflation bringt Abwertung, die Gesetzesinflation hat die Normen abgewertet, immer neue Scheine müssen gedruckt werden. Je zahlreicher sie ausgegeben werden, desto rascher steigt der Änderungsbedarf.

a) Normenzahl – Änderungsbedarf in Potenz

Die unübersehbare Masse der Normen ruft schon durch ihre Zahl nach Änderung, mehr noch darin, dass sie sich in immer tieferen Spezialisierungen verästelt, sich damit immer weiter entfernt von Unabänderlichkeitsidealen der höchsten Verfassungsebene.

Bei Änderung der bestehenden Bestimmungen allein kann es nicht bleiben, jeder neue Gesetzgeber steht unter dem Gesetz, dass er sein Gesetz ändern muss – und zugleich noch immer mehr andere Befehle, ihren Normen nahe. Die zunehmende Liste der Übergangs- und Schlussbestimmungen zeigt dies ebenso deutlich wie die Praxis der Artikelgesetze, in welcher die Unübersichtlichkeit der Normänderungen sichtbaren Ausdruck findet: Ein Strich des Gesetzgebers – und nicht so sehr Bibliotheken als vielmehr Normensammlungen werden zur Makulatur, ihre Unbenutzbarkeit verliert sich im Meer der Loseblattsammlungen. Von einem Gesetz der „Potenzierung der Gesetzesänderungen" lässt sich bereits sprechen, nach welchem jede Modifikation ein rasch anwachsendes Vielfaches anderer zur notwendigen Folge hat, wenn der Gesetzgeber deren Ausmaß überhaupt noch überblicken kann. Sieht man dies zusammen mit all jenen Änderungsstößen, welche von einer Wirklichkeit auf die Gesetzgebung ausgehen, der sich diese doch immer mehr „anpassen", nähern will, so kann man in Umrissen wenigstens die Dimension dieses laufenden Transformationsprozesses in der Zeit ermessen, der sich geradezu mit einer Tendenz ins Unendliche notwendig wird steigern müssen. Ein Ende der Normenzahl ist ebenso wenig in Sicht, ja nicht einmal vorstellbar, wie ein solches der von ihr mit potenzierender Kraft ausgelösten Gesetzesänderungen. Dem menschlichen Geist fällt es schwer, das Unendliche zu denken; hier wird eines Tages der menschliche Wille versuchen müssen – unendliche Gesetze zu wollen.

b) Änderungsleichtigkeit – in unbekümmerter Zunahme

Unantastbarkeit des Gesetzes ist nicht mehr ein Wert an sich; selbst auf der Verfassungsebene wird er in zunehmender Technizität der Normänderung und in der Konstitutionalisierung technischer Details aufgegeben, auf der höchsten Ebene der staatsformbestimmenden Normen verdämmert Unantastbarkeit zur Theorie.

Dementsprechend verstärkt sich, die Normstufen absteigend, eine Änderungsleichtigkeit bis hin zur Unbekümmertheit, mit welcher jenes Gesetz modifiziert werden kann, welches als solches ja, anders als früher Könige, keinen Widerstand leistet. Längst ist etwas entstanden wie eine Gesetzesmaschinerie, und sie wird nun rasch zur Gesetzesmaschine. Die Änderungsformen sind eingespielt seit langem, und Maschinen wollen laufen. Die Leichtigkeit der Änderungsmöglichkeiten verführt dazu, und Demokraten erfreuen sich auch noch an dem, was sie als eingespielt loben, weil es doch stabilisiere, was aber in Wahrheit durch Auflösung destabilisiert. Das Formale hat noch immer rasch auf das Inhaltliche hinübergewirkt, es mit seinen Leichtigkeiten materiell verändert. Hier wird darin sogar eine höhere Stufe erreicht: eingespielte Änderungsleichtigkeit wird zur Änderungsversuchung.

Wer nicht zur Änderung bereit ist, erscheint als rückständig, wer nicht verbessert, wird verschlechtern, wo doch Meliorierung so leicht ist. Die Gesetzgebung wird mehr und mehr zum Selbstläufer in einer Welt, der Passivität ein schlechtes, Aktivität ihr bestes Wort ist. Dies sind auch nicht erst Feststellungen der Gegenwart, schon seit langem wirken diese Versuchungen, seit dem Beginn der verlorenen Traditionen. Da war mit allzu leichter Ironie die Rede davon, dass il n'y a que le provisoire qui dure; der nächste

Schritt folgte rasch: „Il faut que ça change"! Mitgerissen wurden von dieser Dynamik selbst diejenigen, welchen mit gleicher Leichtigkeit das Etikett der Konservativen aufgeklebt werden konnte: Auch sie mussten nun Provisorien suchen und begrüßen, gerade wenn sie Dauerhaftes im Grunde wollten. Das Gesetz als ständige Gegenwart – das war eben nun Vergangenheit.

c) Änderung mal Änderung: Klarstellungen, Systematisierungen, Vernetzungen

Der Wettlauf der Änderungen reißt nun gerade jene mit sich fort, welche dem Gesetz noch etwas von Beständigkeit in der Zeit bewahren wollen. In einem überall sichtbaren Paradox werden eben die, welche Stabilität der Gesetzeslage suchen, erst recht in deren ständige Änderungsdynamik geworfen.

Die Normenmassen wollen Klärung bringen – aber sie rufen erst recht ständigen Klarstellungsbedarf hervor. Die Gesetzgeber sind alle der aufklärerischen Illusion erlegen, dass der Normadressat nicht immer versuchen wird, dem Gesetz zu entkommen, das ihn bindet. Und so stellt er denn klar, der Gesetzgeber, der Richter, der Verwaltungsbeamte, was sogleich wieder umgangen wird, vor allem aber unklar ist in seiner Spezialisierung und neuer Klarstellung bedürftig. Die Klärung bedeutet nicht ein dauerndes, sonst meist eben doch nur – wieder ein neues Gesetz.

Doch dies sind zunächst nur Erscheinungen auf der Ebene der Wortauslegung der vielen Bestimmungen. Nun müssen diese aber, bevor sie sinnvoll angewendet werden können, noch in Systeme gebracht werden, und daran versuchen sich Gesetzgebung wie Gesetzesauslegung und Gesetzesanwendung gleichermaßen mit immer nur einem Ergebnis: der ständig weiteren Verschiebung von Normlagen.

Dass zunehmend das alte Wort von der Kodifikation wieder gebraucht wird, dass disparate Gesetzgebungstrümmer – denn oft muss man von solchen schon sprechen – zusammengefasst werden in „Gesetzbüchern", Umwelt- und Sozialgesetzgebung als Beispiel, mag zunächst beruhigen. Liegt darin nicht gerade ein Aufbruch zu neuer Stabilität, ja zu einer Änderungslosigkeit, in welcher doch die alten Codices hatten überdauern können? Abgesehen davon allerdings, dass ihr Schicksal in neuester Zeit so beständig denn doch nicht mehr war – hier wird mehr zusammengeleimt als zusammengeschweißt, was die Fluten der Gesetzesinflation rasch wieder auflösen werden. Ob der heutige parlamentarische Gesetzgeber zu wirklicher Kodifikation, normativen Gedankengebäuden aus einem Wurf, überhaupt noch fähig ist, mag füglich bezweifelt werden; solche Kräfte verströmt er allenfalls in Verfassunggebungen. Diese „Gesetzbücher" präsentieren sich denn auch als Kompilationen in einem Sinn, der Änderungen durch Spezialgesetze nicht nur nicht ausschließt, sondern sie ruft. Gerade weil man die Einheit eines Sozialgesetzbuchs halten will, wird man ständig, auf zahllosen Wegen, ihm etwas hinzufügen, ein anderes herauslösen, und dann setzt eben doch jener Systematisierungsbedarf ein, den die wenigen gemeinsamen Normen „Allgemeiner Teile" so gut wie nie haben befriedigen können. Irrglaube ist es ja, dass Kompilationen änderungsfest seien, weil etwa die größte dieser Art, das Werk des Justinian, viele Jahrhunderte überdauern konnte. Es setzte sich durch mit der geistigen Überlegenheit der höheren Zivilisation – wie aber könnte dies heutiger Gesetzgebung gegenüber einer künftigen zuerkannt werden, welche sich doch allenfalls, im Namen des ständigen Fortschritts, ihr noch weit überlegen fühlen wird? So ist denn gerade diese immer noch weiter fortgeschrittene, intelligentere Zukunft erst recht aufgerufen, wenn nicht zu ändern, so doch „besser zu systematisieren", zusammenzuordnen; gerade darin schafft sie nichts anderes als neue Normlagen, neue Gesetze.

Gestärkt wird sie in diesem Bemühen und in ihrem Optimismus noch durch technische Möglichkeiten einer früher unbekannten „Vernetzung"; im Namen dieses weiteren, neuen „guten Wortes" wird zwar zusammengeschlossen und gleichgeschaltet, gerade darin aber erst recht laufend verändert, denn Vernetzungsbedarf, vor allem aber Vernetzungsmöglichkeiten hören nie auf, sie steigern sich.

Die Schnellpressen der Verlage laufen nicht nur mit in dieser Entwicklung, mit ihren Loseblattsammlungen und jährlichen Neuauflagen, Folgeformen der noch zu behandelnden Jahresgesetze, oft scheint es, als seien sie dieser Entwicklung gar noch voraus. Jedenfalls finden neue Medien stets noch weitere und bessere Wege zu immer weniger beständigen, immer schlechteren Gesetzen.

2. Periodische Gesetzesänderung – Folge oder Ziel?

a) Gesetz – das wesentlich Unperiodische

Niemand wird behaupten wollen, Zeitablauf müsse sich in der Gesetzgebung notwendig niederschlagen, Gesetzeserlass, Gesetzesänderung seien notwendig oder gar wesentlich periodische Vorgänge. Das Gegenteil trifft zu: In der bekannten Geschichte waren Gesetzesänderungen im Grunde stets ein außerordentliches Ereignis, etwas wie eine Haupt- und Staatsaktion, weil sie eben die immanente Stabilität des Gesetzes in Frage stellten. Hierzu bedurfte es bedeutender Aufschwünge, Orakelreisen mussten unternommen werden, und noch die neueste Zeit verband dies alles mit der Vorstellung von Revolutionen, die sich ja durchaus nicht nur in den oft unverbindlichen Verfassungsbrüchen ausdrückten, sondern, wie etwa die Enteignungsgesetze der Französischen Revolution, gerade in einfacher Gesetzesform ergingen. So heilig war das Gesetz in seiner Beständigkeit, dass eben noch im 19. Jahrhundert nach dem Beruf zur Gesetzgebung gefragt und dieser in Zweifel gezogen werden konnte. Selbst Kodifikationsbewegungen sind hier kein Gegenbeweis, erwuchsen sie doch weit eher aus dem Bemühen, Änderungen nun endlich zu beenden, als aus dem Streben, neue anzustoßen. Das Gesetz war eben geschichtlich stets Ausdruck eines „Es ist erreicht". Mit dem Erlass des Gesetzes konnte sich die Macht zur Ruhe setzen. Periodische Gesetze – ist das nicht ein Widerspruch in sich? Nun aber ist gerade diese Entwicklung im raschen Lauf.

b) Novellierung als Fortschritt

Seit 1945 hat sich, insgesamt wenig bemerkt aber doch deutlich aus heutiger Sicht, eine Entwicklung verstärkt oder gar neu entfaltet, welche sich von Grundstimmungen des 19. Jahrhunderts weit entfernen sollte: Mit zunehmendem Abstand von jenem Pandektismus, der letztlich eben doch stets getragen war von rückwärtsgewandter Überzeugung, von der Güte des zu Entdeckenden, gewiss nicht zu Ändernden, entwickelt sich nun, nicht zuletzt unter dem Einfluss des vordringenden Parlamentarismus, die Vorstellung von der Novellierung als Fortschritt. Gesetzesänderung ist nicht mehr problematisch, nicht mehr Ursupation einer zweifelhaften Berufung zur Gesetzgebung. Sie verliert das, was das Recht im Grunde stets gekannt hat: ihren „juristischen Schrecken", ja sie wird zur Gewohnheit.

Der Gesetzgeber bescheinigt sich dies selbst, in der Überschrift zu seinen ständigen normativen Bemühungen: Das neue Gesetz wird zur „Verbesserung", und dies bedarf, in aller Regel, keines näheren Beweises, nicht im Text der Normen selbst, nur selten in deren regierungsamtlicher Begründung. Wo immer aber derartiges doch zweckmäßig erscheint – notwendig ist es nie – da werden eben „günstige Entwicklungen verstärkt", „Missbräuche verhindert", Errungenschaften „gesichert", oder wie sonst noch die Formeln gesetzgeberischen Eigenlobs lauten mögen; und da hierbei die Rationalität so oft durch politische Überzeugung ersetzt wird, bedarf es auch näherer Begründung nicht – wäre Novellierung nicht Optimierung, warum hätte sie dann kommen sollen, von der zwar nicht alles wissenden, aber doch das Beste wollenden Mehrheit verabschiedet?

So hat auch das Recht endlich zu seinem Fortschritt gefunden, unaufhaltsam erscheint er wie naturwissenschaftlich-technischer Progress.

Von vornherein lag darin ein gewisses Zeitelement, wie es ja jedem Fortschritt eigen ist: Nicht vorstellbar erscheint, dass längere Perioden ablaufen ohne Fortschritt; und wo er nicht ohne weiteres „von selbst kommt", wie eben im technischen Bereich, genügt es da nicht, ihn – zu wollen, in neuer Gesetzgebung? So liegt denn darin geradezu ein Ansatz zu periodischer Novellierung, sie muss sich dem Rhythmus des Fortschritts anschließen; je rascher er sich insgesamt bewegt, desto mehr überzeugt die These von der Reformbedürftigkeit des bisherigen Rechts. Und da hier nun alles machbar erscheint durch Gesetzgebung, nicht mehr nur nachvollziehbar in einem „Überbau" von Normen, der sich vielleicht zu langsam nur der gewandelten Wirklichkeit angleicht, dringt politische Dynamik ein in jene Gesetzgebung, im Gefolge einer vollständigen Kehrtwendung: Die bisher durch Geltungsdauer bewiesene Güte der Normen wandelt sich in die Überzeugung von ihrer Abnutzbarkeit. Die Gesetze werden regelrecht abgeschrieben im steuerrechtlichen Sinn, bis hin zur völligen, auch geltungsmäßigen Wertlosigkeit.

Doch was noch weit gefährlicher sich auswirkt in dieser zeitlichen Sicht der „Mitbewegung des Gesetzes mit den zeitlichen Abläufen", ist nun etwas, das gerade dem Gesetz seit Jahrhunderten, zunehmend mit der demokratischen Entwicklung, wesentlich ist: sein Wesen als Ausdruck des Wollens, wie sehr dies auch fingiert werden mag. Dann aber liegt doch eine Folgerung nahe: Ob nun Fortschritt in der Zeit realisiert wird, im außerrechtlichen Bereich, oder ob sich dort „die Zeiten in sich drehen" – rechtlich lässt sich dieser Progress doch „herbei-wollen". So wird das Gesetz zum postulierten Fortschritt, zum befohlenen Progress. Seine Schöpfer wollen ihn vielleicht nur vorwegnehmen, mit ihrem Willen antizipieren, erzwingen; doch vor allem gibt es ihn in ihrer geschlossenen Normenwelt, und irgendwann wird ihr doch die Realität folgen, wenn schon nicht die Norm der Wirklichkeit ...

c) Von der Gesetzgebungsperiode zum „periodischen Gesetz" – Haushaltsgesetz, Tarifverträge

In alten Zeiten, ja noch vor wenigen Jahrhunderten, mochte der Gesetzgeber verdämmern in Orakelsprüchen, von oben den Menschen geschenkten Tafeln oder einer im einzelnen gar nicht nachzuzeichnenden, gerade darin aber unsäglich weisen Entwicklung vielfacher Jurisprudenz. Der Gesetzgeber trat zurück, und eben deshalb – blieb das Gesetz stehen in der Zeit, als wenn nur ein nicht allzu sichtbarer Gesetzgeber mit seinem Willen Bestand haben könnte. Nun aber tritt, wie in diesen Blättern schon mehrfach bemerkt, die Legislative ins Rampenlicht, der Gesetzgeber wird zum Gesetz, sein Geschöpf hat ihm zu folgen. Antiquiert war bereits zu Weimarer Zeiten, aus demokratischer Sicht, die Vorstellung vom Gesetz, das klüger sein könnte als der Gesetzgeber; der Gesetzgeber ist die Ordnung – doch er steht in der Zeit, periodisch und mit ihm kommt es zum periodischen Gesetz, notwendig.

Ganz allgemein ist es schon kein Zufall, dass nicht von Parlaments-, sondern von Legislaturperiode die Rede ist; eines Nachdenkens wäre es wert, ob sich darin nicht eine erste, grundsätzliche Periodizität aller Gesetzgebung ausdrückt, damit ihre Relativierung in der Zeit.

Diese Entwicklung ist schon seit langem institutionell verfestigt: in der Jährlichkeit des Haushaltsgesetzes. Und wer sich kritische Gedanken macht über den Begriff eines „Gesetzes auf Zeit", der mag doch einmal nachdenken über die Selbstverständlichkeit, mit welcher ein großer, wenn nicht schon der größte Teil der Gesetzgebung „periodisiert" ist über das jährliche – oder nun auch, in zweifelhaftem Fortschritt, zweijährige Budget.

Mit dem gewohnten Kunstgriff, hier handle es sich um ein „Gesetz sui generis", um eine „Norm im rein formellen Sinn" – obwohl es derartiges im Grunde dogmatisch nicht geben kann – der sollte doch wenigstens erkennen, dass eine Unzahl materieller Gesetze in ihrem Inhalt an dieser Periodizität hängen, von ihr nicht nur geprägt, sondern in ihrer Geltung begrenzt werden. Dies gilt, seit langem schon und mit steigender Tendenz, nicht nur dort, wo Leistungsgesetze unter dem Vorbehalt der Bereitstellung von Haushaltsmitteln stehen, also im Grunde für den größten Teil der Leistungsgesetzgebung, welche damit in den Haushaltsrhythmus eingebunden wird. Dasselbe ist normative Wirklichkeit, schon seit Jahrzehnten, in zwei praktisch für die Bürgerschaft schlechthin entscheidenden Bereichen: in der Rentenanpassung und im Besoldungs- und Versorgungsrecht der Beamten. Hier ist ein großer und überaus wichtiger Teil der Gesetzgebung seit Jahrzehnten auf jährliche Periodizität festgelegt. Diese Erkenntnis wiederum sollte den Blick weiten für eine andere, noch bedeutendere Periodizität normativer Regelungen: im Bereich der Tarifverträge. Mit Selbstverständlichkeit hat man sie, in ihren Regelungen von Bezahlung und Arbeitsbedingungen, seit langem gesetzlichen Normen gleichgestellt – ohne je, soweit ersichtlich, vertiefend darüber nachzudenken, dass damit die zentral wichtige Gesetzgebung „für den Bürger periodisiert worden ist", in kurzen Abständen, unterteilt sogar noch durch länger andauernde Normgebungsverfahren, welche im Tarifbereich ähnliche Zeitdauer beanspruchen wie ein Parlamentsgesetz.

So ist unbemerkt die Vorstellung vom „Jahresgesetz" ins juristische Denken eingedrungen, die Idee von einem Gesetz, das sich nicht nur jede Zeit neu schafft, ja ruft, das vielmehr mit astronomisch geregeltem Ablauf kommen muss, mit der Sicherheit der Bewegung der Himmelskörper. Sieht man diese nun zusammen mit der ebenfalls kalendermäßigen Ordnung der Legislaturperioden, so erscheint das Zeitgesetz eher als der Grundtypus des Gesetzes von heute denn als dessen Ausschliff oder gar Pervertierung.

Hat man je darüber nachgedacht, welche Totalwendung damit die parlamentarische Gesetzgebung, vom Anfang der Macht der Volksvertretungen an, in den Gesetzesbegriff gebracht hat?

d) Das Jahressteuergesetz – nur eine notwendige Etappe

Doch im Abgabenbereich kam es nun zum Schwur auf das periodische Gesetz, dort wurde der Gesetzesdogmatik des Rechtsstaats klar, dass sie sich einem völlig neuen Gesetzesbegriff verschrieben hatte, in jedem Sinne dieses Wortes. Eigentlich hätte dies notwendige Konsequenzen für eine Normierungspraxis bedeuten sollen, welche doch auf der Ausgabenseite die Perioden längst eingeführt hatte – warum dann nicht auf der Einnahmenseite? Und immerhin war das Steuerbewilligungsrecht schon in älterer Zeit ebenso selbstverständlich Vorrecht des Parlaments, wie es in einer gewissen Periodizität ausgeübt werden musste, um der Volksvertretung laufenden Einfluss auf die Staatsgeschäfte zu sichern.

Doch auf der anderen Seite wirkte die These von der notwendigen Verlässlichkeit und Beständigkeit der Steuern, und wenn irgend etwas einer Vertrauensgrundlage bedurfte, so war es dieser Bereich, auf dessen Grundlage doch über viele Jahre disponiert werden sollte. So mag es sich erklären, dass erst spät und nicht in klarem Bewusstsein der Schritt von der periodischen jährlichen Ausgabe zur periodischen jährlichen Einnahme getan wurde, und dass er geistig noch immer nicht vollzogen ist, ja bei wirtschaftenden Bürgern blanke Angst hervorruft, vor einer solchen Norm gewordenen Unbeständigkeit des Gesetzes.

Doch langsam, mit einem Mal fast unversehens, getragen von Notwendigkeiten der Finanzplanung, hat sich auch diese periodische Vorstellung dort durchgesetzt, wo sie sich ursprünglich – und sei es auch nur in mangelhaftem Verständnis des demokratischen Parlamentarismus – nicht hatte offen Bahn brechen können. Der Sieg des Jahressteuergesetzes, mit all seinen immanenten Notwendigkeiten und Versuchungen zur Steuerfluktuation, ist nur Etappe einer Gesetzgebung, welche den Jahresturnus in den Staat trägt, in dessen wichtigste Machtausprägungen. Und wäre dies denn so ungewöhnlich, so neuartig, wo schon große Imperien im Jahresturnus ihre ganze Macht organisiert haben, unter Konsuln und Prätoren, ist Periodizität der Macht wirklich Gefahr, nicht, ganz im Gegenteil, ein Ideal transparenter, minimierter Gewalt? Eines scheint heute schon sicher:

Eine Periodisierung wird zur anderen führen, der Kalender bestimmt den „Fortschritt", er wird sich in keinem Bereich des Rechts aufhalten lassen, auch wenn er, in seinen materiellen Inhalten, in bestimmten Sektoren eigentlich unnötig, ja gefährlich erschiene. Je mehr der Staat „fördert" und

„hilft" mit seinen periodisch beschlossenen Haushaltmitteln, desto notwendiger erscheint es, dass er dies auch erstrecke auf alle anderen Regelungen – von der Periodizität der Subventionsgesetze, der Staatshilfen, zur zeitgeprägten, auf Zeit geltenden Norm als solcher. Allzu lang kann, so scheint es, der Weg nicht sein, und er führt zu einem völlig neuen Gesetzesverständnis.

e) Bezifferung und Geldentwertung – Versuchung und Zwang zur „Anpassung"

Anpassung ist moderne Notwendigkeit für alle Gesetze, zugleich ihre überzeugende Legitimation vor der Bürgerschaft; in ihr mag etwas von Periodizität liegen, doch nicht notwendig führt sie gerade zu derart festen Etappen. Ein anderer, notwendiger Kontakt mit einer sich wandelnden Realität dagegen wirkt in diesem periodisierenden Sinn, verbunden mit einer buchhalterischen Gesetzestechnik der Einnahmen und Ausgaben: die „Gesetzesbezifferung".

Iudex non calculat mochte sicher ursprünglich den vom klassischen Römischen Recht vorgegebenen Sinn haben, dass die Berechnung von Forderungen im einzelnen nicht vom Rechtskundigen zu leisten sei, sondern von einer buchhalterisch-tatsächlich versierten Instanz; und es mag dahinstehen, ob sich darin nicht, in alter Weisheit, die Grundunterscheidung zwischen Recht auf der einen Seite – ökonomisiert-betriebswirtschaftlichem Denken auf der anderen ausdrückte. Doch es liegt darin noch eine andere, und gewiss nicht geringere Weisheit rechtlichen Denkens: Der Richter ist ein Bewerter, nicht ein Ausrechner, ihn interessiert zuerst der Rechtsgrund, nicht die Höhe des Eingeklagten. Zu dieser letzteren sagt ihm ja auch das Gesetz, unter welchem er steht, meist nichts, hier muss die richtige Lösung der Wirklichkeit entnommen werden, dem einzelnen Fall, in dessen Ziffern das Gesetz nicht hinabsteigt.

Doch in moderner Gesetzgebung, nicht nur im Sozial-, sondern vor allem auch im Steuerbereich, hat sich etwas entwickelt, was man die „Bezifferung des Gesetzes" mit Fug nennen könnte: Auf Heller und Pfennig hat der Gesetzgeber, haben seine Juristen zu rechnen gelernt, in ihren Besoldungs- und Steuertabellen, sie wieder sind nur legislativ-administrative Entfaltungen gesetzgeberischer numerischer Vorgaben. Hat man je die Frage vertieft, was sich damit an grundsätzlicher Veränderung im Gesetzesbegriff vollzogen hat, in diesem Abstieg des Gesetzes ins Kalkül? Eines mit Sicherheit, die Praxis zeigt es, und hier wirft sie das Gesetz aus den Ziffern in die Periodizität: Zahlen lassen sich eben leichter verändern als Eigenschaften, Qualifizierung ist änderungsfeindlich, in ihrer Schwierigkeit; Quantifizierung ruft geradezu nach mehr Änderungen des Gesetzes, zu periodisch quantifizierten, kleinen, immer noch kleineren, bis die Gesetzgebung schlechthin übergeht in ausrechnende Verwaltung, sich an deren Stelle setzt. Hier nun ist Angleichung unschwer zu leisten, Abbildung der Wirklichkeit, und so kommt aus den Zahlen, unabhängig von ihrer mathematischen Überzeugungskraft der Richtigkeit, die Legitimation einer Realitätsnähe, wie das moderne Gesetz sie sich besser nicht wünschen kann. Doch der Schritt zur Periodizität wird mit eben diesem Beziffern und Rechnen leicht, geradezu natürlich, vorgegeben und notwendig: Die Inflation lässt sich berechnen und trägt ihre Wirkungen in diese bezifferte Gesetzgebung. Mit der wenn nicht unzweifelhaften, so jedenfalls weithin unbezweifelten Macht der Statistik zwingt sie den Gesetzgeber in eine Angleichung, die er mit seinen Listen, seinen Zahlen und Tabellen wie mit Gefäßen vorbereitet hat, in welche sich nun die Geldentwertungen fassen und in denen sie sich bewältigen lassen.

Periodische Angleichung ist angesagt, mit der Änderung des Geldwertes, begonnen hat dies mit Macht in jenen Tarifverhandlungen, auf deren Tischen zuallererst die Statistiken der Geldentwertung liegen. Von dort setzt sie sich fort in den gesamtsozialen-, in den Besoldungs- und Versorgungsbereich der Beamten, in eine Leistungsgesetzgebung, in welcher der Staat seine Hilfen allerdings meist nur zögerlich dem Geldwert anpasst. Wieder zeigt sich hier die schon öfter erkannte Parallele von Gesetz und Währung – mit der Geldentwertung müssen sich die Gesetze ändern, Währungsänderungen bedeuten Gesetzesinflation, Normentwertung ist die Folge. So leise schleichend vollzieht sich dies, über periodische Angleichungen, dass die Befürworter des stabilen Gesetzes darin sogar noch den Sieg des Gesetzes über die entwertende Ökonomie feiern können. Doch in einer tieferen Strömung vollzieht sich die Abwertungsbewegung auch im Raum der Gesetze. Und wieder ist es der Leistungs- und Sozialstaat, in dessen Namen all diese Periodisierung zur Notwendigkeit der „sozialen Gerechtigkeit" erwächst; nur hier ist sie wohl fassbar, ohne dass sie sogleich nivelliert, aber die Periodizität der Anpassung gibt ihr auch diese Chance: Den Schwächeren kann doch auch hier immer ein wenig mehr geholfen werden – und dies dann laufend.

f) Periodisierung des Gesetzes: ein neues Staatsverständnis

Periodisierung des Gesetzes findet nicht nur praktische Anlässe und historisch sich entfaltende Gründe in der Parlamentsgesetzgebung. Ihr tieferer Grund, und damit eine wahrhaft überzeugende Legitimation liegt heute in einem neuen Staatsverständnis, das sich gerade in einer grundlegenden Wandlung des Gesetzesbegriffes vollzieht: Der Staat wird nicht mehr als organisierte Ordnungsmacht begriffen, welche Befehle in normativer Form ausstrahlt, niemandem dafür geordnete Rechenschaft schuldig ist als nach Jahren vielleicht einer Bürgerschaft, die auch für die Vergangenheit nichts mehr zu ändern vermag und nur in politischer Annäherung „kontrolliert". Nun ist vielmehr, man mag es so nennen, die Staats-Aktiengesellschaft geboren, der gesamte Staat strebt einem Organisationsideal zu, dem er sich, auf seinen „untersten", aber bürgerwirksamsten Stufen bereits nicht nur genähert, in das er sich bereits gewandelt hat, in zahllosen öffentlichen Gesellschaften. Dort überall beugt er sich den Gesetzen der ökonomischen Buchführung, der kurzfristigen, periodischen Überwachung in Wirtschaftsprüfungen, seine Bilanzen legt er diesen Prüfern nach wenigen Monaten schon offen. Wie sollte das nicht auch, und rasch zunehmend, die höhere Macht der Staatlichkeit erfassen, jene Gesetzgebung erreichen, welche doch als Finanz- und Leistungsbilanz einer Staats-Aktiengesellschaft erscheinen muss?

Hier kann es kein „wait and see" auf längere Sicht geben, die Kontrollperioden müssen verkürzt, die Überwachung gestrafft werden. Moderne Unternehmensführung wird den Staat in Kürze in Organisationsformen drängen, in welchen er sich jenem laufenden Controlling zu öffnen hat, in dem ihn Überwachung eben begleitet; dies aber wird sich nur in immer noch kürzeren, überschaubaren, jedenfalls aber festen Perioden leisten lassen. Wahlen mögen zu solchen Zwecken eingesetzt werden, ihre unverschiebbare Periodizität zeigt jenes politische Controlling an, das auf solche Weise erfolgen soll. Und von Rechnungsprüfern des Staates wird schon zwischenzeitlich erwartet, dass sie dem Parlament gegenüber ihre Testate abgeben – am schwächsten wirken sie allerdings erfahrungsgemäß in jener Zeit, welche dem politischen Controlling unmittelbar vorhergeht. Damit aber wird nicht nur die Gesetzesausführung überwacht, die Rechnungsprüfung kann und darf vor einer Gesetzgebung nicht Halt machen, welche im Grunde ja das Verhalten des Unternehmens Staat in den Grundlinien bereits festlegt. So ist denn immer mehr ökonomische Überwachung auch des Volkssouveräns angesagt, periodisch und ohne Rücksicht auf die Bewegungen seines politischen Weltbildes.

Nun ist eines für die Erkenntnis der notwendigen Entwicklung des Gesetzes zur Periodizität entscheidend: Diese ökonomische Periodisierung erfasst zunächst nur den wirtschaftlichen Bereich der Staatstätigkeit, aus der Gesetzgebung heraus. Gewiss ist er an sich schon derart bedeutend, dass seine Ausstrahlungswirkungen den größten Teil der „Tages-Gesetzgebung" erfassten. Doch manches scheint davon unabhängig zu bleiben, eben jene Bereiche, in denen der gesetzesanwendende Richter „nichts zu rechnen hat", welche aber den eigentlichen Kernbereich des Gesetzesbegriffs herkömmlich bilden – das Bürgerliche Recht vor allem, aber auch manche Ordnungsgesetze des Öffentlichen Rechts, etwa der hoheitlichen Polizeiordnung. Gehen nicht wirtschaftliche Entwicklungen an all dem weithin vorüber, so dass derartige Gesetzeswerke, nicht selten kodifikationsähnlich, sich der Notwendigkeit der Periodizität entziehen?

Gewiss ist hier noch gegenwärtig – und wird auch bleiben – etwas von Zeitstillstand im Gesetz, etwas sogar von konsensgetragen begrüßter Zufriedenheit mit dem Hergebrachten, „dem alten guten Gesetz". Abgesehen davon aber, dass auch diese Bereiche von der bereits erwähnten Fortschrittswelle erfasst werden, gerade dort, wo sie technisch verflochten erscheinen, wie in Bauordnungen und im Waffeneinsatz – die gesetzgeberische Staats-Grundstimmung wird und muss auch diesen Bereich auf Dauer erfassen, in einem gleichschaltenden Denken: Auch hier gilt es doch, die staatliche Leistungsbilanz zu kontrollieren, genau diese Gesetze stellen Staats-Leistung dar, wenn auch in einem weiteren Sinn der „Ordnungs-Leistung". Ist es wirklich auf Dauer vorstellbar, dass nicht auch hier periodisch Rechnung zu legen ist, beginnt dies nicht bereits durch Parlamentsbeschlüsse über die Vorlage von Berichten, über „Erfahrungen mit einem Gesetz", die eben doch nicht mehr als einige Jahre auf sich warten lassen dürfen? In die Grundkonzeption der neueren Gesetzgebung passt dies jedenfalls nahtlos: Die Gesetzgebungslage als Gegenstand von periodischen Check-Listen; und kann nicht der Gesetzgeber gerade damit seine vielbeklagte „Praxisferne" überwinden, dass er sich periodisch eben berichten lässt, wie sich ein Gesetzgebungsbereich entwickelt habe, ist dies nicht schon Gegenstand zahlreicher periodischer Übersichten in Fachzeitschriften, jenen Vorläufern periodischer Gesetzgebung?

Das Gesetz auf dem Weg in seine Perioden – so könnte man eine Entwicklung überschreiben, welche in die schiere Gegenrichtung all dessen läuft, was bisher Norm hieß: vielleicht fiktive, jedenfalls ungewandelt-dauernde Gegenwart.

3. „Gesetz mit Verfallsdatum"

a) Das Gesetz auf Zeit – im Zuge der Zeit

Gesetze auf Zeit werden zunehmend gefordert, für unterschiedliche Rechtsbereiche. Darin liegt nicht nur eine Experimentierfreude, über welche noch zu sprechen sein wird. Hier zeigt sich nichts anderes als eine „unregelmäßige Periodisierung", dem Gesetz mit Verfallsdatum ist in veränderter Form das eigen, was bei manch anderen Normen schon der Kalender bestimmt. Von dieser Periodizität führt doch, geradezu in einem Erst-recht-Schluss, der Weg zum „Gesetz auf Zeit", das auch noch als eine Abschwächung mechanischer Über-Periodizität verstanden werden kann: Wo diese schon bedenklich erscheint, jene Machtkontinuität nicht sichert, ohne welche doch nach vielen weder regiert, noch auch nur geordnet werden kann, ist dort nicht die beste, die realitätsangemessene Lösung ein Gesetz, welches nicht weiter blicken will als der Gesetzgeber, als die Menschen seiner Gesellschaft zu schauen vermögen?

So scheint denn im Gesetz auf Zeit der Normgeber seinen Frieden zu machen mit jenen Kritikern, welche ihm formalistischen Mechanismus, ein Wirtschaften ohne Einbeziehung von Folgelasten vorhalten. Hier mag er sich dann auch mit Erfolg gegen den Vorwurf der Verallgemeinerung jener mechanistischen Kameralistik wenden, welche moderne Betriebswirtschaft schon längst zu ihren autoritären, befehlgebenden Vätern versammelt sehen möchte.

In jedem Sinne also scheint doch das Gesetz mit Verfallsdatum im Zuge einer Zeit zu liegen, welche gerade hier zu materienangepasster Flexibilität finden könnte, ohne auf ständige Verfallskontrollen zu verzichten.

b) Das Zeitgesetz – ein Gebot der Rechtsstaatlichkeit?

Modern ökonomisierende Gesetzgebungstheorien mögen wenig halten von einer Rückbindung an oder gar Ableitung aus höheren Verfassungsprinzipien. Hier aber scheint es, als könne sich das Gesetz als Kontrollgegenstand in Flexibilität auf den wenn nicht höchsten, so doch praktisch wichtigsten Grundsatz der modernen Verfassungsstaatlichkeit berufen: die Rechtsstaatlichkeit. In ihrem Namen wird doch gefordert, dass alles staatliche Handeln nicht nur überschaubar sein müsse, sondern auch noch – und dies ist ein großer Unterschied – vorhersehbar, soweit eben die Augen blicken, der Geist vorausberechnen kann. Hier mag es Streit geben können über die Weite des Absehbaren, über Prognosespielräume, welche dem Gesetzgeber einzuräumen sind. Dass er ihren Notwendigkeiten aber unterliegt, ist heute von absolutem Konsens getragen, und mag es auch keine Verfassungsgerichtsbarkeit in Einzelheiten vorherbestimmen können. Gerade in dem Recht zur Vorausschau, das hier dem Gesetzgeber bleibt, das keine Kontrollinstanz je wird auf Null schrumpfen lassen in allen Bereichen, zeigt sich ja auch die Praktibilität einer Forderung der Vorhersehbarkeit, welche vom Gesetzgeber nichts Unmögliches verlangt, ihn aber stets auf jenes Notwendige beschränkt, das sich ohne kontrollierte Prognose schlechthin in keinem Bereich je mit rechtlicher Präzision wird bestimmen lassen.

Das Zeitgesetz als Ausdruck der Rechtsstaatlichkeit, der Zwang, immer sogleich neu zu entscheiden, wenn sich Veränderungen abzeichnen am Horizont – ist dies nicht gerade Ausdruck des Vornehmsten an jeder Macht: ihrer Bescheidenheit, die sich nicht in Ewigkeitsansprüchen überschätzt?

Entgeht die Gesetzgebung nicht gerade hier jenem Vorwurf der Überalterung, welcher nach einiger Zeit wohlwollender, sodann mitleidiger Toleranz übergeht in eine Kritik, die mit dem Vorwurf des Ridicule tötet?

Aus der Sicht des Bürgers vor allem kann dafür doch Entscheidendes vorgebracht werden, wie es scheint: Das Zeitgesetz verstärkt sein Vertrauen, sein „Recht auf Sicherheit" im Staat, eine der atlantischen Grundfreiheiten. Für diese kürzere, vielleicht kurze Zeit scheint er doch nun endgültig gesichert, für sie darf er wirklich disponieren, ohne die rückwirkende Änderung eines Gesetzes befürchten zu müssen, das sein eigenes Verfallsdatum schon auf der Stirn trägt. Allenfalls mag er dem Gesetzgeber noch vorhalten, er habe zu kurz gesehen, gemessen an Dispositionskräften und -notwendigkeiten der Bürger, er zwinge sie in eine Kurzfristigkeit, in welcher er Ökonomie zu Politik verkürze. Doch kann ihm nicht geantwortet werden, es sei eben an ihm, sich auch darauf noch einzurichten, und gibt es denn überhaupt noch Besseres als diese Vorhersehbarkeit, ersetzt sie nicht weithin die Freiheit – ist sie nicht einfach nur: bessere Freiheit?

Das Gesetz auf Zeit – zugleich stabil und doch beweglich mit den Zeiten – ein neues Normideal?

c) Zeitgesetz gegen Rechtsstaat

Nähere Betrachtung zeigt jedoch, dass die Rechtsstaatlichkeit nicht nur grundsätzlich Gesetze auf Zeit nicht zu begründen vermag, dass sie vielmehr sogar durch eine derartige Praxis letztlich in dem schwer getroffen wird, was ihr Zentrum ausmacht: in der Bedeutung des Gesetzes, in dessen Begriff selbst. Rechtsstaatlichkeit ist in ihrem Kern Gesetzesstaatlichkeit. Wo immer das Gesetz jene Kraft verliert, aus der heraus im 19. Jahrhundert die Rechtsstaatlichkeit entwickelt worden ist, kann auch diese selbst nicht mehr ihre zentrale, die Sicherungsfunktion für den Bürger, erfüllen.

Zunächst spricht schon nichts dafür, dass das Zeitgesetz während der mit ihm vorgegebenen Geltungsdauer nun wirklich und unverbrüchlich in Kraft bleiben und damit ein erfülltes Vertrauen der Bürger in seine Wirkmächtigkeit begründen wird. Neuere Verfassungsrechtsprechung lässt sich eher für die Gegenthese anführen: Wenn schon einem Gesetz vom Parlament eine derart begrenzte Geltungsdauer auf seinen Wirkungsweg mitgegeben wird, so kann dies, ganz im Gegenteil, dafür sprechen, dass von Anfang an nicht mit einer derart grundsätzlichen Bedeutung des Gesetzgebungswerks zu rechnen war, dass man in sie überhaupt ein gesteigertes, ja vielleicht gar schlechthin ein Vertrauen setzten durfte. Keinesfalls lässt sich aus der zeitlichen Begrenzung ableiten, dass diese Normen über das Verfallsdatum hinaus gelten werden, dass gewissermaßen der Normenvertrag zwischen Legislative und Bürger aus einer zeitlich begrenzten in eine Vereinbarung von unbegrenzter Dauer umgewandelt oder dass diese nicht schon vor dem Verfallsdatum gekündigt werden wird. Analogien zum Arbeitsverhältnis oder zum Mietvertrag liegen, mögen sie auch auf den ersten Blick entfernt erscheinen, doch nahe: Wer nur auf Zeit beschäftigt ist, kann daraus weder Verlängerungshoffnungen ableiten, noch sich während der Vertragsdauer stärker gesichert fühlen als ein auf bestimmte Zeit Angestellter – wenn sein Vertragsverhältnis zusätzlich zum Verfallstag eben auch noch jederzeit durch Kündigung beendet werden kann; gerade dies aber ist der Fall jenes Zeitgesetzes, welches kein einfacher Gesetzgeber von der eisernen Regel der lex posterior ausnehmen kann.

Bei Leistungsgesetzen, welche ohnehin die Ansprüche der Bürger meist nur nach jeweils kürzerfristig verfügbaren Haushaltsmitteln begründen, mag sich eine zeitliche Begrenzung auf derartige Haushaltsperioden noch anbieten, und kein wie immer geartetes Vertrauen wesentlich beeinträchtigen. Im Begriff des Zeitgesetzes liegt aber, wird es einmal zu einer Regelkategorie der Gesetzgebung, eine ganz natürliche Erweiterungstendenz auf andere Gesetzgebungsbereiche, die an sich, aus ihrer Materie heraus, einer immanenten zeitlichen Begrenzung nicht bedürftig sind. Dort muss sich jedoch die zeitliche Eingrenzung zugleich in höchst gefährlicher Weise vertrauensschädigend auswirken und damit auf den Begriff des Gesetzes selbst entlegitimierend wirken: Fest steht dann, dass von einer Gesetzgebungstradition als legitimierender Kraft nicht mehr die Rede sein kann. Und im gleichen Zug verliert die Gewöhnung des Normadressaten an das Gesetz ihre zwar durchaus extralegale, damit aber keineswegs weniger bedeutsame Kraft. Gefördert wird in bedenklicher Weise ein Attentismus, in unterschiedlichen Richtungen: Die einen werden versuchen, eine mögliche oder gar angekündigte Verlängerung inaktiv abzuwarten – andere, bereits Betroffene wiederum werden Zeit verstreichen lassen in der Hoffnung, nachteiligen Folgen entgehen zu können. In jedem Fall wird durch das Zeitgesetz eine Versuchung zur Gesetzesumgehung geschaffen, die auch darin wirkt, dass rascher und in größerem Umfang von Wohltaten des Gesetzes Gebrauch gemacht wird, als der Gesetzgeber selbst ursprünglich gewünscht haben mag.

Kaum aufhalten wird man jedenfalls einen einmal eingerissenen Zug zu solchen begrenzten Geltungsdauern, wobei noch durchaus offen bleiben würde, ob die in solchen Fällen jeweils notwendigen nur „gegriffenen" Perioden der Geltungsdauer wirklich sachangemessen, ob sie nicht zu kurz oder auch zu lang bemessen sind, und ob im letzteren Fall die Gesetzgebung sich nicht selbst, wenigstens politisch, in unglücklich wirkender Weise an die Verfallsdauer binden, vorher in Untätigkeit verharren wird.

Normative Sicherheit jedenfalls kann das Gesetz auf solche Weise in erhöhtem Maße dem Bürger nicht bieten. Unabsehbar wird vielmehr der Gesetzesbegriff selbst geltungsmäßig relativiert, denn allgemeine Regeln über solche Geltungsdauer lassen sich nicht aufstellen. Für den Rechtsstaat und seine vertrauensbildende grundsätzliche Kraft ist also damit wenig gewonnen oder nichts – viel aber verloren:

Der Gesetzgeber relativiert auf solchen Wegen seinen eigenen Willen. Praktisch schafft er eben doch etwas wie eine „Zwei-Klassen-Gesetzgebung", und er wird mit der Notwendigkeit politischer Vorsicht seine Werke immer mehr der relativierten Kategorie zuordnen. Nahe liegen mag dann sogar eine Synchronisierung der Geltungsdauer mit den Legislaturperioden – Wahlen als Verfallsdatum. Ist dann vielleicht schon der Weg bereitet für den nächsten Grundsatz oder doch eine auf ihn orientierte Praxis: Gesetze überhaupt nurmehr bis zu den nächsten Wahlen?

Doch nicht einmal darauf werden sich Wirkungen solcher Zeitgesetzgebung im Grundsätzlichen beschränken lassen: Sie werden vielleicht weiter tragen zu einem „Staat auf Zeit", der eben in seiner Machtverfalls-Dauer mit der Geltungsdauer der Normen gleichgeschaltet erscheint. Wenn etwas richtig ist an der Grundthese Kelsens von der Identität des Staates mit der von Normen, welche ihn konstituieren, so muss das Zeitgesetz als erste Stufe einer „Staatlichkeit auf Zeit" schlechthin verstanden werden. Soll dem dann aber auch, verlässt man die kelsenschen Konstruktionen, wendet sich der soziologischen Wirklichkeit zu, eine „Bürgertreue auf Zeit" entsprechen? Muss nicht die Bereitschaft zunehmen, sich einem Staat nur solange für verpflichtet zu halten, wie er selbst mit seinen Normen verpflichten will – auf Zeit? Heutige „Rechtskultur" mag von einer „Treue auf unbeschränkte Zeit" wenig halten, mit dem Vordringen der Scheidung wird ohnehin im Bürgerleben Treue auf Zeit zum Normalfall. Sollen dann aber den Lebensabschnittsgefährten der Verbindung zwischen Menschen die – weiterwandernden – Staatsabschnittsbürger entsprechen, in einem Staat, der seine normative Existenz selbst in Abschnitte eingeteilt hat? Revolutionen mögen in einer solchen Zukunftsvision unnötig werden; sind sie nicht gewissermaßen in ihrer Ablösungswirkung vorweggenommen in einer Zeitabschnitts-Gesetzgebung, welche sich eines Tages sogar in die Höhe der Verfassung heben lässt?

Man mag dem den Vorwurf der überzeichneten Zukunftsvision machen; doch etwas von all dem beginnt mit dem Gesetz auf Zeit, eines jedenfalls: das relativierte Gesetz, eine Zeit, welche mit ihrem Kalenderablauf zum Gesetzgeber wird. Soll dies wirklich dann die Majestät der Rechtsstaatlichkeit sein?

4. Experimentiergesetze

a) Experimentierklauseln als Zeitgesetze –
Zeitgesetze als Experimente

„Gesetze nach Zeit" werden rasch „Gesetze in der Zeit"; ist die Norm einmal zeitlichen Veränderungen geöffnet, bieten sich ganz unterschiedliche Formen an, in denen solche Änderungen wirksam werden, verschiedenartige Begründungen, welche dies tragen könnten. Die wichtigste und zugleich für den Begriff des Gesetzes und seiner Stabilität gefährlichste Entwicklung ist die zu einer Verallgemeinerung von Experimentierklauseln, zu der mit ihr verbundenen eigentümlichen Gesetzesoffenheit.

Die Experimentierklausel in Gesetzen ist, ihrem Wesen nach, nichts als eine Form des Zeitgesetzes, und dies letztere wiederum erscheint nur als eine andere Bezeichnung für einen Versuch, welcher durch die beschränkte Geltungsdauer der Normen definiert, aber nur durch das Experimentierziel begründbar ist. Wenn der Gesetzgeber die Verwaltung ermächtigt, eine bestimmte Schulart in einer Reihe von Anstalten als Pflichtschule zu erproben, damit implizit die Ankündigung verbindet, daraus könnte eines Tages eine verbindliche Gesamtlösung werden, so mag dies mit einem Verfallsdatum der Experimentierklausel verbunden sein oder nicht – jedenfalls wird eine neue Entscheidung grundsätzlicher Art hier von jedermann erwartet, wie wenn eine gesamte Gesetzgebungsmaterie nur auf Zeit geregelt würde. Die Zeit und die in ihr zu sammelnden Erfahrungen sind es, unter deren Vorbehalt die Gesetzesgeltung gestellt wird. Sicher ist in diesem Gesetzgebungszustand nur eines: der Zeitablauf und seine Bedeutung für die Begründung einer Änderung – unsicher ist diese, oft für längere Perioden, wenn nicht geradezu unabsehbar.

So liegt es nahe, die Experimentierklausel im Zusammenhang mit jenen Unbeständigkeiten der Gesetzgebung zu behandeln, welche aus Zeitablauf entstehen, in dem Phänomen des „Gesetzes in der Zeit"; in sie, mit allen ihren Unabsehbarkeiten, wird damit die Norm geworfen, welche der Gesetzgeber dem Experiment öffnet.

b) Experiment: Ausdruck des Gesetzes
als Wille und als Erkenntnis

Etwas vom Experiment ist der Gesetzgebung an sich gewiss eigen. Die ewige Geltung beansprucht so gut wie keine Norm; sie ist wesentlich Geltungsschwankungen unterworfen, und damit im letzten eben – Experiment. Versuchscharakter trägt gerade auch eine parlamentarische Gesetzgebung, welche „eben einmal ausprobiert", was mehrheitsfähig ist und wie sich dieser Konsens in der Zukunft entwickeln, behaupten wird. Experiment und Gesetz sind also, so scheint es doch, nicht schon ihrem Wesen nach Gegensätze.

Dann aber ist gerade das demokratische Gesetz im Parlamentarismus von vorneherein „versuchsgeneigt": Hier gilt es ja, die Gesetzeslage ständig zu verbessern, dies aber kann nur über Experimente gelingen, in einer Zeit, deren Wissen ebenso rasch zunimmt wie die Unwissenheit darüber, wie weiteres Wissen zu gewinnen sein könnte – dies eben drängt zum Versuch. Sollte sich wirklich das Recht von einer Entwicklung abkoppeln, welche in dem Bereich der die Menschheitsentwicklung tragenden naturwissenschaftlich-technischen Progressivität täglich Entscheidendes bewirkt? Sollte gerade das Gesetz etwas so endgültig „wissen" wollen, wo es doch immer nur wollen kann? Ist es nicht gerade der Wille, welcher die Experimente trägt, von einem Vorgehen umschaltet zum anderen, und ist es nicht gerade jene Politik, aus welcher Gesetzgebung erwächst, die weniger auf Dauer gestaltet als immer wieder neu versucht – Politik als wesentliches Experiment?

Erste Aufgabe des demokratischen Gesetzgebers soll es doch sein, mit seinen Normen die Realität abzubilden, wenn nicht zu rezipieren. Dies aber muss dann nicht nur den Änderungen Rechnung tragen, die sich in festen zeitlichen Perioden aufdrängen, es muss dies, im Fluss der Zeit, auch die Methoden der Gesetzgebung bestimmen; das aber spricht, so scheint es doch, entscheidend nicht für das apodiktische Gesetz, sondern für die experimentierende Norm. Wie immer man also Gesetzgebung begreifen will, als Ausdruck eines Willens oder einer Erkenntnis – im ersteren Fall drängt die notwendige Unvollkommenheit aller Willensbemühungen ebenso ins Experiment wie dieses Ausdruck der heute wohl am meisten konsensgetragenen Erkenntnismethode überhaupt ist.

c) Experiment: optimierende Staatsunternehmens-Strategie

Das Versuchsgesetz entspricht nicht nur allgemeinen geistigen Entwicklungstendenzen der Gemeinschaft, in ihm könnte doch gerade jener Zug zur Optimierung sich durchsetzen, welcher heute alle Unternehmensführung prägt – und warum dann auch nicht die des Staates.

In dem viel und oft leichthin gebrauchten Begriff der Optimierung liegt sicher jedenfalls eines: ein Bemühen um Annäherung an einen erstrebten oder gar idealen Zustand, in kleineren Schritten, die als solche vorherbestimmt sind, im einzelnen aber „aufgefunden" werden müssen. Wie könnte dies aber besser geschehen als in einem Experiment? Dieses versuchsorientierte Vorgehen ist wesentlich stufengebunden, zielbezogen in einer Weise, in welcher das Ergebnis zählt, nicht die oft nur tastenden Schritte, mit denen es erreicht werden soll – und sie unterliegen eben jederzeitiger Korrektur, wie sie gerade das Experiment erlaubt, ja erzwingt. Dies alles prägt das Vorgehen moderner Unternehmensführung, und warum sollte es nicht auch auf das größte Unternehmen, den Staat anzuwenden sein? In einer privaten Gesellschaft ist Unternehmensführung zum „Experiment" geworden. Sie ist eine unausgesprochene, laufende Selbstverständlichkeit. „Immer einmal etwas Neues" muss dort ja versucht werden, für kürzere Zeit wenn möglich, bis die entscheidende Fortsetzungsfrage sich beantworten lässt, ob es denn etwas gebracht habe, so und nicht anders zu verfahren. Was sollte entgegenstehen, gerade so auch alle Gesetze zu begreifen, sei es dass sie Organisationsrahmen der Staatlichkeit darstellen, oder schlechthin als wesentliche Staatsprodukte betrachtet werden? Könnte es dann nicht modernem Staatsideal entsprechen, alle öffentlichen Normen zu Experimentiergesetzen werden zu lassen, ganz wesentlich verlängerbar, immer nur nach dem, was sie jeweils „gebracht", worin sie sich bewährt haben? Betriebswirtschaftliche Optimierung würde darin doch, so scheint es, eine glückliche Verbindung eingehen mit politischen Kurzfristigkeiten, ja Beliebigkeiten, alles verbunden durch jenem Aktivitätsdrang, der ohnehin aller modernen Gesetzgebung eigen ist; er wäre dann nicht mehr Dekadenzerscheinung, sondern etwas wie „redimensionierte Staatlichkeit" – eine Befehlgebung, welche sich ihrer Zeitbedingtheit bewusst bleibt.

d) Der Geltungsverlust des Gesetzes im Versuch

Die Faszination des Versuchs mag noch so stark wirken, alle geistigen Bemühungen der Gegenwart prägen – mit dem Begriff des Gesetzes ist sie völlig und endgültig unvereinbar. Zentrales Konstitutivelement des Gesetzes ist seine Geltung. Dies beinhaltet nicht nur einen Ordnungswillen, sondern einen Ordnungszustand, der erreicht oder im Verfahren seiner Realisierung fest bestimmt ist. Das Gesetz will, es versucht nicht. Das Gesetz gilt, es nähert sich nicht an; offen lässt es nur, was es eben definitiv nicht erfasst. Geltung und Annäherung müssen in der Rechtsdogmatik als Gegenbegriffe verstanden werden. Auch dort, wo der darin gewiss problematische Begriff des „Näher-Stehens-bei", etwa der Verfassung, gebraucht wird, geht es immer um Geltungsstatik einzelner Gesetzgebungszustände, nicht um Annäherungsdynamik an Gesetzgebungsziele; und wenn die Wirkkraft der Grundrechte „möglichst" zu entfalten ist, so wird damit allenfalls etwas wie eine Möglichkeitssperre eingebaut, eine Relativierung der Normentwicklung, da ist aber nichts Dynamisches, Fließendes, Offenes. Selbst wo die „Ziele des Gesetzes" die Ermessensausübung orientieren sollen, wird diese damit in keiner Weise zum tastenden Experiment, sie muss sich, in der

Statik ihrer jeweiligen geltungsmäßigen Realisierung, in jedem Augenblick messen lassen am gesetzgeberischen Ziel, in einer Art von „Zielentfernungsbestimmung", die ihrerseits wieder Statik bedeutet, nicht tastenden, entwicklungsoffenen Versuch.

Wäre das Experiment eine Form der Gesetzgebung, so würden alle Unterschiede aufgehoben, zwischen der „Norm" und jenem „Rechtsprinzip", welches orientieren und dirigieren, vielleicht auch in Annäherungen zu verwirklichen sein mag. Übrigens ist auch die dogmatische Erfassung dieser Rechtsprinzipien nicht auf ein Experimentieren als solches gerichtet, vieles, Entscheidendes bleibt von der statischen Geltungsvorstellung der Normen auch dort noch erhalten. Keinesfalls aber, und wie immer man im einzelnen Unterschiede zwischen Norm und Prinzip bestimmen oder auch leugnen mag, kann das Gesetz erfasst werden als Optimierungsversuch, noch weniger als Experiment.

Im Experimentiergesetz ist die Abschaffung der Norm nicht nur jederzeit möglich, was zum Wesen des Gesetzes gehört, sie wird im Grunde bereits „einprogrammiert", und diesen Begriff gibt es ebenso wenig in der bisherigen Gesetzesdogmatik wie den einer „Gesetzesbestätigung", wenn das Gesetz „etwas gebracht haben sollte". Anders ausgedrückt: Innerhalb der klassischen Gesetzesgeltung ist nicht noch etwas wie eine „innere Gesetzesänderung" vorstellbar, in welcher eine Norm, gewissermaßen in Geltungsabschnitte experimentell zerlegt, „mehr oder weniger binden" soll.

Das Experimentiergesetz ist als solches mit dem Gesetzesbegriff und daher mit der Rechtsstaatlichkeit unvereinbar. Seine Klarheit tendiert nach Null, da es ja offen ist für Entwicklungen, welche die Zeit erst bringen soll, die nicht absehbar sind. Das Versuchsgesetz ist die Negation jener Vorhersehbarkeit des Staatshandelns und seiner Wirkungen, zu welcher alle Legalität aufruft. Vertrauenschaffende Verlässlichkeit des Gesetzes wird an der Wurzel getroffen, wenn es nur soweit gelten soll, wie es bisher noch unsichere Optimierungen hervorbringt; „wait and see" passt ebenso wenig zum Gesetz wie „see" allein: Der Bürger soll das Gesetz nicht nur sehen, er soll es absehen können.

Das Experimentiergesetz verfehlt den eigentlichen Sinn der Normen: Hier wird nicht mehr geordnet, es werden nicht „Gesetzgebungszustände" geschaffen, im Grunde werden Handlungsprogramme aufgestellt, in erster Linie für die Staatsorgane als solche, sodann in ebenfalls programmierender Weise für das Verhalten zwischen den Bürgern. In all dem wandelt sich das Gesetz von der grundsätzlichen inhaltbestimmten und inhaltbestimmenden zur primär organisatorischen Regelung; das typische Experimentiergesetz ist eine Ermächtigung an die Exekutive, jene eigentliche und ganz wesentliche „Experimentiergewalt" im Rahmen der Gesetze. Will die Gesetzgebung dem Bürger sagen, er möge sich doch einmal so verhalten und nicht anders, um zu sehen, wie sich dies auswirke, so mag dies ein Rat an jene freien Willensmächte sein, welche sich ohnehin die Entscheidung sodann – und übrigens immer – vorbehalten; ein Gesetz ist dies aber nicht, zu ihm wird die Norm erst, wenn sie bestimmt, zwingt, beugt. Das Gesetz ist eben kein Vorschlag, sondern ein Schlag.

Wer dem Experimentiergesetz das Wort redet, will am Ende das Gesetz als Maßnahmegesetz, möglichst alle Normen als Maßnahmegesetze. Damit wäre der paradoxe Zustand erreicht, dass das Gesetz als solches zu dem würde, was doch ursprünglich nur enge Ausnahme in seinem Geltungsbereich sein sollte – eben das Maßnahmegesetz.

Gesetzesgehorsam fordert der Rechtsstaat, doch Experimenten kann man nicht gehorchen wie Gesetzen, bei Experimenten lässt sich nur – mitmachen. Und so führt das Experimentiergesetz zu einer – heute sicher nicht wenig populären – Vorstellung vom allgemeinen „Bürgermitmachen", aus welchem sich der Staat bestimmen soll. Das Gesetz aber war jene Charta, welche man lesen, mit der man sich auseinandersetzen, welche man mit sich herumtragen sollte. Soll es sich nun wandeln zum „Gesetz bei dem man mitmacht" – nachdem bereits bei seinem Erlass, fiktiv oder real, alle Bürger mitgemacht haben, durch ihre Vertreter? Soll das Gesetz wirklich damit gemeinsames Handlungs- weil Experimentierprogramm aller Bürger werden, nicht Ordnung zwischen ihnen schaffen?

Eines jedenfalls scheint sicher: Experimentierprogramme mag man Gesetze nennen, sie in dieser Form erlassen – Gesetze können sie nicht sein. Denn das Gesetz will die Zeit stillstehen lassen, das Experimentiergesetz vertraut sich ihr an, lässt sich in ihr treiben und von ihr.

5. Zeitnormen: dann nurmehr Verfassung als Gesetz?

Der Niedergang nicht nur, die völlige Mutation des Gesetzes ist deutlich geworden, zu einem unabsehbaren, unvorhersehbar relativierten Befehl, wenn das Gesetz, in welcher Form immer, der Zeit anvertraut wird, wenn es in ihr, dem wesentlich Offenen, Unbeständigen, jede Beständigkeit und Verlässlichkeit am Ende verliert. Doch diese Entwicklungen werden weiterlaufen, in ihnen wird sich der vielberufene „Werteverlust", im Grunde das Ende des Konsenses, fortsetzen, immer deutlicher hervortreten. Vorsichtiger wird die Gesetzgebung werden, wie der ganze Staat in immer größere Vorsichten hinein sich entwickeln muss, nicht nur im Einsatz seiner tötenden, sondern auch seiner befehlenden Waffen – der Gesetze.

Darin wird dann, das lässt sich heute bereits absehen, die Krise des Gesetzes an ganz anderen Fronten noch aufbrechen als an denen der Normeninflation oder der Normunterworfenheit der klassischen Staatsgewalt: Der Normbegriff als solcher wird dann und muss sich wandeln, und der „klassische" Normbegriff wird mehr und mehr jener Verfassung vorbehalten bleiben müssen, welche sich allein noch in der Welt der Normen etwas von deren Alter und herkömmlicher Stabilität bewahrt hat – um sie in der Über-Allgemeinheit ihrer Norminhalte zugleich wieder zu verlieren.

Immerhin: eine Verfassung auf Zeit, ein Verfassungsexperiment – niemand würde dies wollen. Hier vor allem zeigt sich, wie weitgehend das einfache Gesetz im Grunde heute bereits aus dem allgemeinen Gesetzesbegriff herausgefallen ist, so dass man zweifeln mag, ob es außer der Verfassung überhaupt etwas gibt, das den Namen des Gesetzes noch verdient. Sollte die Entwicklung schon auf einem Weg sein, in welchem das Gesetz der Verfassung gegenüber nicht mehr so sehr eine niederrangige, als bereits eine niederwertige, eine minderwertige Norm ist?

Die Folgen dieses Verlustes der Geltungskraft des Gesetzes – denn um nichts anderes handelt es sich hier beim „Gesetz auf Zeit" in seinen verschiedenen Formen – sind staatspolitisch, aus der Sicht der Normadressaten vor allem, im höchsten Grade problematisch: Klar ist die Tendenz, alles wahrhaft stabil Wirkende der Verfassung anzuvertrauen, eben weil alles andere, dem Gesetz überlassen, keinen allzu großen Normwert mehr darstellt. Jenes wird damit zugleich zunehmend abgewertet, zum Ausdruck des rasch wechselnden politischen Willens parlamentarischer Mehrheiten – und darin muss sich diese Entwicklung sogar noch verstärken, da sie von demokratischer Billigung, wenn nicht radikaldemokratischer Begeisterung begleitet sein wird.

Die periodisch neu bestellten Parlamente, der Gesetzgeber im Wechsel der Wahlperiode, im Fluss der „politischen Zeit" – muss das nicht enden im „Gesetz nach Dynamik der Demokratie", ist dann das Gesetz nicht nur so viel wert wie der Gesetzgeber, der es im Grunde ja – ist? Und wenn sich die Gesetzgebung dieser Politik immer mehr bemächtigt, dann wird am Ende das Gesetz zum Tagesgesetz. Wäre dies nicht Vollendung eines demokratischen Ideals – vom täglichen Plebiszit zum täglichen Gesetz? Das Plebiscite de tous les jours war eine furchtbare Formel, entstanden und hochgehalten gerade in jener Zeit, in welcher das Gesetz neue Majestät gewinnen sollte – damit wurde es ganz grundsätzlich in Frage gestellt, unterlaufen. Soll sich dies nun wirklich darin vollenden, dass das Gesetz sich wandelt zur „Norm jeden Tages"?

III. Gesetzeskomplikation als Unbeständigkeit der Gesetze

1. Die „komplizierten Gesetze" als Krisenerscheinung des Gesetzes – Allgemeines

a) Gesetzeskomplexität – eine Gefahr für Normgehorsam, Normgeltung

Solange es Gesetze gibt, mag man über ihre Komplexität geklagt haben; doch in neuester Zeit steigert sich dies in einer Weise, die an sich schon, in so verbreiteter Kritik, der Geltungskraft der Normen und damit dem Gesetz als solchem höchst gefährlich wird.

So ganz einfach wie die Demokratie und ihr Souverän strukturiert ist, in welcher nur gilt, was wirklich nun jeder verstehen und was die meisten teilen können – so einfach ist der Vorwurf gesetzgeberischer Über-Komplexität. Ein Blick auf das Bundesgesetzblatt genügt schon, ein zweiter Blick auf die eigene Steuererklärung beseitigt jeden Zweifel: Die Schwierigkeiten sind unüberwindlich und damit unerträglich, vor welche die politischen Gewalten den Bürger stellen, den „kleinen Mann" der Demokratie. Hier geht es nicht mehr um den guten Willen des Gesetzesgehorsams, hier sind die Grenzen des geistigen Fassungsvermögens jenes Durchschnittsbürgers erreicht, dessen Niveau die Demokratie nie überschreiten darf. So ist es also selbstverständlich, dass aus der leichten Feststellung des Komplizierten seine Ablehnung erwächst, da Gehorsam hier nun wirklich und von niemandem mehr verlangt werden kann. Und dazu genügt dann eine solche Feststellung für einen bestimmten Bereich, unterschwellig setzt sie sich fort in der Abneigung gegen, wenn schon nicht in der Ablehnung aller anderen Normen, von Gesetzen überhaupt, die irgendwo zu solchen Unmöglichkeiten verpflichten möchten. Diese unterschwelligen Entwicklungen sollten nicht unterschätzt werden: Mit der Kompliziertheit der Normen gerät der Gesetzesgehorsam in Gefahr, damit wird sie zur Gefahr für die Geltung des Gesetzes, für dieses selbst.

b) Tiefere Gründe der Komplexitätskritik

An sich ist die Kritik am schwierigen Gesetz, an der schwer zu verstehenden und anzuwendenden Norm überhaupt, ein durchaus erstaunliches Phänomen, gerade in gegenwärtiger Zeit. Steigende Komplexität wird heute überall festgestellt, selbstverständlich jedoch akzeptiert, und aus ihr sogar die Notwendigkeit immer neuer Gesetzgebung nicht ohne Überzeugungskraft begründet. Wer heute naturwissenschaftlich-technischen oder medizinischen Fortschritt aufhalten wollte mit der Begründung, er führe zu Überkomplikation oder sei bereits Ausdruck derselben, würde sich nur der Lächerlichkeit preisgeben. Ganz umgekehrt wird in dieser komplizierenden Entwicklung ein Zeichen des Fortschritts gesehen, und die moderne Gesellschaft ist nicht bereit, demgegenüber zu primitiven Formen des alten englischen Maschinenzertrümmerns überzugehen. Selbst in den Geisteswissenschaften ist hoher Schwierigkeitsgrad, Kommunikation als solche, durchaus nicht ein negatives, sondern ein Gütesiegel – nur solange allerdings, wie diese Schwierigkeitsgrade dem Jedermann nützen, ihm nicht aufgezwungen werden – als schwer überwindliche. Hier liegt wohl der Schlüssel zum Verständnis der Komplikationskritik: Durch Schwieriges will sich der selbstbewusste Bürger der heutigen Demokratie an sich nicht mehr binden lassen. Klagen über hohe theologische Schwierigkeitsgrade – immerhin konnte Oswald Spengler darin die katholische Dogmatik mit der n-dimensionalen Mathematik vergleichen – müssen nicht weiter verfolgt werden, da man sich hier den Bindungen des in der Tat bereits Überkomplizierten durch eigene Entscheidung unschwer entziehen kann. Das Recht aber begrenzt diese Freiheit, es gilt bindend auch gegen den Willen des Durchschnitts, und gerade für ihn belastend. Verstärkt wird diese Ablehnungshaltung noch, vielleicht auch erst entscheidend hervorgebracht, durch ein Grundgefühl der Normadressaten, dass diese Bindungen auf wesentlich bestreitbaren und gerade von ihnen auch noch bestrittenen Wertungen beruhen.

2. Komplizierte Gesetze – beständig und unbeständig zugleich

a) Komplizierte Gesetze – konservativ-beständiges Recht

Ein hoher Schwierigkeitsgrad bestimmter Rechtsmaterien, hervorgerufen vor allem durch eine komplexe, ständig sich wandelnde Gesetzgebung, kann allerdings, so mag es scheinen, durchaus auch die Beständigkeit einer Regelungslage verstärken. Solche Komplexität verlangt systematische, dauernd-intensive Befassung mit der Materie, sie aber lässt sich nur in Formen einer Verschulung leisten. Dies wiederum führt selbsttätig zur Ausbildung von Traditionen, in denen frühere Erkenntnisse und Lösungsansätze schon deshalb mitgeschleppt werden müssen, weil neues, richtiges Recht nicht stets aus dem Stand erkannt werden kann. Darin liegt ein notwendig konservierender, ja im Ergebnis ein geradezu konservativer Zug, wie er jeder Schul- und Zünftebildung notwendig eigen ist. „Gelehrtes Recht" ist die Folge, und es lässt sich nicht auf Akademisierung beschränken, erfasst vielmehr jedenfalls die Gerichtsbarkeit, welche in dieser ihrer notwendigen Bewältigung der Komplexität Schulen bildet, wie kaum eine Hochschule es vermöchte.

Am Ende steht vielleicht gar ein weiteres Phänomen, welches erst recht beständigkeitsschaffend wirken kann: Es kommt zu einem Aufstau von Verständnisschwierigkeiten und Lösungsprobleme, welcher geradezu revolutionäre Wendungen begünstigt – in ihnen aber kommt es zu neuen, meist einfacheren Lösungen, wie ja Revolutionen in aller Regel vereinfachend wirken, bis hin zur Primitivierung. Jedenfalls setzt dann zunächst einmal neue Beständigkeit ein.

Ändern lässt sich ja überhaupt nur was man verstehen kann, wenn eben eine Problematik geistigem Änderungsbemühen überhaupt zugänglich ist. Der überkomplizierte Gesetzeszustand unserer Tage entzieht sich dem nicht selten bereits durch eine Vielschichtigkeit, an welcher sich der Änderungswille ebenso bricht wie die ihm notwendig vorausgehende geistige Erfassung und Begründung der Änderungsnotwendigkeiten.

So zeigen sich überkomplizierte Gesetze nicht selten geschützt von einer eigenartigen List der Vernunft: Der Schwierigkeitsgrad ihrer Lösungen wird zum Schutzschild einer Tradition, welcher es dann bisweilen allein gelingen kann, derartige Komplikationen aufzulösen. Und Fortschrittsglaube wird nicht selten argwöhnen lassen, derartige Entwicklungen zu „gelehrtem Recht", Anstöße zu ihm durch die Notwendigkeit, komplexe Gesetzesmaterien zu beherrschen, seien nichts anderes als bewusste Vorsorge gegen vereinfachend-volksnahe Entwicklung.

Komplizierte Gesetzeslagen als das wesentlich beständige, ja konservative Recht – das mag sich manchem Sozialreformer auch noch in anderen Aspekten der Praxis seiner Bewältigung zeigen: Schützen derartige Gesetze nicht eine „herrschende Klasse", die sich, durch Geld und Macht, jene spezialisierten Hilfen leisten kann, welche im allgemeinen doch nur ihre Rechtspositionen konservativ verteidigen? Und wo sich diese herrschende Klasse auf einem höheren geistigen Niveau bildet als der große Durchschnitt der Bürger in der Demokratie, kommen dort nicht die komplizierten Gesetze jenen einseitig zu Hilfe, welche sie besser verstehen, sich ihrer geschickter zu bedienen vermögen, als der mit einfachem Geist Begabte? Kompliziertes Recht als Privileg höherer Intelligenz – oder geistig beweglicher Geschicklichkeit – dies kann doch, so mag es scheinen, nur beständigkeitsschaffend wirken, eben „konservativ".

b) Schwierige Gesetze: Raum und Anstoß für Neues

Doch die Komplexität von Gesetzeslösungen wirkt nicht nur in dieser konservierenden Richtung, zugleich ist sie auch Raum und Anstoß für Neues, für Änderungen, Unbeständigkeit – ein Beispiel für Antithetik.

Schon der ständige Kampf gegen unverständliches Recht, gegen eine zu Gelehrsamkeit herausfordernde Gesetzgebung, welche sich vom „Volk" so entfernt wie einst die lateinisch sprechende Kirche, trägt in sich ständig wirksame Reformkräfte, bis zur umstürzenden Gesetzesreformation. In der Demokratie verstärkt sich dies noch, da man sich dabei auf „Volksnähe" berufen kann, und so wird der Kampf gegen die komplizierten Gesetze zum Streit für ihre Änderbarkeit, für Neues, Besseres – immer noch Besseres …

Doch dies ist nur eine, gewiss nicht zu unterschätzende, ständige und ungebrochene Tendenz, welche relativierend wirkt auf die Geltungskraft der Gesetze, sie vom „Volk" entfernt und sie damit, in der Demokratie zumal, in die Krise treibt. Darüber hinaus bedeutet ein überkomplizierter Gesetzeszustand Anlass, ja Versuchung zu immer neuen Änderungen, im gleichen Takt mit der ebenso laufenden Schwierigkeitsverdichtung im Raum der Normen. Davon sei nun im folgenden vor allem die Rede. Die Bewältigung gesetzlicher Komplexität erweist sich in dieser Sicht als ein Mittelweg zwischen Pro und Contra Änderungsnotwendigkeit. Gefahren für die Beständigkeit der Gesetze lassen sich nur vermeiden, wenn in einer – nun wahrhaft komplizierten – Seefahrt die Route gefunden wird zwischen der Scylla konservierender Beständigkeit als Schwierigkeitsbewältigung – und der Charybdis einer Gesetzesentwicklung, welche aus eben diesen Schwierigkeiten der Bewältigung des Komplexen Kräfte zu seiner Zerstörung in ständiger Änderung ziehen möchte. Die Betrachtung wendet sich hier vor allem diesem letzteren Phänomen zu, in welchem die Gesetzesgeltung durch Relativierung bedroht ist, aus der Kompliziertheit der Normen heraus. Feststellungen einer Entwicklung sind dies, ob sie sich vermeiden oder abschwächen lässt, ist eine andere, später noch zu stellende Frage.

3. Erklärungs-, Auslegungs-, Veränderungsbedarf

Was nicht eindeutig erkannt werden kann, wird nie beständig sein können, am wenigsten die Gesetze. Gerade wer ihre Geltung will, sie zu bestätigen wünscht, muss daher versuchen, in Erklärungen und Interpretationen zur verdeutlichen – eben darin gerät er erst recht in neue Unbeständigkeit.

a) Von der Erklärung zur Änderung

Erklärungen komplizierter Norminhalte könnten ihre Verstetigung bedeuten, Verankerung in besserem, dauerndem Verständnis, Absicherung gegen Zweifel, die zur Änderung drängen. So lassen sich gewiss die immer mehr nur kompilierend-verdeutlichenden Kommentar-Erklärungen als Entwicklungen zu einer nicht nur Unbeweglichkeit, sondern geradezu Versteinerung von Normen deuten, deren Inhalte auch dann noch in neue Gesetzgebungen weitergeschleppt werden, wenn derselbe Kommentator eben auch diese wieder in seinem alten, „bewährten" Sinn zu erklären versucht. Derartig kontinuitätsschaffende Kraft der Kommentierung lässt sich vielfach belegen.

Doch zugleich wird auch eine Gegenbewegung erkennbar. Zunächst fragt sich bereits, wo denn die Grenze liege zwischen Erklärung und Änderung, zwischen „Kommentar als Nachzeichnung und Fortentwicklung". Ein solcher Klarstellungsbedarf, der am Ende Änderungsbedarf befriedigen will, tritt in zahllosen Spielarten auf, so unübersehbar vielfältig und daher in seinen Wirkungen kaum abschätzbar, wie eben die Gesetzeskomplikation zahllose Gesichter hat. Beständigkeit kann hier schon deshalb kaum erwartet werden, weil in komplizierten Rechtslagen alle Norminhalte – und damit erst recht ihr erklärendes Fortdenken – wesentlich als teilbar erscheinen, immer genauer, tiefer, bis in eine gedankliche Unendlichkeit hinein. Wenn es nun zutrifft, dass der Geltungsinhalt des Gesetzes sich so häufig identifizieren lässt mit der Meinung jener „herrschenden Lehre", welche aber in den meisten Fällen nur Kommentarmeinung ist, die sich nicht selten immer weiter verplattet, so bedeuten eben die unzähligen Neuauflagen solcher Erläuterungswerke laufende Gelegenheiten zu Veränderungen der Gesetzesinhalte; sie werden dann nur allzu gerne ergriffen, nicht nur aus dem natürlichen Angleichungstreben machtsensibler Juristen heraus, sondern auch im Drang zu Profilierung, die ja dort Neues versuchen muss, wo die neue Auflage gefragt ist. Jeder praktisch tätige Jurist wird zahllose derartige Beispiele von Gesetzesänderungen, durchgesetzt über Neuauflagen von Lehrbüchern und Kommentaren, belegen können.

b) Interpretationsbedarf des Schwierigen – Änderungsgelegenheit

Was schwierig ist, bedarf ganz allgemein der Auslegung, nicht der Erklärung, es muss fortgedacht werden, und hier verbindet sich die erste Stufe der erklärenden Paraphrasierung mit der nächsthöheren der konstruktiven Auslegung. In solches Fortdenken fließt stets und mit Notwendigkeit Änderungswille ein. Dass damit das Gesetz generell in die Hände der Interpreten fällt, wurde bereits in dogmengeschichtlichen Teilen historisch nachgezeichnet. Hier mag dies noch für die Besonderheit der komplizierten Gesetzgebung vertieft werden.

Das schwierige Gesetz ist zugleich die wesentlich „fortdenkungsoffene Norm"; wenn aber dabei „vereinfacht" werden soll, um eben diese Komplexität zu „reduzieren" – eine bereits völlig eingeschliffene Phraseologie – verlangt dies zuallererst Veränderung. Eine solche mag, im Schrifttum angestoßen, sich zunächst als eine lediglich vorläufige darstellen, unter dem Vorbehalt späterer autoritativer Änderung in Rechtsprechung und Gesetzgebungspraxis. Gerade beim kaum verständlichen Gesetz verstärkt sich damit die Abschwächung seiner Geltung in versteckten, interpretierenden Änderungsbemühungen so schwer übersehbar, wie sein Inhalt eben schwierig ist, weil das Komplizierte verschiedener Auslegung wesentlich zugänglich ist, vielleicht auch noch zur selben Zeit.

Die höchste Stufe solcher „schwierigkeitsauflösender" Interpretation wird in jener systematischen Auslegung erreicht, wo im Namen der Zusammenschau – vor allem mit anderen änderungsträchtigen Anstrengungen – nicht selten etwas völlig anderes entsteht, als es der wahre, gelegentlich malträtierte Wortlaut des Gesetzes nahelegt. Eine Gesetzmäßigkeit geradezu lässt sich hier feststellen: Je komplizierter die Regelung, desto stärker das systematische Auslegungsbemühen, desto näher liegt aber auch die Möglichkeit einer wirklichen Normlagenverschiebung, mit kaum absehbaren Geltungsveränderungen des Norminhalts – Eigentum als Beispiel.

Dies alles vollzieht sich überdies, und gerade beim komplizierten Gesetz, in verdeckten Formen. Der hohe Schwierigkeitsgrad schafft zunächst nur eine Grundstimmung dahin, dass etwas geschehen muss, dass die Normlage jedenfalls dadurch nur besser, weil einfacher werden kann, also in Bewegung geraten muss. Und ein derartiger Anstoß entzieht sich der Kritik des Gesetzesverstoßes schon durch die Behauptung, dass solche Interpretation doch nichts verändere, sondern eben nur kläre und verbessere.

Schließlich ist bei solcher vermeintlich entkomplizierender Interpretation noch eine weitere Wirkung schon fast notwendig: Sie kompliziert immer noch mehr, macht einen Gesetzeszustand nur noch unübersichtlicher für den, der eben nicht so tief in ihn eingedrungen ist, wie der Interpret – es glaubt ...

4. Das komplizierte Gesetz – Ruf nach neuen Normen

a) Die „gesetzliche Klarstellung" – das Ausufern der authentischen Interpretation

Gesetzblätter würden an Gewicht schon verlieren, an Gewichtigkeit vielleicht zunehmen, wenn der Gesetzgeber nicht ständig Inhalte seiner überkomplizierten Normen „klarstellen", „verdeutlichen", darin aber eben nicht selten, schwer erkennbar, verändern wollte. Dieses Recht nimmt er für sich in Anspruch als Herr der Normen, im Namen jener authentischen Interpretation, welche die Rechtslehre noch immer und meist einigermaßen unkritisch, demjenigen gestattet, von dem der Normwille ausgeht. In Ausübung dieses Rechts können so eben Gesetze neu „erlassen" werden, ohne dass sie für die Verfassungsrichter neue Gesetze darstellen, in Kodifikation kann „zusammengefasst" werden, was sich dann aber, einfach schon in der neuen

Konstellation im Zusammenhang veröffentlichter Normen, als ein „neues Gesetz" herausstellt – welche Kodifikation war je nur Abdruck des bisher Geltenden und nicht schon authentische Interpretation? Dieser Begriff zeigt darin bereits eindeutige Ausuferungstendenzen, dass eben Klarstellung gar nicht erforderlich – und damit rechtsstaatswidrig – wäre, wenn sie nicht zugleich auch Änderung brächte.

Doch die Klarheit ufert gewissermaßen auch „nach unten" aus: Der Verordnunggeber stellt den Willen des Gesetzgebers in solcher Weise klar, und wo ist die exakte Grenze zwischen seinen eigenen, im Namen spezieller Ermächtigungen gesetzten Norminhalten und der reinen „Wiederholung", „Verdeutlichung" der schon geltenden Gesetze. Weiter nach unten setzt sich dies, gerade im Abgabenrecht, nahezu unabsehbar fort, in Erlassen und Rundschreiben, bei denen nie ganz klar wird, was nur Repetition ist oder bereits Reformation des Gesetzes.

So wird die Kompliziertheit des Gesetzgebungszustands zum Vorwand für eine Erweiterung der authentischen Interpretation, welche in zahllose verdeckte Gesetzesänderungen, -auflösungen, -relativierungen mündet.

b) Die Illusion des „Vereinfachungsgesetzes"

Was kompliziert ist, muss entkompliziert werden – vereinfacht. Und so lobt sich denn der Gesetzgeber zunehmend in den Überschriften seiner inflationierenden Normwerke selbst, indem er sie als „Vereinfachungsgesetze" der Bürgerschaft vorstellt. Selbst dort, wo solche Simplifizierungsnormen nicht gar noch länger ausfallen als ihre Vorgänger, wird damit ein Rad sich drehender Normenproduktion in Lauf versetzt, weil eben sodann die Vereinfachung immer weiter vereinfacht werden muss, vor allem aber, weil aus Vereinfachungsbemühen so oft, wenn nicht gar in der Regel, neue Komplexität entsteht, welche wiederum in Kommentierungen, Urteilsserien präzisiert werden muss, entkompliziert usf. . . .

Das Vereinfachungsgesetz mag den Konsens darüber belegen, dass eine gesetzliche Regelung das Maß erträglicher Komplikation überschritten hat; ob sie mehr bewirken kann, ist durchaus zweifelhaft. Jedenfalls bringt die Vereinfachungsgesetzgebung etwas: ein neues Gesetz, und zugleich ein Werturteil in normativer Form über den bisherigen Gesetzgebungszustand. Wo aber wäre der Beweis, dass sie nicht selbst ähnlicher Kritik unterliegt. Am Ende muss so bis auf Null vereinfacht werden – mit der selbstverständlichen Folge, dass dann Gesetzgebung von neuem beginnt, und in größerem Stil – vom neuen Gesetz zum Vereinfachungsgesetz, zum Änderungsgesetz . . .

c) Spätere Gesetzgebungszustände – noch komplizierter

Eine allgemeine Feststellung mag am Ende dieser Betrachtung stehen: Komplikation folgt sehr häufig, wenn nicht in der Regel, nicht aus erstmaliger gesetzlicher Erfassung eines Bereichs, sondern aus sich überlagernden Änderungen – in deren Namen dann wiederum nach Vereinfachung gerufen und weiter kompliziert wird. Vermeintliche oder wirkliche Schwierigkeit erwächst ja häufig aus übermäßiger Kürze von Regelungen, die eben der Explizierung bedürfen, welche ein Mehr an Normen verlangt – Komplexeres. Geradezu von einer Gesetzmäßigkeit könnte bereits gesprochen werden: Der spätere Gesetzgebungszustand stellt sich meist als der schwierigere dar, schon weil in ihn immer weitere Erfahrungen einfließen mit der Handhabung der Gesetze. Wenn nun aber immer mehr Praxisbezug erreicht, Einzelfallnähe wenigstens angestrebt werden soll, so müssen sich die Regelungswege in ihrer Verschlungenheit einer Realität nähern, welche mit der Vielfältigkeit der Einzelfälle in einer Unübersichtlichkeit endet, die eben den eigentlichen Kern des Begriffs derartiger „Schwierigkeit" ausmacht.

Gerade darin geht Beständigkeit der Normen verloren, nicht nur in ihrem verfahrensmäßigen Wechsel, sondern in ihrer inhaltlichen Verrückbarkeit; denn jede Ausnahme verrückt das Gesetz, ist ein Attentat auf seine Beständigkeit. Solchen Gesetzmäßigkeiten hat sich die Gesetzgebung bisher kaum je voll zu entziehen vermocht. Eher schafft sie in falschem Einfachheitsstreben noch Komplizierteres; wo wäre schon Entkomplizierung durch Gesetzgebung wirklich gelungen. Oft ist sie nur Vorwand für einen Teilrückzug der Staatlichkeit aus der Erfüllung bisheriger Regelungsaufgaben, und gerade dies entkompliziert längst nicht immer und alles für den Bürger, wie oft mag nicht der neue Zustand nur noch komplizierter erscheinen – Privatisierungen von Post und Bahn als Beispiel, Privatisierung überhaupt.

So gelingt weder Wissenschaft noch Rechtsprechung noch schließlich dem Gesetzgeber der Sieg über das komplizierte Gesetz – und wenn, dann nur um den Preis wenn nicht noch höherer Komplexität, so doch zunehmender Änderung, jedenfalls aber von mehr Unbeständigkeit.

5. Bewältigung der Gesetzeskomplexität – zweifelhafte Verfahren

Erkenntnis der Überkompliziertheit eines Normzustands, guter Wille zu dessen vereinfachend-klärender Verbesserung, kann dann nicht genügen, wenn dahin nicht einfache, sondern komplexe Wege beschritten werden. Dies aber ist der Fall bei einer Verundeutlichung der Gesetzgebungswege,

in der Aufhebung der Einheit des Gesetzgebers wie in einer Gesamtme-
thode der Gesetzgebung, welche diese vom vereinheitlichenden Willen verschiebt hin zur schwierigkeitsbewältigenden Erkenntnis.

a) Das Gesetz der zunehmenden Komplikation

Völlig neue oder Bestehendes total erneuernde Gesetzgebung ergeht nicht
selten, wenn nicht in der Regel, in unbekümmertem Pioniergeist. Politischer
Gesetzgebungswille meint, auf grüner Wiese gestalten zu können, ungehin-
dert durch Wurzeln und Fallstricke der Wirklichkeit in ihren zahllosen Einzelfällen. Gerade damit wird oft Kompliziertes angerichtet – was sodann
der Verdeutlichung bedürftig ist und auch zugänglich sein mag, durch
immer neue, „verbessernde Normen", welche ihrerseits stets noch mehr an
Änderungsbedarf erzeugen. Falsche Einfachheit der Gesetze ist das Kompli-
zierteste an ihnen; Entkomplizierung durch Folgegesetzgebung gelingt nur
selten, in aller Regel vervielfältigt sie nur den Verdeutlichungsbedarf.

Abgesehen von einer solchen, schon geradezu gesetzmäßigen Entwicklung ist eine weitere Quasi-Gesetzmäßigkeit festzustellen: Der spätere Gesetzgebungszustand ist an sich schon der schwierigere, fließen in ihn doch
immer neue Anwendungs-Erfahrungen ein. In zahllosen Zusammenstößen
mit der durch das Gesetz zu biegenden Realität wird jenes selbst verbogen,
muss wieder neu oder anders ausgerichtet werden. Die notwendige Praxis-
einbindung des Gesetzes schafft ebenso viele Auslegungs- und Anglei-
chungsnotwendigkeiten, in immer neuen Sachverhalten; der Einzelfall vereinfacht nicht, er kompliziert, und schafft, in immer zahlreicheren Spielarten auftretend, immer noch weniger Beständigkeit.

So wird denn der „ältere Gesetzgebungszustand" mit gesetzmäßiger Notwendigkeit zum schwierigeren, verlangt er doch bereits in seiner kommen-
tierenden Erfassung die Einbeziehung der auf das Gesetz zurückwirkenden
es immer schwieriger gestaltenden Realität. Die Lex posterior entsteht nicht
nur aus dem politischen Fortschrittsglauben der Demokratie und deren Akti-
vitätsbedürfnis, sie stellt oft eine, auch gewaltsame, Wendung gegen eine
allzu erfahrensträchtige und aus Erfahrung überkompliziert gewordene Gesetzgebung dar, eine forcierte Verjugendlichung eines Gesetzgebungszustands, der eben doch im Grunde unsterblich und nie alternd gesehen wird:
Im Gesetz liegt die Unsterblichkeit des gesetzgeberischen Willens.

Neuerdings wird immer häufiger versucht, dieser Gesetzmäßigkeit steigender, weil erfahrungsbeladener Komplizierung mit gesetzgeberischer Gewaltsamkeit entgegenzuwirken: Entkomplizierung wird wie schon gesagt,
zum Vorwand für einen (Teil-) Rückzug der Staatlichkeit aus der bisherigen
Wahrnehmung öffentlicher Ordnungsaufgaben. Ob damit allerdings wirklich

im Ergebnis die Lage einfacher und übersichtlicher, die Ordnung nicht nur, nunmehr zahllosen Marktakteuren anvertraut, noch unübersichtlicher und schwieriger wird, lässt sich gewiss nicht einfach im Sinne der Vereinfachung beantworten; die Privatisierung bisher öffentlicher Monopole bei Post und Bahn stimmt eher nachdenklich. Verzicht auf gesetzliche Ordnung bedeutet eben nicht ohne weiteres Entkomplizierung, und „der Markt" lässt sich schwer nach Kategorien gesetzgeberischer Komplexität beurteilen. Hier beginnt eine neue Komplexitätsproblematik:

b) Die Bewältigung des „schwierigen Gesetzes" durch Auflösung der Einheit des Gesetzgebers

Die „einfache Norm", das Ideal der demokratischen Gesetzgebung, wird gesetzt vom Willen eines Organs, angewendet, umwandelbar, vom Willen einer anderen Staatsinstanz, hingenommen vom Willen der Bürger. Formal bleibt die Willenseinheit erhalten, vom Normgeber über den Normanwender zum Normadressaten. Gerade beim „komplizierten Gesetz" jedoch entwickelt sich dies in eine Vielfalt von Willensträgern und Willensäußerungen hinein, die ihrerseits die Gesetzeslage noch schwierig erscheinen lässt.

Nicht nur, dass an der Entstehung des Gesetzes schon mindestens zwei Gewalten beteiligt sind, wenn nicht weitere im föderalen Verbund. Immer mehr verzweigt sich die Inhaltserkenntnis bei der Anwendung des Gesetzes zu verschiedenen Spezialisten des Rechts, welche ihre eigenen Traditionen vielfach zur Anwendung bringen, darüber hinaus zu Sachverständigen aller Bereiche – sie alle müssen in der angestrebten Entkomplizierung zusammenwirken, doch ihre Zusammenarbeit kompliziert zusätzlich. Im Verfahren, das schließlich zur Wirksamkeit des Normbefehls im Einzelfall führen soll, werden immer weitere Instanzen eingeschaltet, hier erfolgt sogar der Überwechsel in den privaten Bereich. Anwälte und Steuerberater bringen ihren Willen und den ihrer Mandanten ein in jenen langen Prozess von trial and error, an dessen Ende erst die Rechtskraft steht. „Entkomplizierungen" werden in den Bereich der Normadressaten hinein verlagert, und bei ihrem Interessenkampf lässt sich doch kaum erwarten, dass die einfacheinleuchtenden Lösungen rasch gefunden werden. Erst im Einzelfall löst sich dann die Komplikation auf, oft in erstaunlicher Einfachheit – gerade dies aber vermag das Gesetz als solches nicht zu entkomplizieren, weil hier die Unabsehbarkeit der Realität einsetzt.

Im Grunde ist das „ganz schön schwierige Gesetz" eben das geistig unbewältigte, in diesem Sinne doch das fortzudenkende – aber von wem, von vielen, von den Normadressaten – oder gar „vom Einzelfall", in ihm – ist dies nicht das Ende des Gesetzesanspruchs schlechthin?

c) Schwierigkeitsbewältigung durch intellektuelles Bemühen – oder Schwierigkeitsverstärkung?

Jedes Schwierigkeitsphänomen ruft einen Geist, der den Knoten entwirrt, nicht einen Willen, der ihn durchschlägt. Die grundlegende Problematik des komplizierten Gesetzes liegt darin, dass es eine intellektuell zu bewältigende Aufgabe zu stellen scheint, dazu Erkenntniskräfte aufruft, dass es aber gerade darin immer weiter kompliziert und verunstetigt – weil verkannt wird, dass es im Grunde eben doch Wille ist, dass aber nur Einfaches gewollt werden kann.

Die Gesamtrichtung der Problematik des „schwierigen Gesetzes" ist noch nicht deutlich gesehen – gibt es denn etwas wie den „schwierigen Willen"? Ständig findet eine bedenkliche Verlagerung der Bewältigung juristischer Schwierigkeiten auf die Erkenntnisebene statt, auf der es aber eine Beständigkeit nicht geben kann, wie jedoch das Gesetz sie verlangt.

Von intellektuellen Bemühungen kann stets nur weitere Komplikation erwartet werden, während der Wille zusammenfasst, eben – wie das Gesetz es befahl. Der Geist sucht die „richtige", die stets und die daher auch immer weiter, in infinitum zu ändernde Lösung. Der Politik geht es darum nicht, doch die intellektuelle Richtigkeitssuche des Geistigen fügt der politischen Zweckmäßigkeitssuche immer neue Komplikationen hinzu.

So schafft das Bemühen um intellektuelle Bewältigung der Komplexität der Gesetzgebung unübersehbar neue Formen der Unbeständigkeit der Gesetzeslagen – aus der Unübersichtlichkeit des Meeres der Wallungen des politischen Willens in das noch größere, noch weitere Meer der Bestreitbarkeiten hinein. Dann mag sich vermeintliche oder wirkliche intellektuelle Schwierigkeit auflösen, an die Stelle der Komplexität aber tritt nur eine neue Form der Unbeständigkeit, die Bestreitbarkeit. Die Standfestigkeit des Gesetzes wird dadurch nicht verstärkt, sie wird immer weiter geschwächt – unabsehbar.

Das intellektuelle Bemühen um Entkomplizierung der Gesetze mündet meist am Ende nur in eine Suche nach Gerechtigkeit, sie aber ist belastet mit der Problematik dieses für Juristen kaum je Fassbaren. Damit ist dann nicht der „Kampf des Rechts gegen die Gesetze" angesagt, sondern eine noch weit größere Gefahr für das Gesetz: der Kampf der Gerechtigkeit gegen das Gesetz. Der Nebel der Gerechtigkeit, der das Recht an sich schon so schwierig macht, es nurmehr in verdämmernder Gestalt zeigt, legt sich nun über das Gesetz, das ihn doch zerteilen sollte.

Gibt es eine Chance dazu in der gewaltenteilenden, freiheitlichen, rechtsstaatlichen Demokratie?

IV. Unbeständigkeit des Gesetzes – ein Schicksal des demokratischen sozialen Rechtsstaats

Die aufgezeigte Entwicklung, mit der sich das Gesetz in einer Unbeständigkeit verliert, welche mit dem Normbegriff unvereinbar ist, wird sich nicht wesentlich abschwächen lassen, sie muss sich verschärfen, und dies mit Systemnotwendigkeit. Dies ergibt sich aus Grundannahmen, ja Grundprinzipien der demokratischen sozialen Rechtsstaatlichkeit, was im folgenden in gebotener Kürze zusammenfassend darzulegen ist.

1. Zunehmende Komplexität der Realität

Der zivilisatorische Fortschritt, verbunden mit Höherentwicklungen auf allen Wissensgebieten und im Bereich des politischen Zusammenlebens der Menschen, führt mit Notwendigkeit zu immer höherer Komplexität der zu seiner Bewältigung erforderlichen Ordnungen. Diese Bewegungen vollziehen sich, insbesondere im ökonomischen und naturwissenschaftlich-technischen Bereich, immer rascher, erfordern daher eine ebenso schnell zunehmende Ordnungs-Flexibilität, in erster Linie eine immer raschere Flexibilisierung und damit Unbeständigkeit von gesetzlichen Lagen.

Der demokratische Rechtsstaat muss nicht nur, er will dem, aus seinen Grundvorstellung, aus der Staatsform heraus, in besonderer Weise zeitnah Rechnung tragen: Abbildung der Realität durch die Gesetzeslagen ist, wie bereits mehrfach betont, ein rechtliches Gebot, ein Rechtsgrundsatz geradezu dieser Staatsform, mit Verfassungsrang. Die Demokratie rechtfertigt sich eben durch besondere nicht nur Bürger-, sondern vor allem Wirklichkeitsnähe, welche sie in ihren parlamentarischen und direkten Äußerungsformen der Gesetzgebung verwirklichen will. Zwangseffekte können in einem Regime der Freiheit nur minimiert werden, wenn deren Ordnung „nicht gegen die Realität zementiert wird", weil eben dies sich sofort als unbegründbarer Zwang auswirken müsste. So ist ein demokratisches Regime der Freiheit dazu verurteilt, die Schwankungen und Entwicklungen der Wirklichkeit noch weit getreuer und rascher widerzuspiegeln, ja nachzuvollziehen als dies von einem autoritären oder gar totalitären Regime verlangt würde. Damit aber setzt gerade diese Staatsordnung die Stabilität des Gesetzes mit Notwendigkeit aufs Spiel. Hier einige Orientierungen, welche dies nahelegen, wenn nicht beweisen:

– Komplikationen und raschen Entwicklungen der Wirklichkeit kann ein demokratisches Regime mit seinen Freiheiten entgegenkommen, nicht aber überall ihren Gefahren und Fehlentwicklungen begegnen. Gerade wenn grundsätzlich „Freiheit überall" sein, der Bürger mit ihr und in ihrem Namen rasch wechselnde Realitäten bewältigen soll, so ist eben auch das

Gesetz zu seiner Unterstützung gefordert. Die Freiheit mag das Gesetz zurückdrängen – aber sie ruft es auch immer wieder und verunstetigt es durch ihre zahllosen, unübersehbaren Ausschläge. Wenn das Gesetz den Schutz der Freiheit gegen die Anarchie übernehmen soll, so muss es ihre Schwingungen und Ausschläge mit-, jedenfalls bald nachvollziehen, in zunehmender Unbeständigkeit.

– Der technisch-naturwissenschaftliche Fortschritt treibt das Recht in immer neue, immer rascher wechselnde Normenwerke. Mit Globalhinweisen auf den „Stand der Technik" oder mit ähnlichen Formeln lässt sich Verstetigung der Gesetzeslagen nicht erreichen, nur ihre Unbeständigkeit überdecken. In nicht mehr übersehbarem Umfang werden heute schon „private Normenwerke", etwa im Bereich der Normung, durch Globalhinweise in das Recht, insbesondere durch die Rechtsprechung, übernommen, oder es wird auf sie, und bereits auf ihren ständigen Wechsel, in Gesetzesnormen verwiesen. Das gesamte Technikrecht zeigt zunehmend diese „Realität als Gesetzgeber", in einem wahrhaft atemberaubenden Rhythmus.

– Die Enge des Zusammenlebens der Bürger nimmt zu, in rascher Kadenz. In gleichem Maß treten immer neue Ordnungsprobleme, Ordnungsnotwendigkeiten auf. Vom Mietrecht und Baurecht bis zum Steuerrecht und Strafrecht gelingt es dem Gesetzgeber, selbst unter Einsatz seines kaum begrenzten Normerfindungsrechts, nicht mehr annähernd, mit diesen Wandlungen der Wirklichkeit Schritt zu halten. Immer noch größer wird der Abstand zwischen den Realitätsveränderungen und hinter ihnen nachhinkenden, zurückbleibenden Gesetzgebungsphantasien.

– Die rasch zunehmenden wirtschaftlichen Verflechtungen vor allem stoßen nicht nur einen entsprechenden Selbstlauf an, im Bereich des Wirtschafts-, insbesondere des Gesellschaftsrechts; sie entwickeln sich zu etwas wie „gesetzgeberischen Selbstläufern", welche die Gesetze in die Rolle der stets verspäteten Ratifizierung verbannen, sie aber auch darin in einer ständigen Bewegung halten, die mit dem klassischen Gesetzesbegriff nicht das geringste mehr gemeinsam hat.

– Steigende Abhängigkeit von anderen Mitbürgern lassen die Unsicherheiten des Zusammenlebens schnell anwachsen. Distanzen zwischen den Menschen nehmen auf breiter Front ab, Grundfreiheiten müssen daher in zunehmendem Maß durch Rechte auf (spezifische) Abstände von anderen ersetzt werden. Schon deshalb werden immer mehr und vielfältiger Gesetze erlassen werden und in ihren Inhalten unbeständig sein, denn es wird nicht nur zu flexiblen, sondern zu fließenden Distanzierungen kommen.

Alle diese Entwicklungen der von Normen zu bewältigenden Wirklichkeit sind bereits heute absehbar, wenn auch in ihren Auswirkungen nicht übersehbar. Lösungen können nicht allein von der Bürgerfreiheit erwartet werden, würde dies doch zu unerträglichen Missbräuchen, ja sogar zu bürgerkriegsähnlichen Zusammenstößen führen. So sind denn „mehr Gesetze" angesagt – und deren immer geringere Beständigkeit. All dies gilt, generell und regimeübergreifend, für alle modernen Ordnungen. Doch in der rechts- und sozialstaatlichen Demokratie muss sich dies noch weiter und geradezu ungemessen verstärken:

2. Unbeständigkeit des Gesetzes – im Namen der Rechtsstaatlichkeit

Was bereits bei der dogmengeschichtlichen Betrachtung zur Entwicklung der Rechtsstaatlichkeit festgestellt wurde, ist hier nochmals zusammenfassend zu wiederholen: Gerade die höchste Verfassungsnorm – nicht nur ein Grundsatz – der Rechtsstaatlichkeit stellt unabänderlich Weichen, welche mit Notwendigkeit zu immer zahlreicheren und weniger beständigen Normen führen müssen:

– Im Rechtsstaat ist das Gesetz die notwendige Grundlage für alles Handeln des Staates, welches in Freiheit und Eigentum des Bürgers eingreift, irgendwelche Rechtspositionen des Gewaltunterworfenen verändert. Gesetzesfreies Verwaltungshandeln mit Eingriffswirkungen in Bürgerfreiheit darf es nicht geben; weder gesetzesfreie Erlasse noch sonstige Veranstaltungen gesetzesfreier Administration sind insoweit zulässig. Die Rechtsstaatlichkeit zwingt also den Staat in das Gesetz und die Verwaltung unter dieses. Der Rechtsstaat, und damit eine höchste Verfassungsnorm, ist es, in dessen Namen der Zwang zu den zahllosen Gesetzen auf den Staat ausgeübt wird, in steigendem Maß. Denn die gesamte Entwicklung der letzten Jahrzehnte hat zu einer vertieften und immer noch genaueren Erfassung dieser Rechtsstaatlichkeit geführt, in deren Zug die normativen Anforderungen an das Staatshandeln ständig erweitert und vertieft wurden. Im Namen dieser Entwicklung sind die Normfluten gestiegen, ihnen entgegenzutreten verbietet die Rechtsstaatlichkeit.

Je mehr an Regelungsnotwendigkeit auf diese Weise entsteht, mit desto klarerer Notwendigkeit muss der Normwechsel zunehmen, schon um den Veränderungen der Realität Rechnung zu tragen, von denen oben die Rede ist; auch dies verlangt ja die Rechtsstaatlichkeit.

Der Staat der vielen, der zahllosen Gesetze – das ist der Rechtsstaat.

– Der Rechtsstaat drängt alle Staatsgewalt dazu, immer mehr und vertieft alle möglichen Regelungsgegenstände in Gesetzesform zu erfassen, die Gesetzgebung also ständig zu vertiefen und zu verbreitern. Dies ergibt sich bereits mit Notwendigkeit aus jenem Grundsatz der Vorhersehbarkeit allen Staatshandelns für den Bürger, welche in den meisten Fällen nur das

Gesetz gewährleisten kann. Dass dies wiederum zur ständigen Gesetzesänderung und damit zum Abbau dieser selben Vorhersehbarkeit führt, ist eine systemimmanente Spannung, ein systematisch vorgegebener Widerspruch vielleicht, doch er lässt sich nicht auflösen, weil das rechtsstaatliche Grundprinzip der Vorhersehbarkeit dem entgegensteht. Eine Vorhersehbarkeit aber, welche im Namen der Normstabilität realitätsferne Erkenntnisse beim Bürger hervorbringen würde, müsste wiederum der Rechtsstaatlichkeit widersprechen.

– Der Vorbehalt des Gesetzes ist zentraler Inhalt der Rechtsstaatlichkeit: Keine Eingriffe in eine sehr weit verstandene Freiheit des Bürgers ohne gesetzliche Grundlage; und je weiter diese Freiheit ausgedehnt wird, im Zuge heutigen Demokratieverständnisses, desto mehr bedarf es des Gesetzes, um wenigstens ein Minimum an Ordnung aufrechtzuerhalten. Wiederum ist es also der Rechtsstaat, in dessen Namen unausweichlich die Zahl der Gesetze ebenso zunehmen muss wie deren Veränderlichkeit ansteigt – entsprechend der unübersehbaren Vielfalt der Freiheitsbetätigungen der Bürger; denn zum Wesen der Freiheit gehört es gerade, dass sie unvorhersehbar, einem Proteus gleich, immer neue Tatbestände und Abgrenzungsnotwendigkeiten hervorbringt. Die Freiheit ist es, welche das Gesetz multipliziert.

So ist also insgesamt der Rechtsstaat die Quelle der zahllosen Normen, unter seinem höchsten Druck ergießen sie sich in unübersehbarer Veränderung über die Bürgerschaft, in der Krise eines Gesetzes, das nicht Flut sein sollte, sondern feste Tafel. Die normative Unabänderlichkeit der Rechtsstaatlichkeit ist nicht nur ein zentrales Gebot aller heutigen Ordnung, sie ist eine faktisch unveränderliche Rechtstatsache – und daher ist auch die Krise eines sich ständig ändernden Gesetzes, die daraus kommt, nicht zu überwinden.

3. Sozialstaatlichkeit – wichtigster Grund für die Unbeständigkeit der Gesetzeslagen

a) Schwächerenschutz – Zwang zu dauernder Normänderung

Ein Groß-, wenn nicht der größte Teil der heute geltenden Gesetzesnormen wurden im Namen der Sozialstaatlichkeit erlassen. Der Gesetzgeber erfüllt damit den verfassungsgerichtlich ihm gestellten Auftrag, „das Wesentliche zur Realisierung der Sozialstaatlichkeit zu tun". Arbeits-, Sozial-, Miet- und Beamtenrecht, aber auch Teile des Gewerberechts und neuerdings Zivilprozess-, Insolvenz-, ja Gesellschaftsrecht sind Materien, die sich vor allem deshalb in ständigem Normenwandel befinden, weil damit der angeblich oder wirklich sozialstaatlich gebotene Schwächerenschutz laufend verwirklicht werden soll. Diese Dynamisierung erfasst also nicht nur die gesamte Leistungsgesetzgebung, von der Daseinsvorsorge bis in die letzte Subvention, sie prägt auch bereits das Gesetzgebungsbild aller neueren und der meisten älteren, „klassischen" Gesetzgebungsmaterien. Schwächerenschutz wird dabei nicht allein durch gelegentliche, zu isolierende Härte- und andere Ausnahmeklauseln gewährleistet, die gesamte Gesetzgebung ist auf ihn von vorneherein ausgerichtet, und dies gilt nicht zuletzt auch für das im übrigen von fiskalischen Einnahmerücksichten geprägte Abgabenrecht.

Diese Form des Schwächerenschutzes muss zu ununterbrochen laufenden Gesetzesänderungen führen, damit der jeweiligen Schwächeren-Situation, immer „neuer Armut" entsprochen oder umgekehrt umverteilend, dem luxe insolent entgegengetreten werden kann. Hier muss die außerrechtliche, sozialökonomische Wirklichkeit ständig in das Recht transformiert werden, sonst kann von Sozialstaatlichkeit nicht die Rede sein. Die Folgen sind klar und bekannt: Gesetzesflut einerseits, zum anderen Unübersichtlichkeit, Komplikation der Normlagen – insgesamt gesellschaftlich bedingte Unbeständigkeit der Gesetze.

b) Schwächerenschutz – Aufgabe der Gesetzgebung?

Eine grundsätzliche Frage drängt sich hier auf: Ist Schwächerenschutz überhaupt eine legitime Aufgabe der Gesetzgebung, in derart primärer und weitgehender Ausgestaltung wie dies heute praktiziert wird? Der Begriff entfaltet etwas wie eine „Eigenlegitimationskraft" von solcher Selbstverständlichkeit und Intensität, dass die grundsätzlich-dogmatische Frage gar nicht mehr gestellt wird, ob denn das Gesetz das letztlich geeignete Mittel des Schwächerenschutzes darstellt und ob es immer mehr, in vielen Bereichen nurmehr dazu eingesetzt werden darf.

Dagegen spricht doch bereits folgende prinzipielle Überlegung: Eigentlicher Sinn der Normgebung ist Durchsetzung und Bewahrung der Gleichheit zwischen den Bürgern; das „für alle gleiche Gesetz" ist begrifflich der Zentralinhalt des Normbegriffs überhaupt. Nun lässt sich gewiss argumentieren, daraus ergebe sich die Zentralfunktion des Gesetzes, eine solche Gleichheit erstmals herzustellen. Dagegen lässt sich jedoch, gerade im Namen einer Rechtsstaatlichkeit, welche die Abbildung der Wirklichkeit durch das Gesetz wünscht, die These setzen: nicht Herstellung tatsächlicher Gleichheit sei Aufgabe des Gesetzes, dieses habe vielmehr von einer vorausgesetzten, grundsätzlichen Rechtsgleichheit, nicht einer materiellen, ökonomischen Gleichheit der Rechtsgenossen auszugehen. Damit mündet die Diskussion wieder in die alte Problematik des Inhalts der Gleichheit: Geht es um Rechtsanwendungs- oder um materielle Gleichmachungs-Gleichheit? Die klassische Gleichheitsvorstellung beschränkt die Egalität und damit

auch Sinn und Zweck des Gesetzes auf die erstere dieser beiden Gleich-
heitsvorstellungen; damit ist auch ausgesagt, dass ein Gesetz dann gleich
ist, wenn es zwischen Bürgern gilt, deren Sphären abgrenzt, die grundsätzlich nicht als ungleiche, sondern als gleiche unterstellt und dem Gesetzgeber vorgegeben sind. Gesetz ist dann eben etwas, was wesentlich zwischen
(bereits) Gleichen oder als gleich Angenommenen gilt, und es ist nicht Aufgabe der Normgebung, ständig ihrerseits Gleichheit herzustellen. Eine Krise
des Gesetzes bricht dann nicht nur darin auf, dass der Versuch, mit Mitteln
des Gesetzes Gleichheit herzustellen, die Stabilität der Gesetzgebung unter-
gräbt, es liegt darin dann ein Abfall vom Gesetzesbegriff selbst, der nicht
die Herstellung der Gleichheit, den Schwächerenschutz zum eigentlichen
Inhalt hat, sondern die Abgrenzung von Rechtspositionen der Bürger,
welche als solche bereits in einer Gleichheitslage anzunehmen sind.

Auf einem anderen Weg lässt sich diese kritische These vom Gesetz, das
nicht immer nur Stärkere und Schwächere voraussetzen sollte, ebenfalls
noch untermauern: Zunehmend wird erkannt, dass die eigentliche Aufgabe
des Gesetzes nicht so sehr in der Herstellung materieller Zustände liegt, als
vielmehr darin, dass hier ein Verfahren der Ordnungsentscheidungen zwischen den Bürgern geschaffen wird. Mit dem vielbeklagten „Verlust der
Werte" in der Gemeinschaft entfernt sich auch die Rechtsdogmatik immer
mehr von „materiellen Aufgaben der Gesetzgebung", sie sieht das Gesetz,
bis hinauf in die Höhen der Verfassung, als wesentlich verfahrensträchtige
Normierung. Verhaltensregeln werden dem Normunterworfenen vorgegeben,
ihre Verletzung sanktioniert; seit den uralten Gesetzen, bis zurück zu den
Zehn Geboten, ist dies der eigentliche Gesetzesinhalt, nicht die Herstellung
irgendwelcher materieller, ökonomischer Zustände. Wo dies letztere auch
noch zum Gesetzesinhalt wird, wie etwa im 4. Gebot, bedarf es schon besonderer Begründung („auf dass Du lange lebest und es Dir wohl ergehe
auf Erden").

Geht man von diesen Grundvorstellungen aus, so erweist sich der Schwächerenschutz als Hauptaufgabe der Gesetzgebung bereits in sich als eine
grundsätzliche Fehlentwicklung, welche nur in der Krise des Gesetzes
enden kann.

c) Sozialstaatlicher Schwächerenschutz –
eine unverrückbare politische Vorgabe

Diese wichtigste Krisenquelle moderner Gesetzgebung lässt sich nicht
verstopfen, sie sprudelt immer mächtiger. Eine auf demokratischer Mehr-
heitsentscheidung beruhende Staatsform zeigt die geradezu notwendige
Tendenz, sich diese Mehrheiten bei Schwächeren zu beschaffen. Da der Begriff des „Schwächeren" seinerseits politischer Definition offen steht und

immer weiter, ja beliebig dynamisiert werden kann, wird die Mehrheit der Wahlbürgerschaft notwendig als immer schwächer, abhängiger angesehen, umworben, befriedigt. Der Marsch in Schwächerenschutz und Sozialstaatlichkeit wird sich daher nur noch rascher vollziehen, ob er nun auf die Fahnen offen geschrieben wird oder nicht. Weder politisch noch rechtlich besteht auch nur die geringste Chance, dem wirksam entgegenzutreten.

Rechtsdogmatisch führt dies zu der für das Gesetz fatalen Folgerung, dass die immer zahlreicheren Schutznormen ihrerseits die Normadressaten immer noch schwächer werden lassen, und dass sie sich ihrerseits immer neue Ausnahmegestaltungen, stets noch weiter verstärkten Schwächerenschutz ins Haus rufen. Krücken, einmal der Gesellschaft zur Verfügung gestellt, müssen notwendig vervielfältigt werden, in Rollstühlen enden.

Der schwächerenschützende Sozialstaat braucht immer mehr Stützen, sie werden immer stärker für den immer schwächeren Volkssouverän.

4. Demokratie – Staatsform des unbeständigen Gesetzes

Abgesehen von allem sozialstaatlichen Schwächerenschutz – die Volksherrschaft als solche ist die Ordnung der vielen, ständig sich ändernden Gesetze. Dazu nur einige grundsätzliche Hinweise:

– Demokratie als Herrschaft des Allgemeinen Willens des souveränen Volkes gestattet von vorneherein und ganz prinzipiell ständig flutende, sich ändernde Zustände dieser Willenslage. Und ein Wille, der sich nicht ständig, in jedem Augenblick ändern kann, weil er in jedem Moment neu geboren wird, verdient diesen Namen vor vorneherein nicht. Die Größe seiner Freiheit erlangt er in eben dieser Unbeständigkeit. Ist nicht „beständiger Wille" geradezu ein Widerspruch in sich?

Der Parlamentarismus legitimiert sich gerade aus der Aufgabe der Volksvertreter, Bedürfnisse der Gesellschaft mit Gesetzesgewalt zu befriedigen. Die Demokratie ist also geradezu die Staatsform der Realitätseinleitung ins Recht, über die Gesetze. Sie ist daher gleichzeitig auch die Staatsform der Spiegelung der unübersehbaren, unübersichtlichen Wirklichkeit in den Gesetzeslagen. Von ihr, welche die Realität zu ihrem gesetzgeberischen Willen werden lässt, kann am wenigsten erwartet werden, dass sie die Bewegungen der Wirklichkeit in stabiler Willensentscheidung gesetzlich anhält, so wie es einst Aufgabe des Gesetzes war.

– Demokratie bedeutet, trotz aller Versuche klarer Trennung von Staat und Gesellschaft, deren transformierend-kooperative Verbindung, ja Verschränkung. Die Größe dieser Staatsform liegt gerade in dieser ihrer Wirklichkeitsoffenheit.

– Um die Gesellschaft „in den Staat hinein spiegeln zu können", bedarf die Volksherrschaft des flächendeckenden Netzes, welches durch zahlreiche Volksvertreter gebildet und gehalten wird. Der menschlich selbstverständliche Aktivitätsdrang dieses vervielfältigten Gesetzgebers, verbunden mit dem ebenso verständlichen Streben nach politischer Profilierung der Volksleute, welche in Regimentsstärke in Deutschland tätig sind, kann nur zu einer immer weiter sich steigernden Gesetzesflut und nicht mehr aufzuhaltenden Änderungssucht bei den Normen führen – zum Verlust jeder Stabilität der Gesetzeslage. Die Staatsform kann nicht den „Aktiv-Bürger" sich wünschen – und zugleich den Passiv-Volksvertreter einsetzen. Mit seiner Aktivität jedoch zerstört dieser den Gesetzesbegriff.

– Die parlamentarische Demokratie will die periodische Erneuerung der gesetzgebenden Körperschaften, jedenfalls ihre immer neue Bestätigung in Wahlen. Deren Leistungstests bestehen die Volksvertreter vor allem durch eines: durch immer neue, immer zahlreichere Gesetze. Eine neue Legislaturperiode hat wenig demokratische Legitimationskraft wird hier nicht aufgebrochen – wie es in der Praxis ständig jedenfalls versprochen wird – zu neuen Gesetzen, zu Reformen, in welchen die Gesetzeslagen ununterbrochen verändert, die Gesetzeskarten ständig neu gemischt werden. Klar muss es ausgesprochen werden: Die demokratische periodische Wahl erzwingt die Instabilität der demokratischen Gesetzgebung.

– Konsequente Radikaldemokratie will sich in Volksbefragungen und Volksentscheiden fortsetzen und vollenden. Prestige und Legitimationskraft der von Abgeordneten beschlossenen Gesetze müssen darunter an sich schon leiden; der Druck angedrohter Volksgesetzgebung zwingt sie in immer neue Aktivitäten. So schwächt direkte Demokratie, dies zeigte sich bereits, die Majestät des Gesetzes stets noch weiter ab. Sie eröffnet neue Gesetzgebungskanäle und nähert sich wenn nicht dem Ideal des täglichen Plebiszits, so doch dem Ideal der ständigen Gesetzgebung. Wenn dann ein Volksentscheid auch scheitert, so hat er doch, auf Monate hinaus, die gesamte Gesetzeslage in einem bestimmten Bereich destabilisiert.

– Demokratie zielt auf Minimierung der Herrschaft. Die Volksherrschaft als Minimalgewalt, als Staatsform der Abschwächung der Macht, verlangt, wenn schon die Zahl der Normen nicht verringert werden kann, doch gebieterisch ein anderes: das immer schwächere Gesetz. Gesetze mit Ausnahmeregelungen, Verhältnismäßigkeitsabwägungen, Kompromissoffenheit und Ermessensräumen – auf vielen Wegen läuft gerade die Volksherrschaft damit in das „schwächere Gesetz", vor allem in einem gemeinsamen Sinn: Der gesetzgeberische Wille steht in seiner Durchführung unter zahllosen, weithin sogar stillschweigenden Vorbehalten, welche eine unübersichtliche Praxis immer nur noch weiter verstärkt.

So wird denn die Volksherrschaft mit Notwendigkeit zunehmend zur Ordnung der schwachen Gesetze. Wer sie als unabänderliche Staatsform aufrichtet, kann den Niedergang des Gesetzes nicht aufhalten, er muss ihn laufend verstärken.

V. Fazit: Verlust der „Gesetzeskraft"

Gesetzeskraft ist kein zufälliges Wort, es bezeichnet den Kern des Gesetzesbegriffs. In ihm liegt der Geltungsanspruch und die Legitimationsmacht der Normen, die eben mehr bedeuten als zufällige, wesentlich wechselnde politische Willenszustände.

Die vorstehenden Betrachtungen haben gezeigt: Gegenwärtige Gesetzgebung entfernt sich laufend und rasch von allen Traditionen, welche das Gesetz bisher geprägt und begründet haben. Frühere fürstliche Macht vermag es nicht mehr zu ersetzen, es erscheint nurmehr als Ausdruck eines politischen Willens, der sich selbst bescheinigt, dass er das Richtige will. Mit der versuchten Grundlegung in einem „Allgemeinen Willen" ist der Gesetzesbegriff in herkömmlicher Form gestorben. Sinn der Norm ist es gerade, sich einen Willen zu unterwerfen, der politische Wille kann sich nicht selbst Gesetz sein, er muss sich an dieses binden lassen, wenigstens an seinen Rahmen und auf gewisse Zeit. Das Gesetz muss, soll der Begriff noch einen Sinn haben, mehr sein als ein Machtinstrument des Augenblicks; über ihm müsste eine Weihe der Dauer liegen, in der sich „der Wille gesetzt hat".

Der Rechtsstaat hat das Gesetz, auf dem er beruht, in seinem „Vorbehalt des Gesetzes", bis hin zur Wesentlichkeitstheorie, hoffnungslos überstrapaziert, der Sozialstaat führt es, in ständiger Umverteilung, ad absurdum. Die allgemein konsensgetragene, geradezu als technische Selbstverständlichkeit akzeptierte Regel des Vorrangs des späteren Gesetzes, hat den Primat der lex posterior praktisch-politisch zum Zwang der Gesetzesänderung werden lassen.

Machtpolitisch schließlich ist das Gesetz, in solche Unbeständigkeit geworfen, Instrument des Gegenteils dessen geworden, was die Volksherrschaft mit ihm anstrebt: Es fesselt nicht mehr die Staatsgewalt, Gesetzgebung führt zur Verstärkung der Staatsallmacht auf allen Gebieten, in der Sache wie in der Zeit. Gesetzesflut und Gesetzesfluktuation haben die Illusion einer rechtlichen „Machbarkeitstheorie durch die Gesetze" erzeugt, welche vom Scheitern der ökonomischen Machbarkeitstheorien wenig lernen will. Wenn nur ein Gesetz erlassen wird, so scheint die Heilung schon begonnen, im Gesetz unterliegt der politische Wille einer wahren Allmachtsillusion.

In all dem schwächt sich Geltungskraft wie Geltungslegitimation der Normen ständig ab. Um beim schönen Bild des platonischen Kriton zu enden: Wie könnten heute die Gesetze dem Bürger begegnen, der aus Liebe zu ihnen selbst eine ungerechte Hinrichtung hinnimmt: als Riesenbibliotheken von Gesetzblättern, Verwaltungserlassen und Gerichtsentscheidungen? Eine wahrhaft groteske Vorstellung. Und so wird der Bürger diese Gesetze nicht mehr lieben und verehren, sondern sich fürchten in ihrem Labyrinth. Dann aber dämmert nicht das Ende der Gesetze herauf, sondern das Ende des Gesetzes.

D. Die Überstarrheit des Gesetzes – die Norm als Störungsfaktor realitätsgerechter Entwicklung

Die bisherigen Betrachtungen haben eine schwerwiegende innere Schwäche des Gesetzes gezeigt, die sich auch durch neuere Entwicklungen nicht vermeiden lässt: Das Gesetz setzt nichts oder doch viel zu wenig, immer weniger. Damit wird es seinem eigentlichen Auftrag nicht gerecht, sich im Namen der gesetzgebenden Menschen die Welt untertan zu machen, Zeit und Entwicklung still stehen zu lassen oder dem allem doch einen Rhythmus nach dem Maß des gesetzgeberischen Willens der Menschen zu geben. Noch weit weniger vermag es dann, den stets schwächlich-kontingenten Willen der Menschen zu ersetzen durch eine von ihrer zufällig, schwankenden Willenskraft abstrahierten höheren Willensmacht. Gegenstand der Verehrung des Gesetzes ist also im Grunde nur die Illusion, dass Tagtäglichkeit hinter Dauer zurücktreten, und dass individuelle Interessen, das Profitstreben der unzähligen Bürger, gebündelt und erhöht werden könnten zum allgemeinen Interesse. Kaum ist dies aber formal geschehen, beginnt der inhaltliche Zerfall wieder, in jene Bestandteile der vielfachen Interessenverfolgung, aus denen die Fassade des Gesetzes gebaut wurde.

Doch all dies ist nur die eine Seite der Krise des Gesetzes. Nun gilt es noch die andere Seite seiner Medaille zu betrachten, die der oft und nun zunehmend kritisierten Überstarrheit. Hier wird bemängelt, dass die Norm zuviel von dem leiste, was sie rechtfertigen solle, dass sie den Raum künstlich verenge, die Zeit still stehen lasse, falsche, unnatürliche Kausalitäten setze – mit einem Wort, dass sie sämtliche kantischen Kategorien menschlicher Erkenntnis verfälsche und in praktische Handlungsformen überleite, welche dem Maß des Menschen nicht gerecht würden. War es in den vorhergehenden Hauptteilen die Schwäche, so ist es nun die realitätsferne Stärke des Gesetzes, welche in der Kritik steht. Der gemeinsame Nenner ist aber stets einer: die Illusion, in welcher sich alle Gesetze bewegen – zwischen vermeintlicher Stärke und falsch eingesetzter Kraft, zwischen einem Gesetz, welches zu wenig setzt, und einem Gesetz, das auf dem Gesetzten sitzen bleibt, obwohl die Wirklichkeit darüber hinweggeht.

I. Flexibilität – ein neues Kulturideal des Rechts

Flexibilität ist seit einigen Jahrzehnten bereits, vor allem aber in den letzten Jahren, zunehmend zum Modewort geworden, in fast allen Bereichen

des geistigen und wirtschaftlichen Lebens. Da ist, wieder einmal, etwas von
einem verbalen Hoffnungsträger, der eben aus seiner angelsächsischen Her-
kunft jenen Optimismus in sich trägt, den seine Unbestimmtheit gestattet.
Schnelligkeit und Unvorhersehbarkeit der technischen Entwicklungen sollen
so erfasst, eingefangen oder gar gemeistert werden in einer Begrifflichkeit.
So dringt im Namen der Flexibilität die neue Kultur der Technik durch Betriebswirtschaft vor bis ins Recht, und sie bringt dort noch weitere, eben-
solche Wortmollusken hervor, wie etwa die „Offenheit", „Sachlichkeit" und
„Angemessenheit". In all diesen Begriffshülsen – mehr ist da nicht – befreit
sich das heutige Denken, im Namen seiner neuen Freiheit, von den strengen Begriffszwängen seiner Traditionen, das Recht von der Begriffsjuris-
prudenz der Pandektistik. Und an den Platz der erstarrten Tradition soll die
flutende Realität treten, an die Stelle der allzu rasch und endgültig gesetzten Norm der Einzelfall wieder in seine Rechte gesetzt werden. So entwickelt sich die Flexibilität geradezu als ein Zentralbegriff einer neuen Rechtskultur, in ihr wird diese Entwicklung wenn nicht fassbar – eben dazu soll
es ja nicht kommen – so doch in ihrer Bewegung noch irgendwie vorstellbar. Nirgends ist es bisher gelungen, am wenigsten im Recht, Flexibilität
auch nur annähernd zu definieren. Doch eine Negativ-Bestimmung bietet
sich an: der Gegensatz zur überstarren, zur starren – zur Norm schlechthin.
Sie soll zwar Träger der Flexibilität bleiben, ohne sie verlöre die Biegsamkeit ja ihren Gegenstand; doch allzu viel Gesetz soll da eben doch nicht
sein, das Gesetz vielmehr eine Portion von Nicht-Gesetztem in sich tragen.
Wenig wird darüber nachgedacht, dass damit im Grunde eine Gratwande-
rung postuliert wird zwischen viel und wenig Norminhalt, ohne dass klar
würde, wie viel von Gesetztem und Flexiblem das Gesetz jeweils in sich
tragen solle.

Doch nicht dies allein ist bedeutsam in dieser Flexibilitätssuche; dass das
Gesetz Rahmen sein und bleiben muss, in seinen Räumen Bewegung gestattet, war jeder Norm von Anfang an eigen. Bemerkenswert ist jedoch die
Intensität, mit welcher dieser Flexibilitätsdrang neuerdings zunimmt. Er erklärt sich eben als eine geistige Gegenbewegung wider die Normierungs-
wellen, welche seit mehr als 200 Jahren in immer rascherer Folge, stets
noch mächtiger das eigentliche Normierungs-Resistente erreichen, die Politik und die Wirtschaft. Diese Bewegungen kamen nicht immer aus dem
juristischen Bereich, fanden jedoch dort, in der Rechtsstaatlichkeit, ihre
prinzipielle Verfestigung. Nun ist es wie wenn eine große Gegenbewegung
sich von eben diesen Zwängen der Rechtsstaatlichkeit wieder befreien
wollte, und die bisher noch nicht gestellte Frage ist doch wohl legitim: ob
nicht Rechtsstaatlichkeit – wie eben alle Staatlichkeit – auch einen Zwang
beinhaltet, damit ein Gegenbegriff zur Freiheit wird, dieser letztlich weichen muss. Ist es nicht gerade ein zunehmender Normüberdruss in allen
Bereichen, im ökonomischen aber vor allem, der dort und überhaupt die

angeblich so ehernen Gesetze ersetzen will durch die floatenden Märkte? Und wenn in ihrem Namen die Rechtsbeziehungen zwischen den Bürgern unübersichtlicher werden, letztlich kaum mehr fassbar – muss diese Flexibilität sich dann nicht fortsetzen im juristischen Raum, sollte das Gesetz nicht auch dort zurücktreten, woher es ursprünglich kam und immer seine ortende Kraft gewann? Jener Normüberdruss, welcher im Flexibilitätsstreben unserer Tage liegt, muss doch, so scheint es, das Gesetz als solches in Frage stellen. Es ist als könnten seine in den vorstehenden Kapiteln beschriebenen Schwächen gar nicht genügen, weil es eben immer noch, aus seinem Wesen heraus, allzu starr – überstarr sei. Dann aber eröffnet sich die Zweite Front der Gesetzeskritik.

1. Das Gesetz zwischen traditionalistischer und progressiver Kritik – Flexibilitätsmangel: die Zweite Front der Gesetzeskritik

Die eigentliche Krise des Gesetzes liegt heute darin, dass es von zwei völlig unterschiedlichen Seiten aus unter grundsätzlichen Beschuss genommen wird: Die einen vermissen jenen Halt, der allein doch den Normerlass rechtfertigen könne, die anderen beklagen eine Zementierung, welche mit der modernen technischen und wirtschaftlichen Entwicklung unvereinbar sei, letztlich aber auch mit jenem politischen Grund-Liberalismus, der die freiheitliche Demokratie legitimiere. Und die Diskussion um die Flexibilität der Gesetze ist darin besonders intensiv belastet, dass die einen sich von einem Gesetzesstaat enttäuscht sehen, der zu wenig Sicherheit bietet, die anderen gerade noch mehr Offenheit von ihm fordern.

a) Die Vertreter einer festen Staatlichkeit haben durchaus nicht resigniert. Im Staatsrecht stellen sie, offen oder verdeckt, noch immer und wohl für längere Zeit eine starke Mehrheit. Gerade die vielfachen, hier aufgezeigten Schwächen des Gesetzes bestärken sie in einer Haltung, die letztlich auf einen Staats-Traditionalismus hinausläuft – und in seinem Namen mehr und strengere Normen verlangt. Der Staat hat, so scheint es doch, eine idealtypische Hoffnung nicht erfüllt: Wenn es ihn schon geben soll, auch und gerade in der Demokratie – soll er dann nicht wenigstens feste, bleibende Vorgaben setzen, darf er dann wirklich so viel, immer mehr den liberalen Selbstregulierungskräften überlassen, die ihre Begründung gerade aus der Flexibilität ihres Vorgehens gewinnen? Das Gesetz muss ihnen doch, so scheint es, feste Schranken ziehen, eben dazu aber erweist es sich nicht mehr als fest, als starr genug.

b) Diese seine Schwäche nimmt ständig noch zu durch die grundsätzlichen Vorwürfe politischer und ökonomischer Kräfte, welche man wohl mit Recht, wenn auch ohne Güteurteil, progressiv nennen kann: Hier wenden sich marktoptimistische, einer Zukunft in Fortschritt zugewandte Kräfte gegen traditionalistische Beharrungen, besonders aktive Teile der Bürgerschaft, modernen Entwicklungen geöffnet, machen Front gegen die beharrende Kraft der Norm.

Was diesem Gesetz in besonderer Weise gefährlich wird, ist die Verbindung dieser beiden Kritikstränge: der Vorwurf der mangelnden Vorgaben und der fehlenden Flexibilität. Beide laufen sie hier stets auf eines hinaus: Sie behaupten die Unangemessenheit dieser Ordnungsform gegenüber modernen Entwicklungen – sei es in mangelnder Vertrauensgrundlage, sei es in Übernormierung. Der Gesetzgeber gerät in eine eigenartige aber fatale Zwickmühle: Mit jedem Zug setzt er sich neuer Kritik aus: zuviel oder zuwenig Beweglichkeit

2. Das Gesetz: ein Aufstau in der Zeit

a) Realität bedeutet heute, mehr denn je, Entwicklung, spektrale Verschiebung in unzähligen kleinen Schritten, die sich schnell zu einem großen summieren. Das Gesetz ist, seinem Wesen nach, ungeeignet, derartiges abzubilden oder gar zu ordnen. Der Gesetzesbegriff als solcher ist nicht zeitspektral gedacht; hier wird immer nur eines geboten: das Zerhackte, immer noch weiter Aufgespaltene – Statik. Fluktuation ist kein Gesetzesbegriff, auch kein Topos einer wie immer verstandenen Gesetzgebungslehre. Selbst die oben betrachteten Zeitgesetze sind nicht einem Fließen angepasst, sie sind nur kleinerer Aufstau. Die Betrachtung der Wirtschaftsentwicklung zeigt: In dieser liberalen Ökonomie werden die Abläufe nicht durch Gesetze geordnet, sondern vielmehr zu Gesetzen hochgerechnet; dahinter aber steht ein völlig anderer Gesetzesbegriff als der der rechtlichen Wirtschaftslenkung. Das Gesetz ist dort Erkenntnismittel für Zukünftiges, Prognosehilfe, nicht versteinernde Vorwegnahme der Zukunft. Jedes Rechtsgesetz muss in dieser flutenden, nunmehr sogar globalen liberalen Wirtschaftsfreiheit unweigerlich zum Fremdkörper werden.

b) Das klassische Gesetz steht und fällt mit seiner Allgemeinheit, wie eng immer auch seine Tatbestände bestimmt sein mögen. In dieser Generalität aber liegt zugleich etwas wie eine Entwicklungs-Negation, sie setzt gleich, gleicht an, immer aber an etwas einmal als Tatbestand Gesetztes. Und in diesem Sinne ist ihre Blickrichtung retrospektiv, nicht zukunftsgeöffnet, allenfalls entwicklungsblind, nie entwicklungsoffen. Das Zeitelement spielt in der Allgemeinheit des Gesetzes keine Rolle, ja es wird in ihr geradezu aufgehoben. Offenheitsdogmatik kann daran nichts ändern; sie nimmt den Regelungsinhalt der Norm zurück, doch sie dynamisiert ihn nicht. Der Gesetzesinhalt bleibt stets ein Staubecken; in ihm fließt nichts.

c) An dieser starren Gesetzesstatik ändert selbst die Verlagerung von Entscheidungen auf Administration, Judikative, Wissenschaft, Experten wenig – so die liberale Kritik. Im Kern ist sie hier berechtigt: Aus derartigen Verschiebungen mag sich eine Abschwächung der Vorhersehbarkeit ergeben, der Einzelfall sich vorausschauender Ordnung entziehen oder gar an deren Stelle treten, doch es bleiben die gesetzlichen Staumauern, zumindest ist unklar, wo und wieweit sie unterspült sind. Das ist immer noch die Wirkung des Wortlautes, dass er Entwicklungen aufhält oder sich doch nicht so schnell „bewegt" wie diese. Wenn er die Wirklichkeit abbildet, in welcher Weise immer, so ist es stets die von gestern, oder vom Heute, dem letzten Gestern.

d) Der heute so vielfach, im Namen der Entnormativierung, geforderte Rückzug des Staates aus den allzu vielen Normen ändert nichts grundsätzlich an deren starrer Stauwirkung: Gegenüber stehen sich, nach wie vor, Fluktuation und Zementierung, im fortdauernden, immanenten, letztlich ewigen Beschränkungsdenken des klassischen Gesetzesrechts. Gerade dann, wenn der Staat seine normativen Ordnungen zurücknimmt, Wirtschaft und Politik in diese Freiräume sogleich und mit sich steigernder Mächtigkeit eindringen, verschärft sich alsbald die Wucht des Zusammenpralls von Mauern und Fluktuationen, werden letztere doch damit nur immer noch stärker, wird die Stauwirkung damit nur umso fühlbarer.

So kann denn auch ein verschlankter Staat nur Mäßiges beitragen zur Aufhebung solcher Spannungen: Er stärkt das Freiheitsbewusstsein, das sich dann erst recht an jenen Gesetzen reibt und bricht, welche, gerade weil weit zurückgenommen, als überstarr gelten und wirken müssen.

Es bleibt also dabei: Fluktuation, Flexibilisierung – und Gesetz, das sind Gegenbegriffe; und der Streit der Fakultäten zwischen einer Ökonomie, welche Entwicklungen beschreibt und vorantreibt, und einer Jurisprudenz, welche sie ordnen will, wird ebenso dauern, wie neuerdings ein weiterer hinzukommt, ein ebensolcher, im Gegensatz zwischen rechtlicher und politologischer Betrachtung.

3. Das Gesetz – stets zu spät

Um dem Vorwurf der Starrheit zu entgehen – der stets und geradezu mit verbaler Notwendigkeit sogleich zu dem der Überstarrheit wird – müsste das Gesetz nicht nur entwicklungskompatibel sein, der Gesetzgeber sollte als Helfer der Entwicklung wirken, wenn möglich als deren Pionier. Dazu ist er weder grundsätzlich noch praktisch in der Lage.

a) Das Gesetz kommt nicht nur in den meisten Fällen, es kommt wesentlich zu spät, so wie im Grunde auch sein zentrales Organ, die Polizei, trotz aller Prävention. Das präventive Gesetz gibt es nicht, vergeblich ist es mit den Planungsgesetzen versucht worden. Das Gesetz will vorausschauend ordnen und blickt doch wesentlich zurück, trotz seinem Bestreben, den Wettlauf mit der Zeit als immer neue lex posterior doch noch zu gewinnen. Sein Wille oder seine Erkenntnis orientiert sich zunächst an der Zeit seiner Entstehung, bezieht Späteres auf diese zurück. Und selbst wo objektive Interpretation aus der Entwicklung lernen möchte, kommt sie immer noch viel zu spät, auch darin gibt es nur das nachhinkende Gesetz. Soll dies eine entwicklungsoffene Zeit begeistern, die ihr Denken immer mehr zum Zukunftsfetischismus steigert?

b) Grundsätzlich bereits ist und bleibt das Verhältnis des Rechts, der Gesetze, zur Wirklichkeit ein gebrochenes. Die Überbautheorie des Kommunismus ist gescheitert, in einer eigenartigen Weise hat sich hier die Jurisprudenz mit ihrem Gesetzesbegriff an der Wirtschaft gerächt: Sie sollte mit ihren Normen die Realität nachzeichnen, doch sie erstickte diese alsbald in ihren Gesetzlichkeiten, die sie auch noch der Ökonomie entnahm, deren Entwicklungsfähigkeit sie damit aber sterilisierte. Diese Vergesetzlichung der Wirtschaft, verbunden mit der juristisch-organisatorischen Betonierung des Staatsaufbaus, wird für immer ein furchtbares, überzeugendes Beispiel dafür bleiben, wie der gesteigerte Gesetzesbegriff Wirtschaft und Politik lähmt, weil er eben entwicklungsoffen nicht sein kann.

c) Die juristische Praxis, Einsatz und Tätigkeit der Juristen in Politik und Wirtschaft, zeigt denn auch eben diese Gefahren der Überstarrheit. Juristen sind und bleiben, wenn sie diesen Namen verdienen, wandelnde Gesetze, personifizierte Normen. Gerade deshalb aber sind sie, je besser sie ihre Technik beherrschen, ihre Gesetze, desto weniger geeignet, wahrhaft zu gestalten. Verbindungen dieser beiden Denk- und Verhaltensweisen sind Glücksfälle, es gibt sie gewissermaßen gegen ein Gesetz, das sie grundsätzlich ausschließt – gegen die Gesetze.

Dies zeigt sich in der immer weiteren Verdrängung von Juristen aus Führungspositionen der Wirtschaft, im zunehmend erfolgreichen Kampf gegen das Juristenmonopol in Politik und Ökonomie, wo Gestaltung gefordert ist. Die Juristen werden als Bedenkenträger aus Wirtschaft und Politik verdrängt, mit den Gesetzen und wegen diesen, welche sie stets anwenden wollen. „Staatspolitik" mag der Wirtschaft „informell" in der Praxis helfen wollen, versucht sie es jedoch, wie ihr dies in der Demokratie vorgegeben ist, in Gesetzesform, so kann es nur zu Bremsvorgängen kommen. Das häufige Reden – bald schon Gerede – von der Notwendigkeit „schneller, unbürokratischer" Hilfen und Forderungen verdeckt nur eines: Gehandelt werden soll gegen das Gesetz, jedenfalls an diesem vorbei, wo es etwa haushaltsrechtliche Regeln aufstellt. So beschreiben diese Worte eine Realität, der das Gesetz einfach nicht folgen kann.

d) Doch diese Hemmungswirkungen des starren Gesetzes reichen in der rechtsstaatlichen Demokratie noch wesentlich weiter: Dort soll das Gesetz, das eigentliche, wenn nicht das einzige Instrument des Handelns aller Staatsgewalten sein, sollen deren Entscheidungen sich jedenfalls an ihm ausschließlich orientieren. So weit dies in der Wirklichkeit gelingt, verwandelt auf diese Weise der Gesetzgeber alle Staatsinstanzen, auf allen Ebenen, zu Hemmungsträgern der wirtschaftlichen und politischen Entwicklung. Der Staat wird so zum systematischen, großangelegten Hemmungsmechanismus als solchem, und dies war in den liberalen Anfängen der rechtsstaatlichen Demokratie des 19. Jahrhunderts durchaus gerade so gewünscht. Doch mit der Zunahme der Staatsaufgaben, heute noch immer weiter im sozialen Bereich, verschärfen sich diese Hemmungswirkungen nur noch mehr, im Namen des Gesetzes. Mögen sie nun aus der produzierenden Wirtschaft zurückgenommen werden – bei der dienstleistenden, im weiten Sinne des Wortes einschließlich des Sozialbereichs, gelingt dies noch längst nicht. Erst am Ende des heutigen Sozialstaats wird es vielleicht heißen dürfen, dass das Gesetz nicht mehr hemmt – weil es nichts mehr leistet, weil in seinem Namen nichts mehr geleistet wird.

4. Keine Synthese von Schwäche und Starrheit des Gesetzes

Kritik gegen das Gesetz, welche dergestalt von zwei Fronten her gegen diesen Zentralbegriff heutiger Staatlichkeit vorgetragen wird, zeigt eine typische Antithetik, in der Gegenläufigkeit der Grundforderungen, in ihrer völligen Unvereinbarkeit und schließlich ihren gegenseitigen Schwächen. Nun möchte man vielleicht, zur Stärkung des Gesetzes, eine belebende Bewegung erblicken in solcher Gegensätzlichkeit, einen Dialog, der am Ende in eine Synthese münden kann. Der Glaube an eine solche, an ein Gesetz, welches feste Rahmen vorgibt, und doch hinreichend Flexibilität innerhalb derselben gestattet, trägt noch heute die Staatsform des Gesetzesstaates. Doch gerade dies ist in Krise geraten: In beiden Richtungen, durch inhaltsarme Schwäche wie in ihrer Überstarrheit, zeigt sich die juristische Norm immer weniger angemessen einer Wirklichkeit, gleich ob man diese nun statisch oder dynamisch sehen will: Wenn sich diese Realität wenig ändert, feste Strukturen aufweist, so müsste es eben gelten, dies in Vorgaben festzuhalten, welche sich an Abgelaufenem orientieren, an Sich-Wiederholendem – doch gerade dafür bietet das abgeschwächte Gesetz, wie dargelegt, zu wenig Vorgaben. Sollte aber die Realität wesentlich Entwicklung sein, immer mehr dazu werden, so sind doch die Reststrukturen heutiger Normfestigkeiten noch immer kräftig genug, um hier zu hemmen, mit schwerem Glaubwürdigkeitsverlust in der wirtschaftlichen Gesellschaft und der politischen Gemeinschaft.

So formiert sich eine unheilige Allianz konservativer und progressiver Kräfte, nicht etwa zu einer Synthese in berechtigter Kritik, sondern zu einem gefährlichen, wenn nicht vernichtenden Gegen-Konsens wider das Gesetz.

5. Die Verfassung – Synthese von Starrheit und Flexibilität der Normen?

Das Problem der fließenden und stauenden Normen ist in der Gesetzeslehre der Neuzeit gewiss nicht von Anfang an erkannt, noch weniger in den Mittelpunkt gestellt worden. Der statische Gesetzesbegriff hatte, von seinen uralten Anfängen her, die Norm auf Festigkeit festgelegt, auf Starrheit; das Fließende sollte sich anderswo bewegen, unter den Impulsen reiner, normfreier Macht, der des Handels etwa, oder eben einfach in der geistig-religiösen Entwicklung einer staatsfernen Gesellschaft. Mit der Verfassung trat das Gesetz als solches an die Spitze des Staates, als eine Form entpersönlichter Fürstenmacht. Doch auch dieses Verfassungs-Gesetz sollte dort nur die Statik verkörpern, das Fließende in der Entwicklung anderer Gestaltungen überlassen; die Verfassung war das Gesetz par excellence, mit ihr trat es als solches die Herrschaft an.

Da nun aber die Normstarrheit immer mehr zum Problem geworden ist, in drängender Form erst in den letzten Jahrzehnten, könnte es nahe liegen, die neu sich entwickelnde Zweiteilung der Gesetzesnorm zu nutzen, indem der Verfassung die Bewahrung der Statik zugewiesen wird, das einfache Gesetz als flexibles Instrument dynamischer Entwicklung erscheint. Doch eben diese List der Vernunft zur Bewältigung des Starrheitsproblems ist der Gesetzesdogmatik bis heute nicht gelungen. Die Gründe dafür liegen in den Verfassungen selbst:

Die Verfassung gibt als solche zu wenig an Statik vor, mit ihren allzu wenigen Norminhalten; sie leistet keineswegs, was das Gesetz im älteren, ursprünglichen Verständnis, und noch in dem der Aufklärung und des Liberalismus, eigentlich bewirken sollte. Aus den Fesseln und aus der Versuchung der reinen Programmatik, bis hin zur politisch-verbalen Demagogie, hat sie sich bis heute nicht wirklich befreien können. Im Grunde beschränkt sie sich, nach wie vor, darauf, die alte Fürstensouveränität durch eine neue zu ersetzen, die Volkssouveränität und deren Wahl-Mechanismen. Dies gerade ist aber wiederum Dynamik, nicht etwa Statik; und die neueren Versuche, eine „offene Verfassung" zu dogmatisieren, sind zugleich Ausdruck und Verstärkung dieser Tendenzen. Wo nun aber die Verfassung Festigkeit zeigt, bis hin zu unverbrüchlicher Normstarrheit im Bereich der Freiheit, da läuft seit Jahrzehnten eine Entwicklung ab, welche die einfache Gesetzgebung in ihrer fließenden Dynamik behindert. Das Verhältnis des einfachen

Gesetzes zur Verfassung ist – sagen wir es heraus – letztlich noch immer
völlig ungeklärt, unklar bleibt vor allem, trotz aller Verfassungsrechtsprechung, vielleicht gerade wegen dieser, inwieweit sich Verfassungsverwirklichung gerade in der einfachen Gesetzgebung vollziehen soll. Die Verfassungsrichter verwenden größte Mühe darauf, die Gesetze auf die Grund-
normen auszurichten, indem sie jene aber eben – verstetigen, durch die
Ausstrahlungswirkung der unantastbaren Normen. Darin nehmen sie ihnen
die Kraft des Fließens; trotz allem Nachgeben gegenüber der „Gestaltungsfreiheit des Gesetzgebers" soll die höchste Normstarrheit der Verfassung
eben doch ständig hineinwirken in alle Verästelungen des einfachen Geset-
zessystems. Dieses verliert damit etwas wie die Unschuld reiner Entwick-
lungsoffenheit, aus der Verfassung dringen ständig Erstarrungskräfte ein in
diesen einfachen Gesetzesbereich. Unverdrossen arbeiten Juristen, gerade
die geistigen Spitzen dieser Zunft, an immer weiterer Verstarrung der Gesetzgebung im Namen der Verfassung, und sie dürfen sich dabei auf den
demokratischen Auftrag berufen, immer mehr Freiheit und Demokratie in
alle gesellschaftlichen Räume zu tragen und damit – die freiere, verfas-
sungsgelöste Gesetzentwicklung aus diesen zu verdrängen, langsam aber
sicher. Damit halten sie die Gesetzesfluktuation in Grenzen, andererseits
vermögen sie aber dem Gesetzgeber nicht eine Dynamik zu eröffnen, die
ihm an sich schon nicht eigen ist, in der er aber nun immer noch weiter
verunsichert wird, unter den unzähligen, unvorhersehbaren Damokles-
Schwertern der Verfassungsnormen.

So wird zwar die Freiheit gegen das Gesetz geschützt, dieses punktuell
immer wieder zurückgedrängt. Doch das Verfassungsrecht kennt eben letztlich doch nur das Entweder – Oder, das Brechen oder Lassen der Gesetze;
Flexibilität ist gerade jener Normschicht kein immanenter Begriff, in der
doch Statik, Starrheit bewahrt werden soll.

Verfassung als Rahmen – einfache Gesetzgebung als flexibler-dynami-
scher Norminhalt: Gewiss ein verlockendes Bild, doch es fängt eben die
Wirklichkeit nicht ein. Die Verfassung ist selbst nicht wirklich „das
Gesetz", andererseits strahlt aus ihr aber doch keine Flexibilität in das einfache Gesetzesrecht, und dieses bleibt daher eben doch normgeworden-dau-
ernder politischer Wille, damit aber wesentlich starr, überstarr.

Gesetz und Verfassung – das bedeutet nicht Flexibilität und Starrheit, Dynamik und Statik, denn Normstarrheit liegt in beiden Bereichen; allenfalls
sind da niedrigere und höhere Staumauern, keine Biegsamkeit; und dem
Fließenden der Entwicklung stehen sie beide im Wege. Einige „grundsätzliche Realitäten" mögen diese Unausweichlichkeit normativer Überstarrheit
nun belegen:

II. Wirtschaftlich-technologische Entwicklung und Gesetzesstarrheit

Die freie Wirtschaft ruft immer wieder nach gesetzlichen Vorgaben, welche ihr Kontinuität bieten, damit Vertrauen schaffen sollen. Doch das Gesetz ist ein Gegenbegriff zu all jenen Vorstellungen, welche heute vor allem ökonomische Entwicklungen tragen und prägen, damit auch alle anderen, insbesondere technischen Evolutionen, die solchen Entfaltungsformen folgen, von ihnen mitgerissen werden oder sie antreiben. „Gesetz" ist in all dem nur das, was sich am Ende einer Versuchsreihe, im Erfolg einer Marktstrategie zeigt, stets von neuem hinterfragt wird, immer wieder sich bewähren muss – nicht aber eine Norm, welche diese ganzen Vorgänge vorsehen will und kanalisieren. Diese Entwicklungen werden von formfrei-dynamischen Kräften getragen, ordnender Wille kann sie letztlich nur hemmen.

1. Wettbewerb – „im Werden" ein Gegenbegriff zur Gesetzesstatik

a) Wettbewerb ist der Zentralbegriff einer entwickelten freiheitlichen Gesellschaftsordnung. Mit ihm wird nicht irgend eine Form oder Folge der Freiheitsbetätigung angesprochen, sondern deren Zentrum, ihre dynamische Kraft als solche. Aus dem Bewusstsein war dies verdrängt, solange man in einer real durch Zäune und Hecken getrennten statischen Welt grundstücksbezogener Landwirtschaft die Freiheit vor allem verstand als das Recht, andere auszuschließen, wie dies noch das einfache Gesetzesrecht des Bürgerlichen Gesetzbuchs beim Eigentum in den Mittelpunkt stellte. Nun aber ist ein neues Freiheitsbewusstsein entstanden: Wettbewerb als Freiheit, auf andere einzuwirken, sie nicht auszuschließen sondern zu verdrängen. Dazu aber passt die herkömmliche Status-Lehre nicht mehr: Freiheit bedeutet nicht nur einen Status negativus, sie ist stets zugleich Status positivus, Recht zu forderndem Eindringen in fremde Bereiche, darin eben wesentlich Status activus. Erst wenn die klassische Status-Lehre neue konzipiert, nicht mehr allein auf die Staatsgewalt ausgerichtet sein wird, sondern auf die „Neben-Gewalt" des anderen Bürgers, der Gesellschaft, wird man die Wettbewerbsfreiheit voll erfassen.

Sieht man den Wettbewerb als zentrale Verwirklichung von Freiheiten, so bedarf er auch nicht mehr der ständig wiederholten ökonomischen Begründung, dass er „das Geschäft belebe", die eigenen Kräfte potenziere, oder gar die Bürger-Konsumenten durch billigere Preise begünstige. Wettbewerb ist eben – dieses Bewusstsein wird sich mehr und mehr durchsetzen – ganz einfach aktive Freiheit, wirksame Libertät, reale Versöhnung von Freiheit und Effizienz.

Über all dies besteht heute weithin ein schweigender, aber ein totaler Konsens; fast ist es, als sei vom Konsens über die Freiheit nur dies mehr übrig geblieben. Diese gemeinsame Überzeugung aber richtet sich frontal gegen ein Gesetz, das den Wettbewerb nie schaffen, immer nur behindern kann. So wie die Freiheit Gegenbegriff zur Norm ist und bleibt, so wird Wettbewerb immer das wesentlich Gesetzesfreie sein; daran können Wettbewerbshüter nichts ändern, aus deren engen Märkten die Wirtschaft ohnehin in eine Globalität ausbricht, welche jeder Anti-Trust-Bemühung spottet. Wann wird man erkennen, dass Globalität nichts anderes bedeutet als Flucht aus administriertem in „wirklichen", völlig freien Wettbewerb?

„Menschliche Wärme" kann gegen eine derart mächtige Freiheitlichkeit so wenig heute aufkommen, wie sie vor 200 Jahren die Freiheitsbegeisterung der Französischen Revolution in Wärmestuben ersticken konnte. Solidarität kann hier ebenso wenig begrenzen, wie sie auch seinerzeit nur ein Kampfbegriff zur Durchsetzung der Freiheit war, nicht zu deren Beschränkung. Das Gesetz als beschränkende Sozial-Barriere mag hier Schlimmstes verhüten, zur treibenden Kraft kann es nicht werden, damit aber ist es, in seiner konkurrenzfeindlich-beharrenden Kraft, im Grundsatz bereits überrollt.

b) Wettbewerb bedeutet nie auch nur im geringsten etwas wie eine „feste Situation", eine verfestigte Lage, auf welche man sich später beziehen und die in die Zukunft weiter wirken könnte: Gerade dies aber ist das Wesen des Gesetzes. Daher kann dieses Gesetz dem Wettbewerb stets nur nachlaufen, nie nachkommen. In der weltweiten Globalisierung lösen sich die Konkurrenzsituationen immer mehr auf in zahllose Momente, den Wellen des Meeres wahrhaft vergleichbar, welche stets nur eine Augenblicksaufnahme erfassen kann. Dieses Meer aber lässt sich durch Gesetze nicht aufstauen, seine Normen werden im ewigen Fluss sinnlos, der auch nicht die Statik eines Augenblicks trägt. Und was kann es schon bedeuten, wenn das Gesetz dem Wettbewerb einen Rahmen bieten soll – mehr doch nicht als die Verhinderung krimineller, insgesamt völlig marginaler Praktiken. Denn diese Konkurrenz kennt eben nur einen Rahmen: die jeweiligen Märkte; das Gesetz aber kann sie weder schaffen, noch darf es sie auch nur zur Kenntnis nehmen, am wenigsten dürfte es sie verfestigen und damit den Wettbewerb in idyllische Ruhe zwingen.

Mehr noch: Gesetze können ganz wesentlich „nie folgen" – einer Entwicklung, einer Willensdynamik, ihnen bleibt immer nur das Ratifizieren, der vergebliche Versuch anzuhalten. Einen Wirtschaftsgesetzgeber, der pausenlos rasch, „unformalistisch" auch nur zu reagieren, geschweige denn zu führen suchte, kann es begrifflich nicht geben. Daher ist der Vorwurf des Formalismus schlechthin gesetzesimmanent und damit unausweichlich in einer normgeordneten Gemeinschaft. Im Grunde nimmt sie das Gesetz nur hin, wo noch nicht genug an Konkurrenzlagen sich entwickelt hat, wo es

gilt, Räume normativ abzugrenzen, damit sie sodann im Wettbewerb aufge-
füllt werden; in Erwartung dieses Vorgangs wird heute wirtschaftliches Gesetzesrecht akzeptiert, ja immer noch gefordert – und dann freilich einfach
als Wettbewerbsinstrument, um den Besseren, Stärkeren zurückzudrängen.
Doch das erstere ist eine Voraussetzung des Wettbewerbs, das letztere seine
Störung – mit diesen beiden Legitimationen lässt sich bald das Gesetz nicht
mehr rechtfertigen, ja nicht einmal mehr ertragen. Es ist nurmehr eine
Frage der Zeit, bis sich das globalisierte Wettbewerbsbewusstsein so stark
entwickelt, dass es jene Normen verdrängt, die es bedingen und verengen
wollen.

c) Deshalb ist auch das Subventionsgesetz kein Instrument, welches den
Gesetzesbegriff vor dem Wettbewerb retten könnte. Hier wird zwar der
klassische Rahmen der Gesetzesnormierungen verlassen, der Gesetzgeber
geht zu einer Hilfe über, welche den schwächeren Teilnehmern des Wettbewerbs zuteil werden soll – oder er schafft ihn geradezu künstlich, wo er im
Grunde nicht mehr gebraucht wird. Doch oben bereits wurde nachgewiesen,
dass es nicht Aufgabe des Gesetzes sein kann, „Schwächerenschutz" zu
bieten, und diese Feststellung verbietet letztlich eben auch das Subventionsgesetz. Die immer härteren Frontstellungen gegen Wirtschaftssubventionen
kommen aus dem Wettbewerbsgedanken und damit aus der Freiheit, und
dagegen werden sich auch die modernen Schutzzöllner der Wirtschaftsför-
derung auf Dauer nicht durchsetzen. Selbst und gerade hier noch wird
damit der Gesetzesbegriff ad absurdum geführt, in einem Bereich, wo er
sich, unter Aufgabe seiner eigentlichen ordnenden Kraft, in Förderung bewähren sollte. Auch hier bleibt ihm eben jene konservierende Starrheit der
Norm, welche Realitäten auf Aufnahmen sehen will, nicht in Filmen.

d) Bleibt der Begriff des „Rahmens" zur Legitimation des starren Gesetzes in einer Welt des flutenden Wettbewerbs. Dieser Rahmen-Begriff ist
jedoch wesentlich formal, in keinem Bereich des Öffentlichen, insbesondere
des Verfassungsrechts, hat er sich je mit auch nur einiger Präzision inhaltlich bestimmen lassen. In ihn können daher – und werden seit langem –
alle möglichen, nötigen und unnötigen normativen Starrheiten hineingelegt,
welche der politische Gesetzgeber im Namen seines Auftrags zur wirt-
schaftspolitischen Ordnung für sich in Anspruch nimmt. Doch bei näherer
Betrachtung lässt sich mehr aus diesem Rahmen-Begriff dem freien Wettbewerb gegenüber auch nicht ableiten als etwas wie die klassischen Polizeibe-
fugnisse gegenüber der allgemeinen Freiheit. Das aber bedeutet: Das Gesetz
sollte hier nicht mehr bieten als wirkliche Randkorrekturen, und darin liegt
ein entscheidender Unterschied zur Rahmenziehung. Nur Praktiken sollte es
verbieten dürfen, welche auch sonst, wirklich eben „ganz allgemein", in der
Gemeinschaft nicht hingenommen werden können. Damit sähe sich letztlich
das Gesetz auf jenes Strafrecht zurückgeworfen, von dem es ursprünglich

einmal kam und welches auch heute noch, im freiheitlichen angelsächsischen Verständnis, das eigentliche Zentrum des Gesetzesrechts zeigt, bis hin zu den „Strafwirkungen" des Zivilrechts, wie sie in den Punitive damages zum Ausdruck kommen.

Für das Gesetz würde dies bedeuten, dass es sich im Grunde dem freien Wettbewerb gegenüber auf quasi-pönalisierende Randkorrekturen zu beschränken hätte: Damit würde sich fast die ganze, souverän gemeinschaftsordnende Macht der Gesetze verlieren. Doch alles, was darüber hinausgeht, ist eben nicht Rahmenziehung, sondern Eingriff in den freien Wettbewerb, Beeinträchtigung der Freiheit, und es wird immer mehr als wettbewerbsunangemessen kritisiert, abgelehnt, zurückgedrängt werden – gerade wegen einer Starrheit der Normen, welche dem Strafrecht im weiteren Sinne wohl anstehen mag, alles extrakriminelle Verhalten der Menschen aber nur stören kann.

e) Eines bieten eben die starren Normen nie: Service, Hilfe, gerade dies aber bräuchte die Wettbewerbswirtschaft. Und deshalb will sie den Staat der Gesetze nicht mehr, sie wendet sich zum Service-Staat. Allzu wenig ist bisher bedacht worden, dass in dieser populären und sich verbreitenden Forderung eine harte Wendung liegt gegen den Gesetzesstaat, der eben doch nur behindert, sehr selten nur hilft und dies auch dort nicht eigentlich dürfte. Dieser Service-Staat soll nun allgemeine Leistungen anbieten zum Stärkerwerden, in einer generellen Streuung und Ungezieltheit, welche der allgemeinen Sicherheitsbewahrung durch die Polizei entspricht. Die Aktivitäten dieses Service-Staats sollen gerade nicht auf einen bestimmten Wettbewerbszustand zielen und erst recht nichts durch Normbefehle durchsetzen wollen. Angebote sollen da sein, die jeder Konkurrent nach seinem freien Willen und seinen Kräften annehmen oder ablehnen mag. Dazu bedarf es dann aber nicht einer Ordnung durch Gesetz, sondern nur vieler Veranstaltungen eines Allgemein-Unternehmens-Staats – und wieder sieht sich das Gesetz verdrängt, Service und Gesetz kennen sich nicht.

Ein Begriff wird damit verbannt aus dem Wettbewerbsdenken, den paradoxerweise gerade jene Nationalökonomen sich auf die Fahnen geschrieben haben, welche den Wettbewerb predigen: der Begriff Ordnung. Oder sollte vielleicht damit zum Ausdruck gebracht werden, dass hier eine neue „Ordnung aus Wettbewerb" verdrängen sollte die alte „Ordnung der Gesetze"? Diese letztere wird in einer Wettbewerbswelt nicht mehr gebraucht wie bisher; zumindest müssten die Gesetze auf ein Minimum zusammenschrumpfen. Ordnung tritt dann, dies ist das Credo solcher Ordnungspolitik, schon von selbst ein, nur ein solcher automatisch sich herstellender und fortentwickelnde Zustand verdient diesen Namen, alles andere wird unterlaufen, umgangen, ignoriert – zuerst und überall die Gesetze. Sie wollen ja jene Ordnung vorwegnehmen, zementieren, welche doch das Produkt ganz

anderer Kräfte sein soll, als sie der politische Gesetzgeber einzusetzen
vermag. Und so ist denn der Weg aus der Gesetzesordnung in die Wettbe-
werbsordnung – und um nichts anderes geht es in diesen Jahren – letztlich
nurmehr ein Weg aus der Politik in die Wirtschaft. Und wo diese Politik
mit ihren „Zufallsgesetzen" noch erhalten bleibt, soll sie sich sogar noch in
eine andere Spielwiese für Konkurrenz verwandeln, in eine Fortsetzung des
Wettbewerbs mit anderen Mitteln – denen der politischen Macht – bis hin
zur Korruption.

f) Gesetze als Ergebnis von Korruption – es erscheint vielen heute als
das Ende des Gesetzesstaates, jener Demokratie, welche durch ihre Gesetze
alles bestimmen will. Vielleicht ist es aber nur ein folgerichtiges Endsta-
dium der Entwicklung einer Wettbewerbswirtschaft. Warum sollte diese
denn nicht versuchen, wenn es schon noch immer Gesetze gibt, welche sie
behindern oder auch nur lenken wollen, im Wettbewerb mit anderen sich
diese Instrumente zu gewinnen, sie für sich einzusetzen, in sie ihre Konkur-
renzvorstellungen hineinzulegen? Ist es denn nicht eine konsequente Entwicklung jener Demokratie, welche den Staat von der Gesellschaft will
tragen lassen, dass die Wettbewerbskräfte dieser selben Gesellschaft sich
den Staat und seine Gesetzesmacht aufteilen, sie kaufen, sie für sich wirken
lassen? Und gibt es hier nicht nur ein Heilmittel: Rückzug des Staates,
Rückzug der Gesetzgebung, damit da nichts mehr sei, was zum Kaufen er-
muntern könnte? Korruption wird es stets solange und soviel geben, wie
Amtsträgern an Wohlverhalten abgekauft werden kann, direkt oder mittelbar. Nur dann, wenn niemand mehr kaufbereit ist, weil die Ware Gesetz
ihm nicht taugt oder er sie auch ungekauft akzeptiert – nur dann werden
sich die Wirtschafts- und Finanzmärkte zurückziehen aus Lobbys und
Amtstuben. Dies aber verlangt zuallererst, dass das Gesetz sich zurück-
ziehe, dass der Gesetzgeber bescheidener werde, dass er keine Hindernisse
in Normstarrheit aufbaue, welche ihm die Macht des wettbewerbsgetrage-
nen Geldes abkaufen müsste.

Korruption ist vielleicht im letzten nur ein Versuch, zu „korrumpieren, zu
verderben", was die Freiheit stört. Ein hartes Wort wohl, aber das Meer
lässt sich nicht eingrenzen. Und der Staat möge schon zufrieden sein, wenn
er es mit seinen Kanonenboten befahren darf, um Piraten das Handwerk zu
legen; darin werden ihn auch alle Wettbewerber loben.

g) Wettbewerb ist die zivile Form des privaten Wirtschaftskriegs. Dem
eigentlichen Kriegsgeschehen steht er sogar darin näher als militärische
Auseinandersetzungen, dass hier nicht so sehr die Verteidigung gegen diejenigen im Vordergrund steht, welche den Status quo verändern wollen, als
vielmehr der Angriff zu dessen Neubestimmung; denn der Wettbewerb
muss wesentlich verändern wollen. Und angesagt ist auch weder der „ge-
rechte", noch der begrenzte, sondern vielmehr im Grunde stets der totale

Krieg, der mit der völligen Niederwerfung des Gegners, seiner Annexion oder Vernichtung, jedenfalls seinem Ausscheiden aus dem Marktgeschehen enden soll. So wenig nun wie das Kriegsrecht je voll hat geregelt werden können durch völkerrechtliche „Gesetze", Konventionen, kann daher der zivile, private Wettbewerb als Wirtschaftskrieg gesetzlichen Regelungen im einzelnen unterworfen werden. Sie werden sich immer darauf beschränken müssen – und dies ist schon ein wahrhaft zivilisierender Fortschritt – kriminelles Verhalten zu verhindern, ein solches also, welches auch in anderen Zusammenhängen, „ganz allgemein", verwerflich wäre. Wettbewerb im äußersten Rahmen der nun wirklich „allgemeinen Gesetze" – ja; spezielle gesetzliche Wettbewerbsdisziplinen – nein; damit aber ist das Gesetz für die stärkste Macht gegenwärtiger Entwicklung schlechthin kein Thema.

2. Naturwissenschaftlich-technischer Fortschritt: gegen das Gesetz oder an ihm vorbei

Zentrale Aufgabe und Rechtfertigung des Gesetzes war es stets, noch unbekannte Zukunft aus bekannter Gegenwart und ihrem heute gebildeten Willen heraus zu bewältigen. Dass die Norm einer Entwicklung begegnet, die sie als solche noch nicht kennen konnte, spricht an sich daher noch nicht gegen diese Ordnungsform, im Gegenteil: Kann die Ordnung des Unvorhersehbaren nicht nur auf solche Weise erfolgen? Die besondere Lage in diesen Jahrzehnten wird jedoch geprägt durch einen naturwissenschaftlich-technischen Fortschritt, der seit langem alle entscheidenden Änderungen offen, vor allem aber in Kryptobewegungen anstößt und dabei ein Maß von Unvorhersehbarkeit und Unberechenbarkeit erreicht hat, wie es vergangenen Generationen und ihrer Gesetzesgläubigkeit unbekannt war. Dieses Wort hat hier nun wirklich seinen Platz: ein gewisses Maß an Unsicherheit nimmt der Glaube hin, im Religiösen wie in der weltlichen Abschätzung der Zukunft. In der gegenwärtigen wissenschaftlichen Entwicklungslage allerdings fragt es sich schon, ob hier nicht der Glaube ebenso überfordert wird, und zudem noch genauso durch Naturwissenschaften und Technik, wie die religiös-gläubige Überzeugung. Kann das Gesetz, das Ordnungsinstrument dieses Glaubens aus der Gegenwart heraus in eine unbekannte Zukunft, ein wahrhaft unbekanntes „Jenseits des Heute", diese ständigen Umwälzungen bewältigen, auch nur in den Blick nehmen, ist es nicht als ein nurmehr „für die Zukunft geglaubtes, ja erhofftes Recht" hoffnungslos und endgültig überfordert, angesichts jener dauernden Sturzwellen, welche dieser Fortschritt, man müsste ihn eigentlich Fortsprung nennen, über seine alte Statik hereinbrechen lässt? Nur einige Schlaglichter darauf:

a) Normativ ist der naturwissenschaftlich-technische Fortschritt beeinflussbar nur durch Staatsförderung oder staatsorganisierte gesellschaftliche

Finanzhilfen. Die für ihn entscheidenden Gedanken sind nicht nur zoll-, sie sind wesentlich staats- und gesetzesfrei. Allgemeine wirtschaftspolitische Lenkungsanstrengungen oder Bildungsbemühungen mögen ihm vorteilhaft oder abträglich sein – sie erreichen kaum je eine Zielgenauigkeit, mit der man wissenschaftlich-technischen Fortschritt hervorrufen könnte.

Konsens besteht dagegen heute, und in zunehmendem Maße, dass Förderung neue Gedanken und Erfindungen geradezu hervorbringen, jedenfalls aber ihnen entscheidende Chancen, den eigentlichen Schwung geben kann. Das amerikanische Beispiel scheint zu belegen, dass dieser Progress geradezu zur Funktion eingesetzter Finanzmittel werden kann. Wenn es also das Gesetz wäre, welches hier diese entscheidenden Anstöße vermitteln, organisieren könnte, so wäre eine neue Zeit der Gesetze gekommen – doch sie kommt nicht, denn die Gesetze kommen gerade dafür in aller Regel zu spät. Erst dann setzen sie ein, beginnen Rahmenbedingungen zu schaffen, Finanzflüsse zu bewegen, wenn die eigentlichen Anstöße schon erfolgt, die Entwicklung bereits eingeleitet ist. Und es ist den Normen, des Staates vor allem, nicht einmal gegeben, aus ihrem Wesen heraus, hier sachangemessene Verstärkungswirkungen zu erzeugen, welche in der Tat entscheidend sein könnten. Das Gesetz bringt vielmehr, und dies von Anfang an, eine Starrheit zum Tragen, über welche der wissenschaftliche Fortschritt gerade hinweggehen will, der eben mit fundamentalen Gedanken früherer Zeit nichts gemein haben möchte, seine großen Neuerungen gerade und nur im Gegensatz zu ihnen durchsetzt. Mit dem klassischen Ordnungsgesetz, seinen meist kriminalrechtlichen oder doch strafrechtsähnlichen Verbotsbestimmungen, will dieser naturwissenschaftlich-technische Fortschritt schon von Hause aus nichts zu tun haben, ja er nimmt für sich sogar nicht das Recht, wohl aber die Kraft in Anspruch, sich auch noch über derartige, „verkrustete, überalterte", jedenfalls überholte Vorstellungen hinweg zu setzen. Es müssten daher schon gezielte Wissenschafts- und Techniknormen sein, welche auf den Fortschritt fördernd einwirken oder ihn gar hervorrufen könnten.

Die Gegenwart hat derartiges wohl versucht, und in großem Stil: Fördermittel werden in Gesetzesform bereitgestellt, sodann nach gesetzlichen oder untergesetzlichen, jedenfalls aber normativen Maßstäben vergeben – eine neue Gesetzesform? In Wahrheit ist das nur ein magerer Kompromiss mit den Erfordernissen heutigen Fortschritts. Was dieser benötigt, sind Mittel, nicht Regeln und Gesetze, welche Einsatz und Verwendung der Hilfen nur stören können. Die höchst problematische Form der „Projekte" – ein neuer Allgemeinbegriff von geradezu magischer Anziehungskraft – zeigt nicht Sachangepasstheit der Gesetzesform, sondern den immer nur noch größeren Abstand des Normativen gegenüber den Forschrittsbewegungen: Hier sollen sie kanalisiert werden – wo sich doch der Geist nicht fassen lässt in Voraussetzungen, Zwischenberichte, Endberichte, Stöße und Stöße von antragologisch geschwärztem Papier. Hier unternimmt es die Gewalt der Förderungs-Normierung doch tatsächlich, die Zukunft voraussehen zu wollen, dem Geist vorzugeben, was er nicht erforschen soll, sondern erforschen wird. Bekannte Ergebnisse als Voraussetzung von Hilfen zu deren Erzielung – kann man innere Widersprüche weiter treiben, noch deutlicher den Längenabstand der normativen Prokrustesbetten zur eigentlichen Größe der Gedanken zeigen?

Und noch etwas vermag doch das Gesetz, das hier helfen soll mit Finanzen, nie wirklich: eine Ordnung des Vertrauens zu schaffen. Förderung des Fortschritts bedeutet Investition in die Zukunft, Spéculation à la hausse, Übernahme von Risiken – all dies ist eben Ausdruck einer Freiheit, die wagen will und gewinnen. Das Gesetz aber ist wesentlich Begrenzung einer solchen Freiheit, nicht ihre Ausübung, Anstoß zu ihr. Der Gesetzgeber vertraut an sich niemandem, keiner einzigen Freiheit, er regelt sie alle, beschränkt sie, baut ihren Missbräuchen vor, nur deshalb wird er tätig – und so auch hier bei aller Wissenschaftsförderung. Ihr typisch-normatives Element ist eben das ebenso typische der Gesetze: Misstrauen, feste Schranken, Kontrollen ihrer Einhaltung – Starrheit eben, die sich darin sogleich zur Überstarrheit steigert. Alles, was die Hand des Gesetzgebers berührt, auch die von ihm ausgereichten Förderungshilfen, erstarrt sogleich in etwas wie Gesetzesform, verliert jene Offenheit, welche dem Geist vertraut und seinen Fortschritten.

b) In zunehmendem Maße wird das Gesetz zur Form der Fortschrittszerstörung, und eben dies ist der rasch zunehmenden Kritik an seinen zentralen gegenwärtigen Ordnungsstrukturen wohl bewusst. Durch Gesetz werden „überalterte Universitätsstrukturen" erhalten, welche übrigens früheres Gewohnheitsrecht weitaus flexibler hätte fortentwickeln können. Der Geist wird eingezwängt in Organisationsschemata, zerrieben in sinnloser Selbstbeschäftigung eines Wissenschaftsmanagements, in welchem Mittelmäßigkeit über den wahren, kreativen Geist Herrschaft in neuen Formen ausübt – im Namen der Gesetze und ihrer Gerechtigkeit, die aber Wissenschaft als solche überhaupt nicht kennen dürfen.

So wird nun das Gesetz zur Form der Verhinderung neuer Erkenntnisse, in einer großen und düsteren Tradition, welche von Galilei reicht bis zur Gentechnik. Nicht nur bedauerliche Randerscheinungen zeigen sich hier, in denen früherer Ungeist ankämpft gegen bessere Erkenntnis; Maschinenzertrümmerer, die auch hier wieder, im wahren Sinne des Wortes, um ihre Arbeitsplätze fürchten, sind am Werk, in diesem ständigen Kampf der Gesetze gegen Wissenschaft und Technik. Nie wird sich mit Genauigkeit feststellen lassen, wieweit die wahre Un-Masse von Patentregeln, Gebrauchsmusternormen und alles, was sich in diesen Räumen entfaltet, dem Fortschritt wirklich dient – oder ihn in Besitzstandswahrungen von Überholtem und profitgierigen Vermarktungen behindert. Doch gestellt werden muss auch diese Frage, denn gerade hier versucht das Gesetz eine Ordnung des Geistes und seines Fortschritts, die wohl jeder schöpferische Forscher allenfalls als notwendiges Übel, nie als wirkliche, dem Progress angepasste Förderung durch Gesetz anerkennen wird.

c) Das Gesetz wie seine Hüter, die Polizei, kommt wesentlich „zu spät herbei", davon war schon die Rede, denn sie bewegen sich alle defensiv, vor allem aber schwerfällig, im Starrheitspanzer der Normen. Jene beweglichen Dienstleistungen, wie sie das Beweglichste unter den Menschen bräuchte, der Geist, vermag das starre Gesetz weder zu bieten noch auch nur annähernd zu organisieren. Ganz im Gegenteil: Gefördert wird Bewährtes, heilig gesprochen wird bereits Überholtes. Wie könnte eine Fördergesetzgebung auch anders ordnen, da sich das Gesetz gerade stets als Ausdruck des im Grunde schon Bewährten präsentieren und rechtfertigen, eine bereits kanonisierte Wirklichkeit festschreiben will, im vollen Sinne des Wortes. So übernehmen denn alle Gesetze stets zuallererst und wesentlich Akzeptiertes, den „Stand der Technik", nicht deren Spitzen, die bewährten Arzneimittel, nicht risikobehaftete Fortschrittsprodukte, aus welchen aber jene eines Tages entstehen werden. Ordnen – das zeigt sich gerade hier als ein notwendig konservatives Verfahren, welches unangepasst und unanpassbar an jeden wirklichen Forschritt nur um eines bemüht ist: dass Bewährtes nicht beschädigt werde.

d) Positiv mag man dies bewerten, als eine Kanalisierung ungezügelter Fortschrittsentwicklungen, gerade darin eine neue, große Aufgabe, eine wirkliche Chance des Gesetzes erkennen, eben in all seiner starren Rückständigkeit, auch wenn es damit den Progress zurückstößt. Doch die retardierenden psychologischen Breitenwirkungen in der Gemeinschaft lassen sich damit nicht verharmlosen, und sie sind eben, in menschlichen Bewusstseinstiefen vor allem, eindeutig negativ.

Das Gesetz bringt damit letztlich Forscher und Entwickler um ihre Zukunftshoffnungen, es versucht, ihnen Dimensionen zu verschließen – vorläufig wenigstens – die für sie aber bereits Realität sein müssen, wollen sie überhaupt den Progress weiter tragen. Die eigentlich aktiven Kräfte der Gemeinschaft werden so von widerwilligen Befolgern zu Erleidern des Gesetzes. Die Normen des Staates, ja sogar die einer Technik, welche jene fortsetzt, integriert, verfeinert, erscheinen als stets und wesentlich verspätet, überholt, und gerade von höherem Geist werden sie nicht selten der Lächerlichkeit preisgegeben. Aus solchen Quellen speist sich sodann das dumpfe Gefühl der wissenschaftsfernen Allgemeinheit, dass das eigentlich Fortschrittliche, ihr wahrhaft Nützliche von einem Gesetz behindert wird, das sich mit seinen Rechten wie eine ewige Krankheit fortschleppt, als ein Sicherheitstross, welcher den raschen Vormarsch in die Zukunft verzögert, verhindert. Kann man ein solches notwendiges Übel lieben, es vielleicht mit seinem Leben als Rechtsstaat verteidigen, will man dies von einer Bevölkerung verlangen, welche ohnehin schon ständig unter den Gesetzen leidet, als Steuer-, Verkehrs- und Unterrichtsbürgerschaft? In all diesen Bereichen steht die Starrheit des Gesetzes nur gegen einen freien Willen, dessen hemmungslose Durchsetzung kaum jemand gutheisst. Hier aber geschieht, so scheint es doch, Schlimmeres: Zukunft wird behindert.

e) Ein Heilmittel mag sich nun anbieten gegen das Staatsgesetz als starre Verhinderung: die Übernahme der entwickelten Gesetzmäßigkeiten des wissenschaftlichen und technischen Bereichs. Kann nicht auf diese Weise die erfolgs- und zukunftsträchtige Form des Normativen entfaltet werden, in eben diesen Fortschrittsbereichen einerseits den fest ordnenden Halt vermitteln, andererseits aber dynamische Hilfen bieten?

Versucht wird solches sicher, durch die bereits erwähnte Übernahme des „Standes der Technik", doch dort gerade zeigt sich auch die Problematik solcher Versuche, den Gesetzesbegriff gewissermaßen außerstaatlich zu rehabilitieren, zu flexibilisieren: All dieses Bemühen blickt nach rückwärts, nicht in die Fortschrittsdimension der Zukunft. Hier findet eine Rezeption a posteriori in Erfolgsergebnissen statt, die ihrerseits bereits Vergangenheit sind, und dies steht generell einer Übernahme der Entwicklungsgesetzlichkeiten von Wissenschaft und Technik entgegen: dass der Gesetzesbegriff in beiden Bereichen ein völlig verschiedener ist, dort erklärend, allenfalls noch prognostizierend, hier, in der staatlich-politischen Gesetzgebung, eben doch immer noch Ausdruck befehlenden Willens, der weniger erkennt als anordnet, und selbst wo er sich aus Erkennen speist, dessen Inhalte so absolut setzt, wie es Gesetze von Wissenschaft und Technik nie vermöchten. Schließlich haben sie ja auch nie annähernd die inhaltliche Festigkeit, ja Starrheit, welche dem staatlichen Gesetz eigen ist. Sie deuten allenfalls an, sie postulieren nie unbedingt, oder eben nur im Geist von Wissenschaftsnotabeln, denen der Schwung in die Zukunft bereits abhanden gekommen ist.

Es bleibt also die große Spannung zwischen den Gesetzen des Staates und jener Wissenschaft und Technik, welche heute diesen selben Staat tragen. Sie bewegen sichtbar die Welt, absolut konsensgetragen – bedeutet dies nicht, dass der Staat diese anhält in seinen Normen? Ist also der Konsens für den Geist des Fortschritts nicht ein Konsens gegen das starre Gesetz, das jenen nicht will wehen lassen, wo er will?

Außerrechtliche Überlegungen mögen dies bereits sein, doch aus ihnen kann Recht werden, Rechtsgefühl, Rechtsüberzeugung – gegen das Gesetz.

3. Die Überlegenheit der gesetzesfreien
über die Gesetzeswirtschaft

Dass die Staatswirtschaft der freien Privatwirtschaft unterlegen sei, ist heute so allgemein anerkannt, dass es zur Banalität zu werden droht. Der eigentliche Grund dieser Überlegenheit aber liegt nicht in den Trägern des Wirtschaftsgeschehens, Staat oder Privaten, sondern letztlich in den Formen der Wirtschaftsordnung, insbesondere im Gesetz: Unterlegen ist hier das Gesetz der bindungslosen Bürger-Freiheit, und wenn dies ins allgemeine Bewusstsein dringt, so hat die Gesetzesgläubigkeit einen weiteren tiefen Einbruch erlitten, den sie nicht auffangen kann, eben wegen ihrer Starrheit.

a) Der Sowjetversuch der Verstaatlichung zugleich von Wirtschaft und Wissenschaft sollte denen zu denken geben, welche sich an das Gesetz halten wollen, überall und noch weiter. Dort ist im Grunde versucht worden, nicht so sehr alles zu „planen", als vielmehr – dies war die Wirklichkeit – sämtliche Bereiche zu normativieren. Die Sowjetpläne wirkten wie Zeitgesetze, außerhalb ihrer bewegte sich nichts, alles nur in ihren Rhythmen. Sie aber stauten die gesamte Entwicklung auf, einen Fluss gab es in ihren normativen Auffangbecken nicht mehr, selbst die Bewegung des Geistes kam zum Stillstand.

In dieser massiven Vergesetzlichung des gesamten Lebens, denn eben darum ging es ja, musste zuerst die Ökonomie sterben, sodann aber auch die Technik und in ihrem Gefolge der wissenschaftliche Fortschritt. Nicht etwa geschah dies, weil die Mittel gefehlt hätten, es gab sie am Ende nicht mehr, weil auch sie erstickt wurden in Gesetzmäßigkeiten, weil die unzähligen Gesetze tötend auf die Freiheit wirkten, die des Wirtschaftlichen und seiner Wagnisse wie die des Geistes und seines noch größeren ständigen Wagens.

b) Lehre aus diesem geradezu ungeheuren Zusammenbruch einer Gesetzesordnung ist also vor allem die Überlegenheit der gesetzesfreien Wirtschaft über die Gesetzeswirtschaft, ein Ausdruck, der sehr zu Unrecht bisher nicht in den Mittelpunkt gerückt wurde. Folgerungen aus dieser Erkenntnis wurden ja gerade in den siegreichen Ökonomien des Westens gezogen, wo der zugleich wirtschaftliche, wissenschaftliche und technische Fortschritt sich vor allem in Ländern vollzog, welche sich von aller Gesetzeswirtschaft abgewendet hatten. In den Vereinigten Staaten vermied man den Aufbau einer Arbeits- und Sozialgesetzgebung, welche die Voraussetzungen geistigen und wirtschaftlichen Wagens in kaum mehr übersehbarer Fülle und Intensität festlegen wollen. England hat im Abbau gewerkschaftlicher Hemmnisse eine der Quellen solcher Gesetzeswirtschaft erfolgreich verstopfen können. In all dem ist es nicht die Staatswirtschaft, welche Fortschritt behindert und Wachstum, denn es bleibt sich gleich, ob gesetzliche Hemmnisse auf staatliche Bürokratien wirken oder auf private Unternehmen, mögen sie sich bei jenen auch noch stärker auswirken als auf diese letzteren. Entscheidend ist stets die Gesetzeshemmung, nicht ihr bürokratisierter Träger, der sich im privaten Bereich der Großunternehmen ebenso entwickeln kann wie in Großverwaltungen des Staates.

Wichtig ist also, heute in Ost wie West, nicht die Minimierung der Staatsgewalt – sie ist nur eine Folgeerscheinung – sondern vielmehr die Minimierung der Gesetze. Nicht umsonst wurde in der Zeit der Französischen Revolution beklagt, nicht dass die Staatsgewalt, sondern dass sich Gesetz und Rechte wie eine ewige Plage, eine ständige Krankheit fortschleppten. Das schicksalsschwere Missverständnis der Französischen Revolution war es, nur Gewaltträger zu bekämpfen, ihre Gewaltinstrumente aber, das Gesetz vor allem, nicht nur nicht zurückzudrängen, sondern gar noch zu verstärken. Ist jetzt eine zweite, noch größere Französische Revolution im Laufen, aus denselben Wurzeln heraus, die sich nun aber gegen das Herrschaftsinstrument richten wird, nach dem die Herrschenden längst enthauptet sind oder still verschwunden – eine Basisrevolution gegen das „Gesetz"?

c) Fortschleppt sich nicht nur das Gesetz als eine ewige Krankheit, dies gilt auch, und prophetisch erfasst bereits in dem zitierten Wort, für die „Rechte", welche doch die Französische Revolution gegen die Macht hatte setzen wollen. Die Rechte mögen Ausdruck von Freiheit sein und Eigentum; entscheidend ist aber, dass sie in Gesetzesform erfasst werden, nur in dieser heute überleben können, dass sie aber gerade dann die Starrheit der Normen fortsetzen, welche sie garantieren, und das Gesetz so oft erst zur „Lage" werden lassen, zum Kranken-Lager der Gemeinschaft. Es ist als mache das Gesetz selbst die Freiheiten noch zur Plage, welche es in seine Berechtigungen fasst. So entsteht ein Geflecht von subjektiven Rechten, jene Anspruchsmentalität, die gegenwärtig viel beklagt wird, im Grunde aber wiederum nichts anderes ist als eine Gesetzesplage, denn aus den Normen kommt ja jene starre, überstarre Verfestigung von Rechten, welche Wagnis verhindern und Fortschritt.

Was da im Sowjetreich mit Plänen zementiert wurde, mit objektivem Recht ohne subjektive Berechtigung, das wird im industrialisierten Westen gewissermaßen „subjektiviert nachgeholt", in der Zementierung sozialer Ansprüche, alles und nur „im Namen des Gesetzes". Die schwerstwiegende Überstarrheit der Gesetze wirkt dergestalt in einer Sozialgesetzgebung, an der schon deshalb nie Wesentliches zu verändern, zu flexibilisieren ist, weil hier eine lebendige Rückbeziehung auf die Menschen wirkt und auf die heute allein über sie wirkende Staatsform der Demokratie. Und so wird das Sozialgesetz zum unabänderlichen Gesetz schlechthin, zum Prototyp des überstarren Gesetzes.

Gerade in seinen gegenwärtigen wichtigsten Ausprägungen, als Instrument der sozialen Sicherung, steht also das Gesetz in seiner Starrheit gegen alle jüngsten wirtschaftlichen und geistigen Erfahrungen, gegen allen Zukunftskonsens. Sollte das nicht zu denken geben, ob ein Gesetz noch eine Zukunft hat, welches Zukünfte versperrt?

III. Bürokratie: Folge und Personifizierung des überstarren Gesetzes

1. Bürokratiekritik – eine Basisbewegung gegen Vergesetzlichung

Bürokratiekritik ist heute ganz allgemein konsensgetragen, in Staat und Gesellschaft. Hier scheint sich geradezu etwas wie ein „neuer Wert" zu entfalten, und sei es auch ein negativer. Die Bemühungen um einen „Schlanken Staat" sind dafür nur eine politische Oberflächen-Erscheinung; im Namen dieser Programmatik kann alles verändert und aufgelöst werden, auch Bewährtes. Grenzen für eine solche Staatsverschlankung haben sich bisher nirgends ziehen lassen, vor allem nicht aus einer Staats-Aufgabenlehre, die – nach so vielen Jahren vergeblicher Bemühungen lässt sich dies wohl festhalten – auch nie zu festen Abgrenzungen wird führen können.

a) An aktuellen Gründen für Bürokratiekritik fehlt es nicht: Der Sozialstaat bohrt immer tiefer, die Kassen werden leerer; also gilt es dort zu sparen, wo die meisten Mittel praktisch unveränderlich festgelegt sind: im Bereich des Personals, beim öffentlichen Dienst. Dem großangelegten Personalabbau der privaten Wirtschaft, welcher von der Politik im Namen der Arbeitsplatzschaffung beweglich kritisiert wird, entspricht aber im Bereich des von derselben Politik kontrollierten Staatsapparats ein ebenso rigoroser Personaleinsparungs-, eben ein Sparkurs. Das zunehmende Freiheitsbewusstsein der Bürgerschaft lässt die allgemeine Kulisse deutlicher hervortreten, auf welcher gegen Bürokratisierung Front gemacht werden kann, in der Tat droht die Freiheit nicht durch Eingriffe zu ersticken, die man immer noch als Ordnung ausgeben könnte, sondern durch eine Organisation, der auch noch Nutzlosigkeit vorgeworfen werden kann.

Hinter all dem aber steht ein Gefühl mehr als eine Erkenntnis: Hier entfaltet sich, in den organisatorischen Verfestigungen der Bürokratie, etwas wie ein wirklichkeitsfremder Aufstau. Und wenn man die wesentlich undurchschaubaren Organisationsstrukturen der Bürokratie doch wenigstens zu überblicken unternimmt, so zeigt sich, dass sie sich wenn nicht aufbauen, so doch festhalten immer nur an einem: am Gesetz, das sie garantiert, jedenfalls aber ihre Verfestigungen in der Durchführung seiner Starrheit verlangt.

b) Bürokratiekritik hat heute so weite Dimensionen, dass sie aus der Administration heraus und von deren klassischen Anlässen ausgehend, nunmehr auch die anderen Gewalten des Staates erreicht. Zu wenig ist klar, dass die gängige und stets populäre Parlamentskritik, mit ihrem Schlagwort der Schwerfälligkeit vor allem, wenig anderes ist als die Übersetzung bürokratie-kritischer Überlegungen auf die Volksvertretung. „Personal" soll auch dort eingespart werden – Abgeordnete. Zwar wird einerseits der Ausbau von deren Hilfsapparaten gefordert – andererseits sollen die Volksvertreter aber doch nicht zu weniger kompetenten Beamten werden, das Parlament nicht zu einer Administration von geringerer Effizienz. Die Forderung nach Volksnähe liegt hier immerhin nahe, sie erscheint wie ein Gegenstück zu jener Bürgernähe, welche der Administration abgefordert wird – beides zeigt deutliche Spitzen gegen Bürokratisierung, Apparat.

Selbst Justizreform kann man dann betreiben mit Leitmotiven, die wiederum der Bürokratiekritik entnommen werden: Bürgernähe zuallererst, Vereinfachung der Verfahrensabläufe, Abbau von hierarchischen Strukturen, Zurückdrängung des Einflusses der Administration auf die Judikative. All dies ist im Grunde eben doch Bürokratiekritik im judikativen Gewande. Wer den Abbau der Instanzenstufung fordert, den einheitlichen, einzigen Richter für alle Fälle, erstrebt im Grunde doch nur eine Vereinfachung, welche im Bereich der Exekutive solange schwer durchsetzbar erscheint, wie dort demokratisch kontrolliert und diese Überwachung von Oben nach Unten weitergegeben werden soll: Innerhalb der Gerichtsbarkeit entfällt auch dieses Hierarchiebedürfnis, oder es lässt sich doch in anderer, weniger formalisierter Weise im Instanzenzug befriedigen.

Erwähnt werden sollte allerdings dies nur aus einem Grund: Es gibt eben etwas wie eine gemeinsame Wurzel einer einheitlichen, sehr allgemeinen Bewegung der Bürokratiekritik, welche in allgemeinere Organisationskritik mündet. Sie erfasst Staat wie Gesellschaft, Eingriffsverwaltung wie Privatwirtschaft. Ein deutlicher, wenn nicht übermächtiger Hintergrund für all dies aber ist – das hier betrachtete überstarre Gesetz.

2. Bürokratiekritik als Gesetzeskritik

Den Forderungen der Personalreduktion, des Organisationsabbaus widersetzen sich seit jeher, und werden stets Widerstand leisten, Organisationen der öffentlichen Bediensteten in einem Namen: dem des Gesetzes – dass es eben gelte, dieses in rechtsstaatlicher Unbedingtheit auszuführen, und dass es dieses selbe Gesetz sei, welches die organisatorischen Strukturen der Bürokratie hervorbringe und legitimiere. Daran ist Wahrheit:

– Normiert werden immer größere Bereiche und zahlreichere – also gilt es mehr Normen anzuwenden, kompliziertere, zunehmend auslegungsbedürftige. Die Lawine des gesetzgeberischen Willens bringt daher notwendig die Organisationsmaschinerie ins Rollen, so wie von jeher der Wille des Gesetzgebers es war, der eine weithin selbständige Exekutive in der Demokratie gerechtfertigt hatte, wie Hans Kelsen schon zur Weimarer Zeit gültig erkannt hat. Angewendet werden muss das Gesetz mit jener selben Unbedingtheit, d. h. aber eben: Starrheit, mit welcher seine Normen gelten sollen, die Verwaltung als Personifizierung des effektiven Gesetzes muss sein oder doch bald werden wie dieses: starr, überstarr.

– Die Verfassung ist auf Freiheitsschutz gerichtet, die Gesetze sollen dies verwirklichen, mag das häufig auch nur, als idealtypische Forderung, ihren wirklichen Gehalt verdecken: den Freiheitseingriff, die Beschränkung der Libertät. Immerhin aber bringt dieser allgemeine Freiheitsdrang der höheren und einfacheren Normen zwei generelle Gestaltungstypen des öffentlichen Rechts hervor, welche diese Freiheit gewährleisten sollen: Verfahren und Organisation – beide möglichst fest, ja starr fixiert, eben im Namen der Freiheit. In ihrer Verbindung wird beides, der Freiheitsschutz durch (Verwaltungs-)Verfahren und Organisationsgewalt, verfestigt zugleich und von immer komplizierterer Dichte. Verfahren ohne Normierung der Instanzen, welche es wesentlich durchlaufen soll, ist nicht vorstellbar. Der Freiheitsschutz durch Verfahren drängt also zur Verfestigung der Instanzen als Organisationseinheiten, als Teil-Trägern eben des „Prozesses" in der Verwaltung, in dem sich Freiheitsschutz entfalten soll. Damit verschärft sich notwendig, und sogar noch im Namen der Freiheit, eine Organisationsbelastung, welche im Namen dessen niederdrückt, was erleichternd wirken soll – des starren, freiheitsschützenden Gesetzes, denn eben in dieser Normverfestigung wird ja Freiheitsschutz gesehen.

– Doch das Gesetz wuchert weiter, getragen und getrieben von solchem vermeintlichen „Freiheitsschutz durch Organisation": er drängt zur Vergesetzlichung der Organisationsformen und erfasst darin auf Dauer die Organisationsgewalt als solche. Die Errichtung von Behörden durch Gesetz festzulegen gilt bereits als rechtsstaatliche Forderung. Körperschaften, Anstalten, Stiftungen des Öffentlichen Rechts nicht mehr durch Organisationsakt der Exekutive, sondern durch Gesetz zu errichten, kann ebenfalls unschwer ausgegeben werden als Perfektionierung der Legalität, der Herrschaft eben der Gesetze, welche zuallererst die Herrschaftseinrichtungen hervorbringen sollen. Dann aber ist es nicht mehr weit bis zu der lauter werdenden Forderung, der Zweiten Gewalt ihre Organisa-

tionsmacht als solche zu nehmen, die Organisationsgewalt im Bereich
der Regierung zu übertragen auf die Parlamente; denn in der Tat ist der
Bürger nur dann voll geschützt in seinen Freiheiten, wenn auch der vom
Volkssouverän bestimmt wird, der sie einschränken darf, und nicht nur
das Verfahren, in dem dies geschehen, die Grenzen, bis zu denen es zulässig sein soll. Dies aber hat eine fatale Verfestigung zur Folge, welche
das Gesetz eben auch hier sogleich und notwendig hervorbringt: alle Veränderungen „müssen die Parlamente passieren", sind also nur zu oft praktisch kaum mehr möglich, werden daher nicht einmal versucht. Und
dieser Erstarrung der Organisation entspricht dann – wiederum ein typi-
sches Gesetzes-Phänomen – eine inhaltliche, oft schon vorgängige Flexibilisierung der Organisations- und Verfahrensstrukturen, welche eben
vermeiden soll, dass allzu häufige Gesetzesänderungen die Verwaltungstätigkeit, die Staatätigkeit als solche, behindern. Überstarrheit und inhaltliche Schwäche als deren Kompensation: der typische, hier schon
mehrfach festgestellte Zweiklang der Gesetzeswirkung ertönt dann auch
in diesen Bereichen – zu immer mehr Bürokratie.

– Diese zunehmende Legalisierung der Verfahren und Organisationsstrukturen muss sich notwendig niederschlagen in der Tätigkeit all dieser derart
dem Gesetz unterworfenen, ja ausgelieferten Verwaltungträger. Aus
Normen entstanden, in deren Formen laufend tätig, setzen sie einen weiteren Selbstzeugungsvorgang des Normativen in Gang, indem sie, stets
im Namen des höheren Freiheitsschutzes, ihren eigenen Willen vergesetz-
lichen, in zahllosen Formen von Selbstbindung, Verwaltungsanweisungen,
Erlassen, Verwaltungsanordnungen – ständiger Praxis. In all dem fressen
sich die Gesetzesnormen von oben nach unten gewissermaßen weiter
durch den Staatsaufbau, auf diese Weise wird erst wirklich Bürokratie
erzeugt – man hat dann eben „seine Vorschriften", und nur zu oft sind es
wirklich diejenigen, welche man sich selbst gibt, ad maiorem aequalitatis
gloriam, in Wahrheit meist zu dem, was der Bürokratie am teuersten ist:
zum Ruhm der eigenen Bequemlichkeit. So entsteht nicht nur durch das
Gesetz, sondern mehr noch in seinem Namen, in voraus- oder nach-
eilendem Gehorsam, beruhigende, beruhigte Bürokratie – überstarr wie
das Gesetz. Selbst wenn es dies nicht befahl...

– Über seine „sozialordnenden Aufgabenstellungen" drängt das Gesetz zu
immer mehr Schutz der Beschäftigten, nicht nur in der privaten Wirtschaft, sondern auch in jenen öffentlichen Verwaltungen, denen stets zuallererst der Vorwurf der Bürokratie gemacht wird. Rasch verstummt er,
wenn er dazu führen könnte, Rechte des immerhin schon millionenstar-
ken Heeres der Beamten und öffentlichen Angestellten anzutasten. Keine
bürokratiekritische Untersuchung wagt es, diesen entscheidenden Grund
immer weiterer Parkinsonscher Verfestigungen ins Visier zu nehmen, er-

schiene dies doch als ein Attentat auf jene selbe Bürgerfreiheit, welche
die Verwaltung ja schützen soll und daher dem Bürger-Beamten nicht
vorenthalten darf. All dies aber geschieht, gerade im Öffentlichen Dienst,
unmittelbar aus dem Gesetz heraus, unter seinem Befehl. Die bereits dargestellte Sklerosierung des wissenschaftlich-technischen Fortschritts
durch die Sozialgesetzgebung findet hier eine besonders deutliche, eine
primäre Entsprechung im Öffentlichen Dienst, im Zentrum der Staatlichkeit. Wiederum geht es anscheinend, jedenfalls vorgeblich, nur um den
Schutz von Freiheiten, hier der Bediensteten, in Wahrheit aber führen
diese Schutzgesetze geradewegs in unaufbrechbare Bürokratien hinein, in
denen eben am Ende fast alles praktisch zum „wohlerworbenen Recht"
der Beamten und beamtenähnlichen Angestellten wird, mag man auch
dieses odiose, vergangenheitsbelastete Wort sorgfältig vermeiden.

– Statik der gesamten Staatstätigkeit, Schwerfälligkeit der Strukturen, faktische Unabänderlichkeit eingefahrener Praktiken sind die notwendigen
Folgen, immer nur von einem: des Gesetzes, jener Normen, welche Gegenstand und Grundlagen zugleich allen beamtlichen Tuns sind. Vor
allem aber führt dies zu einer wahrhaft grundsätzlichen „Zeitlosigkeit der
Verfahren" in jenen Bürokratien, die sich schon deshalb nicht zu beeilen
brauchen, weil das Gesetz keine Eile kennt, eigentlich nicht einmal die
Zeit als solche. Der Bürokratie wird ihre Schwerfälligkeit gerne vorgehal-
ten, doch dahinter steht die Kritik an einem Selbstverständnis, das Raum
und vor allem Zeit nicht kennt, weil es sich eben in sich dreht, in seiner
eigenen Welt. Gerade diese eigentümliche Form der Autonomie ist aber
auch dem Gesetzgeber eigen, und dem Gesetz.

– All diese Gesetzeswege, welche direkt in die Bürokratie führen, sie als
ein Ergebnis der Normen ausweisen, vereinigen sich aber zu einem
wahren Königsweg, gewinnen aus ihm ihre Legitimation und ihr Ziel:
aus der Rechtsstaatlichkeit. Dieser höchste, unabänderliche Verfassungsgrundsatz strahlt etwas wie Unabänderlichkeit ab bis hinein in die letzte
bürokratische Instanz. Rechtsstaatlichkeit als Mutter der Gesetze, als
Leitprinzip ihrer unbedingt-allgemeinen Anwendung, wird immer deren
Kind schützen: jene Bürokratie, die so unbedingt, allgemein und zeitblind
ist wie die Normen, Bürokraten, welche ihre eigene „amtliche" Personifizierung darstellen und die der Gesetze. Im Namen dieser Rechtsstaatlichkeit widersteht die staatliche Bürokratie auch immer weiter und erfolgreich den Versuchungen betriebswirtschaftlichen Denkens und seiner
privatwirtschaftlichen Flexibilitäten: Was wäre dort denn noch vorherbe-
stimmbar, absehbar, durchschaubar, wie es aber die hochentwickelte
Rechtsstaatlichkeit des vergangenen Jahrhunderts stets gefordert hat, und
was könnte Rechtsstaatlichkeit noch bedeuten, wären ihr nicht all diese
Besonderheiten eigen, welche stets nur auf eines hinauslaufen: auf eine

zeitlose Verfestigung, welche eben allein eine Berechenbarkeit garantieren kann, wie sie die risikobereite Privatwirtschaft nie kennen darf – weil eben dort eines nicht in gleicher Weise wirkt: das Gesetz.

3. Parkinsons Gesetz – Folge der Gesetze

Bürokratie lässt sich daher erfassen als organisatorischer Ausdruck der Überstarrheit der Gesetze, in ihrer schweren Veränderlichkeit, ihren „Verkrustungen" vor allem: hier kann eben, so wie auch beim „späteren Gesetz", immer nur „gebrochen" werden.

Sämtliche Erscheinungsformen und Wirkungsweisen des Parkinsonschen Gesetzes der zunehmenden Bürokratisierung führen also unmittelbar auf das normative Wesen des Gesetzes zurück, die drei zentralen Phänomene der Bürokratie vor allem: die Verfestigung des Apparats, die Selbstgesetzlichkeiten, in deren Namen er sich von „äußeren Einflüssen", einmal entstanden, abschirmt, selbst gegenüber jenen Gesetzen, die ihn hervorgebracht haben und immer weiter „von außen halten", und schließlich die Eigendynamik einer wuchernden Weiterentwicklung, welche vor allem die bürokratische Gefahr begründet; in ihr wächst das System sogar über seine eigene Verfestigung hinaus, die es letztlich auch nur gegen äußere Einwirkungen abschirmt, seine innere Dynamik aber nicht beeinträchtigt; und so bleibt das bürokratische System lebensfähig.

In all dem zeigt sich die Bürokratie nur als eine Spiegelung, als eine Personifizierung der Gesetzesstaatlichkeit: Ihr ist die systematische Normstarrheit eigen, die hier zur organisatorischen Verfestigung wird; die Gesetze entfalten ihre immanente Selbstgesetzlichkeit, in der Auslegung vor allem; eigenständige, „nach außen abgeschirmte" Dynamik entwickeln auch die Normen, ebenso wie die Bürokratie, wenn sie dazu drängen, sich selbst immer weiter zu perfektionieren, wenn sie Klarstellungen hervorbringen, weitere Bereiche einbeziehen wollen und schließlich in Kodifikationen enden. Der Zusammenfassung zum Gesetzbuch entspricht die Konzentration zur Bürokratie, sichtbar in Organisationsstrukturen wie Hauptpersonalräten und übergreifenden Ressort-Verantwortlichkeiten, die meist ja nur wiederum zu einem führen: dass das Vielfache, dort Zusammengefasste in seinen einzelnen Strukturen von der Spitze aus – in Ruhe gelassen und belassen werde. Eine überspitzte Gleichung „Soviel Bürokratie wie Gesetze" hat also sicher mehr als nur orientierenden Wert.

Bürokratie als Krake hat man schon an den Pranger stellen dürfen, den „Gesetzeskrebs", der sie hervorbringt, hat noch niemand so nennen mögen. Und doch gleichen sich die Bilder: Wenn von bürokratischen Strukturen Abschied genommen wird, so gebraucht man operative Bilder des radikalen

Eingriffs – „alte Zöpfe" werden abgeschnitten; doch wer möchte schon „Gesetze abschneiden", ausschneiden – oder vielleicht wird auch dies nun verbal näher kommen, wenn von Einschnitten in jenes soziale Netz immer häufiger die Rede ist, welches doch vor allem – aus Normen besteht.

Parkinsons Gesetz als Ergebnis des Rechtsstaats und seiner notwendig überstarren, sich aber doch nach innen weiter zeugenden und immer weiter verstarrenden Normen – auch dies, vor allem dies, ist ein Phänomen der Krise des Gesetzes, nur dass es, wie so viele andere Erscheinungen in diesem Sinn, noch nicht als solches bewusst ist.

4. Das „Selbstüberdauern des Gesetzes" – in Bürokratie

Bürokratie stützt sich auf das Gesetz, aber sie muss nicht immer auf dieses warten, und sie ergeht nicht sogleich mit ihm, setzt es vielmehr fort, in eigenen Formen, mit eigenen Kräften.

In der Bürokratie überdauert das Gesetz auch noch sich selbst, der Gesetzgeber findet seinen Nachfolger dort, und wenn er selbst längst abgewählt worden ist. Die Personifizierungen des Gesetzes, seine Ausleger und Anwender, seine Fortdenker und Erben, unterliegen keiner demokratischen Abwahl. Mag sogar das Gesetz einem neuen Willen des Volkssouveräns weichen müssen, die Anwender des alten leben weiter, „ihre Praxis" setzt sich fort, weit oft über die Lebenszeit des Gesetzes hinaus, wenn es etwas derartiges denn geben sollte. Und wenn sich das Gesetz ändert, so bedeutet dies längst noch nicht, dass es völlig obsolet geworden wäre, so wie die Bürokratie es vorher bereits de facto abschaffen konnte, so kann sie es auch überleben lassen, es fortsetzen in Auslegungen und Anwendungen der Nachfolgenormen, welche „ihrer Praxis" eben entsprechen; und diese Praxis hat noch kein juristisches Bemühen dogmatisch zu definieren vermocht.

„Der Apparat" vergesetzlicht eben mit Eigenkraft und Eigendynamik, ist er einmal hervorgebracht, so wird er immer, lange Zeit jedenfalls, nun wahrhaft arbeiten „nach dem Gesetz, nach dem er angetreten". Das Wort von der Verkrustung bringt ein gutes Bild: Ablagerungen der Praxis aus früheren Normen machen diese immer härter, bis zur Unkenntlichkeit entstellt werden sie, dabei unbrechbar, die Bürokratie wirkt wie ein Gegenprinzip zur Vorstellung von der souveränen Kraft der lex posterior. So können die Normen, auch dieser letzten Flexibilisierung durch das spätere Gesetz beraubt, in Bürokratie endgültig erstarren.

Noch einen Schritt weiter geht diese Gesetzgebungsmacht des Apparats: Die Bürokratie will und schafft auch dort bereits das Gesetz, wo es dieses noch gar nicht gibt, sie muss es ja, nach ihren eigenen Grundsätzen, postulieren, in ihren autonomen Bereichen hervorbringen. So bringt es die Büro-

kratie zu etwas wie dem „vorweggenommenen Gesetz", sie wird nicht zur
Reservegewalt des Gesetzgebers, sondern zu einer eigenartigen Form der
Präventivgesetzgebung. Dies alles führt zu einer bedenkenswerter Folgerung: der heute so allgemeine, so tiefe Konsens gegen alles Bürokratische,
das geradezu als Ausdruck „schlechter Staatlichkeit" erscheint, als staatliches Negativbeispiel, darüber hinaus, für alle Organisationen in der
Gemeinschaft – diese Grundstimmung richtet sich letztlich nicht gegen
Verwalter, sondern gegen Verwaltetes, der Antibürokratiekonsens ist im wesentlichen Antigesetzeskonsens. Die Bürokratie wird abgelehnt und be-
kämpft als die Personifikation des erstarrten Gesetzes, dessen Überstarrheit
erst dort wirklich hervortritt, wo sie auch durch die „Menschlichkeit der
Anwendung nicht mehr gebrochen werden kann". Dann eben herrschen
Normen wirklich – aber es ist nicht wahr, dass damit Menschen aus der
Herrschaft gedrängt würden; die Normen nehmen sie gerade in diese
Gewalt hinein. Und diese Menschen werden so starr, so erbarmungslos, so
zeitlos wie das Gesetz selbst.

IV. Planungen in Gesetzesform – nicht Flexibilisierung, sondern Erstarrung

1. Planung durch Gesetz: Ein Sündenfall der Normendogmatik

a) Der freiheitliche Staat sollte eigentlich Planung nicht kennen. Auf
Freiheit der Bürger ist er gegründet, ihrem Schutz dient er allein. Freiheitsbetätigung, Verhalten in Freiheit sind aber wesentlich unplanbar, in dem
Sinn jedenfalls, dass die zukünftige Ausnutzung einer Planung weder vor-
ausgesehen, noch gesteuert werden darf. Jeder Versuch, sie mit Staatsgewalt
in eine bestimmte Richtung zu orientieren, ist ein Eingriff in die Freiheit;
je länger und globaler, desto tiefer wirkt er.

Gerade die jüngste Geschichte hat gezeigt, dass freiheitliche Demokratien
weder planen können, noch planen dürfen. Die Planung war das typische,
zentrale Machtinstrument des Sowjetstaates, mit ihm sollte sie eigentlich
endgültig der Vergangenheit angehören, im übrigen allenfalls in Perioden
äußerster Not, in Kriegs- und Nachkriegszeiten, vorübergehend eingeführt
werden – als Notstandsmaßnahme eben. Planung als typisch totalitäres
Herrschaftsinstrument ist im Dritten Reich, nach deutlich sowjetischen Vorbild, übernommen und alsbald auf die Kriegswirtschaft ausgerichtet
worden. Erstaunlicherweise wird darin nicht etwa der doch eindeutige
Beweis gesehen, dass der Nationalsozialismus ein sowjetähnliches Links-
regime darstellte; sogenannte oder wirkliche „rechte" Staatsordnungen
können Planungen weder anerkennen noch überhaupt kennen. Und noch erstaunlicher ist es, dass die allgemeine Ablehnung nationalsozialistischer

Staatspraktiken nach 1945 nicht zu einer scharfen und grundsätzlichen Wendung gegen alle Planung geführt hat, wenigstens in ihren flächendeckenden Formen. Das Scheitern der französischen Planification – auch sie war ganz offensichtlich eine verspätete Anleihe bei sozialistischem Staatsdenken – hat den letzten Beweis erbracht, dass die „freie Welt", auf die sich de Gaulle in seinem Juni-Aufruf von 1940 berief, gerade das nicht kannte, was er dann, an die Macht zurückgekehrt, in Frankreich einführen wollte. In Deutschland hat dies zwar, in Bemühungen der 60er-Jahre um „Planung", einen dogmatischen Ableger hervorgebracht, doch zu großangelegter Planung im Wirtschaftsbereich ist es auch hier nicht gekommen.

b) Statt dessen hat sich eine ganz andere Planungspraxis entwickelt, die mit der globalen Produktions- und Dienstleistungsplanung totalitärer oder autoritärer Staaten nurmehr den Namen gemein hat: Eigentümliche Formen der Territorialplanung, von den Bauplänen bis zu den Landesentwicklungsplänen und Finanzplanungen. Hier laufen verschiedenartige Elemente staatlicher Lenkung ineinander, meist in unausgeschiedenem Gemenge. Zwei größere Komplexe lassen sich jedoch deutlich unterscheiden:

– Zum einem das, was man „Gestattungsplanung" nennen könnte, ihr Prototyp ist die Bauplanung: Die Staatsgewalt nimmt auf Zeit, meist allerdings auf Dauer, Beschränkungen und Verbote zurück, welche sie gegenüber der Eigentumsnutzung von Grundstücken ausgesprochen hatte. Geplant wird hier im eigentlichen Verständnis nichts, es wird lediglich gestattet, „Bauland ausgewiesen, bereitgestellt" – ob jemand dann, in den ganzen Planungszeiträumen, oft von Jahrzehnten, Gebrauch davon macht, bleibt völlig offen; Staat und Kommunen unternehmen nichts anderes, um die Bebauung zu realisieren, als dass sie allenfalls mit hoheitlichem Zwang Erschließungs- oder Entwicklungskosten auf die Eigentümer umlegen, als Entgelt gewissermaßen für die Gestattung des Bauens, obwohl diese doch keine öffentliche Leistung, sondern nur die Aufhebung einer Eigentumsschranke bedeutet. Planung lieg hier nicht in dem – eigentlichen – Sinne vor, dass Zukunftsentwicklung beeinflusst oder gefördert werden soll, jedenfalls gilt dies nur in einer sehr zurückhaltenden Form der Zur-Verfügung-Stellung.

– Entwicklungsplanungen im weiteren Sinn, ökonomische und soziale Orientierungen einschließend. Derartige Planungen sind zum einen als Rahmen für vielfache Gestattungsplanungen gedacht; insoweit gilt auch für sie, dass Planung hier nur in einem Zur-Verfügung-Stellen geboten wird, nicht in deutlich aktiver Förderung einer bestimmten Entwicklung. Zum anderen setzt derartige Planung Orientierungsdaten für subventionierendes Staatsverhalten im weitesten Sinn des Wortes, darin liegt also eine gewisse Datenvorgabe für einen Haushaltsgesetzgeber, der allerdings auch seinerseits daran nicht positiv, sondern allenfalls negativ gebunden ist – er soll anderes nicht fördern.

Warum alle diese Planungen in Gesetzesform erfolgen, ist dogmatisch keineswegs klar. Gewisse Notwendigkeiten normativer Form ergeben sich allerdings aus ganz unterschiedlichen Gründen: Bei den Gestattungsplanungen ist das Gesetz gefordert, um Beschränkungen des Eigentumsgrundrechts oder anderer Freiheitsrechte zu beseitigen, welche ihrerseits nur in Gesetzesform ergehen dürften. Im Falle der größerflächigen Territorialplanungen mag die Gesetzesform sich daraus rechtfertigen, dass hier Vorgaben für öffentliche Haushalte gesetzt werden, die ihrerseits Gesetze sind, wenn auch im „nur formellen Sinn". Daraus ergibt sich bereits, dass die Legitimation der Gesetzesform in der Planung keine einheitliche ist, so wenig eben wie der Planungsbegriff selbst. So ist denn das Planungsgesetz teils eine Norm mit Außenwirkung wie jedes andere Gesetz im formellen und materiellen Sinne, zum Teil aber auch Gesetz im nur formellen Sinn.

Der eigentliche, tiefere Grund für die durchgehende Gesetzesform, vor allem bei dieser letzteren Kategorie, liegt aber wohl, weit vordergründiger, darin, dass es sich eben um zukunftsträchtige Fundamentalentscheidungen handelt, im kleinen Bereich der Gemeinde wie in größerer Staatlichkeit, und dass daher jeweils das „demokratisch legitimierte Organ" gefordert erscheint – wieder ein Beispiel dafür, dass sich das Gesetz letztlich aus dem Gesetzgeber definiert.

c) Entscheidend ist, das zeigt die vorstehende Analyse, dass in der freiheitlichen Demokratie immer nur „Staatsverhalten" unmittelbar Gegenstand der Planung sein kann, nie aber direkt das Bürgerverhalten. Folgerichtig ist es also, dass sich auf derartige „Gesetze" in aller Regel die Gewaltunterworfenen dem Staat gegenüber nicht berufen dürfen, vom Flächennutzungsplan der kleinen Gemeinde bis zu den großen Landesentwicklungsplänen. Nimmt man also die reinen Gestattungspläne aus, so ist das „Gesetz" hier ebenso als Herrschaftsinstrument problematisch, Herrschaft über Normen findet ebenso hier nur im uneigentlichen Sinne statt, wie dies auch bei den noch näher zu betrachtenden Haushaltsgesetzen der Fall ist. Der Staat will sich eben an diese seine Gesetze hier nicht binden, sie sollen ihm nur Freiheit gewähren, allenfalls gewisse Orientierungen, die ihm bestimmtes Verhalten verbieten – und auch dies meist nur in der Form des Sollens.

Hier also gerät das Gesetz in einen völlig anderen Kontext als den, der es in einer langen Entwicklung stets primär gerechtfertigt hat: Es gestattet dem Staat etwas, es gebietet und verbietet nichts dem Bürger. Mit Recht darf man daher wohl die Frage stellen, ob solche Planungen in Gesetzesform nicht an sich den Gesetzesbegriff pervertieren und damit erst recht beitragen zu dessen ausgeschliffener Inhaltsarmut. Anderseits könnte man versucht sein, in orientierenden Gesetzen, die allenfalls den Namen der Planung verdienen, gerade jene Flexibilisierung zu sehen, deren Fehlen dem überstarren Gesetz vorgeworfen wird – doch eben davon kann nicht die Rede sein: das Planungsgesetz führt gleichfalls zu Erstarrungen, in Bereichen, die eigentlich völlig staatsfrei bleiben sollten.

2. Das Planungsgesetz als Form der Betonierung

a) Die Planungsgesetze wirken, lässt man die reinen Gestattungsplanungen, wie die Bauplanung, hier beiseite, orientierend schon in Vorfeldern auf Staatsinstanzen ein, die andernfalls in ihrem Verhalten frei wären, den Bürger entweder in voller Freiheit zu belassen oder doch seinen Einzelfall ohne normative Vorgaben zu entscheiden, zu betreuen. Darin liegt mit Sicherheit bereits eine gewisse quasi-normative Verfestigung, mit Blick auf zukünftige Entwicklung, die damit deutlich verengt wird, obwohl doch gerade hier ganz freies Fluktuieren die Alternative wäre.

Die Staatsinstanzen sind an derartige Orientierungsplanungen gebunden und sie gehorchen ihnen, in aller Regel, durchaus nicht widerwillig. Verwaltung sucht Orientierung, schon weil dies bequemer ist und es immer noch weniger Mühe kostet, gedruckte Verhaltensvorgaben zu durchblättern, als Lösungsansätze aus der verwirrenden Vielfalt der Einzelfälle und für diese zu gewinnen.

Dies alles wirkt auf eine Bürokratie, welche, wie oben dargestellt, an sich schon weithin in Gesetzesform verfestigt ist und sich weiter selbst in dieser verstarrt. Ihr wird nun eine weitere Bürokratie vorgeschaltet, gewissermaßen übergestülpt: die Planungsbürokratie. Von jeher hat sich gezeigt, dass Planungsbürokratien geradezu der Prototyp der in sich drehenden, sich selbst fortzeugenden Bürokratie darstellen; denn der Planungsphantasie sind eben nur viel weitere Grenzen gezogen als der Vollzugsbürokratie; sie stößt nicht so rasch an die täglichen Grenzen der Realität von Einzelfällen. Ihre weichen Vorgaben scheinen nichts zu verbieten und können doch, in klebriger Verbreitung, vieles ersticken. Planungsbürokratie baut sich ihre eigene Welt auf, sie sieht zwar vieles in dieser zusammen, sperrt aber anderes, bis hin zur erfolgskontrollierenden Hierarchie, in aller Regel aus – wieder ein idealer Raum für bürokratische Selbstentfaltung. Diese Planung erstarrt vielleicht nicht, aber sie verklebt, und was wäre dies anderes?

Viel härter erstarrend wirkt sie übrigens jedenfalls in ihren Verfahrensformen, in welchen das an sich Flexible der Planung bereits von Anfang an in feste Kanäle eingebunden wird. Darin, etwa in Vorbereitungen, Auswahlen zu berücksichtigender Statistiken und Sachverhalte, findet eine Vorfeld-Erstarrung des Verwaltungsbereichs statt, welche gar nicht überschätzt werden kann. Der Realität darf sich nun eben diese Administration, der doch immer wieder „freie Gestaltung" aufgegeben wird, nurmehr in den festen Formen der Planung nähern und, was noch weit schwerer wiegt, für die Zukunft auch lediglich in solchen Formen, die rasch wechselnde Wirklichkeit in sich aufnehmen – obwohl doch Planung gerade hier flexibel sein sollte.

b) Ein Grundgesetz aller Planung, der Planung in Gesetzesform zumal, ist die wesentliche Adaptierungsfeindlichkeit, welche hier die Normen in das Staatsverhalten tragen. Immer und überall hat sich dies gezeigt, oft, wenn nicht in der Regel, sollte eben dies zum Ende der Planungsordnungen führen – das Sowjetreich als Beispiel.

Wenn es zutrifft, dass sich Staatsorgane, ja Bürger „auf den Gesetzen ausruhen" – eine unerfreulich Wirkung des vielberufenen favor legis, der eben wesentlich konservativ wirkt – so gilt dies noch weit mehr für Planungen an sich schon, erst recht wenn sie in Gesetzesform gegossen erscheinen, obwohl sie doch eigentlich Flexibilität gewährleisten sollten. Nun hat man doch, mit großem verfahrensmäßigem Aufwand, den Blick in die Zukunft gewagt, und sei es auch nur in der Verengung eines Fernglases; warum sollte da nicht einbezogen werden, was der planende Geist noch nicht wahrgenommen hat, wo er doch mit so guten Verfahren und Instrumenten ausgerüstet war – denn in dieser Selbstsicherheit wiegen sich alle Planer von jeher. Das Nicht-Beplante, Noch-nicht-Überplante trägt etwas wie eine eigenartige Beweislast dafür, dass es noch nicht ebenfalls planungswürdig sei. Im übrigen breitet sich Planungszufriedenheit aus, gerade im Namen der nicht-bindenden Inhalte, der angeblichen oder wirklichen Flexibilität der Instrumente und Festlegungen, nicht zuletzt aber auch der Allgemeinheit der in der Planung getroffenen Aussagen. Was sollte hier rasch und durchgreifend geändert werden, wo doch „alles offen" erscheint? Und eben darum blockiert es doch, erst recht.

Einmal Gesetz geworden, unterliegen die Planungen der allgemeinen „Gesetzmäßigkeit der Gesetze": Ihr Zug geht zu festen Inhalten, nicht dazu, den Rahmenbegriff aller Planungen besonders ernst zu nehmen, und eben diese Inhalte werden sodann, ihrer angeblichen Flexibilität wegen, nicht oder nur selten mehr geändert. Das gebietende-verbietende Gesetz führt immer wieder, in seiner Anwendung und im Zusammenprall mit der Wirklichkeit, zu Änderungsnotwendigkeiten, schon weil der Bürger mit seinen Prozessen gegen den Staat diese verdeutlicht, zumal wenn ihm Gerichte Recht geben. Dieser wesentliche prozessuale Bürger-Anstoß zur Adaptierung fehlt bei der Planung weithin, er lässt sich nicht ersetzen durch Beteiligungen von Bürgern, die nicht in ihrem Interessen unmittelbar betroffen sind und sich meist nur um die anderer kümmern.

c) Diese wesentliche Beharrungskraft der Planungen, welche ihre vielberufene „Fortschreibung" meist zum ineffizienten Ritual werden lässt, schon
weil es so schwer hält, „alles wieder von vorne zu beginnen", wirkt auch
noch, und das ist nicht ihre geringste erstarrende Kraft, in einer Weise in
der Zeit, welche nicht selten die Festlegungskraft der anderen Gesetze über-
trifft. Diese ignorieren das Problem der Geltungsdauer – gerade darin sind
sie auch offen für jederzeitige Veränderung. Planung dagegen „kennt die
Zukunft", sie will diese, wenigstens umrisshaft, in ihre normativen Formen
einbinden. Hier aber wird gerade ein Wesenszug der Planung deutlich: ihre
tendenzielle Langfristigkeit. Kurzfristige Planung ist schon fast ein Widerspruch in sich; Mittelfristigkeit wird so weit ausgelegt, dass sie bereits die
durchschnittliche Geltungsdauer unveränderter Gesetzesnormen zu übertref-
fen beginnt. Fortschreibung der Planung tut ein übrigens: Meist macht sie
ihrem Namen Ehre, „sie setzt eben fort", lässt darin Mittelfristiges zu Lang-
fristigem werden. Und Gestattungsplanungen, wie der Bebauungsplan, sichern zwar nur für kürzere Zeit, doch allgemeine Praxis verleiht auch ihnen
langes Leben, unabsehbares jedenfalls, das längste das Menschen denken
können.

3. Das Planungsgesetz als Superstatik

Auf all diesen Wegen entwickelt sich das Planungsgesetz nicht in Flexibilisierung der Normwirkung, sondern zu einem Instrument von spezieller
Betonierungskraft. Diese zeigt sich in Krypto-Vorgängen der Verfestigung,
welche hier ablaufen, nachdem nirgends klar wird und transparent, was,
wann und auf welche Zeit verfestigt werden soll, tatsächlich festgelegt ist.
Um im Bild zu bleiben: unabsehbar ist, wann die derart ausgegossene
Masse voll erstarren wird.

Das Planungsgesetz soll die Kritik staatskonservativer wie progressiver
Kräfte unterlaufen, doch sein hybrider Charakter bewirkt das Gegenteil: es
kann nur beide antithetische Kritikströme noch verstärken. Traditionell
staatsorientierter Betrachtung bietet es keine statische Sicherheit, jedenfalls
keine Berufungsmöglichkeit der Bürger auf eine solche. Fortschrittsgläubige
müssen andererseits hier eine Fortschrittsoffenheit vermissen, welche durch
eine bereits vorweggenommen erscheinende Zukunft versperrt wird, wo-
durch längerfristig erst recht ein Aufstau bewirkt wird, an welchem die Pla-
nungsimperien zugrunde gegangen sind. So verstärkt das Planungsgesetz
die Krise des Gesetzes, in dessen Schwäche ebenso wie auch noch in dem,
was seinem Wesen nach in einer freiheitlichen Ordnung der Erstarrung eigentlich nicht zugänglich sein sollte: der offenen Zukunft.

Hier aber zeigt sich eben das Planungsgesetz mit einem besonderen
Machtanspruch, der es in einer freiheitlichen Ordnung geradezu odios

werden lässt: Diese Gesetzgebung ist unbescheiden, selbstsicher, ja altklug, als ob ihr nicht nur bisherige Erfahrung bekannt wäre, sondern auch noch zukünftige – und dies alles in einer Zeit, die täglich erfährt, wie wenig man Zukunft kennen kann, in einer Periode, welche wenn überhaupt von einem Konsens, so von diesem getragen ist, gewiss nicht zur Dauer.

Mit der Planung wollte sich der Gesetzgeber einen ganz neuen Anwendungsbereich der Normen erschließen, darin Gesetzeskraft vielleicht nicht zurückgewinnen, wohl aber einem Flexibilisierungsdrang der Freiheit entgegenkommen; die gesetzgeberische Praxis schien doch zu zeigen, dass es bisher derartige Gesetzesformen noch nie gegeben hat. So mochte sich denn der Kommunismus in der Hoffnung wiegen, nicht nur eine neue sozialistische Legalität, sondern einen neuen Gesetzesbegriff zu schaffen – mit ihm aber lässt sich die Krise des Gesetzes nicht lösen, er ist im Grunde bereits überholt, bevor er wirklich verändern kann. Was ihn aber vor allem disqualifiziert: Er setzt das Wissen zu hoch, vermeint gar noch erkennen zu können, was mit immer mehr Wissen heute immer nur noch mehr verschwimmt – die Zukunft. So ist dieses Planungsgesetz eine letzte Illusion der kommunistischen Verwissenschaftlichung gewesen. Gesetze sollten Halt geben – solche Illusionen bringen ihn nicht.

V. Das Haushaltsgesetz: Finanzstarre in Kameralistik

Nach den Planungsgesetzen muss nun noch vom Haushaltsgesetz die Rede sein, von jener nur-formellen Norm-Form, welche nichts anderes darstellt als eine kurzfristige Planung der Staatsmacht. Gepriesen wird sie als Steigerung der Ordnungskraft durch den Einsatz der Gesetzesform, in Wahrheit zeigt sie bei genauem Zusehen noch eine Verstärkung der verstarrenden Kraft des Gesetzes, wiederum in einem Bereich, in welchem eigentlich die Freiheit des Wirtschaftens selbst den Staat erreichen sollte – aber nicht erreichen kann, weil er vor diese wesentlich gesetzesfeindlichen Finanzen den Schild des Gesetzes gestellt hat.

1. Gesetzesform als Gesetzespervertierung

Den Haushalt in Gesetzesform zu verabschieden ist nichts anderes als ein Missbrauch des Gesetzesbegriffs. Er kommt aus der Geschichte einer Steuerbewilligung, welche die Stände nur periodisch der fürstlichen Macht gewähren wollten. Von Anfang an war es also ein Organ, die Vertretung der Steuerzahler, der Bürger, welches hier die Gesetzesform rechtfertigte, ja begründete. So ist es bis heute geblieben, in einer Art von Vorwegnahme des Wesentlichkeitsprinzips: Alles was wichtig ist, muss vom Parlament beschlossen werden in Gesetzesform, nicht nur was unmittelbar zu Eingriffen in Bürgerfreiheit führt, sondern auch was diese mittelbar, aber sehr bedeutsam berührt: eine Mittelverwendung, welche eben die Mittelerhebung voraussetzt. Insoweit mag sogar noch eine gewisse Logik darin liegen, nicht nur die Einnahmenseite über die Steuergesetze von der Volksvertretung beschließen zu lassen, sondern auch eine Ausgabenseite, auf die sich der Bürger nicht berufen, aus der er keine Rechte herleiten kann.

Darin liegt allerdings nun doch eine Veränderung, ja eine Pervertierung des Gesetzesbegriffs; sie wird aber ebenso beim Haushaltsgesetz hingenommen wie bei Zustimmungsgesetzen zu „hochpolitischen Angelegenheiten", aus denen der Bürger ebenfalls keine Rechte ableiten kann. Immerhin erscheint aber darin, in einem bedeutenden Bereich, die als notwendig unterstellte Verbindung zwischen Gesetz und Freiheitsschutz unterbrochen: Gesetz ist alles, was hochbedeutsamen Charakter trägt, sei es für die Interessenlage des Bürgers oder für die Machtstellung des Staates und seine Handlungsfähigkeit, im Inneren wie im Äußeren. Damit wird deutlich, dass das Gesetz zuallererst Machtinstrument ist, die Norm keineswegs notwendig Freiheitsbewahrung bedeutet.

Mit der alten Heiligkeit, mit der Majestät des Gesetzes steht dies alles kaum mehr in Verbindung. Ein wesentlich periodisches Gesetz muss ihr ebenso hier schaden, wie dies für Zeitgesetze bereits begründet worden ist. Ins Zwielicht gerät damit eben jene allgemeine Geltung der Normen, welche auch in der Zeit und nicht nur im Adressatenkreis sich bewähren sollte.

Aber dieses Haushaltsgesetz ist vom eigentlichen, dem materiellen Gesetz noch viel weiter entfernt. Im engeren Sinne „gilt es ja gar nicht", es befiehlt nichts, verbietet als solches ebenso wenig – allenfalls das, was in ihm sich nicht findet: die Leistung von Ausgaben, welche der Gesetzgeber nicht vorgesehen hat. Diese eigentümliche Ausschluss- oder Negativwirkung des Haushaltsgesetzes unterscheidet diese Form der Parlamentsentscheidung im Grunde noch viel tiefergehend vom „klassischen Gesetz" als nur die Tatsache, dass sich auf das Haushaltsgesetz kein außerstaatlicher Rechtsträger berufen darf.

Problematisch ist es also, den „Haushalt in Gesetzesform" als einen Sieg der Legalität zu betrachten, er schwächt ja letztlich nur die lex, in ihrem ursprünglichen Verständnis, auch und weil gerade hier deutlich wird, dass das Gesetz nichts anderes ist als (irgend-)eine Form der Machtausübung in der Gemeinschaft. Dieses Haushaltsgesetz mag als Sieg des Parlamentarismus gefeiert werden, der Rechtsstaatlichkeit wird mit ihm eher ein schlechter Dienst erwiesen.

2. Das Haushaltsgesetz als Erstarrung der Staatsfinanzen

Noch soweit mag sich der „Haushalt in Gesetzesform" entfernen von der klassischen Verbindlichkeit der Gesetze im materiellen Sinn – diese Form der Machtausübung in Gesetzesform ist immerhin noch stark genug, wenn nicht unmittelbar das Bürgerverhalten, so doch das der gesamten Staatlichkeit finanziell zu verstarren, und damit indirekt auch das aller Gewaltunterworfenen. Als ob das Gesetz nicht anders könnte als Überstarrheit um sich verbreiten – hier gelingt dies sogar in seiner rein formellen Form.

a) Das Haushaltsgesetz als zeitlicher Machtaufstau

Im gesetzlichen Haushalt erstarrt die gesamte Staatspolitik zunächst einmal für die bereits klassische Jahresperiode. Festgelegt wird hier alles, was geschehen darf, was erfolgen wird; Staubecken müssen ja völlig entleert werden, bevor sie erneut gefüllt werden. Nichts mehr ist da von jenem Unvorhersehbaren, in dessen Namen Flexibilisierung doch gegenwärtig lauthals gefordert wird; es wird an den Rand gedrängt, marginalisiert, behandelt schon fast in Nachtragshaushalten, wie kleinere oder größere Katastrophen, für welche es dann Rückversicherungs-Gelder ad hoc bereit zu stellen gilt. Mit dem Haushaltsgesetz durchdringt Normalität das gesamte Staatsgefüge, Vorhersehbarkeit breitet sich über alle Staatstätigkeit aus – aber es ist eben nur eine große Fiktion, in welcher alle Macht erstarrt; sie wird damit nur umso lastender, da sie voraussehbar wird, darin als unabwendbar erscheint. Denn darüber ist noch zuwenig nachgedacht worden, dass die rechtsstaatlich geforderte Vorhersehbarkeit Macht nicht nur abschwächen, sondern auch noch verstärken kann, weil jeder Widerstand gegen sie als sinnlos erscheint, vielleicht auch schon deshalb hier als unnötig, weil die Betonierung scheinbar doch nur für eine absehbar kurze Zeit erfolgt.

Doch gerade darin liegt Illusion. Abgesehen von den neueren Tendenzen, die Ausdehnung der Haushaltsperioden auf zwei Jahre als flexibilisierenden Management-Fortschritt zu sehen – in Wahrheit verstärkt sich damit meist nur noch die Verstarrungswirkung des Budgets – hier wird eben festgelegt und nochmals fixiert, zu anderem ist das Haushaltsgesetz nicht fähig. Und es geschieht durch ein Gesetz, das nicht nur selbst sich weiterträgt, sondern so vieles andere auch, Nötiges und Unnötiges, die ganzen Anwendungsergebnisse der großen Verwaltungs- und Staatsmaxime, nach welcher heilig ist, was eben immer schon in bestimmter Form und Größenordnung geschah. In der Praxis führt doch die Haushaltsgesetzgebung im Jahresturnus nur zu einer Form der Überprüfung: ob denn das Letztjährige auch das Nächstjährige sein könne und solle, und gerade hier trägt jede Änderung volle Beweislast. Bewusst wird darüber hinaus in geradezu systematisierter

Form, wie eng die politischen und oft auch ökonomischen Spielräume sind, denen sich eine Parteipolitik gegenüber sieht, welche doch so dynamisch floaten möchte. In diesem Sinn ist das Haushaltsgesetz die Stunde der Wahrheit, in welcher der allmächtige Volkssouverän zum müden und oft pedantischen Buchhalter herabsinkt, zum Fortsetzer früherer Bescheidenheiten und zerbrochener politischer Träume. Hier holt endlich die Wirklichkeit die politischen Phantasien der Herrschenden ein: Fast alles ist eben doch festgelegt, unabänderlich geworden in den vergangenen Jahren, bei allen Regierungswechseln, über alle Mehrheitenverschiebungen hinaus; und das Haushaltsgesetz macht dies nicht nur deutlich bewusst, es verfestigt in seiner bürokratischen Entstehung aus der Administration heraus noch all diese Unausweichlichkeiten. Nun kann eben nurmehr randkorrigiert werden an diesem buchhaltungstechnischen Riesenwerk der Staatlichkeit, an ihm ändert sich im Grunde kaum mehr Bedeutsames.

Auf diese Weise schließlich retardiert das Haushaltsgesetz nicht nur das gesamte Staatsverhalten, nimmt ihm alle wesentliche Flexibilität – macht es vielleicht auf diese Weise erst erträglich, indem es politische Hirngespinste in Haushaltspositionen absterben lässt. Weit darüber hinaus noch strahlt die Festlegungswirkung dieses Budgets in Gesetzesform aus in das Verhalten der Bürgerschaft hinein, hier entsteht nun wirklich etwas wie eine „kleine überplante Zukunft für alle", die auf staatliche Leistungen angewiesen sind oder Geschenke; und es gibt deren so viele. Dieses Gesetz entfaltet also die vielleicht stärkste Festlegungswirkung überhaupt, welche einer Norm eigen sein kann: auf die Bürger als Leistungsempfänger, aber auch, und nicht zuletzt, auf die gesamte bürokratische Staatsorganisation, welche doch nur aus den so verordneten Mitteln heraus leben kann, ihre ganze Gesetzesanwendung, abgekürzt Verwaltung genannt, sogleich und in osmosehafter Feinheit auf die haushaltsgegebenen Möglichkeiten einstellen wird. Wenn die „Praxis" der Verwaltung irgendwo fassbar, definierbar erscheint, kaum beeinflussbar jedenfalls, so in den Auswirkungen des Haushaltsgesetzes auf die Praxis des Gesetzesvollzugs, welche schon über Personal- und Sachmittel weit wirksamer gesteuert werden kann als durch Änderungen oder „Verbesserungen" der materiellen Normlagen.

So sind denn die direkten und mittelbaren Steuerungs- und Verstarrungswirkungen des Haushaltsgesetzes Legion; nicht juristisch, sondern allenfalls verwaltungswissenschaftlich oder soziologisch lassen sie sich wirklich einfangen. Und es ist, als räche sich hier das – allerdings pervertierte – Gesetz auch noch an seiner Glorifizierung, der Rechtsstaatlichkeit: weniger klar und vorhersehbar sind wohl kaum je Gesetzesauswirkungen gewesen als die der Haushaltsgesetze der Gegenwart.

Eines sei schließlich noch bemerkt: Die Regel der lex posterior ist beim Haushaltsgesetz zwar nicht de iure, wohl aber durch eine ständige und allgemeine Staatspraxis nahezu völlig außer Kraft gesetzt. Zusätze mögen sich in Nachtragshaushalten noch durchsetzen lassen, Änderungen durch späteres Haushaltsgesetz verbieten sich schon durch eben jenes rechtstaatliche Vertrauen, welches Bürger bereits in angekündigte Geschenke setzen und welches die Verwaltung schon zu Beginn eines Jahres ins Werk zu setzen beginnt. Nirgends lässt sich eine unbedingte Geltungsstarrheit von Normen deutlicher feststellen als bei diesem Gesetz, das doch – eigentlich gar keines sein soll...

b) Der Weg vom Haushaltsgesetz
in die wirtschaftsverstarrende Kameralistik

Kaum in einem anderen Punkt ist die Staatswirtschaft derart in die Kritik geraten wie in ihrer Kameralistik. Dieses Buchhaltungs- und Finanzierungssystem ohne Übertragungsmöglichkeit von Mitteln in der Zeit, ohne Rückstellungen und Risikovorsorge, wird kritisiert als wirklichkeitsfremde Absage an eine doch augenscheinliche Realität: das Großunternehmen Staat, mit all seinen Leistungen und damit verbundenen Risiken. Eines hat diese Kritik jedenfalls vermocht: Verunsichert hat sie nicht nur die gesamte staatliche Wirtschaftätigkeit, welche nun in privatrechtliche Formen fliehen möchte, in denen ihr unternehmerische Flexibilität zu winken scheint; Effizienz, wirtschaftliches Denken überhaupt, weit darüber hinaus, haben diese Vorwürfe gegen das gesamte Gebaren der Staatlichkeit in den Augen der Bürger diskreditiert, denen sich die Staatsgewalt hier präsentiert als die odiose Trägerin des „unendlichen Reichtums", der ihr jedes Jahr unbegrenzt zurückkommt, daher keine Risiken kennt, keine Risikovorsorge benötigt. Wenn alles Öffentliche überhaupt heute ins Zwielicht geraten ist, so durch diese Kritik, und auf der anderen Seite die bis zur Naivität unbekümmerte Erfolgslehre moderner Betriebswirtschaftlichkeit.

Erstaunen ist hier wahrhaft angesagt, angesichts des kürzesten Schlusses, welchen hier die an Kurzschlüssen ohnehin so reiche Demokratie auch noch gegen sich selbst zulässt: in dieser Staatsform, mit ihrem volksvertretenden Parlamentarismus kann es gar keine andere, wirklich „demokratische" Lösung geben als eben die des periodisch beschlossenen Haushalts, mit der Weihe des demokratisch legitimierten Gesetzes – und daher gehört Kameralistik, in ihren Grundzügen jedenfalls, zu den Staatsgrundlagen der Demokratie; wer sie angreift, mag Marktwirtschaft immer predigen, von politischer Demokratie kann er wenig nur halten; und beide können nicht beziehungslos nebeneinander herleben, weder ökonomisch noch politisch.

Gewiss trifft es zu, dass die staatliche Gesetzeswirtschaft in Form der Kameralistik eine Todsünde ist wider den Geist der flexibilisierend betriebswirtschaftenden Privatökonomie; doch diese Sünde führt auf das

Haushaltsgesetz zurück. In seiner Starrheit bewirkt es eine Zerhackung der Zeit in zeitlose Zeiteinheiten, die beziehungslos aneinander gereiht werden, Übergänge – haushaltsrechtlich: Übertragungsmöglichkeit von Mitteln – nur in Ausnahmefällen und im engsten Rahmen zulassen. Doch darin liegt nicht eine falsche ökonomische Doktrin, sondern eine richtige Anwendung der Haushaltsgesetze, aus einem zutreffenden Verständnis der Verfassungsentscheidung des Parlamentarismus heraus. Sie kann im Grunde nur randkorrigiert werden, in ihren Zentren ist sie unabänderlich vorgegeben, wie Demokratie und Gewaltenteilung mit ihrer Volksvertretung.

Dieses Parlament braucht Gesetzgebung, daher ruft es sich seine Gesetze; es soll den Staat kontrollieren, alle Gewalten, und dies vermag es nur im parlamentsbeschlossenen Haushaltsgesetz real und effektiv. Wohin mit einer Volksvertretung von Hunderten, ja Tausenden von Abgeordneten, wenn im Staat nurmehr Management angesagt wäre, nach Effizienz angeheuerte und gefeuerte Betriebswirte? Die Demokratie kennt die Aufteilung der Zeit in Wahlperioden, in diesem Sinn gehört eine „periodisierte, aufgeteilte Zeit" zu ihren Grundvorstellungen; und sie setzt diese fort in den noch kleineren Zeittrümmern der Haushaltsjahre, welche sie in sich ebenso abgeschlossen gestalten muss wie jene Wahlperioden, aus denen auch nicht liegengebliebene Gesetze, gewissermaßen als „Gesetzgebungsmittel" in die nächste Wahlperiode übertragen werden können. Die Demokratie schafft sich ihr Unerwartetes selbst, dafür bestimmt sie den Zeitpunkt mit ihren periodischen Wahlen. Alles andere hält sie in Gesetzesform fest, teilt es und stellt es beziehungslos nebeneinander – haushaltsrechtlich nennt man das Kameralistik. Mit jedem Haushaltsgesetz – darin ist schon etwas Richtiges – wird die Staatlichkeit gewissermaßen wieder völlig neu geboren, erhebt sich wie der Phönix aus der Asche der verbrannten Buchhaltungen früherer Jahre; der Staat wird neu in jedem Haushaltsgesetz, in welchem er seinen unendlichen Reichtum wieder zeigt, als wäre vorher nichts gewesen. Und deshalb rechtfertigt sich auch die Debatte über diesen Haushalt als eine „Generalabrechnung" über die Politik der Machtträger, der Regierung und ihrer Mehrheit.

Mit dieser Kameralistik steht und fällt also die Demokratie. Betriebswirtschaftliches Risiko kennt sie nicht, ihre Risiken schafft und definiert sie sich selbst, auch in der durch ihr Machtwort aufgeteilten Zeit: das demokratische Risiko ist die Wahl, Risikovorsorge ist der Wahlakt. Die so geschaffene Zeitperiode gehorcht bereits dem Gesetz der Kameralistik, aus ihr lässt sich nichts an „Gesetzgebungsmitteln" auf die folgende Periode übertragen, Gesetzesvorhaben werden kaduziert, wie die Mittel verfallen, welche im Haushaltsjahr nicht ausgegeben sind. Und dieser Haushalt zeigt sich gewissermaßen als weitere zeitliche Unterteilung innerhalb der Wahlperiode, in seinen Zeittrümmern ebenso beziehungslos aneinander gereiht wie grundsätzlich die Wahlperioden – und eben in sich völlig geschlossen.

Es ist kaum zu viel behauptet: Die Grundidee der Kameralistik ist für diese parlamentarische Demokratie eine unabänderliche Staatsgrundlage; in ihr überwindet sie durch ihre Verstarrungswirkung sogar noch das „spätere Gesetz", unter dessen Vorbehalt ihre Normen im übrigen stehen. Und Überstarrheit erreicht sie wahrhaft in diesem Haushaltsgesetz darin, dass sie kameralistische Einzelheiten in ihm gar nicht festzulegen braucht, weil ihr hier die stärkste Erstarrungskraft der Neuheit die Hand reicht: die wissenschaftliche Systematik. Gerade jene Ökonomie, die „Wissenschaft des wesentlich Flexiblen", kommt dem verstarrenden Gesetz mit verästelnden Ausführungen zur Hilfe. Solange noch etwas von „Staatswirtschaft" anerkannt ist und sich gar im Namen ökonomischer Fakultäten findet, sollte auch die Kameralistik im ihrem Kern außer Kritik bleiben, es sei denn, man greife die Staatsform an. Denn beides lässt sich nicht vereinbaren: flutendes Unternehmertum und die Starrheit der Gesetze.

3. Bürokratie und Haushaltsgesetz – Spirale normativer Verstarrung

Das Haushaltsgesetz treibt die Starrheit des Gesetzes auf die Spitze, den gesamten Staat lässt sie erstarren und das Verhalten der Bürger, welche sich ihm nähern (müssen). Darin wirkt der Haushalt in Gesetzesform am stärksten auf eben jene Machtträger ein, welche ihrerseits bereits, als personifizierte Gesetzesstarrheit, Normen fortdenken und verfestigen: die bürokratischen Instanzen des Staates.

Die Bürokratie ist ja, dies zeigte sich schon, in ihrer selbst sich fortzeugenden Beharrung im letzten nur ein Kind jener Kameralistik, welche ihr das Haushaltsrecht aufzwingt; und zugleich ist sie deren Mutter. Denn ihre Verwaltungen sind es ja, welche geradezu in einem bürokratischen Verfahren par excellence den Haushalt vorbereiten, nahezu völlig unter Ausschluss aller anderen Einflüsse, denn selbst den Lobbyismus vermögen geschulte Verwaltungsbeamte in diesen kritischen Monaten weithin zu ignorieren. Wie könnte also ein Haushaltsgesetz anders wirken als bürokratisierend, da es doch eben aus diesen Quellen kommt. Und ist es nicht gerade das Haushaltsrecht mit seinen Starrheiten, welches wiederum die Bürokratie dem Vorwurf aussetzt, sie verhalte sich unflexibel, blicke nicht auf „die Menschen mit ihren wechselnden Nöten"? Wenn sich diese Bürokratie in Selbstgesetzlichkeit in sich dreht – und weiter verfestigt – so geschieht dies doch gerade innerhalb jener ebenfalls so festen Rahmenziehungen, welche „ihr Gesetz" sind, welche ihr eben gerade diese Spielräume lassen, wie sie nur eine Bürokratie noch zu einiger Flexibilität ausnutzen kann, gewissermaßen „unter dem Haushalt hindurch". Denn mehr gestatten ihr die Sperren eben nicht, welche sie geradezu in ihren Haushaltsansätzen als Bürokratie erfassen, sie als solche definieren.

Doch auch hier lässt sich eine Gegenbetrachtung vertreten: Bürokratie ist nicht nur Quelle und Verstärkung der Haushaltsstarrheit, sie setzt der Haushaltsgebung auch ihr eigenes Beharrungsvermögen entgegen, verhindert damit, dass es zu gefährlichen Haushaltsschwankungen komme, zu dem, was das bereits Erstarrte dann im vergeblichen Flexibilisierungsstreben versucht: zum Bruch. Und eine gewisse Biegsamkeit bewahrt sich übrigens die Verwaltung, eben unter den Haushaltsnormen hindurch, und darin ist diese viel gescholtene Erscheinung eine der wenigen Kräfte, die vielleicht doch noch, irgendwie, gegen die um sich greifende Gesetzeserstarrung in all ihren Formen wirken kann – eben weil sie dieser ihre eigenen, wesentlich unfassbaren Gesetzlichkeiten entgegensetzt, „andere Gesetze", die einer realen Machtentfaltung, wie sie das Recht nicht fassen kann.

Jenseits von all diesen Unwägbarkeiten aber bleibt festzuhalten: Haushaltsrecht und Bürokratie kommen aus gleichen Wurzeln, wirken in ähnliche Richtungen und verstärken sich damit im ganzen doch in einem Spiralvorgang, an dessen Ende das überstarre Gesetz steht.

E. Ausblick: Dauerkrise des Gesetzes oder Übergang zu neuen Formen der Machtausübung

Die Krise des Gesetzes, wie sie hier beschrieben wurde, ist eine säkulare Erscheinung, mit grundsätzlicher Intensität setzt sie in der Aufklärung ein, verstärkt sich in der Rechtsstaatlichkeit des 19. Jahrhunderts, um dann im 20. zu besorgniserregenden Erscheinungen von Schwächen und Blockadewirkungen der Normen emporzuwachsen. Die Betrachtungen müssen also schließen mit einem Versuch der Fortrechnung dieser Entwicklung, die allerdings eines gewiss nicht sein wird: ein Höherrechnen des Gesetzes. Dies wird hier versucht zunächst in einer Analyse der Beharrungskräfte der Krisenlage (im Folgenden I), sodann in einer mittelfristigen Schau, welche die bereits sichtbaren Entwicklungslinien fortzuzeichnen versucht (im Folgenden II ff.), schließlich in einer längerfristigen Betrachtung, welche neue Formen der Machtorganisation und Machtausübung heraufziehen sieht (Im Folgenden V. ff.).

I. Die Krise des Gesetzes – eine Verfassungsnotwendigkeit in der Demokratie

1. Die Krisenphänomene Schwäche und Starrheit des Gesetzes – gegenseitig bedingt

Eine erste allgemeinere Erkenntnis drängt sich hier auf: Was vorstehend als Krise des Gesetzes analysiert wurde, mag mehrere Ursachen haben, zwei Hauptgründe: vor allem die zunehmende Schwäche der Normwirkungen, aus einer Verflüchtigung der Norminhalte, zum anderen die blockierende Überstarrheit dieser allgemeinen Befehle – doch das Phänomen „Krise des Gesetzes" ist eines: seine Einheit liegt gerade darin, dass diese beiden großen Ströme sich gegenseitig bedingen und wechselseitig verstärken. Die Inhaltsschwäche der Gesetze kommt aus einer ganz allgemeinen politisch-soziologischen Entwicklung, in welcher sich die Schärfe der Befehle auf längere Sicht immer weiter verliert, und mag sie auch in immer neuen Restaurationsversuchen oder im Einsatz veränderter Machttechniken stets von neuem sich Verstärkung suchen; diese vorübergehenden Erscheinungen halten die Großentwicklung nicht auf, und sie vollziehen sich überdies – das Beispiel des Nationalsozialismus zeigt es – zunehmend außerhalb der herkömmlichen Formen der Gesetze. Aus hartem Befehl allein

aber lässt sich das Gesetz, als eine bereits in Verallgemeinerung abgeschwächte Befehlsform, schwerlich restaurieren.

So entspricht denn Verlust der Inhaltskraft der Normen einer allgemeineren, größeren Kulturentwicklung, die überdies neuerdings noch verstärkt
wird durch die rasch zunehmende Rhythmusgeschwindigkeit der Entfaltung
von Wissenschaft und Technik – kurz „die immer schneller lebende Welt"
genannt.

Gerade diesen Revolutionen will und soll sich nun aber die Norm mäßi-
gend, balancierend oder gar zurückdrängend in den Weg stellen mit ihren
verstarrenden Blockadewirkungen, die aber andererseits die Kritik am
Gesetz nur noch lauter werden lassen. Ein Minimum von Festigkeit soll in
einer Welt schwindender Werte noch festgehalten werden; der rasche Wechsel aller Dinge, die Offenheit von Staat und Gesellschaft scheint doch auch
wiederum feste Vorgaben zu fordern, ohne die sie in Anarchie oder gar im
Chaos enden müsste. So schließen sich denn die beiden gegenläufig erscheinenden Ströme der Gesetzeskrise in allgemeinerer Betrachtung zu
einer Einheit zusammen, welche sie sogar laufend wechselseitig verstärken:
Gerade weil die Schwäche des Gesetzes immer deutlicher bewusst wird –
soll ihm doch Festigkeit verliehen werden, bis hin zur Blockade – wird
selbst eine Überstarrheit hingenommen, in der Sicherheit, dass die abschwächenden Tendenzen schon endgültige Überstarrheit nicht zulassen werden.
So liegt denn in der Normstarrheit etwas von Normangst – und darin
wieder gewinnt dann die Schwäche des Gesetzes erneut die Oberhand. Und
diese Schwäche wird denn auch, nach aller Voraussicht, auf lange Sicht die
stärkere sein, gegen das Gesetz, und so müsste eigentlich dessen Ende
prognostiziert werden können, jedenfalls in der altehrwürdigen Form der
allseits verehrten Tafeln.

Doch hier begegnet die Betrachtung einer höheren, höchst-normativen
Kraft, die von der Staatsform der Demokratie und ihrer Wahl-Legitimation
ausgeht.

2. Die Staatsgrundentscheidung der Demokratie – Grundlage des Gesetzes und seiner Krise

Der Weg von höchsten Staatsgrundsatznormen der gegenwärtigen Ordnung, der Demokratie, zum Gesetz und in dessen Krise, ist kurz und überzeugend: ohne Wahl keine Demokratie, ohne Parlament keine Wahl, ohne
Gesetzgebung kein Parlament, ohne Normkrise keine Gesetzgebung.

Das Gesetz ist das Kind der Volkssouveränität in seinen Anfängen gewesen, mehr ist von dieser Höchstgewalt der Bürgerschaft in der juristischen
Praxis nicht geblieben als eben dieses Gesetz. Alle Gewalt geht gewiss

nicht vom Volke aus, doch es hat stets genügt, dass dies für die Gesetzesform der Gewalt zutreffe, dass sie sich wenigstens mittelbar auf die Volkswahl zurückführen lasse. Denn dieses viel umstrittene „Zurückführen" auf das Volk, die demokratische Legitimationskette, hat realen politischen Sinn nur bei jenem Parlament, und weil dieses gerade als Gesetzgeber gewählt wird. Wie das Gesetz durch den Gesetzgeber organhaft definiert ist, so wird dieser durch das Gesetz erst wirklich legitimiert. Ein Konvent von Hunderten von Persönlichkeiten könnte weder verwalten – die Schwierigkeit selbst der Kontrolle der Verwaltung zeigt es – noch erst recht richten, nicht einmal in Direkt-Demokratien ist dies versucht worden. Wenn also die Bürger ein Organ bestimmen sollen, und es kann dies, jedenfalls in der Tradition eines Volksstaates, nur das Parlament als peuple en miniature sein, so muss dieses wiederum nur eines als Aufgabe sich stellen: Gesetzgebung. Am Ende des Gesetzes würde das Parlament und mit ihm die Demokratie zum Pouvoir inutile.

Unabänderlich sind also in den gegenwärtigen Demokratien, faktisch und meist auch juristisch, nicht so sehr Parlament und Gewaltenteilung vorgegeben, als vielmehr das, was hinter ihnen steht: das Gesetz. Und der Normbegriff gehört zu den unabänderlichen Grundlagen der Demokratie.

So ist es denn keineswegs, wie meist zu Unrecht angenommen, die Rechtsstaatlichkeit, welche den Gesetzesbegriff verfassungsrechtlich absichert oder ihn gar in die Höhe der normativen Unabänderlichkeit hebt. Diese Legalität könnte wohl auch letztlich aus einem anderen Normbegriff erwachsen, so wie es etwa die sozialistische Legalität versucht hat, welche die Verbindung des Gesetzes zur allgemeinen demokratischen Wahl abzuschneiden versuchte. Für die Rechtsstaatlichkeit genügt es ja auch, dass sie die Herrschaft wie immer erlassener Befehlssysteme durchgehend, systematisch eben, garantiert, dass sie ein wie immer hervorgebrachtes Recht zum durchgehenden Herrschaftsinstrument in der Gemeinschaft werden lässt. Erst die demokratische Legitimation aus der allgemeinen Wahl des Gesetzgebers verleiht auch der Rechtsstaatlichkeit in der Demokratie die eigentliche, die höchste Weihe – eben die der Demokratie.

Hier könnte nun weiter darüber nachgedacht werden, ob die so vielberufene Rechtsstaatlichkeit, die manche, wenn auch letztlich stets vergeblich, sogar der Dynamik der Demokratie entgegenhalten, nicht ihrerseits nur eine Folge ist, ein Epiphänomen der Demokratie, welche ihr die eigentliche Kraft einer Staatsgrundsatznorm verleiht. Im gegenwärtigen Verständnis der westlichen Staaten ist jedenfalls diese Rechtsstaatlichkeit nur definierbar aus der demokratischen Gesetzesstaatlichkeit heraus, aus der Demokratie. Damit aber kommt dem Gesetz die höchste Legitimation zu, die es in einer auf allgemeiner Wahl beruhenden Ordnung geben kann: die demokratische.

Doch aus dieser selben demokratischen Wurzel kommen auch die Krisenphänomene des Gesetzes, seine inhaltliche Abschwächung, seine Überstarrheit. In einer Ordnung der Freiheit, wie sie die Wahldemokratie wirksam hervorbringt und befestigt, kann sich der Befehl auf Dauer nur immer weiter abschwächen, muss der Konsens die Ordnungen ersetzen, die sich in schwankenden Abschwächungen auflösen. Dort muss dann notwendig auch der Versuch unternommen werden, das einzige Herrschaftsinstrument der Demokratie noch einzusetzen zur Bewahrung einer eben dadurch gefährdeter Ordnung: die Starrheit der Normen.

Was aber bleibt dem Juristen in dieser wahrhaft staatsgrundsätzlichen Lage? Nur eines wohl: die Krise des Gesetzes demokratisch fortzudenken. Und wohin mag ihn dies führen?

II. Mehr Gesetze – mehr Krise

1. Das Fortlaufen der Gesetze

Um das Fortbestehen des Gesetzesstaates als solchen braucht niemand besorgt zu sein. Er könnte ja nur sterben mit der Staatsform als solcher. Solange wir in Demokratie machtmäßig „unter uns bleiben", werden wir auch „Gesetze immer unter uns haben, und über uns". Der Gesetzgeber im Parlament ist die am meisten angefeindete, im Grunde weithin als „unmöglich" erkannte Institution der Staatlichkeit – und zugleich die völlig sicher bestehende, durch nichts zu ersetzende, eben weil nach ihm nichts käme als Befehle und Chaos. So mächtig ist dieses Parlament als Gesetzgeber, dass es im Namen des Gesetzes sogar noch dort herrscht, wo es eigentlich schon längst nicht mehr ordnen kann: in den Großbereichen der Verordnungen, der Satzungen und der diesen abgeleiteten Normen immer mehr sich annähernden Verwaltungsvorschriften. Auch diese Ausweitungen des Reichs der Gesetze legitimiert noch immer die demokratische Wahl des parlamentarischen Gesetzgebers, der dies alles „erlaubt", mit all seinen Gegenläufigkeiten und Krisen. Und die gegenwärtige Staatlichkeit in den westlichen Ländern hat nichts anderes zur organisatorischen Grundlage, als Wahl und daraus hervorgehende Gremien – ein machtmäßiges Nichts, das aber alles werden kann mit der Macht seiner Gesetze. Was einst Sieyès dem Dritten Stand in der ersten Französischen Nationalversammlung von 1789 zurief, dass nämlich seine Deputierten nichts seien, aber alles werden könnten – das gilt noch heute bei jeder Wahl für die zahlreichen, zahllosen Abgeordneten: an sich sind sie nichts, durch das Gesetz werden sie alles.

Der Gesetzesstaat ist, formal jedenfalls, unaufhebbar, denn hinter ihm käme nurmehr verbrannte Erde, und die Demokratie ist souverän darin, dass sie alle anderen Herrschaftsstrukturen in ihren Wahlen verbrannt hat. Ein wahres Brandopfer für das Volk.

2. Das Gesetz – Beruhigung der steigenden Machtängste der Demokratie: Machtmissbrauch und Machtkorruption

Die Demokratie geht noch heute von der wahrhaft furchtbaren aufklärerischen These aus, Macht sei, wenn nicht an sich schlecht, so doch jedenfalls gefährlich, missbrauchsgeneigt. Zwar ist es dieser Staatsform damit immer noch nicht gelungen, jegliche Machtfreude aus der Gemeinschaft zu verbannen, eine solche muss sich stets nur noch sorgsamer verstecken. Doch gut ist sie eben an sich nicht, selbst wenn sie das Gute bewirkt, gut ist nur das Gesetz, von dem Demokraten glauben, dass es Macht nicht befestige, sondern zähme. Mit Macht macht man kaum je gute Erfahrungen, doch immer wieder schlechte, sie allein bleiben, graben sich ein in die Erinnerung, als negative Gesetzestafeln der Macht. Noch heute lebt die demokratische Staatsform von der idyllischen Naivität, alles sei gut, solange es die Macht nicht verschlechtere, alles werde wieder gut, wenn das Gesetz den glücklichen Urzustand endlich herbeiführe. Darin unterscheidet sich die freiheitliche Demokratie nicht von den Endzeitvorstellungen des Kommunismus. So wird und muss sie also versuchen, jene Macht, die stets virtueller Machtmissbrauch ist, immer noch weiter in Fesseln zu schlagen, und hier nimmt ihre ängstliche Atemlosigkeit gerade neuerdings rasch zu: in der Erkenntnis, dass auch dieses Gesetz, die Frucht des Wahl-Parlamentarismus – doch nicht so gut sein könnte, so selbstlos, dass es vielmehr vielleicht käuflich wird, selbst zum Herrschaftsinstrument der größeren Konten sich wandelt. Nun beginnt jener hastige Wettlauf gegen die Macht des Geldes, in dem das Parlament sich selbst begrenzen möchte und seine Agenten, die Regierungen. Gesetz über Gesetz bringt die steigende „Korruptionsangst in der Staatsspitze" hervor, Regelungen über Regelungen zum gläsernen Abgeordneten, zu den durchsichtigen Parteien und ihren so privaten und doch so öffentlichen Konten. Wie lange wird noch die Hoffnung auf die heilende Kraft des Gesetzes andauern, wenn dieses die Krankheiten des Gesetzgebers heilen soll, von dem es doch kommt? Und eine wahrhaft erstaunliche Hoffnung nimmt an, Anständigkeit entstehe dann, wenn Machtträger zurückträten oder in Kleinheit sich selbst verunsichtbarten. Das Abstrakte als das Anständige – wer hat je glauben können, dass Anonymität Anstand erzeuge, und nicht nur immer weitere Mafien, intelligentere. Doch der Gesetzesstaat wird diesen Illusionen unbeirrt folgen, und wenn seine Gesetze auf Märkten feilgeboten würden.

3. Der Zug in die Schwäche

Das Gesetz bleibt der geborene Gegner der Freiheit, und mag es noch so sehr als deren Bedingung gelobt werden. Wo nichts mehr sein soll an Herrschaft außerhalb der Normen, hinter denen sich die in ihrer Masse gleichgültig gewordenen Volksvertreter verlieren, da tritt doch zunächst einmal die Macht ganz nackt und hart hervor, furchtbar gerade dadurch, dass sie als eine Machtmaschine erscheint, welche die Bedienenden sich unterwirft und mit sich fortreißt, darin eben menschlichen Regungen und Anregungen kaum mehr zugänglich erscheint. Dann aber gilt es doch, diese Machtmechanik weicher zu stellen, Sorge zu tragen, dass nicht eben das die Freiheit gefährde, was ihre Gefährdung verhindern soll, das Gesetz. Und dies alles wird und muss zu immer mehr Gesetzen führen, damit die gesetzgebenden Volksvertreter ihren guten Willen ständig beweisen, indem sie, sich selber darin lobend, ihre früheren Gesetzesleistungen „verbessern", „sichern", den Bürger „entlasten". So wird es denn immer noch schwächere Gesetze geben, denn jedes spätere wird seinerseits an einer Norm gemessen werden: Es muss doch entlasten, weniger befehlen, mehr an Freiheit gewähren und sichern; das verschärfende Gesetz mag immerhin und immer wieder gefordert werden, kommen wird die immer schwächere Norm, sie allein „liegt im Trend".

So wird denn dieser Gesetzesstaat bleiben, sich „verbessern", jedenfalls im Selbstlob seiner Gesetzgeber, gerade darin aber sich immer weiter entfernen von dem, was einst in unserer Kultur „Gesetz" genannt wurde: eben doch die ehernen Tafeln. Und die zeitlose Ewigkeit der Demokratie ist eine weiche, sie ist so wenig aus Erz, wie sie nurmehr Phantasiegebilden Statuen weiht, nicht mehr ihren Gesetzgebern.

Eines also ist wohl doch sicher: Mehr Gesetze werden sein, mehr Gesetzesillusion, mehr Krise des Gesetzes.

III. Ausweichen in gesetzesfreie Staatstätigkeit – Verwaltung als Bewältigung der Gesetzeskrise?

Eine Krise des Gesetzes kann nur dort gefährden, wo Normen wirken im Staat, wo seine Organträger allgemein binden wollen. So mag denn heute von vielen Hoffnung gesetzt werden in jene Staatsgewalt, welche recht uneigentlich, die „vollziehende" genannt wird, und doch soviel mehr bewirkt, als den reinen Gesetzesvollzug, so scheint es wenigstens. Wann immer Kritik laut wurde an den allzu vielen Gesetzen, welche Staat und Gesellschaft in einen großen Normenmechanismus verwandeln und verunpersönlichen wollten – stets kam sogleich der Hinweis auf jene „gestaltende Kraft der Verwaltung", in welcher Gesetzesstarrheit wie Gesetzesschwäche durch einheitlichen, normfreien Gestaltungswillen überspielt werden könnten. Hier scheint denn auch die machtmäßigende Wirkung des Gesetzes nicht allzu vordringlich gefordert zu sein: „Verwaltung" gibt es doch als solche, als einheitlichen Machtträger, schon lange nicht mehr, in unserer kommunalisierten, autonomisierten Administration, und überdies soll von ihr ja vor allem Leistung ausgehen, nicht Freiheitseinschränkung. So kann denn, vielen jedenfalls scheint es so, hier eben das Gesetz zurücktreten, das ohnehin gegen Pervertierungen wenig nur vermöchte.

Doch eine Hoffnung auf „Verwaltung gegen das Gesetz", muss trügen. So schwach das Gesetz, häufig „nach außen" wirkt, gegenüber dem Bürger, so sehr ist es der demokratischen Ordnung im Namen der Rechtsstaatlichkeit doch gelungen, nicht nur einzelne Verwaltungsäußerungen, sondern die Verwaltung als Ganzes dem Gesetz zu unterwerfen. Ein Gegenpol wider das Gesetz kann sich dort schon deshalb nicht bilden, weil es eine Verwaltung als eigenständige Staatsgewalt eben nicht gibt. Was selbst nicht gefährlich ist, kann auch Machtgefährdungen aus anderen Quellen nicht wirksam entgegentreten. Gewiss könnte sich die schwächelnde Gewalt der Normen wie ihre überstarren Blockaden im Geflecht der Administration immer noch weiter abschwächen – oder neue Erstarrungswirkungen hervorbringen – aber dies würde, wie bereits zur Bürokratie dargelegt, die Krise des Gesetzes nicht lösen, sondern eher noch verschärfen.

Vor allem aber kann die Verwaltung deshalb nicht gegen das Gesetz zur Hilfe gerufen werden, weil sie eben doch, in all ihren Ausprägungen seit langem, zentral gerade auf den Gesetzesvollzug hin orientiert ist. Zunehmend sieht sich die Administration in so vollständiger Gesetzesbindung verfangen, dass sie der Entscheidung des Gesetzgebers kaum mehr etwas hinzufügen kann. Tendenzen hin zu einem erweiterten Handlungsermessen der Verwaltung sind nur schwach ausgeprägt. Beim Beurteilungsermessen, dem herkömmlichen Beurteilungsspielraum, mag die Verwaltung freier gestellt sein und sich zunehmend aus Gesetzesbindungen selbst befreien. Doch auch darin liegt nicht wirklich ein Ersatz für das Gesetz, seine Schwäche und seine Starrheit, sondern gerade eine Erscheinung dieser beiden Krisenphänomene. Im eigentümlichen Zusammenwirken von Normbindungswirkung und Beurteilungsfreiheit entfaltet sich gerade die Krise des Gesetzes, wie sie oben beschrieben werden konnte, es befreit sich nicht etwa die Verwaltung vom Gesetz und seinen Schwächen. Allzu gegenwärtig sind die Normen denn doch noch immer in allen Verästelungen der Administration, vor allem aber ist die administrative Grundstimmung eben doch normativ auf lange Zeit hin, vielleicht endgültig geprägt, und sie wird es immer mehr. In den Haushaltsgesetzen setzt sich die Normtechnik und, durch sie hervorgebracht, das Normdenken in der gesamten Administration, verstärkt fort. Vereinfachend lässt sich sogar sagen: Wo das Gesetz nicht wirkt, im

Bereich der Administration, oder sich nicht voll mit der ihr eigenen Kraft entfalten kann, da wirken Selbstgesetzlichkeiten einer Bürokratie, die aber, auch ihrerseits wieder, gewiss nicht freie Gestaltung durch die Verwaltenden begünstigt. So ist ihnen denn ihre Unterworfenheit unter Regeln zum angenehmen Schicksal geworden, das sie allenfalls dort hinter sich lassen, wo ihnen eigene, unternehmerische Freiheit gewährt wird; doch das wird sich, bei aller Privatisierung, nie zum Großphänomen im Staat entwickeln, weil sogleich Privatautonomie in die Räume eindringt, welche die monopolisierende Hoheitsgewalt des Staates freigibt.

Nimmt man noch die vielfachen normsetzenden Befugnisse der Administration, auf allen Ebenen, hinzu, welche mit ihren normkontrollierenden und Ausnahmen genehmigenden Tätigkeiten im Gemenge liegen, so zeigt sich eine derartige Gesetzesnähe der Verwaltung – oder vielleicht neuerdings eine Privatheit in dieser selben Gewalt –, dass jedenfalls nicht erwartet werden kann, es würden sich dort neue, eigenständig staatliche Gestaltungsformen außerhalb der Gesetze, aber auch außerhalb der Bürgerfreiheit, entwickeln können. Einen „Dritten Weg" zwischen Hoheit und Bürgerfreiheit hat eben auch die Verwaltung nicht finden können, ihre Gestaltungsfreiheit ist ein Wort geblieben, eingespannt zwischen Gesetzesbindung und deren Gegenpol, einer bürgerähnlichen Staatsfreiheit. Beides aber hebt die Krise des Gesetzes nicht auf, es zeigt sie nur in schier unausweichlicher Schärfe. Ein Ausweichen vor den Gesetzen – aber Bleiben innerhalb des Staates: das wird wohl nie gelingen.

IV. Vom Gesetzesstaat zum Richterstaat – Judikative als Heilmittel gegen Gesetzeskrise?

Dass die Richter die Krise des Gesetzes lösen oder wenigstens entschärfen könnten, mag aus historischen wie rechtsdogmatischen Gründen nahe liegen. Immerhin waren sie vor dem Gesetz da, bevor dieses jedenfalls in schwächelnden oder blockierenden Wirkungen zum Problem wurde. Können sie nicht volle Ordnungsfunktion, Macht vielleicht, auch wieder übernehmen, wenn sich die Parenthese der Rechtsstaatlichkeit eines Tages schließt, wäre dann nicht nur uralte und mächtige Tradition erneut in ihre Rechte gesetzt? Dogmatisch gesehen sind die Richter „dem Gesetz am nächsten", gerade nach jener Legalitätsdoktrin, deren radikaler Durchsetzung die Normen ihre beginnende Selbstauflösung verdanken. Was läge dann näher, als einer solchen Krankheit des Staates und der Macht gegenüber die heilende Wirkung jener zu rufen, die nicht nur dem Patienten besonders verbunden, sondern zugleich auch all jenen mit ihren Einzelfällen stets nahe sind, welche die Krankheit des Gesetzes infiziert hat. Vor Jahrzehnten bereits, in den 30-Jahren, machte denn auch in Frankreich das Wort vom Gouvernement des Juges nach amerikanischem Vorbild die Runde, wenig später wurde es in der These „Vom Gesetzesstaat zum Richterstaat" systematisch aufgenommen. Ist dies nicht, ein halbes Jahrhundert später, noch immer ein Programm, heute erst recht?

1. Verfassungsgerichtsbarkeit: Korrektur von Gesetzen, nicht der Gesetzgebung

a) Zuallererst wird der Betrachter hier an eine Verfassungsgerichtsbarkeit denken, welche sich erst in unserer Zeit ihrer flächendeckend-gesetzeskorrigierenden Funktion voll bewusst geworden und zu wahrer judikativer Macht in einer gesetzesmüden Zeit emporgewachsen ist. In der Tat wird hier ja erstmals, in der Form der Verwerfung im Einzelfall oder geradezu der Abschaffung des Gesetzes, die Bindung der Richter an das Gesetz aufgehoben. Sie sind nun nicht mehr verpflichtet, wie einst ihre Vorgänger, sich dem Wort der krisenbedrohten Gesetzgebung zu beugen, ja deren Probleme in Gesetzesabschwächung oder Über-Blockade auch noch zu verstärken. Sie könnten sogar, so mag es doch scheinen, einer systemlos aus dem Ruder wahrer Normherrschaft laufenden Gesetzgebung wieder Orientierung, höheren und tieferen Sinn, vor allem aber grundsätzliche Festigkeit verleihen, wie sie eben heute allenfalls noch aus dem Bereich kommen können, der sich etwas von der früheren Prinzipialität des Gesetzes bewahrt hat: aus der Verfassung. Da schließlich diese Institution sich gerade in einer Periode entfalten konnte, welche auf der anderen Seite die Krise des Gesetzes gebracht hat, möchte es dann nicht als eine List der Vernunft erscheinen oder doch als ein glücklicher, institutioneller Zufall, dass dieselbe Demokratie, welche die Gesetzeskrise ausgelöst hat, im Namen ihrer Freiheit auch Gegengewichte bereitstellt, die Lösung der Krise?

b) Doch bei näherer Betrachtung schwinden solche Hoffnungen rasch. Auch der Verfassung, deren heilende Kraft hier inhaltlich gefordert wäre, im Grundsätzlichen zumal, ist nicht mehr die alte Einmaligkeit der ehernen Tafeln geblieben, sie wird zum Instrument, auf dem allzu viele spielen, Mächtige und Machtlose; in wenigen Fixpunkten nur hervortretend, taucht sie ein, nein: geht sie unter in einem Meer von Bestreitbarkeiten, aus dem sie nur zu oft lediglich das retten kann, was selbst der Rettung durch sie bedürfte: das Gesetz. „Selbständige Verfassungsbegrifflichkeit" mag immer wieder versucht werden, doch sie kommt nicht an gegen die „alte Verfassung nach Gesetz", und, was schwerer noch wiegt, diese eigenständigen Verfassungsbegriffe werden eilig von einer Gesetzgebung aufgenommen und fortgeführt, welche sie dann eben doch wieder prägt zur „Verfassungsverwirklichung in Gesetzesform" – der Kreislauf schließt sich wieder in „Verfassung nach Gesetz".

c) Es ist aber nicht nur die normative Grundlage, welche die Verfassungsrichter nicht finden, die ihnen jedenfalls nicht mit einer Festigkeit zur Verfügung steht, in welcher die Krise des Gesetzes zur Ruhe kommen könnte. Vor allem fehlen ihnen Einwirkungsmöglichkeiten auf die Gesetzgebung, welche diese aus der Krise führen könnten. Trotz einem ganzen System judikativer Ratschläge, Orientierungen, Fristsetzungen, Aktionsdrohungen, welches sich gewiss noch verfeinern und mit mehr oder weniger sibyllinischen Obiter dictis weiter perfektionieren lässt – die Verfassungsgerichtsbarkeit wirkt insgesamt, jedenfalls in den meisten Fällen, eher rückwärts gewandt-konservierend, damit verstärkt sie allenfalls noch legislative Starrheiten zu einer Überstarrheit, wie sie eben dem Verfassungsrecht eigen ist. Und wo sie Türen aufstößt zu neuen Entwicklungen, hier selbst die gewohnte richterliche Vorsicht außer Acht lassend, da entlässt sie in wagemutiger Öffnungsklausel die Gesetzgebung erst recht auf das hohe Meer ihrer Gefährdungen, oder sie entlastet sich von ihrer eigenen normkontrollierenden Verantwortung auf eben jenen Gesetzgeber, dessen Eingreifen, in Wesentlichkeitstheorien und bei politischen Grundsatzfragen, sie dann erst recht fordert. Auf diese Wege aber gibt sie ihm kaum etwas mit, was ihn auch nur orientieren, geschweige denn binden könnte. Und stets werden diese Gerichte unter dem Komplex leiden, es könnte ihnen der Vorwurf gerichtsförmiger Gesetzgebung gemacht werden, oder sie könnten gar als Dritte Kammern erscheinen. Nicht einmal die Gewalt eines wirklichen Controlling, in neuerem betriebswirtschaftlichen Sinn, kann eine solche Instanz für sich in Anspruch nehmen, fehlt bei ihr doch Aufgabenstellung wie Realisierungsmöglichkeit einer voll zwecknachprüfenden, zukunftsorientierten Vorschlagsmacht.

So muss sie denn innerhalb der Grenzen stehen und tätig bleiben, welche sie sich selbst in jahrzehntelanger, emsiger Judikatur gezogen und immer weiter verdichtet hat, oft bis zur Undurchschaubarkeit. Weder kann sie die Blockadewirkung neuerer Gesetzgebung aufbrechen – sie wird sie eher noch verstärken – noch deren Schwächen wirksam entgegenwirken, im Namen des Freiheitsschutzes wird sie ihnen weitere hinzufügen. Eine Möglichkeit ist ihr eben doch verschlossen, welche allein aber der Krise des Gesetzes wirklich begegnen könnte: weder nach Inhalten noch in der Form vermag sie politisch zu entscheiden. Denn wenn das Problem der Krise des Gesetzes auch in seinen Ausprägungen ein juristisches sein mag – seine Überwindung könnte nur aus politischer Macht gelingen.

2. Gesetzesöffnungen zur Gerichtsbarkeit: Generalklauseln, Beurteilungskontrollen

Wenn schon die großen, verfassungsinstitutionellen Gegenkräfte der Judikative versagen, wie sie sich in der Verfassungsgerichtsbarkeit anbieten

können – kann dann nicht die tägliche richterliche Handhabung des Gesetzes dessen Probleme lösen, ist die Judikative nicht gerade dazu berufen,
„klüger zu sein als der Gesetzgeber", besser als er darin, dass sie die
Schwächen der Normen überwindet, andererseits aber deren Überstarre
nicht zur Wirkung kommen lässt? Mag der Richter, das in einem weiteren
Sinn „ordentliche", das Normalorgan der Judikative, durch die Rechtsstaatlichkeit in die Rolle eines Reservegesetzgebers im Lückenfall abgedrängt
sein – die Schwächen des Gesetzes und seine Überstärken zeigen sich doch
in jenem Einzelfall, vor dem der Richter mit den Parteien und dem Gesetz
allein ist, wo er dann zum Herrscher über die Gesetze wird. Und kann
deren Krise nicht gelöst werden in täglicher Auslegung, hilft nicht die Gesetzgebung, ihre eigenen Schwächen rechtzeitig erkennend, mit Generalklauseln und einer Kontrollmacht, die sie jener Judikative überlässt, welche
administrative Beurteilungen richterlich überprüfbar werden lässt, gerade
im Namen des Gesetzes? Das Gesetz selbst öffnet sich doch, so mag es
scheinen, wenn nicht zur Wirklichkeit, so doch zu den Richtern, über sie
aber zu einer von diesen besser gesehenen Realität als es dem Gesetzgeber
sein Abstand vom Einzelfall, seine politischen Verengungen und der
Mangel an Muße zum Nachdenken gestatten.

Wenn in all dem nicht doch einiges läge von gesetzesheilender Kraft, es
gäbe längst kein Gesetzesvertrauen mehr, vielleicht überhaupt nicht mehr
wirkende Normen. Das Vertrauen der Bürger zu ihnen als den Wahrern der
Gerechtigkeit mag in einem Anfangszustand gegeben sein, in welchem ihre
Realitätsferne als Neutralität ausgelegt und begrüßt wird. Bald aber zeigt
der Einzelfall, mit einer in ihm drohenden, „ungerechten" Entscheidung,
die Realitätsblindheit der Normen jenem Gewaltunterworfen, dem dann nurmehr eines mehr bleibt: sein Normvertrauen zum Richtervertrauen werden
zu lassen, den „Verkörperungen der Normen" mehr zuzutrauen als diesen
selbst.

Doch auch dieses Richtervertrauen muss rasch und in den meisten Fällen
enttäuscht werden, denn für den „ordentlichen", für den Instanzrichter
schlechthin gilt eben nichts anderes, als was schon für die Verwaltung und
ihre Organe in den vorhergehenden Kapiteln dargelegt wurde: Sie sind bereits „so nahe an das Gesetz gesetzt" worden, dass sie die konstruktiv-kon-
trollierende Distanz zur Norm weithin verlieren mussten, sich eben doch als
deren Vollzugsapparate sehen; und wäre dies denn nicht auch um so viel
bequemer ...

Fatal aber wird dies hier vor allem in einem Sinn, der ebenfalls bereits
vorstehend bei der Analyse der Schwächen des Gesetzes deutlich wurde:
Diese, wie auch seine Überstarrheit, sind gerade weit eher Frucht der Rich-
tertätigkeit als dass diese ihnen entgegenwirken könnte. Gerade weil ihm
ein Verwerfungsrecht gegenüber dem Gesetz nicht allgemein zukommt, da

dieses doch der Verfassungsgerichtsbarkeit vorbehalten ist, muss sich der Richter eine Gesetznähe bewahren, in welcher er es sich versagt, es zu korrigieren, die ihn vielmehr zum Fortdenker des Gesetzes werden lässt, zum Verstärker von all dessen normauflösenden und realitätsblockierenden Effekten. Die kaum mehr übersehbare Vielfalt der Judikative wäre denn auch machtlos, sollte von ihr eine wahrhaft gesetzeskonzentrierende Wirkung ausgehen – im Ergebnis kann sie immer nur zerfasern. So wird die Generalklausel zum Eingeständnis der Schwäche des Gesetzgebers, nicht zu deren Überwindung in neuen Institutionen; in ihrem Einsatz gesteht er später allenfalls noch seine früheren Schwächen ein. Und wenn der Verwaltungsrichter das Beurteilungsermessen der Administration nachvollzieht, so wird dies immer der Kritik unterliegen, dass es dann wohl doch besser sei, der Verwaltung gleich volle Ermessensfreiheit zu gewähren, dass das Gesetz hier also nur einen bedauerlichen Formelkompromiss bringe, welche die eigentliche Entscheidung auf eine fall-fernere Instanz verlagere.

Dieser Vorwurf ist es ja überhaupt, der sich nicht nur an den Gesetzgeber wendet, sondern unter dem auch die Judikative leidet, will sie zur Verbesserung des Gesetzes ansetzen: dass sie doch so weit vom eigentlichen Geschehen entfernt sei, dass sie die Realität immer nur mit blauer Brille vom grünen Tisch aus sehen könne. Was aber dem Gesetzgeber vom Bürger noch allenfalls zugestanden wird, dass er mit Willensmacht die Wirklichkeit biege, das erlaubt der freiheitsbewusste Gewaltunterworfene einem Richter nicht in jener Demokratie, in welcher die Judikative, trotz aller Konstruktionsversuche, demokratisch eben nicht legitimiert ist – oder doch nur über eines: das Gesetz, das ihr also Vorgabe bleiben muss, nicht verbesserungsbedürftiges Material.

Wieder wirkt so, und hier nun mit voller Macht, die Demokratie als Mutter der Gesetze und als ihre Legitimation, auch und gerade gegen jene Instanzen, welche sich eben nicht anmaßen dürfen, klüger zu sein als der volksgewählte Gesetzgeber. Und ob ein volksgewählter Richter hier wirklich Besserung schaffen könnte, und nicht nur noch mehr Gesetzesverwirrung, in gegenläufigen, kaum mehr abzuwägenden Demokratismen – das ist doch sehr die Frage.

Etwas von dem Pouvoir en quelque façon nul ist eben seit Montesquieu der Judikative geblieben, demokratisches Misstrauen hat es nur noch verstärkt. Die Krise des Gesetzes könnte aber nur geheilt werden durch etwas, das den Namen der „Gewalt" doch wirklich verdient, eingeschlossen in jene Zeugungskraft der Normen, welche sich jedoch der demokratische Gesetzgeber vorbehält. Nicht einiger Heilmittel gegen negative Randerscheinungen aber bedarf heute die Krise des Gesetzes, hier müsste etwas einsetzen wie „Gegenzeugungskraft" – gerade dies aber fehlt der Judikative außerhalb angelsächsischer Länder.

3. Case Law gegen Gesetzeskrise

Die Grundkonstellation des angelsächsischen Rechtskreises ist eine andere, daher ist dort die Krise des Gesetzes so wenig bekannt wie die Norm als Gegnerin der Privacy und als groß-systematisches Verteilungsinstrument.

In ihren Ursprüngen jedenfalls, und weit noch in unsere Zeit hinein, war es dort die Gerichtsbarkeit selbst, welche Gesetze gab, sie jedenfalls „erkannte" und sie aus herrscherlicher Verdämmerung in die Niederungen des Einzelfalls herabholte. Dieses Case Law fand und findet noch immer seine Festigkeit in einer Tradition, welche zugleich im Fall angepasster Beweglichkeit Überstarrheit vermeidet. Dies wäre in der Tat ein Weg, auf dem sich die gegenläufigen Krisenerscheinungen gegenwärtiger Normentwicklung beruhigen ließen – aber nur deshalb, weil sie in eine andere Gewalt überführt würden, weil damit die Problematik der festen und doch in ihrer Flächendeckung schwammigen Gesetze der kontinental-europäischen Legalität sich in einer ganz anderen Konstellation auflösten. Und hier tritt dann eine eigenständige richterliche Gewalt an, gewissermaßen aus dem „normfreien Zustand wirklicher Bürgerfreiheit" heraus, Gesetze auffindend und sie in diesen selben Freiheitsraum in vorsichtiger, traditionsgestützter Zurückhaltung hineintragend. Die Sünde der Überforderung des Gesetzes ist darin eben nicht begangen worden, das Gesetz schleppt sich nicht wie eine Erbsünde, in Tagtäglichkeiten entweiht, immer weiter fort. „Weit oben hängt es", nur ein vorsichtiger, mit allen Vorbehalten des Einzelfalles beladener Urteilsakt höchst vertrauenswürdiger Bürger lässt es sichtbar werden, bietet zugleich Korrekturmöglichkeiten für Fehlentwicklungen.

Ein derartiges System zukunftsoffener Traditionalität, wie von Härte im Einzelfall – aber nur in ihm – lässt sich nicht auf kontinental-europäische, gewaltenteilende „Herrschaft der Gesetze" übertragen.

Die Welt des Case Law kannte bisher die Krise des Gesetzes nicht, weil ihr das Gesetz als solches unbekannt geblieben ist. Mit ihm wird sie nun auch diese Krise lernen; vielleicht gelingt es ihr, sie von vorneherein in technische Spezialbereiche zu verbannen, den großen Außenraum aber der normerkennenden Judikative zu erhalten. Wie immer: Für kontinental-europäisches Rechtsdenken ist hier wenig zu gewinnen; Traditionen lassen sich nur leben, nicht übernehmen.

4. Exkurs: Ausweichen in „andere Gesetze", der Entwicklung, der Wissenschaft?

In der Entwicklung des Technikrechts vor allem hat in jüngster Zeit die Jurisprudenz neue Horizonte eröffnet: die gesellschaftliche Selbstregelung im Bereich von Technik, wissenschaftlicher Forschung und Entwicklung, und die Übernahme dieser Ergebnisse in den staatlichen Bereich, als Fortsetzung und nur zu oft geradezu als eigener eigenständiger, eigentlicher Inhalt der Gesetze.

Zwei Entwicklungslinien sind hier zu unterscheiden:

- Zum einen die Übernahme außerstaatlicher Gesetzmäßigkeiten in staatliche Normen, vom „Stand der Technik" bis zu Gesetzmäßigkeiten wissenschaftlicher Erkenntnis, und sodann

- Selbstregulierung außerhalb aller Staatlichkeit.

Beide Entwicklungen könnten, jede für sich genommen und erst recht in Verbindung zueinander, zumindest eine Zukunftsöffnung des Gesetzes bringen, die seine fortschrittshemmende Überstarrheit vermeidet, und vielleicht sogar noch zugleich der Schwäche einer Datenvorgabe entgegenwirken, zu welcher der Gesetzgeber aus politischen Gründen, im Zurückweichen vor vermeintlicher Freiheit, nicht mehr in der Lage ist. Denn diese außerstaatliche Gesetzgebung braucht doch Wahlrücksichten nicht zu nehmen, Kompromisse nicht einzugehen, da sie unter einem viel härteren, anderen Gesetz steht, welches Freiheit nicht als Schranke achten muss: dem des Wettbewerbs.

Gewiss scheinen sich hier Entwicklungen anzubahnen, in denen sich aber weit mehr vollzieht als eine Übernahme gesellschaftlicher Kräfte und Ergebnisse in den staatlichen Bereich, als ein Wechsel von einem Gesetzesinhalt zum anderen: Zieht sich dann nicht der Staat, die Demokratie mit all ihrer Parteipolitik, zurück vor den Kräften der technischen Entwicklung, die sie jedenfalls dort anerkennen muss, wo sie ihnen nicht mehr mit den Machtmitteln der Hoheitsgewalt entgegentreten kann, weil sie sich zu eindeutiger Erkenntnis verfestigt haben?

Doch allzu viel an Änderung sollte, trotz der zunehmenden Macht des wissenschaftlich-technischen Fortschritts, hier nicht erwartet werden, vielleicht gerade angesichts von dessen Unvorhersehbarkeit, Unübersehbarkeit. Die staatlichen Instanzen bleiben stehen und bestehen, sie verzichten nicht auf ihre Wahllegitimation, aus der sie keine mathematische Formel je wird werfen können. Naturwissenschaftliche Experten, im weitesten Sinne des Wortes, haben zwar immer mehr zu sagen, aber auch immer mehr Gegenläufiges, bedürfen gerade deshalb eines Schiedsrichters, der hier nur ein völlig inkompetenter sein kann: des unwissenden Staates, der Wissen rezipiert – und es damit zugleich selektiert, nach seinen eigenen Nutzenvorstellungen. Nur nach ihnen wird er es denn auch in seine Gesetze übernehmen, dort verfestigen, nur zu oft gegen den wahren, künftigen Fortschritt gerichtet.

So bleibt denn der staatliche Gesetzgeber unentbehrlich, gerade in einer Welt naturwissenschaftlich-technischer Eigengesetzlichkeiten. Seine Krisenerscheinungen trägt er eher noch in diese hinein: Mit seinem Gesetz leistet er ja etwas völlig anderes als das, was er übernimmt: Einerseits erhebt er außerstaatlich bereits veraltete Gesetzmäßigkeiten dieser Bereiche zu staatlich befehlenden Normen, zum anderen bringt er solche Inhalte erst selbst in seiner schiedsrichterlich-auswählenden hoheitlichen Entscheidung hervor, indem er sie scheinbar „rezipiert" in seine Gesetzgebung, nachdem er sie aber vorher bereits in ihren wesentlichen Inhalten geschaffen hat. Diese Vorgänge der Rezeption wie der ausreichenden Schaffung von außerstaatlichen Norminhalten, ihre spätere Anwendung als nun nicht mehr gesellschaftliches, sondern staatliches Gesetz, unterliegen in vollem Umfang im Verfahren wie in den Wertungsmechanismen der staatlichen Gesetzgebung – und damit werden auch diese in ihrem Ursprung außerstaatlichen Normen alsbald mit den Krisenerscheinungen des staatlichen Gesetzes belastet: Sie verlieren ihre Zukunftsoffenheit in hoheitlich-normativer Verfestigung, sind nicht mehr überprüfbares Ergebnis, werden vielmehr zu bestreitbaren Prognosen, auf sie wirken alle demokratisch-politischen Mechanismen ein, unter denen das staatliche Gesetz leidet. Und im Grunde beschränkt sich eben dieser Rückgriff auf das Außerstaatliche doch nur auf Informationsmaterial zu Gesetzesinhalten, ja der Gesetzgeber versteckt sich sogar noch hinter dem Alibi vermeintlicher wissenschaftlicher Unbestreitbarkeit – obwohl er doch in diese hinein seine wesentlich bestreitbaren Demokratismen vorher ausreichend geschoben hat.

So darf also allzu viel von der „staatlichen Rezeption gesellschaftlichen Sachverstandes" in der gegenwärtigen Krise des Gesetzes nicht erwartet werden. Nur zu oft dient sie ausschließlich verschleiernder Pseudo-Legitimation politischer Entscheidungen, und eine von staatlichen Mitteln abhängige Wissenschaft wird hier immer gehorsam folgen. Dort aber, wo sich Ergebnisse solcher außerstaatlicher Erkenntnisse nun wirklich aufdrängen, sind sie zur Krisenbewältigung des Gesetzes auch wieder untauglich; denn dieses bedeutet dann stets eine Auswahl aus Bestreitbarem, eine Setzung, nicht einfach eine Rezeption, auf welche demokratische gesetzgebende Gewalt sich nie beschränken könnte. Zu erwarten ist nicht etwa eine Entstaatlichkeit und Entpolitisierung der Gesetze durch Rezeption gesellschaftlich hervorgebrachter oder anerkannter Gesetzmäßigkeiten, sondern weit mehr deren Instrumentalisierung durch demokratische Staatsgewalten, damit ihre Belastung mit allen Problemen der Krise des Gesetzes.

Ähnlich verlaufen denn auch die Grenzen jener Selbstregulierung, in welcher private Normengebungen, in vielfachen Formen und noch vielfältigeren Inhalten, das staatliche Gesetz zu ersetzen oder doch zu unterlaufen scheinen. Auch diesen Erscheinungen gegenüber war die staatliche Reaktion bisher stets eine rasche und insgesamt deutliche: Oberaufsicht und Kontrolle lässt sich die Normengewalt der Demokratie hier nicht durch gesellschaftliche Vereinbarungen nehmen. Und allzu nah käme dies doch dem Feindbild des Verbändestaates, wenn nicht gar einer Krypto-Monopolisierung von Einfluss-Sphären und Einfluss-Instrumenten. Und so wird denn auch hier die Staatsgewalt eifersüchtig darüber wachen, dass mehr sich in einer wie immer gearteten konzertierten Aktion „außerstaatlich normgebend" nicht vollziehe als das, was ihr entweder nützlich oder gleichgültig sein kann, vielleicht beides zugleich. Und dass hier die Staatsgewalt auf Dauer überspielt werden könnte, im Rahmen einer Globalisierung, durch Märkte, welche nirgends mehr wirklich beherrschbar erscheinen, dass diese Kräfte nun ihre Gesetze diktieren, im wahren Sinne des Wortes, eben dem der bisherigen staatlichen Gesetzgebung – das alles ist ebenso schwer vorstellbar wie im einzelnen meist nicht abzusehen. Die Staaten, und auch deren größere Zusammenschlüsse, werden umgekehrt eher versuchen, gegen derartige Selbstregulierungen vorzugehen, zuallererst mit ihren Gesetzen. Diese werden dann mit neuen Problemen belastet, da sie sich an einer Wirklichkeit stoßen, die stärker ist als sie und kaum fassbar. Dann mag die Krise des Gesetzes noch eine weitere Dimension annehmen, entschärft wird sie durch solche Entwicklungen kaum.

So ist denn insgesamt nicht zu erwarten, dass der Ausbruch aus der Krise des Gesetzes gelingt in gesetzesvertretende Organe des Staates oder gesetzesersetzende Selbstregulierungen der „Gesellschaft". Die Krise bleibt ein Schicksal der öffentlichen Gewalt und der dieser unterworfenen Bürger. Was sie hier in längerfristiger Prognose bedeuten und hervorbringen könnte, mag nun am Ende dieser Betrachtungen stehen.

V. Eine Chance der Gesetzeskrise: mehr Bürgerfreiheit?

1. Keine Bürgerfreiheit im Gesetzesdickicht...

Das Gesetz ist der Gegenpol der Freiheit, das eigentliche Eingriffsinstrument in deren grundrechtliche Verbürgungen. Alles, was das Gesetz schwächt, sollte also, so mag es vielen scheinen, sogleich zum Freiheitsgewinn werden. Die hier beschriebene Krise des Gesetzes führt sicher nicht zur Stärkung der Wirkung der einzelnen Norm, was auch nicht durch verbleibende oder gesuchte Überstarrheit ausgeglichen werden kann. Liegt dann nicht die Folgerung nahe, dass der Bürger etwas ist wie ein „Freiheitsgewinner aus der Krise des Gesetzes"?

Diese so naheliegende, logisch erscheinende Schlussfolgerung, lässt sich, jedenfalls in derartiger Allgemeinheit, nicht ziehen – im Gegenteil: Die Krise des Gesetzes führt in ständigen, meist unbemerkten, jedenfalls aber rechtlich kaum definierbaren Freiheitsverlust auf breiter Front; was sie begünstigen kann, ist allenfalls Gesetzesumgehung.

Die Krise des Gesetzes liegt ja nicht darin, dass es immer weniger Normen gibt, zu wenige bereits, das Gegenteil trifft zu: Gerade die Normflut reißt Wirkungskraft und Legitimation der Gesetze mit sich fort, die Gesetzesverschlankung des Staates versucht – vergeblich – sich dem im Namen der Freiheit in den Weg zu stellen. Die eigentliche Gesetzeskrise liegt in der Unübersichtlichkeit des Normzustands, die von allzu vielen Gewalt- und Kompetenzträgern in kaum noch übersehbarer Weise beeinflusst wird, unter Aufhebung der letzten klaren Schranken der Gewaltenteilung. Und dieser Gesamtvorgang kann ebenso wenig einen Freiheitsgewinn bedeuten wie die Kompensationsversuche solcher Gefahren, in zunehmender Überstarrheit der Normen; auch sie wenden sich frontal gegen die Entfaltungsfreiheit des Bürgers in einer rasch sich entwickelnden Welt. Doch auch das schon undurchdringbar werdende nicht nur Gesetzes-, sondern Gesetzgebungsdickicht, kann am Ende die Freiheit nur belasten, weil damit eines nahezu völlig wirkungslos zu werden droht: jene organisatorische Freiheitssicherung, welche gerade die Demokratie durch ihre wahlgestützte Parlamentsgesetzgebung zum Tragen bringen will. Niemand weiß mehr so recht, wo der eigentliche Gesetzgeber zu finden ist, und gegen diesen unauffindbaren Gesetzgeber, der sich nur zu oft hinter Auslegungen und Abwägungen auf unteren Verwaltungsstufen verbirgt, wirkt auch keine Rechtsweggarantie mehr, meist setzt sie nur noch einen weiteren „Gesetzgeber des letzten Wortes", in Gestalt des Richters, ans Ende einer schier unendlichen Prozessgeschichte. Der Bürger fühlt zwar, dass sich immer mehr Macht im normativen Netz um ihn zusammenzieht, doch er vermag bald keinen gezielten Angriff mehr erfolgreich zu richten gegen einen organisatorisch verfestigten, eindeutig festzustellenden Gegner seiner Freiheit, weil dieser, einem Proteus gleich, in immer neue Formen einer Gewaltausübung flüchtet, die sich zwar noch auf das Gesetz beruft, im Grunde aber unfassbar geworden ist wie dieses, in ihrem Entstehen wie in ihrem Vollzug.

Der Kern der Krise des Gesetzes liegt ohne Zweifel, die vorstehenden Darlegungen haben es bald ergeben, in einer Unübersehbarkeit, in welcher die ehernen Tafeln in ihr Gegenteil verschwimmen, in tiefen Nebel, aus dem zwar Befehle schallen, deren Geber aber ebenso verborgen bleiben wie viele Einzelheiten und Ziele der Anordnungen. Wer Normen, die seine Freiheit eben doch beschränken, nicht einmal mehr wirklich und vollständig erkennen kann, wer daher Freiheitshelfer bemühen und bezahlen muss, damit sie ihm erst einmal sagen, was ihm doch noch bleibt an eigener Disposition, der kann diese Undurchschaubarkeit nicht mit Freiheit gleichsetzen. Denn einer durchschaut sie ja, besser jedenfalls als der betroffene Bürger: die normgebende, normvollziehende, normverwirrende Bürokratie. „Staatsfreiheit" in diesem Sinn der Entbindung der Staatsgewalt bringt die Gesetzeskrise hervor, immer neue Ansatzpunkte weist sie der Macht, die sie gar noch mit dem Ruf anlockt, sie solle doch Normklarheit verbessern – um schließlich in immer noch tieferen Dschungeln der Gesetze zu enden. Zuallererst sollte ja das Gesetz den Staat binden, seine Krise entbindet ihn in der Tat, aber eben deshalb wird der Bürger darin nicht freier.

2. … es sei denn, in Freiheit zur Gesetzesumgehung

Eines allerdings kann gedeihen in diesem tieferen Sumpf der Gesetze: die lockende Schlingpflanze der Gesetzesumgehung, die (sich) aus der Umklammerung der Normen befreit, an ihnen vorbei in ihre eigene Freiheit wächst – denn auch dies ist eine solche. Mit der Gesetzesdichte nimmt die Gesetzesumgehung exponentiell zu. Jeder Gesetzesbefehl ist an sich schon ein neuer Aufruf zum Gesetzesbruch – hier nun aber muss er sich als solcher nicht offen bekennen, er kann mit der Leichtfüßigkeit vermeintlicher oder wirklicher Gesetzesunkenntnis von einem Gewaltträger zum anderen flüchten, jedem erklären, und nur zu oft beweisen, dass niemand ein Gesetz brechen will, das er gar nicht mehr erkennen konnte, dass es aber umgangen werden muss, wenn es nurmehr zur Stolperfalle wird. Gesetzesunkenntnis wird dann zur legitimen Entschuldigung, wenn die Fiktion der Gesetzeskenntnis vom Bürger Unmögliches verlangt. Noch mehr gilt dies dort, wo von ihm schlechthin nicht mehr erwartet werden darf, dass er ein Gesetz ernst nimmt, das sich selbst nicht, das nicht einmal der Gesetzgeber ernst genommen hat. Muss er wirklich das Ende eines Normenzustandes abwarten, das bereits absehbar ist? Darf er nicht, in eigentümlicher Form eines „vorauseilenden Gehorsams" eine Lage bereits vorwegnehmen, deren Eintritt doch absehbar, jedenfalls möglich erscheint? Wo beginnt die Fahrlässigkeit einer Gesetzesübertretung, wo endet die Fahrlässigkeit eines Gesetzgebers, welcher den Bürger überfordert?

Gesetzesumgehung bedeutet die Freiheit des Umwegs, wo der Weg versperrt ist – und wäre dies eine geringere und nicht gar etwa die eigentliche Freiheit in einem Bürgerleben, das sich doch nurmehr zwischen Zäunen bewegt und Schranken der Gesetze? Von der Lex vigilantibus scripta, der Norm für den sorgfältigen Adressaten, zur Lex vigilantibus non scripta, dem Gesetz, das es gerade für aufmerksam-intelligente Normunterworfene nicht mehr gibt, ist es vielleicht nurmehr ein kurzer Weg. Aber er führt vorbei am Gesetzesbruch, und nur zu oft endet er in solcher Kriminalität, die glaubt, das Gesetz dort negieren zu dürfen, wo es sich selbst bereits negiert.

Dies ist die letzte große Gefahr der Krise des Gesetzes: dass der Bürger nicht mehr am Gesetz vorbei-, sondern über dieses hinweggeht, weil es ihm nurmehr sinnlose Krankheit und Plage bedeutet, und weil er seine Väter nicht achtet, die ihm nicht Sicherheit hinterlassen haben, sondern unverständlichen, illegitimen Zwang, Ergebnisse vielleicht gar ihrer korrumpierten Entscheidungen. Ein Gesetz, das nicht mehr Freiheit vermittelt in seiner Befolgung, sondern letztlich nurmehr in seiner Übertretung, führt sich selbst ad absurdum in seiner höchsten, traditionellen Legitimation:

3. Ende der „Freiheit durch Gesetz"

Dass der Mensch Freiheit nur finde im Gesetz, unter seinen Normen, das waren hohe Worte aus einer geistig glücklicheren Zeit. Wie in einer vorausschauenden Ablehnung späterer Pervertierung wurde hier das Wort vom „Gesetz" in der Einzahl gebraucht: Gefahr bedeutet heute eben nicht „Das Gesetz", sondern „Die Gesetze", die vielen, allzu vielen, und ihre allzu vielen Gesetzgeber. Doch der Satz von der Freiheit unter dem Gesetz war von Anfang an auch eine Versuchung zu seinem Missbrauch: Der so ethisch fundierte gesetzgebende Staat ruhte sich aus auf einer Bürgerfreiheit, welche ihm paradox zur Machtbasis diente, und er verbreitete sich auf ihr: Nurmehr seine Freiheit sollte dem Bürger ein moralischer Wert sein: nurmehr staatliche Gesetzesfreiheit als Freiheit. Geduldig haben die Gewaltunterworfenen auch dies hingenommen in einem 19. Jahrhundert, das diesen – nun wirklich im wahren Sinne des Wortes – deutschen Idealismus durch Heere und Fürstentraditionen legitimierte, wo dies nicht mehr genügte, durch die Hoffnung auf eine aufbrechendes völkisch-demokratisches besseres Morgen, in einer durch Volksgesetzgebung gesicherten Bürgerfreiheit. Erst als nun auch die Demokratie im 20. Jahrhundert begann, diese Hoffnungen zu enttäuschen, zugleich aber unermüdlich weiter webte am einhüllenden, erstickenden Geflecht ihrer Gesetze, da begann wirklich im Geist der Bürger die hohe Maxime ihrer Philosophen von einst Kraft zu verlieren. So steigt das dumpfe Bewusstsein, dass Freiheit unter dem Gesetz nur ein Wort ist für gute Gesetze, dass es aber aufhört zu überzeugen dort, wo die Krise des Gesetzes beginnt. Noch immer wird diese überdeckt durch die weiter wirkende staatsethische Kraft dieses alten Wortes von der Freiheit unter dem Gesetz; doch immer weiter entfernen sich solche Normlagen von dem, was einst eben doch hinter derartigen Überzeugungen stand: dass die wirkliche Freiheit mit dem moralischen Gesetz beginnt, mit dem, das der Mensch sich selbst gibt und befolgt, das ihm nicht als ein fremdes vor- und aufgegeben wird, welches er sich schließlich nicht mehr „anzueignen vermag".

Und in der Tat: Eine tiefe Entfremdung hat sich vollzogen zwischen dem Gesetzesadressaten und nicht nur dem Gesetzgeber, sondern dem Gesetz, das jener nicht mehr als sein Eigen erkennen kann. In dieser Gesetzesent-

fremdung liegt wohl der tiefste Grund der heutigen Gesetzeskrise, und jene
Demokratie, welche doch als einzige Staatsform die moralische „Gewalt-
aneignung durch den Gewaltunterworfenen" predigt und auch bringen
könnte, hat gerade hier in eine Verfremdung geführt, welche kaum eine
andere Staatsform erreichen konnte. In der Demokratie scheint es, als
„müsse jeder Gesetze geben", möglichst viele – aber nicht sich selbst, sondern den anderen, denen er vorredet, er sei „einer von ihnen". Doch es sind
eben doch nicht „ihre Gesetze", die ihnen so gegeben werden, sondern die
der anderen, „ganz anderen" gegenüber einer Freiheit, die sie als ihren eigenen, vornehmsten Ausdruck erkennen und anerkennen soll.

So ist das hohe Wort von der Freiheit unter dem Gesetz und durch dieses
abgestorben, gerade auch in einer Staatsform, die mit ihm begonnen hat.
Und es ist fast, als sei eben doch das Gesetz stärker als alle Freiheit – bringen jedenfalls kann es sie heute nicht mehr.

VI. Am Ende der „gesetzgebenden Gewalt"

Die Vorstellung von der systematisch-flächendeckenden Machtausübung
durch „Die Gesetze" im Rechtsstaat war, von ihren Anfängen an, unauflös-
lich verbunden mit der Vorstellung einer „gesetzgebenden Gewalt", in welcher sie organisatorische Fassbarkeit gewann. Diese „gesetzgebende
Gewalt" erschien keineswegs nur als ein Sammelbegriff für irgendwelche,
heterogene gesetzgeberische Aktivitäten, der seine Einheit nur gefunden
hätte in einer letztendlichen Normwirkung auf die Gewaltunterworfenen.
Diese gesetzgebende Gewalt war etwas an sich Existierendes, mit eigenständiger Hoheit Begabtes, legitimiert vielleicht aus Normwirkungen, die sie
aber in organhafter Fassbarkeit hervorbrachte; Gesetzgebung war nicht nur
Wirkung, sondern Instanz. In ihrem Namen wurde die Volksvertretung gefeiert, im Protokoll des Staates wie in den Weihestunden der Wahlen, dies war
nun wirklich die „Erste Gewalt" in der Gemeinschaft, eigentlich die einzige.
Nicht nur als von allen anderen Formen und Instanzen der Gewaltausübung
getrennt wurde sie gedacht, sondern als eine Gewalt über den anderen, in
einer wahren Hierarchisierung innerhalb noch der Gewaltenteilung.

Doch die Majestät dieser gesetzgebenden Gewalt stützte sich eben nicht
nur auf Wahlen, sondern auch auf Wirkungen: der majestätische Inhalt der
Gesetze begründete erst die Majestät des Gesetzgebers.

Hier nun vollzieht sich eine gefährliche Tiefenbewegung in der freiheitlichen Demokratie: In der Krise des Gesetzes wird eine gesetzgebende
Gewalt entlegitimiert, sie ent-gründet sich gewissermaßen selbst durch den
Abfall der Normen und ihrer majestätischen, staatsbeherrschenden Allgemeinheit. Was hier ausgeht von nicht mehr dieser einen Instanz, sondern

von vielen Instanzen, die sich zur „Gesetzgebung" zusammenfinden oder
bündeln, wie sie dann schließlich den Bürger erreicht, sind nicht mehr
große, ordnende Rahmen, sondern immer mehr lediglich „gebündelt-punk-
tuelle Befehle". Und welche besondere Hoheit sollte eigentlich aus ihnen
nicht mehr einer Instanz, sondern so vielen kommen, welche hier vielfach
gebrochen, eingebunden, mediatisiert, irgendwie „einbezogen" zusammenwirken?

Eine völlige, dogmatisch überzeugend begründbare Einheit der gesetzgebenden Gewalt hat es zwar nie wirklich gegeben, schon die Ermächtigungen zur Verordnunggebung haben dies sehr bald unterlaufen. Doch nun
nimmt diese Verzweigung der Normgebungsverfahren und -instanzen immer
rascher zu, mit einer für die gesetzgebende Gewalt fatalen Folge: Sie lässt
sich als solche kaum mehr aus ihren Wirkungen bestimmen, sondern nurmehr aus Organen und deren bestimmten Verfahren legitimieren. Am Ende
steht dann eine rein organ-verfahrensbezogene Gewaltvorstellung, ohne
Rückbeziehung auf irgend eine wesentliche Inhaltlichkeit der Befehle,
welche von dieser gebündelten Macht in unübersehbarer Zusammensetzung
ausgehen. Was dann noch Wirklichkeit ist, kann nur eine Legislative als
reine Modalität der Machtausübung sein, nicht mehr als eine in Organen
und Instanzen klar fassbare Erste Gewalt. Eine solche allein aber könnte
wahrhaft als Herrschaftszentrum wirken, in einer Demokratie, die alles
unter ihre Gesetze stellen will.

So endet also die Krise des Gesetzes in dem Paradox, dass Gesetzgebung
nurmehr in einer Bündelung von Organtätigkeit fassbar wird, sich ja auch
nurmehr organrechtlich definiert – dass aber andererseits hier nicht eine
Instanz tätig wird, sondern eine unauflösliche, unübersehbare Verschlingung
von Instanzaktivitäten in Erscheinung tritt. Was auf den Bürger wirkt, um
es zusammen zu fassen, sind nicht mehr Machtträger, es ist einfach nur
Macht, in vielen, und bald schon in allen möglichen Befehlsformen.

Auswirkungen muss dies haben auf eine Verfassungsdogmatik zuallererst,
die nun nicht mehr überzeugend „in Gewalten denken" kann, Staatsgewalt
auf einzelne Organe zurückzuführen vermag. Doch die Verfassung ist begrifflich orientiert, stets ausgerichtet gewesen auf Organe und Instanzen,
auf Machtträger, den einen hat sie durch andere ersetzen wollen, den Fürsten durch die Organträger der Demokratie. Wenn ihr nun dieser organbezo-
gene Gewaltbegriff abhanden kommt, aus dem heraus doch die Staatsform
entstanden ist, in Machtübertragung von der Krone auf die Gewählten des
Volkes, so verliert die Verfassungsdogmatik nicht nur eine traditionelle und
bequeme Begrifflichkeit, sie muss zur Kenntnis nehmen, dass eine neue
Lehre von den vielfachen, teilweise oder gänzlich kombinierten Machtäußerungen gefordert ist, mit bisherigen Mitteln aber nicht geleistet werden
kann. So führt die Krise des Gesetzes im letzten auch aus der herkömm-

lichen Verfassungsdogmatik, im unwiederbringlichen Verlust der Gesetzgebenden Gewalt.

Auf die Demokratie als Staatsgrundlage wirkt aber dieser Begrifflich-
keitsverlust in anderer, tiefgreifender Weise: Die besondere, nahe Wahllegitimation der Volksvertreter mündet nun nicht mehr in ihre höchsten normativen Befehle, setzt sich auch nicht mehr nur in diesen fort, sie werden auf
alle Stufen des Staatsapparats in kleine Münzen gewechselt, ausgegeben,
verschenkt und wieder eingefordert beim Bürger im Normgehorsam. Die
verlorene gesetzgebende Gewalt war die demokratische Gewalt par excellence. Hier verliert die Volksherrschaft nicht nur etwas an Basislegitima-
tion, hier bricht, in unübersehbaren Verschlingungen, etwas ab wie die
früher so einfache, überzeugende Verbindung von Volk und Macht. Zwischen beide schieben sich nun nicht mehr die Gesetze, sondern Gesetzeslagen, die schichtenweise entstehen und gestuft-gestaffelt auf den Bürger
wirken; ihnen steht er eben gegenüber, nicht mehr einer fassbaren gesetzgebenden Gewalt, hinter der er das Volk und damit letztlich sich selbst früher
immerhin noch hatte vorstellen können.

So wird denn der Verlust der gesetzgebenden Gewalt in der Unendlichkeit der Normlagen tiefe und schwerwiegende Folgen für die demokratische
Staatsform haben, nicht zuletzt eine, welche ihr besonders nahe gehen
muss: dass hier im letzten auch entpersonalisiert wird, in der Lockerung der
sichtbaren Verknüpfung zum Parlament, zu dessen blockhaft gedachter Einheit. Und doch gewinnt das Gesetz darin nicht eine neue Kraft, welche
diesen Persönlichkeitsverlust ersetzen könnte; vergangen ist die abstrakte
Majestät frei über den Bürgern schwebender Gesetze, von denen nun niemand mehr annehmen wird, sie seien so „hoch aufgehängt", dass sie letztlich nicht einmal mehr von Persönlichkeiten gegeben werden könnten.

Der „Verlust von Gewalten" bedeutet eine schwerwiegende Wendung in
der Verfassungsdogmatik. Doch er muss nicht notwendig einen Verlust an
Gewalt bedeuten, diese kann auch in anderen Formen ausgeübt werden, und
hier schweift allerdings ein Ausblick weit in die Ferne:

VII. Auf dem Weg in ein neues Gewaltsystem –
vom Gesetz zum Ordre de Mufti

1. Die „Befehlswerdung" der Macht

Hans Kelsen hatte einst seine Reine Rechtslehre aus einer großartigen
Vision entwickelt: dass Macht nur in normgewordener Form vorstellbar sei,
der Staat selbst als Norm, all seine Machtäußerungen stets als Normen –
bis hinein in den Einzelfall. So war ihm denn der Richterspruch wie der

Verwaltungsakt Gesetz auf letzter Stufe; dann gehorchte der Bürger wirklich nurmehr – den Gesetzen.

Gerade dieser Weit-Sicht ist die Kritik weithin nicht gefolgt, obwohl doch nur sie die völlig konsequente Vergesetzlichung bedeutet hätte, in ihr sich die Gesetzesvorstellung der Aufklärung hätte vollenden können. Heute nun scheint geradezu eine perspektivische Umkehr angesagt: Dem Namen nach überall noch Normen, in Wirkung und Wahrheit aber Vordringen des Einzelbefehls überall hin. Vom Gesetz aus über die Gesetze hinaus – dies scheint geradezu die Losung zu sein, hinter der sich die Macht wieder auflöst in Einzelbefehle, sich vom Gesetz entbindet, in immer fernerer, bald unfassbarer Rückbindung an die Normen endend.

In der vorstehenden Analyse war nicht festzustellen, dass sich das Gesetz aus seiner Krise flüchten könnte in krisenfreie andere Gewalten, die eben immer noch allzu eng mit den herkömmlichen Gesetzesvorstellungen verbunden sind. Doch etwas anderes lässt sich wohl festhalten: Das Gesetz selbst löst sich langsam auf, öffnet sich anderen, bisher gesetzesgebundenen Gewalten, und am Ende steht dann eine eigentümliche Machtausübung in „immer einzelneren Befehlen", gegeben durch einzelne der traditionellen Gewalten oder gemeinsam durch sie, mit immer weniger von jenem Allgemeinheitsgehalt, der einst über Bürger herrschte und Staatsgewalten band. Hier muss die Betrachtung zurücklenken zu ihren Ausgangspunkten: der Normenflut, der Zerfaserung der Gesetze, ihrer Auflösung in technische Einzelbestimmungen. Innerhalb der Gesetzgebung selbst bahnt sich bereits etwas an wie eine „Befehlswerdung der Normen". Ihr Maßnahmegehalt nimmt rasch zu in der Verengung ihrer Regelungsgegenstände. Das Gesetz wird nicht selten zur Verwaltungsanordnung, fließend werden die Übergänge zu den von der Verwaltung gesetzten Normen, die ihrerseits auch nurmehr als Kollektivbefehle an die Ausführenden wirken, welche ihnen nichts mehr hinzuzufügen haben. Diese Entwicklung wird als Vollendung des Rechtsstaates gepriesen – in Wahrheit vollzieht sich hier eine Ent-Normierung zum „Gesetz als Befehl".

Im gesamten Bereich der Verwaltung setzt sich diese Befehlswerdung der Staatsgewalt fort: Mehr Gestaltungsfreiheit wird gefordert, was immer dies bedeuten mag – nichts anderes jedenfalls als mehr Einzelanordnungen. Ermessen in all seinen Formen soll vermenschlichte Administration bringen, dem Gesetzesüberdruss entgegenwirken, den die „unmenschlichen Vorschriften" seit Generationen hervorgebracht haben. All dies aber kann nur in eine Richtung führen: Verwaltung als Einzelbefehl, orientiert an einem sich zum Einzelbefehl entwickelnden Gesetz.

Für die Dritte Gewalt wird mehr Freiheit gegenüber dem Gesetz gefordert, enden wird dies wohl nicht in Verwerfungsfreiheit, aber doch in einer gesteigerten Interpretationsgestattung, welche die Normbindung des Richters zu nurmehr formalem Gesetzesgehorsam relativiert. Alle Gewalten werden ihre Augen näher an den Einzelfall halten, im Namen einer Technisierung der Staatsgewalt, welche in deren Punktualisierung endet, vom Gesetz bis zum Richterspruch wird immer nurmehr das „ganz Einzelne" wirklich geregelt.

2. Vom Gesetz zum „System punktueller Befehle"

Der Einzelfall wird stärker in seine Rechte gesetzt werden als bisher, so wie der einzelne Bürger heute mehr wiegen soll als früher. Trägt nicht der Einzelfall in sich etwas von der unauswechselbaren Würde derjenigen Menschen, die ihn „hervorgebracht" haben, muss sich daher nicht alle Staatsgewalt ihm beugen, jedenfalls sich ihm zuneigen, ihn nicht durch Gesetze verbiegen wollen? Aus solchen Überlegungen heraus muss es für alle Staatsgewalt, äußere sie sich nun in Gesetzesform, sei sie gesetzesgebunden oder nicht, zu einer wesentlichen Einzelfallorientierung kommen, wie sie sich im Abwägungsstaat bereits weit über Ansätze hinaus entwickelt hat. Unvorhersehbarkeit, die alte Todsünde gegen das Gesetz, wird folgerichtig geradezu eine noble Pflicht, weil sie allein dem Einzelfall auch entspricht. Majestät zieht die Staatsgewalt dann aus eben dieser Unvorhersehbarkeit. Beendet ist der Traum vom vorhersehbar-berechenbaren Gesetzesbefehl, von der Rechtsstaatlichkeit. Mehr Bürgerfreiheit mag dies alles nicht bringen, mehr Staatsfreiheit schafft es sicher.

Das Wort vom System ist nicht mehr in Mode, experimentiert soll werden; das öffentliche Recht des Staates steht am Ende seiner Versuchsreihe systematischer Berechenbarkeit. Was aber bleibt dann zur Ordnung der vielen, immer zahlreicheren Befehle? Nicht mehr das Gesetz, das gerade hier eine neue, höhere Krisendimension erreicht. Geben wird es dann nurmehr, in welchen Formen immer – und die Formen werden eben austauschbar, wenn nicht gleichgültig sein – politische Direktiven, Befehle auf höherer und niederer Machtebene: den Ordre de Mufti.

Warum sollte er auch ein Gespenst sein, als das ihn das helle Licht der Aufklärung verscheuchen wollte? Unter ihm ist doch über Jahrhunderte gelebt und gedacht worden, in einer ganz eigenartigen Flexibilität und Freiheit, und war es auch nicht die des Gesetzes.

3. Eine historische Rückwendung – zum „Naturzustand"?

Eine solche Entwicklung, in der Krise des Gesetzes und jenseits von ihr, möchte dann manchem erscheinen als eine Rückwendung in fernere Vergangenheiten, denen Gesetze im gegenwärtigen Sinn nicht bekannt waren.

War nicht ursprünglich das Gesetz weniger ein Instrument der Macht oder gar aller Machtausübung als vielmehr deren absolut konsensgetragenes Minimum, außerhalb dessen sich die Macht frei bewegte, in Gesellschaft und Staat? Das Gesetz sollte dann vordringen, alles beherrschen, alles werden. Und wenn es nun durch die Auszehrung des Gesetzes, durch die Selbstauflösung des Normenstaates, wieder dahin käme, dass Macht sich entbände, nurmehr ganz wenige, höchste Normen zu beachten hätte, wie auch der Bürger, dass im übrigen aber, überall, nur Machtsprüche wären, die dann schon – beruhigend sei es hinzugefügt – ihre eigene Ordnung wieder hervorbringen würden?

Das gefährliche Wort „das Beste ist doch ein Befehl" ist bis zum heutigen Tag ein Menetekel des Staatsrechts geblieben; soll es vielleicht doch wieder an den leeren Wänden erscheinen, von denen die Tapeten der unzähligen Gesetze abgerissen wurden? Lässt sich nicht die unwiederbringlich verlorene Majestät des Gesetzes zurückgewinnen in der Majestät der unverwechselbaren Einmaligkeit, nicht der Ordnung, sondern des Ordre?

Es wäre wohl auch nicht nur ein Rückweg in frühere Zeiten vertrauensgetragener Machtausübung, dann fände wohl etwas statt, wie ein eigentümlicher retour à l'Etat de Nature, geradezu im Hobbesschen Sinne: Da wäre wieder der Urwald, der Dschungel der Bürgerfreiheit, in die kein allgemeines Gesetz mehr Schneisen schlüge. Da wären wieder die Menschen, mit und ohne Macht, die sich wie Wölfe bekämpften, mit der jeweiligen Macht des erreichbaren Mufti, der nicht schlechter wäre als sie, eben auch einer von ihnen, ein etwas größerer Wolf. Könnte dann nicht alles wieder „so natürlich werden", wie es die Theoretiker des 18. Jahrhunderts für das Völkerrecht im Etat de Nature zwischen den Staaten beschrieben, und wie es sodann Hegel als Wesen des Staates zivilisierend in höchster Höhe aufgehängt hat? Es wäre das jedenfalls wieder einmal ein Ende einer jener Künstlichkeiten neuerer Kulturentwicklung, von denen wir so viele in den letzten Jahrzehnten bereits hinter uns gelassen haben, ohne Bedauern für all jene Verfeinerung, die damit auch zugleich verloren gegangen ist.

Verabschieden müsste sich allerdings eine solche Welt der gebündelten Machtbefehle von einem Staatsrecht, das ohnehin erst spät als bewusste Konstruktion entstanden und wirksam geworden ist. Trotz all seiner Versuche, sich auf Naturzustände selbst zurückzuführen und aus ihnen sich zu legitimieren – es ist dies eine der wahrhaft künstlichen Konstruktionen der Gegenwart, immer weniger begreiflich selbst den Spezialisten dieses Bereichs und jedenfalls verdämmernd gerade in jenen Grundsätzlichkeiten, die es als Herrschaftsprinzipien hatte aufrichten wollen.

Das Recht als solches würde all dies wohl überstehen. Selbst in seinen alten Kunst-Konstruktionen würde es weiter wirken und sich fortpflanzen, in einem Zivilrecht vor allem, dort im Einzelfall suum cuique zelebrieren und nicht mehr auf das Gesetz warten, sondern auf jenen Mufti, der eben auch der höchste Richter ist. Und hat dieses Privatrecht, die Mutter und das Zentrum des Rechts überhaupt, denn nicht solange leben und sich entfalten können ohne Gesetz, war dieses ihm nicht mehr ein Hindernis, bedarf es dort mehr als der responsa und des festen Blicks auf den Einzelfall, von dem sich das juristische Auge ohnehin nur widerwillig und vorsichtig löst? Geht dem Recht mit dem Gesetz wirklich eine Grundlage verloren und nicht nur ein Überbau?

Dies wäre gewiss eine neue Zeit, diese „ganz natürliche", so völlig geset- zesferne im heutigen Sinn. Vielleicht hat sie in der Demokratie auch schon begonnen, deren Balancen sich weniger an aufgehängte Waagen halten als vielmehr in politischen Macht-Gleichgewichten, welche die Volksherrschaft sensibel aufnimmt und in Ordnungen transformiert wie keine andere Staats- form.

Gewiss vollzöge sich in dieser postrechtsstaatlichen Zeit eine wahre Göt- terdämmerung, Verschwinden des Gottes als Gesetzgeber, die Verwandlung der einen Person Staat in ein Bündel von Mächtigkeiten – alles andere würde zur überflüssigen Konstruktion, säkularisiert, nicht mehr geglaubt, überflüssig, vergessen. Doch wer sagt, dass dann nur Nacht käme, in einem Weitertasten der Macht von Befehl zu Befehl, von Fall zu Fall – bis zu ihrem eigenen?

Die Menschen werden lernen, das Recht zu denken jenseits der Gesetze, die Macht jenseits des Staates. Und vielleicht wird sie gerade dann kein Leviathan sein, sondern etwas von menschlicher Demut bewahren.

Sach- und Personenverzeichnis